'विचार और सूत्र' के प्रसंग में

श्रीमाताजी

'विचार और सूत्र' के प्रसंग में

श्रीअरविन्द आश्रम
पॉण्डिचेरी

श्रीअरविन्द सोसायटी द्वारा प्रकाशित : १९७६
श्रीअरविन्द आश्रम प्रकाशन विभाग द्वारा प्रकाशित
प्रथम संस्करण (संशोधित) : २००८
संशोधनकर्त्री : सन्तोष गुप्ता

Price Rs 195
ISBN 978-81-7058-885-6

प्रकाशक : श्रीअरविन्द आश्रम प्रकाशन विभाग, पॉण्डिचेरी ६०५००२
मुद्रक : श्रीअरविन्द आश्रम प्रेस, पॉण्डिचेरी

'Vichar aur Sutra' ke Prasang main (Hindi)
On Thought and Aphorisms by the Mother

Published by Sri Aurobindo Society 1976
First revised edition Published by
Sri Aurobindo Ashram Publication Department 2008
Revised by Santosh Gupta

Published by Sri Aurobindo Ashram Publication Department
Pondicherry 605002
Web http://www.sabda.in

Printed at Sri Aurobindo Ashram Press, Pondicherry
PRINTED IN INDIA

प्रकाशक का वक्तव्य

माताजी ने श्रीअरविन्द के 'विचार और सूत्र' की ये व्याख्याएं सन् १९५८ से १९७० तक प्रायः १२ वर्षों की अवधि में की थीं। ये व्याख्याएं आकार और प्रकार में भिन्न-भिन्न तरह की हैं और इन्हें चार कालों में विभक्त किया जा सकता है :

पहला : १९५८ (सूत्र १-१२) : ये व्याख्याएं आश्रम के खेल के मैदान में "बुधवार की क्लासों" में आश्रम के विद्यार्थियों, अध्यापकों तथा साधकों के सम्मुख प्रश्नों के उत्तर के रूप में दी गयी थीं। (ये क्लासें १९५८ में बंद हो गयीं : उसके बाद माताजी अपने कमरे में व्यक्तिगत रूप से अथवा छोटे-छोटे दलों में लोगों से बातें करने लगीं।)

दूसरा : १९६०-६१ (सूत्र १३-६८) : ये शारीरिक शिक्षण के एक युवक दल-नायक के लिखित प्रश्नों के माताजी द्वारा दिये गये अधिकांश लिखित उत्तर हैं, कुछ उत्तर मौखिक दिये गये थे।

तीसरा : १९६२-६६ (सूत्र ६९-१२४) : ये एक शिष्य को दिये गये मौखिक उत्तर हैं। इस अवधि में माताजी सूत्रों की अपनी व्याख्या से धीरे-धीरे अलग होती गयीं और इन अवसरों का उपयोग उन दिनों होने वाले अपने अनुभवों की व्याख्या करने में करने लगीं।

चौथा : १९६९-७० (सूत्र १२४-१४१) : ये उपर्युक्त दल-नायक को लिखे गये संक्षिप्त उत्तर हैं।

श्रीअरविन्द के 'विचार और सूत्र' लगभग सन् १९१० और १९१५ के बीच लिखे गये थे। श्रीअरविन्द ने उनका संशोधन या संपादन नहीं किया। ये मूल अंग्रेजी में सबसे पहले १९५८ में प्रकाशित हुए और इन्हें श्रीअरविन्द के ही किये हुए विभाजन के अनुसार इन तीन भागों में बांट दिया गया था : ज्ञान, कर्म और भक्ति।

माताजी की सभी व्याख्याएं, चाहे मौखिक हों या लिखित, मूल फ्रेंच भाषा में थीं। प्रथम बार सूत्रों की व्याख्याएं १९५९ में फ्रेंच भाषा में 'पांसे ए आफोरिज़्म :

त्राद्यूई ए कमांते पार ला मैर' शीर्षक से प्रकाशित हुईं। शेष व्याख्याएं त्रैमासिक 'श्रीअरविन्द अन्तर्राष्ट्रीय शिक्षा-केन्द्र पत्रिका' में फ्रेंच, अंग्रेजी और हिन्दी भाषाओं में क्रमशः छपती रहीं। 'पांसे ए आफोरिज़्म : त्राद्यूई ए कमांते पार ला मैर' नाम की पूरी फ्रेंच भाषा की पुस्तक का पहला संस्करण दो भागों में सन् १९७४ और १९७६ में प्रकाशित हुआ।

विषय-सूची

ज्ञान १
कर्म ३१७
रोग और चिकित्सा ३७६
भक्ति ३८३

ज्ञान

शिक्षाप्रद पुस्तकें पढ़ने का कोई लाभ नहीं, यदि वे जो कुछ सिखाती हैं उन पर अमल करने का हम प्रण न कर लें।

आशीर्वाद

—श्रीमां

ज्ञान

१ — मनुष्य के अन्दर दो सम्बद्ध शक्तियां हैं—ज्ञान और प्रज्ञा। ज्ञान एक विकृत माध्यम में देखा हुआ उतना-सा ही सत्य है जितना कि मन टटोलता हुआ प्राप्त कर सकता है; प्रज्ञा वह है जिसे दिव्य दर्शन का नेत्र आत्मा में देखता है।

किसी ने पूछा है कि : "ये शक्तियां सम्बद्ध क्यों हैं?"

मेरा ख्याल है कि हम मनुष्य में परस्पर लड़ती-झगड़ती इतनी अधिक चीजें देखने के आदी हैं कि "सम्बद्ध" शब्द सुनकर हमें आश्चर्य होता है। पर ये द्वन्द्व बाहरी आभास हैं। वास्तव में ऊपर के स्तरों से आने वाली सारी शक्तियां सम्बद्ध ही होती हैं—वे 'अज्ञान' के विरुद्ध लड़ने के लिए सहमत होती हैं। और श्रीअरविन्द यहां अत्यन्त स्पष्ट रूप में कहते हैं (जो समझते हैं उनके लिए) कि इनमें से एक शक्ति तो मानसिक है तथा दूसरी आत्मिक। श्रीअरविन्द ठीक जिस गम्भीर सत्य को अपने सूत्र में व्यक्त करना चाहते हैं वह यह है कि यदि मन इस दूसरी शक्ति को प्राप्त करने की चेष्टा करता है तो उसे सफलता नहीं मिलती, क्योंकि यह शक्ति 'आत्मा' की है तथा मनुष्य के अन्दर इसका आविर्भाव आध्यात्मिक चेतना के साथ ही होता है।

ज्ञान एक ऐसी वस्तु है जिसे मन बहुत अधिक प्रयास के द्वारा ही प्राप्त कर सकता है, भले ही वह 'सत्य-ज्ञान' न होकर 'ज्ञान' का एक मानसिक पक्ष ही क्यों न हो। पर 'प्रज्ञा' तो मन की वस्तु है ही नहीं। मन उसे प्राप्त करने में सर्वथा असमर्थ होता है, क्योंकि यथार्थ में वह तो यह भी नहीं जानता कि यह है क्या। मैं फिर कहती हूं : 'प्रज्ञा' मूलतः 'आत्मा' की शक्ति है तथा आध्यात्मिक चेतना के साथ ही आविर्भूत होती है।

यहां एक रोचक प्रश्न पूछा जा सकता है—श्रीअरविन्द जिसे "विकृत माध्यम मे देखा हुआ सत्य" कहते हैं उससे उनका क्या तात्पर्य है? पहले तो यह विकृत माध्यम है क्या तथा ऐसे माध्यम में 'सत्य' किस दशा को प्राप्त होता है?

सदा की भांति, श्रीअरविन्द के कथन के कई अर्थ हो सकते हैं; एक

तो अति-विशेष तथा दूसरा बहुत साधारण।

अति-विशेष अर्थ में विकृत माध्यम मन का माध्यम है जो अज्ञान में कार्य करता है तथा उसके फलस्वरूप सत्य को उसके विशुद्ध रूप में व्यक्त करने में असमर्थ है। किन्तु यह सारा जीवन ही जब अज्ञान में चल रहा है तब विकृत माध्यम यह पार्थिव वातावरण भी है जो पूरा-का-पूरा इसमें से अभिव्यक्त होने की चेष्टा करने वाले सत्य को एकदम विकृत कर देता है।

यहीं इस सूत्र का सूक्ष्मतम रहस्य सामने आता है। भला टटोलकर मन क्या पा सकता है? हम जानते हैं कि यह सदा ही टटोलता है, यह जानने की चेष्टा करता है, यह गल्तियां करता है, फिर अपने पुराने प्रयत्नों में ही लौट जाता है, फिर कुछ नये प्रयत्न भी करता है, अन्त में... वह बहुत रुक-रुक कर प्रगति करता है, और फिर भी वह 'सत्य' का क्या पकड़ पाता है? क्या यह एक खण्ड, एक टुकड़ा, या कोई ऐसी वस्तु होता है जो 'सत्य' तो हो पर हो आंशिक, अपूर्ण, अथवा कोई ऐसी वस्तु जो बिलकुल 'सत्य' न हो? बस, यही है मनोरंजक बात।

हम यह सुनने के अभ्यस्त हो गये हैं (शायद अनेक बार इसे दुहरा भी चुके हैं) कि हम केवल आंशिक, अपूर्ण तथा खण्डित ज्ञान ही प्राप्त कर सकते हैं और फलतः वह सच्चा ज्ञान नहीं हो सकता। यह दृष्टिकोण अतिसाधारण है जिसे समझने के लिए अपने जीवन में इसका थोड़ा-सा अध्ययन करना ही पर्याप्त है, पर श्रीअरविन्द जिसे "विकृत माध्यम में देखा हुआ सत्य" कहना चाहते हैं वह इससे भी कहीं अधिक मजेदार है।

इस माध्यम में स्वयं 'सत्य' अपना स्वरूप बदल लेता है, अब यहां 'सत्य' 'सत्य' ही नहीं रह जाता, बल्कि 'सत्य' की एक विकृति रह जाती है। और परिणामस्वरूप, उसका जो कुछ पकड़ में आता है वह कोई ऐसा खण्ड नहीं होता जो सत्य हो, बल्कि उस सत्य का, जो स्वयं विलुप्त हो चुका है, एक पक्ष, एक मिथ्या आभास मात्र रह जाता है।

तुम्हें समझाने के लिए मैं एक रूपक दे रही हूं। यह केवल रूपक ही है, इससे अधिक कुछ नहीं, इसे अक्षरशः नहीं लेना चाहिये।

यदि मूल 'सत्य' को हम एक शुभ्र, उज्जवल और निष्कलंक ज्योतिर्-मण्डल मानें तो हम कह सकते हैं कि मानसिक माध्यम में, मानसिक

वातावरण में, यह पूर्ण, शुभ्र ज्योति सहस्त्र-सहस्त्र छटाओं में बदल जाती है, प्रत्येक छटा का एक अपना स्पष्ट रंग होता है, क्योंकि वे एक-दूसरे से पृथक् होती हैं; उस समय कह सकते हैं कि माध्यम ने शुभ्र ज्योति को विकृत कर दिया है तथा वह भांति-भांति के असंख्य रंगों में दिखने लगती है—जैसे, लाल, हरा, पीला, नीला इत्यादि। ये रंग कहीं-कहीं तो अत्यन्त असामञ्जस्यपूर्ण हैं और मन उस शुभ्र-मण्डल की श्वेत-ज्योति का कोई क्षुद्र टुकड़ा तक नहीं पकड़ पाता, बल्कि पकड़ पाता है, अधिक या कम संख्या में, विभिन्न रंगोंवाली छोटी-छोटी ज्योतियों को जिनसे वह श्वेत-ज्योति का पुनर्गठन भी नहीं कर पाता। फलस्वरूप वह 'सत्य' तक पहुंचने में अक्षम रह जाता है। उसके अधिकार में सत्य के कुछ खण्ड नहीं होते, अपितु एक विघटित सत्य होता है। यही है विघटन की एक अवस्था।

'सत्य' सर्वांग है तथा उसका सब कुछ आवश्यक है। जिस विकृत माध्यम में (मानसिक वातावरण में) तुम उसे देखते हो वह उसके सभी तत्त्वों को अभिव्यक्त करने, प्रकट करने अथवा यहां तक कि देख सकने तक में असमर्थ होता है—और हम कह सकते हैं कि जो कुछ सर्वोत्कृष्ट है वही उसकी पकड़ से छूट जाता है। अतएव, हम उसको 'सत्य' की संज्ञा नहीं दे सकते, बल्कि किसी ऐसी वस्तु की संज्ञा दे सकते हैं जो सारतः सत्य तो है किन्तु वहां, उस मानसिक वातावरण में, अज्ञान के अतिरिक्त और कुछ नहीं रह जाती।

अतः, संक्षेप में, मैं कहूंगी कि जिस 'ज्ञान' को मानव मन पकड़ सकता है, वह निश्चित रूप से अज्ञान में स्थित है; उसे प्रायः अज्ञानमय ज्ञान कहा जा सकता है।

'प्रज्ञा' अपने सारतत्त्व में तथा अपनी अभिव्यक्ति के क्रियात्मक रूप में है सत्य की दृष्टि।

१२.९.१९५८

२ — अन्तःप्रेरणा बृहत् तथा शाश्वत ज्ञान से उछलती हुई चमचमाती ज्योति की एक अत्यन्त पतली धारा है। बुद्धि जितनी पूर्णता के साथ इन्द्रियों के ज्ञान को पार कर जाती है उससे भी

कहीं अधिक पूर्णता के साथ यह बुद्धि को पार कर जाती है।

ऐसे अनेक प्रश्न पूछे गये हैं, जैसे, "श्रीअरविन्द ने भला ऐसा क्यों कहा है?" ...फिर यह बात या वह बात।

उत्तर में मैं कह सकती हूं : "उन्होंने ऐसा इसलिए कहा है कि उन्होंने वैसा ही देखा है।" परन्तु आरम्भ में हमें एक बात जान लेनी चाहिये; श्रीअरविन्द ने ये परिभाषाएं दी हैं—ये परिभाषाएं एक विरोधाभासात्मक रूप में दी हैं ताकि हम विचार करने के लिए बाध्य हों।

कोषों में दी गयी परिभाषाएं इन शब्दों की सामान्य व्याख्याएं हैं, साधारण अर्थ हैं जो तुम्हें विचार करने के लिए बाध्य नहीं करते। परन्तु श्रीअरविन्द जो कुछ कहते हैं वह रूढ़िगत धारणा को तोड़ने के उद्देश्य से कहते हैं ताकि तुम एक गम्भीरतर सत्य का स्पर्श पा सको। इस तरह बहुत-से प्रश्न यों ही छंट जाते हैं।

हमारी कोशिश होनी चाहिये उस गम्भीरतर ज्ञान को, उस गम्भीरतर सत्य को खोज निकालने की जिसे श्रीअरविन्द ऐसे ढंग से व्यक्त करते हैं जो शब्दों की परिभाषा देने की प्रचलित रीति नहीं है।

अब मैं कुछ प्रश्नों का उत्तर दूंगी। उनमें से एक, सबसे पहला, मुझे अच्छा लगा क्योंकि वह एक विचारशील मन के द्वारा पूछा गया है। वह प्रश्न "ज्ञान" शब्द के बारे में पूछा गया है और श्रीअरविन्द ने जिस अर्थ में इस शब्द का प्रयोग इस सूत्र में किया है तथा पिछले सप्ताह पढ़े गये सूत्र में जिस अर्थ में किया है, उन दोनों में तुलना की गयी है।

पिछले सप्ताह पढ़े गये सूत्र में जब श्रीअरविन्द, यदि ऐसा कहा जा सके, "ज्ञान" तथा "प्रज्ञा" में विरोध दिखाते हैं तब वे उस ज्ञान की बात कहते हैं जिसे सामान्य मानव चेतना काम में लाती है, जो ज्ञान प्रयत्न तथा मानसिक विकास के द्वारा प्राप्त किया जाता है; जब कि यहां, उसके विपरीत, जिस ज्ञान का वे जिक्र करते हैं वह है यथार्थ 'ज्ञान', अतिमानसिक भागवत 'ज्ञान', तादात्म्यजनित 'ज्ञान'। और, साथ ही, इसी कारण यहां वे उसे "बृहत् तथा शाश्वत" बतलाते हैं, जो स्पष्ट रूप में यह निर्देश करता है कि यह ठीक वैसा ही मानव ज्ञान नहीं है जैसा कि हम उसे समझने के आदी हैं।

बहुत-से लोगों ने पूछा है कि श्रीअरविन्द ने यह क्यों कहा है कि धारा "अत्यन्त पतली" है। दिव्य, अतिमानसिक 'ज्ञान' की इस विशालता, इस अन्तःप्रेरणा के अनन्त मूलस्रोत तथा उसका जो कुछ अंश मानव मन हृदयंगम और ग्रहण कर सकता है इन दोनों के बीच एक सुस्पष्ट विरोध दिखलाने के लिए यह एक बहुत सार्थक बिम्ब है। जब कोई उन लोकों के सम्पर्क में रहता है तब भी उसे उनका जितना बोध प्राप्त होता है वह बहुत थोड़ा, पतला होता है; वह एक अत्यन्त क्षुद्र सोते के समान अथवा कुछ टपकती हुई बूंदों-सा होता है, और ये बूंदें अपने-आपमें इतनी पवित्र, इतनी चमकीली, इतनी पूर्ण होती हैं कि वे तुम्हें एक अद्‌भुत अन्तःप्रेरणा का बोध देती हैं, ऐसी धारणा करा देती हैं कि तुमने असीम-अनन्त क्षेत्रों को छू लिया है, तथा तुम सामान्य मानवीय अवस्था से ऊपर बहुत ऊंचे उठ आये हो। और फिर भी जो कुछ देखना बाकी है उसकी तुलना में यह कुछ भी नहीं है।

किसी ने यह भी पूछा है कि क्या चैत्य पुरुष अथवा चैत्य चेतना ही वह माध्यम है जिसके द्वारा अन्तःप्रेरणा आती है।

साधारणतः, हां। उच्चतर लोकों के साथ जो हमारा पहला सम्पर्क होता है वह चैत्य सम्पर्क होता है। अवश्य ही, आन्तरिक चैत्य उद्‌घाटन होने से पहले अन्तःप्रेरणा पाना दुष्कर है। किसी विशेष प्रकार से तथा किसी विशेष अवस्था में, भागवत कृपा के रूप में अन्तःप्रेरणा आ सकती है, पर सच्चा सम्पर्क तो चैत्य पुरुष के द्वारा ही प्राप्त होता है, क्योंकि चैत्य चेतना वह माध्यम है जो भागवत 'सत्य' के साथ सबसे अधिक सम्बद्ध है।

बाद में, जब कोई मानसिक चेतना से निकलकर मन से भी परे, उच्चतर मन से भी परे, किसी उच्चतर चेतना में प्रवेश कर जाता है और 'अधिमानस' के क्षेत्रों एवं 'अधिमानस' के भीतर से होकर 'अतिमानस' के क्षेत्रों की ओर खुल जाता है तब वह सीधी अन्तःप्रेरणाएं ग्रहण कर सकता है; और स्वभावतः, उस समय, वे शीघ्रता से बार-बार आती हैं, यदि हम ऐसा कह सकें तो, वे अधिक सघन, अधिक पूर्ण होती हैं। फिर आता है एक ऐसा समय जब हम अपनी इच्छा के अनुसार अन्तःप्रेरणा पा सकते हैं, पर यह तो स्पष्ट है कि यह अवस्था एक अत्यधिक आन्तरिक

विकास की अपेक्षा रखती है।

मन से बहुत ऊपर के क्षेत्रों से आने वाली अन्तःप्रेरणा, जैसा कि हम अभी कह चुके हैं, मूल्य और गुण में उस सर्वोत्तम चीज को भी अतिक्रम कर जाती है जिसे मन और अधिक ऊंचाई से उत्पन्न कर सकता है, जैसे कि बुद्धि। निस्संदेह, तर्क-बुद्धि मनुष्य की मानसिक क्रिया के शिखर पर है; वह इन्द्रियों की सहायता से प्राप्त ज्ञान की आलोचना कर सकती है, उसे संयत कर सकती है। बहुधा ऐसा कहा गया है कि इन्द्रियां ज्ञान-प्राप्ति के नितान्त दोषपूर्ण माध्यम हैं, वे वस्तुओं को ठीक वैसा ही नहीं देख सकतीं जैसी कि वे हैं और वे जो सूचनाएं देती हैं वे बाहरी तथा बहुधा भ्रान्तिमूलक होती हैं। मनुष्य की तर्क-बुद्धि जब पूर्णतः विकसित हो जाती है तब वह इस बात को जान जाती है और इन्द्रियों के ज्ञान पर आस्था नहीं रखती। जब मनुष्य तर्क-बुद्धि से नीचे के स्तर में होता है, यदि ऐसा कहा जा सके तो, केवल तभी वह विश्वास करता है कि जो कुछ वह देखता है, जो कुछ वह सुनता है, जो कुछ वह छूता है, वह सब बिलकुल सत्य है। ज्यों ही वह उच्चतर तर्क-बुद्धि के क्षेत्र में उन्नीत हो जाता है त्यों ही वह समझ जाता है कि ये सभी धारणाएं प्रायः सारतः मिथ्या हैं और वह किसी भी प्रकार उन्हें अपना आधार नहीं बना सकता। परन्तु जो ज्ञान मनुष्य को उस अतिमानसिक या भागवत स्तर से प्राप्त होता है वह, बुद्धि जो कुछ धारणा बना सकती है या जो कुछ समझ सकती है उस सबको अतिक्रम कर जाता है, कम-से-कम उसी मात्रा में जिस मात्रा में तर्क-बुद्धि इन्द्रियों के ज्ञान को अतिक्रम कर जाती है।

कुछ प्रश्न ऐसे हैं जो एक व्यावहारिक विषय से सम्बन्धित हैं: "अन्तःप्रेरणा प्राप्त करने की शक्ति को किस प्रकार विकसित किया जाये? अन्तःप्रेरणा प्राप्त करने की शर्तें क्या हैं? क्या उसे निरन्तर प्राप्त करते रहना सम्भव है?"

मैं इन प्रश्नों का उत्तर पहले ही दे चुकी हूं। जब मनुष्य अतिमानसिक क्षेत्रों की ओर अपने-आपको खोलता है तब वह उन अवस्थाओं में पहुंच जाता है जहां वह निरन्तर अन्तःप्रेरणा प्राप्त कर सकता है। तब तक, सर्वोत्तम उपाय है यथासम्भव अपने मन को निश्चल-नीरव बनाना, उसे ऊपर की ओर मोड़ना तथा एक निश्चल-नीरवता और सजग ग्रहणशीलता

की स्थिति में बने रहना। मनुष्य अपने मन में जितनी निश्चल-नीरवता और पूर्ण शान्ति स्थापित कर सकेगा उतनी ही अधिक अन्तःप्रेरणाएं प्राप्त करने में समर्थ हो सकेगा।

किसी ने यह भी पूछा है कि क्या अन्तःप्रेरणाएं कई प्रकार की होती हैं।

अपने मूल में, नहीं। वे सर्वदा ऐसी चीजें होती हैं जो विशुद्ध 'ज्ञान' के क्षेत्र से उतरती हैं और मनुष्य के सबसे अधिक ग्रहणशील, उन्हें प्राप्त करने के लिए सबसे उपयुक्त भाग में प्रवेश करती हैं; परन्तु ये प्रेरणाएं कर्म के विभिन्न क्षेत्रों में क्रियाशील हो सकती हैं : ये विशुद्ध ज्ञान की अन्तःप्रेरणाएं हो सकती हैं, ये प्रगति के प्रयास में सहायता देने वाली अन्तःप्रेरणाएं भी हो सकती हैं, और ये किन्हीं कार्यों की परिपूर्ति के लिए आनेवाली, किसी व्यावहारिक और बाह्य सिद्धि में सहायक होने वाली अन्तःप्रेरणाएं भी हो सकती हैं। परन्तु यहां अन्तःप्रेरणा के प्रकार-भेद का प्रश्न उतना नहीं है जितना इस बात का कि लोग उसका प्रयोग किस प्रकार करते हैं—अन्तःप्रेरणा सर्वदा ज्योति और सत्य की एक बूंद की तरह होती है जो मानव चेतना के अन्दर प्रविष्ट होने में सफल होती है।

मानव चेतना इस बूंद का क्या उपयोग करेगी—यह निर्भर करता है मनोभाव, आवश्यकता, अवसर तथा परिस्थिति के ऊपर; इनसे अन्तःप्रेरणा के मूल स्वभाव में कोई अन्तर नहीं पड़ता, पर व्यावहारिक उपयोग में, मनुष्य किस काम में उसे प्रयुक्त करता है इसमें अन्तर आ जाता है।

कुछ प्रश्न अन्तःप्रेरणा तथा सम्बोधि के बीच के विभेद से सम्बन्धित हैं। ये दोनों एक ही चीज नहीं हैं। परन्तु मेरा ख्याल है कि अपने पाठ-क्रम के बीच, आगे चलकर इस विषय पर फिर आने का मौका मिलेगा। जब श्रीअरविन्द हमें यह बतायेंगे कि वह किस चीज को सम्बोधि मानते हैं तब हम इस विषय पर विचार करेंगे।

साधारण और लगभग पूर्ण रूप से, यदि कोई इस पाठ से सचमुच लाभ उठाना चाहे, जैसे कि श्रीअरविन्द की सब रचनाओं से हम लाभ उठाना चाहते हैं, तो उसका सबसे उत्तम तरीका यह है : अपनी चेतना को एकत्रित करके अपने ध्यान को पाठ्य-विषय पर जमा दो और कम-से-कम थोड़ी-सी मानसिक समता स्थापित करो—यदि कोई पूर्ण निश्चल-नीरवता स्थापित कर सके तो वह सबसे बढ़िया बात है—और मन की

स्थिरता, मस्तिष्क की स्थिरता की एक ऐसी स्थिति में पहुंच जाये कि उसका ध्यान दर्पण की तरह शान्त और स्थिर, पूर्णतः शान्त जल की सतह के जैसा बन जाये। उस स्थिति में पढ़ी हुई चीज उस सतह को पार कर सत्ता की गहराई में पैठ जाती है जहां वह कम-से-कम विकृति के साथ गृहीत होती है; और उसके बाद, कभी-कभी दीर्घकाल के बाद, वह उन गहराइयों से ऊपर फूट निकलती है तथा मस्तिष्क में अपनी पूरी बोध-शक्ति के साथ प्रकट होती है—बाहर से प्राप्त किसी ज्ञान की तरह नहीं, वरन् एक ज्योति की तरह जिसे मनुष्य अपने अन्दर वहन करता है।

इस प्रकार समझने की शक्ति अपनी अधिकतम मात्रा तक पहुंच जाती है। परन्तु पढ़ने के समय यदि तुम्हारा मन चंचल रहता है तथा जो कुछ पढ़ा जाता है उसके विषय में तर्क करने तथा उसे तुरत समझ लेने की चेष्टा करता है तो तुम उन शब्दों में निहित शक्ति, ज्ञान तथा सत्य का तीन-चौथाई से भी अधिक भाग खो देते हो। और आत्मसात् करने तथा अन्तर में जाग्रत् होने की यह प्रक्रिया पूरी हो जाने के बाद ही यदि तुम प्रश्न करना आरम्भ करो तो तुम देखोगे कि पूछने योग्य बहुत ही कम बातें हैं, क्योंकि पढ़ी हुई चीज को तुम बहुत अच्छी तरह समझ चुके हो।

१९.९.१९५८

३ — जब मैं बोलता हूं तो तर्क-बुद्धि कहती है : "बस, यही मैं कहूंगी", पर भगवान् मेरे मुंह से वह शब्द छीन लेते हैं और होंठ कुछ और ही बोल उठते हैं जिसके आगे बुद्धि कांप-कांप उठती है।

जब श्रीअरविन्द "मैं" कह रहे हैं तब वे स्वयं अपने विषय में तथा अपनी अनुभूति के विषय में ही बोल रहे हैं। हमें बड़ा हर्ष होता यदि हम यह कह सकते कि यह कथन प्रतीकात्मक है और यह बहुत-से लोगों पर लागू हो सकता है, पर दुःख की बात है कि बात ऐसी बिलकुल नहीं है।

जब हम कुछ बोलते हैं तब हमें बहुत बार यह अनुभव होता है कि हम जो कुछ कहना चाहते थे उसे न कहकर दूसरी ही चीज कह बैठे हैं,

पर यह उपर्युक्त अनुभव का उल्टा है; कहने का तात्पर्य, जब मनुष्य शान्तिपूर्वक अपने-आपमें स्थित होता है और उसे अधिक-से-अधिक बुद्धि प्राप्त होती है तब वह यह निश्चय करता है कि यह कहूंगा, यह या वह कहूंगा, यही बात युक्तिसंगत है, पर बहुत बार, जब वह बोलने लगता है तब भिन्न आवेग, युक्तिहीन भावनाएं तथा प्राणिक क्रियाएं उसकी जिह्वा पकड़ लेती हैं और उससे ऐसी बातें कहला देती हैं जो उसे नहीं कहनी चाहिये थीं।

यहां भी, बात बस यही है, पर, जैसा कि मैं कह चुकी हूं, है इसके विपरीत। वहां अ-युक्तिसंगत आवेग ही तुम्हें आवेश और उत्तेजना के वश में होकर बोलने के लिए बाध्य करता है, परन्तु यहां, इसके विपरीत, उस आवेग के स्थान में होती है ऊपर से आने वाली एक अन्तःप्रेरणा, तर्क-बुद्धि के प्रकाश और ज्ञान से कहीं महत्तर एक प्रकाश तथा एक ज्ञान, जो वाणी को अधिकृत कर लेते हैं और तुमसे ऐसी बातें कहला देते हैं जिन्हें कोई अत्यन्त प्रदीप्त तर्क-बुद्धि की सहायता से भी कहने में समर्थ न हुआ होता।

श्रीअरविन्द हमसे कहते हैं कि "बुद्धि कांप-कांप उठती है", क्योंकि ये उच्चतर सत्य सर्वदा मानवीय क्षेत्र में विरोधाभास के रूप में, तर्क-बुद्धि-विरोधी अन्तर्दर्शन के रूप में प्रकट होते हैं; पर इसका कारण यह नहीं है कि उच्चतर लोकों से आने वाली चीजों को समझने में तर्क-बुद्धि असमर्थ होती है, बल्कि यह है कि ये अन्तर्दर्शन सदा बुद्धि की समझी हुई और स्वीकार की हुई चीजों से आगे, बहुत आगे, होते हैं। जिसे आज की मानव तर्क-बुद्धि युक्तिसंगत समझती है वही भूतकाल में विरोधाभासपूर्ण तथा मूर्खतापूर्ण रहा है; और सम्भवतः, बल्कि हम कह सकते हैं कि निश्चय ही, जो अप्रत्याशित, विरोधाभासपूर्ण और क्रान्तिकारी अन्तर्दर्शन अभी प्रकट हो रहे हैं तथा तर्क-बुद्धि को कंपा रहे हैं, वे ही भविष्य में बहुत युक्तिसंगत ज्ञान बन जायेंगे और स्वयं नवीन अन्तर्दर्शनों के सामने कांप उठेंगे!

इन छोटे-छोटे वाक्यों के द्वारा, जो हमारे वस्तुविषयक ज्ञान को कुछ क्षणों के लिए विचलित कर देते हैं, श्रीअरविन्द किसी सतत गतिशील, निरन्तर प्रगति करने वाली तथा सर्वदा रूपान्तरित होने वाली चीज का

यह अनुभव ही हमें प्रदान करने की चेष्टा कर रहे हैं। वे चाहते हैं कि वे हमें तेजी से आगे बढ़ा ले चलें, इस जगत् में व्यक्त होने वाली सभी चीजों की पूर्ण सापेक्षता का बोध हमें प्रदान करें तथा हमें यह अनुभव दे सकें कि यह विश्व एक उच्चतर और महत्तर 'सत्य' की ओर आगे बढ़ रहा है, सर्वदा आगे बढ़ रहा है।

हमारे लिए, इस समय, उच्चतम 'सत्य' की अभिव्यक्ति है अतिमानसिक रूपान्तर; यही 'क्रान्ति' हमें पृथ्वी पर संसिद्ध करनी है; और निस्संदेह अधिकतर मनुष्यों के लिए यह आवश्यक है कि वे इस 'क्रान्ति' का निरपेक्ष अनुभव करें, अन्यथा वे इसे साधित नहीं कर सकेंगे। परन्तु श्रीअरविन्द इस बात पर जोर देते हैं ताकि हम इसे भूल न जायें कि यह निरपेक्ष वस्तु भी सापेक्ष ही है तथा यह अभिव्यक्ति सर्वदा उस 'निरपेक्ष' के सामने सापेक्ष ही बनी रहेगी जो इससे कहीं अधिक निरपेक्ष है एवं 'अव्यक्त' है जो आगे चलकर अभिव्यक्त होगा।

२६.९.१९५८

४ — मैं ज्ञानी नहीं हूं, क्योंकि मुझे कोई ज्ञान प्राप्त नहीं है, सिवा उस ज्ञान के जो भगवान् मुझे अपने कार्य के लिए देते हैं। मैं कैसे समझ सकता हूं कि जो कुछ मैं देखता हूं वह विवेक है या बुद्धिहीनता? नहीं, वह इन दोनों में से कोई नहीं है, क्योंकि देखी हुई वस्तु केवल सत्य होती है—न बुद्धिहीनता, न विवेक।

मैं ज्ञानी नहीं हूं... ज्ञानी तो वह होता है जो 'ज्ञान' के मार्ग का अनुसरण करता है, वह होता है जो केवल 'ज्ञान' के द्वारा 'योग' की प्राप्ति करना चाहता है और जो एक विशुद्ध बौद्धिक पथ से आरम्भ कर उससे परे पहुंच जाना तथा वह 'ज्ञान' प्राप्त करना चाहता है जो अब बौद्धिक नहीं, अपितु आध्यात्मिक है। और श्रीअरविन्द कहते हैं : "मैं 'ज्ञानी' नहीं हूं... मैं 'ज्ञान' की खोज नहीं करता, मैंने अपने-आपको भगवान् के हाथों में सौंप दिया है ताकि मेरे द्वारा उनका कार्य पूरा हो और भगवान् की कृपा से प्रतिक्षण, उस काम को पूरा करने के लिए मुझे जो कुछ जानना चाहिये,

उसे मैं जान जाता हूं।"

यह एक प्रशंसनीय स्थिति है, यह मन की पूर्ण शान्ति की अवस्था है। अब उपार्जित ज्ञान, पढ़ी हुई चीजों तथा याद रखने योग्य विषयों को संचित करने की कोई आवश्यकता नहीं रहती, हजारों चीजों से मस्तिष्क को लाद देने की कोई आवश्यकता नहीं ताकि जब चाहें तब, किसी कार्य को पूरा करने के लिए, कोई शिक्षा देने के लिए या कोई समस्या सुलझाने के लिए आवश्यक ज्ञान हमारे पास मौजूद रहे। अब तो मन शान्त है, मस्तिष्क स्थिर है, सब कुछ स्पष्ट, स्थिर, शान्त है, और जिस क्षण आवश्यकता होती है उसी क्षण, भगवान् की 'कृपा' से प्रकाश की एक बूंद चेतना के अन्दर टपक पड़ती है और जो कुछ जानना जरूरी होता है उसे मनुष्य जान जाता है। अब भला याद रखने की क्या चिन्ता? अब भला इस ज्ञान को बनाये रखने की कोशिश कोई क्यों करे? उस दिन या उस क्षण जब कि इसे पाने की जरूरत होगी यह हमें फिर से प्राप्त हो जायेगा। प्रत्येक मुहूर्त ही हम एक कोरे पृष्ठ की तरह होते हैं जिस पर जानने योग्य बातें लिख दी जाती हैं—पूर्ण ग्रहणशीलता की शान्ति, विश्रांति तथा निश्चल-नीरवता में।

उस समय जानने लायक चीज जानी जाती है, देखने लायक चीज दिखायी देती है, और चूंकि जानने लायक और देखने लायक विषय सीधे परात्पर भगवान् से आते हैं, इसलिए वे साक्षात् सत्य ही होते हैं, और वे विवेक या बुद्धिहीनता दोनों की धारणाओं से सर्वथा परे होते हैं। जो चीज सत्य है वह बस सत्य है—बस यही। यदि तुम यह प्रश्न करो कि वह वस्तु मूर्खतापूर्ण है या विवेकपूर्ण तो तुम्हें काफी नीचे उतर आना पड़ेगा।

बस, आवश्यक है निश्चल-नीरवता और विनम्र, विनीत, सतर्क ग्रहणशीलता। न तो अपने को दिखाने की कोई चिन्ता होनी चाहिये और न होने की ही—बस, एकदम विनम्र, एकदम विनीत, एकदम सरल-भाव से यन्त्र बन जाना चाहिये जो स्वयं कुछ नहीं है और न कुछ जानता है, पर जो सब कुछ ग्रहण करने तथा सब कुछ प्रसारित करने के लिए तैयार है।

पहली शर्त है आत्मविस्मृति, पूर्ण आत्म-समर्पण, अहं का अभाव।

और शरीर परम प्रभु से कहता है : "तू जो कुछ चाहता है कि मैं

बनूं, वही बनूंगा, तू जो कुछ चाहता है कि मैं जानूं, वही जानूंगा, तू जो कुछ चाहता है कि मैं करूं, वही करूंगा।"

३.१०.१९५८

५ — यदि मनुष्य इस बात की केवल एक झलक पा जाये कि कितने अनन्त भोग, कितनी पूर्ण शक्तियां, सहज-स्वाभाविक ज्ञान के कितने ज्योतिपूर्ण क्षितिज, हमारी सत्ता के कितने विस्तृत शान्तिपूर्ण क्षेत्र उन प्रान्तों में हमारी प्रतीक्षा कर रहे हैं जिन्हें अभी तक हमारे जैव क्रम-विकास ने जीता नहीं है, तो वे सब कुछ छोड़ देंगे और तब तक कभी चैन से नहीं बैठेंगे जब तक इन सम्पदाओं को आयत्त नहीं कर लेते। परन्तु पथ संकीर्ण है, द्वार दुर्भेद्य है और प्रकृति के पहरेदार भय, अविश्वास और संशय मौजूद हैं जो हमें सामान्य चरागाहों की ओर से पैर मोड़ने से मना करते हैं।

श्रीअरविन्द ने जो लिखा है, "झलक पा जायें", तो उसका अर्थ है "सम्पूर्ण रूप से देख लें, पर थोड़े-से क्षणों के लिए"। यह स्पष्ट ही है कि यदि इन सुन्दर वस्तुओं का निरन्तर दर्शन प्राप्त हो तो वह स्वभावतः तुम्हें पथ ग्रहण करने के लिए बाध्य करेगा। फिर यह भी निश्चित है कि एक छोटी-सी खण्ड-झांकी पर्याप्त नहीं होती; उसमें इतनी प्रबल शक्ति नहीं होती कि वह तुम्हें पथ ग्रहण करने के लिए बाध्य करे।

परन्तु तुम्हें यदि पूर्ण दर्शन प्राप्त हो जाये, भले ही वह थोड़े समय के लिए ही क्यों न हो, तो तुम उसकी उपलब्धि के लिए आवश्यक प्रयास करने के लोभ को संवरण नहीं कर सकते; लेकिन वास्तव में, पूर्ण दर्शन दुर्लभ होता है। इसी कारण श्रीअरविन्द हमसे कहते हैं : "यदि मनुष्य केवल...।"

सच पूछा जाये तो जो लोग तैयार हैं, जो लोग इस उपलब्धि के लिए असंदिग्ध रूप से दैव-निर्दिष्ट हैं, उनके विषय में ऐसा कम ही देखा जाता है कि वे अपने जीवन के किसी विशेष मुहूर्त में, भले ही वह कुछ सेकेंड

के लिए ही क्यों न हो, यह न अनुभव करते हों कि यह उपलब्धि क्या है।

परन्तु उन लोगों को भी, जिन लोगों का भाग्य सुनिश्चित है उन लोगों को भी, "उस चीज" के विरुद्ध हठपूर्वक, घोर संघर्ष करना पड़ता है जिसे हम अपनी सांस की हवा के साथ ग्रहण करते हुए प्रतीत होते हैं : "वह चीज" है यह आशंका, यह भय कि न मालूम क्या हो जाये। यह कितनी मूर्खतापूर्ण बात है, क्योंकि अन्तिम विश्लेषण करने पर प्रत्येक व्यक्ति का भाग्य एक ही है : जन्म लेना, जीना—अधिक या कम अच्छे रूप में—और मर जाना; और फिर अधिक या कम समय तक प्रतीक्षा करना, फिर दुबारा जन्म लेना, जीना—कम या अधिक उत्तम रूप में—और फिर मर जाना और इसी तरह अनिश्चित काल तक दुहराते रहना जब तक कि मनुष्य इससे ऊब जाने के लिए तैयार न हो जाये।

भला भय किस बात का? पुरानी लीक से बाहर निकल आने का भय? मुक्त होने का भय? भविष्य में कैदी न बने रहने का भय?

और फिर, जब तुममें उसे अतिक्रम कर जाने के लिए पर्याप्त साहस हो तो तुम अपने-आपसे कहते हो : "कुछ भी क्यों न हो! आखिर हम कोई बड़ी चीज दांव पर नहीं लगा रहे, है न?" परन्तु तुम अपने ऊपर अविश्वास करते हो, तुम मन-ही-मन प्रश्न उठाते हो कि क्या यह युक्तिसंगत है, क्या यह सत्य है, क्या यह सब विशुद्ध भ्रम नहीं है, क्या हमारा मस्तिष्क चकरा गया है, क्या वास्तव में ऐसी कोई चीज है...। ध्यान रखो, यद्यपि यह अविश्वास मूर्खतापूर्ण प्रतीत होता है फिर भी यह अत्यन्त बुद्धिमान लोगों में भी पाया जाता है, यहां तक कि उन लोगों में भी पाया जाता है जिन्हें बार-बार और विश्वासोत्पादक अनुभव प्राप्त हो चुके हैं। मैं कहती हूं कि यह एक ऐसी चीज है जिसे हम अपने भोजन के साथ आत्मसात् करते हैं, अपनी सांस में आने वाली हवा के साथ, दूसरों के सम्पर्क के साथ ग्रहण करते हैं, और यही कारण है कि हम उसे "प्रकृति का पहरेदार" कह सकते हैं, जो सर्वत्र और सब वस्तुओं में एक अष्टबाहु राक्षस मछली की भांति फिसलकर आ घुसता है और अन्त में तुम्हें पकड़कर बांध लेता है।

और जब हम इन दो बाधाओं को पार कर जाते हैं, जब हमारे अनुभव इतने प्रबल होते हैं कि कोई सन्देह नहीं बना रह सकता, उन पर सन्देह

करना असम्भव हो जाता है—उन पर सन्देह करना मानों अपने जीवन पर ही सन्देह करना हो जाता है—उस समय भी वह भयंकर, गंदी, सूखी और क्षरणशील चीज, अर्थात्, अविश्वास की प्रवृत्ति बनी रह जाती है। वह मानवीय गर्व पर आधारित होती है और इसी कारण बहुत दिनों तक बनी रहती है। उस समय हम अपने को इन सभी चीजों से बहुत ऊपर समझते हैं और कहते हैं: "ओह, मैं! मैं इन सब फंदों में नहीं पड़ता! मैं तो एक बुद्धिमान् आदमी हूं, मैं वस्तुओं को व्यावहारिक दृष्टि से देखता हूं, मुझे कोई धोखा नहीं दे सकता।" यह बात घृणित है!... नीच है। पर यह खतरनाक है।

महान् उत्साह की घड़ी में भी, जब हम किसी असाधारण, अद्भुत अनुभूति से भरपूर होते हैं, उस क्षण भी, वह चीज एकदम नीचे से ऊपर उठ आती है, वह कदर्य, लसीली और घृणास्पद होती है। फिर भी वह ऊपर चढ़ आती है और सब कुछ चौपट कर देती है।

उस पर विजय प्राप्त करने के लिए मनुष्य को उद्भट योद्धा बनना होगा। उसे प्रकृति के सब प्रकार के अन्धकारों के साथ, उसकी समस्त कुटिलताओं और प्रलोभनों के साथ युद्ध करना होगा।

वह यह सब क्यों करती है? ऐसा लगता है मानों वह स्वयं अपने लक्ष्य के विपरीत जा रही हो। परन्तु मैं इस बात की व्याख्या तुम्हारे सामने अनेक बार कर चुकी हूं : प्रकृति यह अच्छी तरह जानती है कि वह किस ओर जा रही है, परिणाम क्या है, वह उसे चाहती है, पर... अपने निजी तरीके से।

उसे नहीं लगता कि वह समय खो रही है। उसके सामने तो अनन्त काल पड़ा है। वह अपनी इच्छा के अनुसार अपने पथ का अनुसरण करना चाहती है, अपनी पसन्द के अनुसार चक्कर काटती हुई, पीछे लौटती हुई, सीधे पथ से अलग भटकती हुई चलना चाहती है और एक ही चीज को बार-बार यह देखने के लिए आरम्भ करती है कि देखें, क्या होता है। और तब, वे प्रबुद्ध चंचलमति लोग, जो तुरत, यथासम्भव शीघ्रता के साथ, लक्ष्य पर पहुंच जाना चाहते हैं, जो सत्य, ज्योति, सौन्दर्य और सन्तुलन के प्यासे होते हैं... ऐसे लोग उसे तंग करते हैं, उस पर दबाव डालते हैं, वे उससे कहते हैं कि तू अपना समय नष्ट कर रही है। अपना

समय! और वह हमेशा उत्तर देती है: "परन्तु मेरे सामने शाश्वत काल पड़ा है, क्या मुझे कोई जल्दी है? तुम लोग इतनी जल्दी में क्यों हो?" और फिर, मुस्कुराती हुई वह उनसे कहती है: "तुम जितने अंश में मनुष्य हो उतने ही अंश में जल्दबाजी करते हो; अपने को विस्तारित करो, अनन्त बन जाओ, शाश्वत बन जाओ, तब तुम फिर कभी जल्दबाजी न करोगे।"

रास्ते में उसके लिए मनबहलाव का ऐसा साधन मौजूद है, पर उससे प्रत्येक व्यक्ति का मन नहीं बहलता।

उस समय यही होता है जब कोई वस्तुओं को एक महान् ऊंचाई पर से, बहुत दूर से देखता है, जब कोई उन चीजों को देखता है जो विशाल हैं, लगभग अनन्त हैं। जो चीजें मनुष्य को परेशान करती हैं, सताती हैं वे विलीन हो जाती हैं; और तब, जो लोग बड़े ज्ञानी होते हैं और एक बड़े ऊंचे ज्ञान के लिए जीवन का त्याग कर चुकते हैं, वे एक मुस्कान के साथ तुमसे कहते हैं: "तुम दुःख क्यों भोग रहे हो? उससे बाहर निकल आओ, फिर कोई कष्ट नहीं होगा!" व्यक्तिगत रूप से यह बहुत ठीक है, पर आखिरकार जब कोई दूसरों की बात सोचता है तब उसकी यह इच्छा हो सकती है कि यह सुखान्त नाटक, जो जरा दुःखदायी है, शीघ्र समाप्त हो जाये। और यदि कोई चरागाह में रहने वाले पशु की तरह जीवन से थका हुआ; घास के एक तिनके से दूसरे तिनके तक घूमने से, खायी हुई चीज को एक कोने में बैठकर चबाने, अर्थात्, जुगाली करने से, अत्यन्त सीमित क्षितिजों तक दृष्टि प्रसारित करने तथा जीवन की समस्त चमक-दमक खो देने से थका हुआ अनुभव करे, तो यह बिलकुल न्यायसंगत है।

सम्भवतः प्रकृति को इसमें मजा आता है कि हम इस तरह के हैं, पर, हमारा जहां तक प्रश्न है, हम इससे ऊब गये हैं; हम कुछ और हो जाना चाहते हैं।

बस, ऐसे ही समय जब कि हम ऐसी चीजों से ऊब चुके होते हैं, जब हम और कुछ होना चाहते हैं तभी हमारे अन्दर साहस आता है, शक्ति आती है और इन तीनों महान् शत्रुओं को—भय, सन्देह और अविश्वास को—जीतने की सम्भावना उत्पन्न हो जाती है। परन्तु मैं फिर कहती हूं कि यही पर्याप्त नहीं है कि एक शुभ दिन देखकर कोई बैठ जाये, अपने को

देखे कि वह कैसा है और बस एक बार ही, सदा के लिए उससे युद्ध कर ले। यदि कोई निश्चिंत होना चाहे कि वह उस चीज से मुक्त हो चुका है तो उसे ऐसा ही करना होगा, इसे बार-बार करना होगा और लगभग अनन्त रूप से करते रहना होगा। सच पूछा जाये, तो मनुष्य शायद यथार्थ में कभी मुक्त नहीं होता, परन्तु एक समय आता है जब वह अपने अन्दर इतना बदल जाता है कि वे चीजें उसे स्पर्श नहीं कर सकतीं। मनुष्य उन्हें देख तो सकता है पर वह एक मुस्कान के साथ देखता है। और एक मामूली हरकत ही उन्हें दूर हटा देती है, वे वहीं लौट जाती हैं जहां से आयी थीं, शायद थोड़ी-सी परिवर्तित होकर, शायद कम शक्तिशाली, कम हठी, कम आक्रामक बनकर लौट जाती हैं और यह क्रम तब तक चलता रहता है जब तक कि 'ज्योति' इतनी पर्याप्त मात्रा में सबल नहीं हो उठती कि समस्त अन्धकार विलीन हो जाये।

जहां तक उन अद्‌भुत वस्तुओं का प्रश्न है, जिनकी चर्चा श्रीअरविन्द करते हैं, उनका वर्णन न करना ही अधिक अच्छा है, क्योंकि प्रत्येक व्यक्ति अपने निजी ढंग से महसूस करता, स्वीकार करता और अनुभव करता है—और प्रत्येक व्यक्ति के लिए वही सबसे उत्तम है। तुम्हें दूसरों का तरीका नहीं पकड़ना चाहिये, तुम्हें बस अपना ही रास्ता अपनाना चाहिये, तभी अनुभव अपना पूरा मूल्य, अपना कल्पनातीत मूल्य प्राप्त करता है।

अन्त में, मैं चाहती हूं कि तुम सब लोग इन अनुभवों को प्राप्त करो। उसके लिए तुम्हारे अन्दर श्रद्धा, विश्वास, बहुत नम्रता तथा बहुत अधिक सदिच्छा होनी चाहिये।

अपने-आपको खोलो, अभीप्सा करो और... प्रतीक्षा करो। अनुभव निश्चित रूप से आयेगा। भगवत्कृपा विद्यमान है; वह बस यही चाहती है कि वह सबके लिए कार्य कर सके।

१०.१०.१९५८

६—बहुत बाद में मैंने सीखा कि जब तर्क-बुद्धि मर गयी तब 'प्रज्ञा' उत्पन्न हुई; इस मुक्ति से पहले मुझे केवल ज्ञान ही प्राप्त था।

मैं फिर एक बार तुम्हारे सामने यह बात दुहरा देना आवश्यक समझती हूं कि इन सूत्रों का रूप जान-बूझकर विरोधाभासात्मक रखा गया है ताकि मन को थोड़ा-सा धक्का दिया जाये और उसे इतना अधिक जगा दिया जाये कि वह समझने की कोशिश करे। तुम्हें इन्हें शब्दशः नहीं लेना चाहिये। कुछ लोग इस भावना का पोषण करते हुए प्रतीत होते हैं कि ज्ञानी होने के लिए यह आवश्यक है कि तर्क-बुद्धि विलुप्त हो जाये, पर बात ऐसी नहीं है, बात बिलकुल ही ऐसी नहीं है।

बस तर्क-बुद्धि को कभी सर्वोच्च शिखर और सर्वेसर्वा नहीं होना चाहिये।

जीवन में बहुत दीर्घ काल तक, सच्चे ज्ञान जैसी कोई चीज प्राप्त करने से पहले, यह अत्यन्त आवश्यक होता है कि तर्क-बुद्धि ही सर्वेसर्वा हो, अन्यथा तुम अपने आवेगों, सनकों और भावुक कल्पनाओं के हाथों का—जो थोड़े-बहुत उच्छृंखल होते हैं—खिलौना रह जाते हो तथा केवल प्रज्ञा से ही नहीं वरन् अच्छे चाल-चलन के लिए आवश्यक ज्ञान से भी बहुत दूर चले जाने का खतरा उठाते हो। परन्तु जब तुम साधारण मानव-चेतना के सर्वोच्च शिखर-रूप तर्क-बुद्धि की सहायता से अपनी सत्ता के निम्न अंगों पर अधिकार जमाने में सफलता प्राप्त कर लेते हो और फिर यदि उस बिन्दु से परे जाना चाहते हो, यदि तुम साधारण जीवन, साधारण विचार, वस्तु-विषयक साधारण दृष्टि से मुक्त होना चाहते हो तो तुम्हें, यदि मैं ऐसा कह सकूं तो, तर्क-बुद्धि के मस्तक से ऊपर चढ़ जाना होगा—घृणा के साथ उसे अपने पैरों तले कुचलना नहीं, बल्कि और ऊपर चढ़ने के लिए, उसके परे चले जाने के लिए पादपीठ के रूप में उसका व्यवहार करना होगा, तथा किसी ऐसी चीज को प्राप्त करना होगा जो उसके निर्णयों की तनिक भी परवाह नहीं करती एवं अयुक्तिसंगत होने की क्षमता रखती है, क्योंकि वह अयुक्तिसंगतता एक उच्चतर वस्तु होती है, जिसके साथ एक उच्चतर ज्योति होती है, वह एक ऐसी चीज होती है जो सामान्य ज्ञान से परे रहती है तथा ऊपर से, बहुत ऊपर से, भागवत प्रज्ञा से अन्तःप्रेरणाएं प्राप्त करती है।

बस यही है इसका अर्थ।

यहां पर श्रीअरविन्द जिस ज्ञान की बात कहते हैं वह साधारण ज्ञान है, वह तादात्म्य द्वारा प्राप्त ज्ञान नहीं है; यह वह चीज है जिसे मनुष्य

बुद्धि के द्वारा, चिन्तन के द्वारा, सामान्य पद्धति के द्वारा प्राप्त करता है।

परन्तु फिर एक बार कह दूं—इसके अलावा बाद के सूत्रों में हम इस विषय पर फिर वापस आने का अवसर प्राप्त करेंगे—जल्दबाजी में यह मानकर कि तुम तुरत प्रज्ञा के अन्दर प्रविष्ट हो जाओगे, तर्क-बुद्धि को त्याग न दो; क्योंकि, प्रज्ञा में प्रवेश करने से पहले तुम्हें तैयारी करनी होगी, नहीं तो, तर्क-बुद्धि को त्याग कर तुम अ-बौद्धिक होने का महान् संकट उठाओगे जो काफी खतरनाक है।

प्रायः ही अपने लेखों में, विशेषकर 'योग-समन्वय' में श्रीअरविन्द कुछ लोगों की धारणा के विरुद्ध हमें सावधान करते हैं। ये लोग विश्वास करते हैं कि वे अपने ऊपर कोई यथार्थ संयम रखे बिना भी योग साधना कर सकते हैं। ये सभी प्रकार की अन्तःप्रेरणाओं को ग्रहण करते हैं और फलतः एक खतरनाक असन्तुलन की स्थिति में जा पहुंचते हैं जिसमें उनकी सभी दबी, ढकी और गुप्त कामनाओं को इस बहाने खुलकर क्रीड़ा करने दिया जाता है कि वे सामान्य परम्पराओं तथा सामान्य तर्क-बुद्धि से मुक्त हो चुके हैं।

मनुष्य केवल ऊंचाइयों तक ऊपर उठकर ही, मानवीय आवेगों से बहुत ऊपर जाकर ही मुक्त हो सकता है। तुम्हें मुक्त होने का अधिकार केवल तभी प्राप्त होता है जब तुम एक उच्चतर अहंकारशून्य स्वतन्त्रता को अधिकृत कर लेते हो तथा सभी कामनाओं और प्रवेगों से छुट्टी पा चुकते हो।

लेकिन, जो लोग बहुत बुद्धिवादी हैं और सामान्य सामाजिक नियमों के अनुसार बहुत नैतिक हैं उन्हें यह कभी विश्वास नहीं करना चाहिये कि वे ज्ञानी हैं, क्योंकि उनका ज्ञान एक भ्रम ही होता है और उसमें कोई गभीर सत्य नहीं होता।

विधि-विधानों को तोड़ने की योग्यता प्राप्त करने के लिए तुम्हें उनसे ऊपर उठ जाना चाहिये, रूढ़ियों की उपेक्षा करने के योग्य बनने के लिए तुम्हें उनसे ऊपर जाना चाहिये, सभी कायदे-कानूनों की अवज्ञा करने की क्षमता पाने के लिए तुम्हें उनसे ऊपर जाना चाहिये। और इस स्वतन्त्रता का उद्देश्य कभी कोई अहंकारपूर्ण, व्यक्तिगत वस्तु, किसी महत्त्वाकांक्षा की तृप्ति या बड़प्पन की भावना रखकर, अपने दल से ऊपर उठ जाने के

लिए और अनुग्रहपूर्वक उसकी ओर दृष्टिनिक्षेप करने के लिए दूसरों के प्रति, घृणाभाव का पोषण कर, अपने व्यक्तित्व को महत् बनाना नहीं होना चाहिये। जब कभी तुम अपने अन्दर बड़प्पन की इस भावना को अनुभव करो और दूसरों की ओर विद्रूप की दृष्टि से, तुच्छ भाव के साथ ताको और मन में यह कहो : "मैं अब उस श्रेणी का नहीं हूं" तब अपने ऊपर विश्वास मत करो; क्योंकि उसी क्षण तुम पथ-भ्रष्ट हो जाते हो और खड्ड में लुढ़क पड़ने का खतरा उठाते हो।

जब तुम वास्तव में प्रज्ञा में, सच्ची प्रज्ञा में, जिसकी श्रीअरविन्द यहां चर्चा करते हैं, प्रवेश पा जाते हो तब फिर वहां कोई ऊंची या नीची चीज नहीं रह जाती, वहां बस शक्तियों की एक क्रीड़ा रह जाती है जिसमें प्रत्येक चीज का अपना स्थान व महत्त्व होता है, और यदि वहां कोई पद-परम्परा होती भी है तो वह परात्पर प्रभु के प्रति आत्म-समर्पण की ही पद-परम्परा होती है, वह नीचे की वस्तु के मुकाबले बड़प्पन की पद-परम्परा नहीं होती।

मनुष्योचित समझ-शक्ति, मानवीय तर्क-बुद्धि, मानुषी ज्ञान के द्वारा तुम इस पद-परम्परा को नहीं समझ सकते; एकमात्र जाग्रत् आत्मा ही दूसरी जाग्रत् आत्मा को पहचान सकती है, तब बड़प्पन की भावना पूर्ण रूप से विलीन हो जाती है।

सच्ची प्रज्ञा तभी प्राप्त होती है जब अहंभाव विलीन हो जाता है और अहंभाव केवल तभी विलीन होता है जब तुम कोई व्यक्तिगत उद्देश्य रखे बिना, किसी लाभ की आशा बिना, परात्पर प्रभु के चरणों में अपने-आपको सम्पूर्णतः समर्पित करने के लिए तैयार हो जाते हो, जब तुम ऐसा इसलिए करते हो कि तुम अन्यथा कर ही नहीं सकते।

१७.१०.१९५८

७ — जिसे मनुष्य ज्ञान कहते हैं वह मिथ्या बाह्य रूपों को युक्ति द्वारा स्वीकार करना है। 'प्रज्ञा' पर्दे के पीछे तक दृष्टि दौड़ाती और देखती है। तर्क-बुद्धि ब्योरों को निश्चित करती और उनका अन्तर बतलाती है। तर्क-बुद्धि विभक्त करती है और 'प्रज्ञा' विभेदों

को एक अखण्ड सामञ्जस्य के अन्दर पिरो देती है।

श्रीअरविन्द ने जो चीजें ज्ञान, तर्क-बुद्धि और प्रज्ञा के विषय में लिखी हैं उनका उद्देश्य है सामान्य चिन्तन-पद्धति की लीक से हमें बाहर निकाल लाना तथा, यदि सम्भव हो तो, हमें बाह्य रूपों के पीछे विद्यमान सद्वस्तु की एक झांकी देना।

साधारणतया, बहुत थोड़े-से विरल अपवादों को छोड़कर, अधिकतर मनुष्य अपने चारों ओर तथा कभी-कभी अपने अन्दर होने वाली चीजों को कम या अधिक यथार्थ रूप में देखकर ही सन्तुष्ट हो जाते हैं और अपने अवलोकनों को छिछले-तर्क की किसी-न-किसी पद्धति के द्वारा श्रेणीबद्ध कर लेते हैं, और इन्हीं पद्धतियों को, इसी व्यवस्थापना को "ज्ञान" के नाम से पुकारते हैं। उन्हें इस बात का जरा भी ख्याल नहीं होता, उनमें इस बोध का आरम्भ तक नहीं होता कि जिन चीजों को वे देखते, वे छूते, वे अनुभव करते और वे स्वीकार करते हैं, वे मिथ्या बाह्य-रूप हैं, स्वयं सद्वस्तु नहीं।

यह एक सामान्य और अटल तर्क है : "परन्तु मैं इसे देखता हूं, मैं इसे छूता हूं, मैं इसे अनुभव करता हूं, इसलिए यह सत्य है।"

परन्तु, इसके विरुद्ध, कहना यह चाहिये : "मैं इसे देखता हूं, मैं इसे छूता हूं, मैं इसे अनुभव करता हूं, इसलिए यह अवश्य ही मिथ्या होगा।" हम दो विपरीत छोरों पर हैं और हमारे लिए समझने का कोई उपाय नहीं।

श्रीअरविन्द के लिए सच्चा ज्ञान है ठीक तादात्म्य द्वारा प्राप्त ज्ञान और प्रज्ञा है वह स्थिति जो सच्चा ज्ञान होने पर प्राप्त होती है। वे यहां कहते हैं : 'प्रज्ञा' मिथ्या बाह्य-रूपों के पर्दे के पीछे देखती है, वह पीछे विद्यमान सद्वस्तु को देखती है। फिर श्रीअरविन्द इस बात पर जोर देते हैं कि जब तुम छिछले, बाह्य ज्ञान के द्वारा किसी वस्तु का वर्णन करते हो तो तुम हमेशा उसके विरोध में किसी दूसरी वस्तु को रखते हो; तुम जो देखते हो, छूते और अनुभव करते हो उनकी विषमता दिखाकर ही सर्वदा उनकी व्याख्या करते हो—और तब तुम उन्हें बिलकुल नहीं समझते।

बुद्धि सदा वस्तुओं को एक-दूसरे के विपरीत रखती है और तुम्हें चुनाव करने के लिए बाध्य करती है। जिनके विचार और तर्क सुस्पष्ट

होते हैं वे लोग वस्तुओं के बीच विद्यमान समस्त भेदों को देखते हैं। यह बात विशेष रूप से देखने लायक है कि तर्क-बुद्धि विभिन्नता के द्वारा ही कार्य करती है। चूंकि तुम इस वस्तु और उस वस्तु में, इस कार्य और उस कार्य में, इस विषय और उस विषय में अन्तर देखते हो, इसीलिए निर्णय करते हो और तर्क-बुद्धि अपना कार्य करती है।

ठीक इसी तरह, सच्चा ज्ञान, तादात्म्य द्वारा प्राप्त ज्ञान तथा उसके फल-रूप प्रज्ञा बराबर ही उस बिन्दु को देखती है जहां विरोधी प्रतीत होने वाली सभी वस्तुएं सुसमन्वित, परिपूर्ण बन जाती हैं, और पूर्णतः सुसंहत और सुव्यवस्थित पूर्णांग वस्तु का निर्माण करती हैं। और स्वभावतः, यह बात हमारे दृष्टिकोण, बोध और कर्म में होने वाले परिणामों को सम्पूर्ण रूप से बदल देती है।

अत्यन्त अनिवार्य और प्रथम पग यह है कि जो कुछ हमसे कहा गया है उसे कम या अधिक यान्त्रिक रूप में, अच्छी तरह समझे बिना न दुहरायें, जैसे, हम कहते हैं कि 'बाह्य रूप मिथ्या है", हम ऐसा कहते हैं क्योंकि श्रीअरविन्द ने ऐसा कहा है, पर हम इसे समझते नहीं, और इस सबके बावजूद जब कुछ जानना चाहते हैं तो उस चीज की ओर ताकना, उसका निरीक्षण करना, उसे छूना, चखना और सूंघना आरम्भ कर देते हैं, क्योंकि हमें विश्वास नहीं है कि हमें देखने-समझने का और भी कोई दूसरा साधन प्राप्त है। जब हमें "चेतना के पलटने" का अनुभव प्राप्त होता है, जब हम इन चीजों के पीछे चले जाते हैं और इन बाह्य रूपों की भ्रांति को पूर्णतः वास्तविक रूप में अनुभव करते हैं और जानते हैं, केवल तभी समझना आरम्भ करते हैं। परन्तु तुम्हें जब तक यह अनुभव नहीं प्राप्त हो जाता तब तक तुम समस्त सूत्रावली को पढ़ सकते हो उसे बार-बार दुहरा सकते और कंठस्थ कर सकते हो और विश्वास कर सकते हो, फिर भी तुम्हें यथार्थ बोध नहीं प्राप्त होगा, तुम्हारे लिए यह सब सत्य नहीं होगा और ये सब बाह्य रूप ही तुम्हारे लिए एकमात्र साधन बने रहेंगे जिनकी सहायता से तुम बाहरी जगत् के साथ अपना सम्पर्क स्थापित करोगे और यह जान सकोगे कि वह क्या है। और कभी-कभी तो तुम्हारा सारा जीवन ही यह सीखने में बीत जाता है कि वस्तुएं अपने बाह्य रूप में कैसी हैं और यदि तुम उन सब चीजों को खूब बारीकी से, पूरे ब्योरे के साथ

देखते हो तथा जो कुछ तुम देखते हो या सीखते हो उसे याद रखते हो तो तुम एक बहुत सुशिक्षित, बुद्धिमान् व्यक्ति, ज्ञान-वारिधि समझे जाते हो...।

यदि कोई बहुत अधिक परिश्रम करे तो इन बाह्य रूपों पर थोड़ी-सी क्रिया कर सकता है, अधिक-से-अधिक, उनमें जरा-सा परिवर्तन ला सकता है—बस, इसी तरह विज्ञान तुम्हें जड़-तत्त्व का व्यवहार करना सिखाता है—, पर यह कोई सच्चा परिवर्तन नहीं है और यह कोई सच्ची शक्ति भी नहीं है। और जब तुम उस स्थिति में हो, तुम यह पूरा-पूरा विश्वास करते हो कि तुम कुछ नहीं कर सकते, अपना स्वभाव बदलने के लिए भी कुछ नहीं कर सकते; तुम अनुभव करते हो कि तुम एक प्रकार की नियति से आक्रान्त हो जो तुम्हारे लिए बहुत भारी है, तुम यह नहीं जानते कि यह नियति कहां से या कैसे आयी है : तुम समझते हो कि तुम वैसे ही पैदा हुए हो, उस स्थान में या उस परिवेश में, उस स्वभाव के साथ पैदा हुए हो, तुम्हें जीवन में यथाशक्ति अच्छे-से-अच्छे रूप में चलते जाना होगा, जिन सब चीजों पर अपना विशेष प्रभाव नहीं उनके साथ समझौता करते हुए तथा अपने स्वभाव को बदलने की शक्ति के अभाव में स्वभाव की कठिनाइयों को क्षीण करते हुए आगे बढ़ना होगा। तुम अनुभव करते हो मानों तुम एक जाल में आबद्ध हो गये हो, तुम एक ऐसी चीज के गुलाम हो गये हो जिससे तुम अवगत नहीं हो, तुम किन्हीं अज्ञात परिस्थितियों और शक्ति के हाथ का खिलौना बन गये हो, एक ऐसी संकल्प शक्ति के हाथों नाचते हो जिसकी वश्यता तो तुम नहीं स्वीकार करते पर जो तुम्हें बाध्य करती है। अत्यन्त विद्रोही लोग भी गुलाम ही होते हैं, क्योंकि मुक्त होने का एकमात्र पथ है बस पर्दे के पीछे चले जाना और यह देखना कि उसके परे क्या है। जब तुम देख लेते हो तब तुम उसके साथ एक हो सकते हो और जब तुम तादात्म्य स्थापित कर लेते हो तब तुम्हें सच्चे रूपान्तर की चाभी मिल जाती है।

हम पढ़ते हैं, हम समझने की चेष्टा करते हैं, हम व्याख्या करते हैं, हम जानने की कोशिश करते हैं। पर सच्चे अनुभव का एक ही क्षण हमें हजारों शब्दों और सैकड़ों व्याख्याओं से कहीं अधिक सिखा देता है।

अतएव पहला प्रश्न है : "किस तरह अनुभव प्राप्त किया जाये?"

अपने भीतर पैठ जाओ, बस यही है पहला पग।

और एक बार जब तुम इतनी पर्याप्त गहराई में प्रवेश करने में सफल हो चुको कि जो कुछ अन्दर विद्यमान है उसके सत्य को अनुभव कर सको तब अपने-आपको फैलाओ, धीरे-धीरे और सुव्यवस्थित रूप में अपने को विस्तारित करो और विश्व के समान विशाल बनकर सीमा की भावना को खो दो।

तैयारी करने के लिए ये दो क्रियाएं सबसे पहले आवश्यक हैं।

और इन दोनों कार्यों को यथासम्भव अधिक-से-अधिक पूर्ण स्थिरता, शान्ति और निश्चलता में करना होगा। यह शान्ति, यह निश्चलता मन में निश्चल-नीरवता उत्पन्न करती है और प्राण के अन्दर अचलता ले आती है।

इस प्रयास को, इस चेष्टा को तुम्हें बहुत नियमित रूप से और अध्यवसाय के साथ दुहराते रहना होगा और कुछ दिनों के बाद, कम या अधिक दीर्घकाल के बाद, तुम एक ऐसे सत्य को देखना आरम्भ कर दोगे जो तुम्हारी सामान्य बाहरी चेतना में दिखायी देने वाले सत्य से भिन्न होगा।

स्वभावतः, भागवत कृपा के प्रभाव के कारण, अकस्मात्, एक आन्तरिक पर्दा फट सकता है और तुम यथार्थ सत्य के अन्दर तुरत प्रवेश कर सकते हो; परन्तु ऐसा जब होता है तब भी, यदि तुम उसका पूरा-पूरा मूल्य, महत्त्व और उसका पूर्ण प्रभाव प्राप्त करना चाहो तो तुम्हें अपने-आपको भीतरी ग्रहणशीलता की स्थिति में बनाये रखना होगा और उसके लिए दिन-प्रति-दिन अन्तर में पैठना अनिवार्य है।

२४.१०.१९५८

८—न तो केवल अपने विश्वासों को ही ज्ञान का नाम दो और दूसरों के विश्वासों को भूल-भ्रांति, अज्ञान या मिथ्याचार का; और न ही सम्प्रदायों के मत-मतान्तरों और उनकी असहिष्णुता की निन्दा करो।

सम्प्रदायों के कट्टर मत और धर्मों की असहिष्णुता उत्पन्न होने के कारण ये हैं कि सम्प्रदाय और धर्म केवल अपने ही विश्वासों को ज्ञान मानते हैं और दूसरों के विश्वासों को भूल-भ्रांति और अज्ञान अथवा मिथ्याचार समझते हैं।

बस, इसी सामान्य प्रवृत्ति के कारण वे जिसे सत्य समझते हैं उसे एक अटल सिद्धान्त का रूप दे देते हैं और दूसरे लोग जिसे सत्य समझते हैं उसकी भयंकर रूप से निन्दा करते हैं। यह समझना कि हमारा ही ज्ञान एकमात्र सच्चा ज्ञान है, हमारा ही विश्वास एकमात्र सच्चा विश्वास है और दूसरों का विश्वास सच्चा, अर्थात्, सत्य नहीं है, ठीक यही कार्य है जिसे सभी सम्प्रदाय और सभी धर्म करते हैं।

अतएव; तुम यदि ठीक वही करते हो जो सभी सम्प्रदाय और धर्म करते हैं तो तुम्हें उनकी खिल्ली उड़ाने का कोई अधिकार नहीं है। तुम भी अनजाने वही कार्य कर रहे हो, क्योंकि तुम्हें वही एकदम स्वाभाविक प्रतीत होता है। श्रीअरविन्द ठीक यही बात तुम्हें समझाना चाहते हैं कि जब तुम यह कहते हो : "हमारे पास सत्य है और जो कुछ वह नहीं है वह एक भ्रान्ति है" (चाहे तुम इस बात को उतने भद्दे रूप में कहने का साहस न भी करो), तुम एकदम वही चीज करते हो जो सभी धर्म और सभी सम्प्रदाय करते हैं।

यदि तुम जरा पीछे हटकर अपनी ओर ताको तो तुम देखोगे कि जो कुछ तुमने सीखा-पढ़ा या सोचा है, जो कुछ तुमको विशेष रूप से सत्य और अत्यन्त महत्वपूर्ण प्रतीत हुआ है उस सबको तुमने सहज-स्वाभाविक ढंग से, उधर कोई ध्यान दिये बिना ही, ज्ञान का रूप दे दिया है और जब दूसरे लोग कहते हैं : "ना, ना, यह तो ऐसा है, यह वैसा नहीं है", तो तुम उनकी भिन्न धारणा का प्रतिवाद करने के लिए बिलकुल तैयार रहते हो।

यदि तुम अपने को काम करते हुए ध्यानपूर्वक देखो तो तुम इस असहिष्णुता की बनावट को समझ जाओगे और तुम तुरन्त समस्त निरर्थक तर्क-वितर्क को बन्द कर सकोगे। तो, हम फिर उस बात पर वापस आ गये जिसे मैं एक बार पहले कह चुकी हूं : हो सकता है कि वस्तुओं के सत्य के साथ तुम्हें जो सम्पर्क प्राप्त हुआ हो, जो तुम्हारा व्यक्तिगत सम्पर्क हो—थोड़ा-बहुत स्पष्ट, गम्भीर, विशाल और विशुद्ध सम्पर्क हो—उसने *तुम्हें*, विशेष रूप से तुम्हें, एक रोचक और कभी-कभी एक सुनिश्चित अनुभव प्रदान किया हो, पर इस सम्पर्क ने चूंकि तुम्हें एक महत्त्वपूर्ण, सुनिश्चित अनुभव प्रदान किया है इसी कारण तुम्हें यह कल्पना नहीं करनी चाहिये कि यह कोई विश्वजनीन अनुभव है और वही सम्पर्क दूसरे को भी

वही अनुभव प्रदान करेगा। यदि तुम यह बात समझ जाओ कि यह विशुद्ध रूप में निजी, व्यक्तिगत, स्वात्मपरक विषय है और यह कोई निरपेक्ष और सर्वमान्य नियम नहीं है, तो तुम दूसरों के ज्ञान की उपेक्षा नहीं कर सकोगे, न ही अपने दृष्टिकोण और अपने अनुभव को उनके ऊपर लादने की इच्छा करोगे। इस तरह तुम समस्त मानसिक झगड़ों से बच जाओगे जो सर्वदा एकदम निरुपयोगी होते हैं।

स्पष्ट ही, पहले वाक्य को एक परामर्श के रूप में लिया जा सकता है, परन्तु श्रीअरविन्द ने इसे उस अर्थ में नहीं लिखा था; यह तो इसलिए लिखा गया था कि तुम्हें इस भूल के विषय में सचेत कर दिया जाये जिसे तुम स्वयं करते हो और दूसरों में उसे देखकर उसकी खिल्ली उड़ाते हो। केवल इसी विशेष विषय में नहीं, बल्कि सभी विषयों में यह लोगों की एक आदत है। और यह विशेष रूप से देखने लायक बात है कि जब तुम में कोई दुर्बलता, उदाहरणार्थ, कोई हास्यास्पद चीज, कोई दोष या अपूर्णता होती है, तो तुम उसे बिलकुल स्वाभाविक समझते हो, वह तुम्हें नहीं खटकती, क्योंकि वह कम या अधिक हम सबके स्वभाव में होती है। पर ज्यों ही तुम उसी दुर्बलता, उसी अपूर्णता, उसी हास्यजनक चीज को दूसरे व्यक्ति के अन्दर पाते हो तो वह तुम्हें एकदम खटकती है और तुम कहते हो : "यह कैसी बात है! वह इस तरह का है!" परन्तु तुम यह नहीं देखते कि तुम भी "उसी तरह के" हो। और तब, तुम उस दुर्बलता और अपूर्णता के साथ, उसे न देखने की मूर्खतापूर्ण बात को भी जोड़ देते हो।

इससे एक शिक्षा ली जा सकती है : जब कोई बात दूसरे व्यक्ति के अन्दर तुम्हें एकदम अवांछनीय या हास्यास्पद प्रतीत हो—जब तुम सोचो : "यह कैसी बात है! वह तो वैसा है, वह उस तरह का आचरण करता है, वह ऐसी बातें कहता है, वह ऐसा करता है"—, तब तुम्हें अपने-आपसे कहना चाहिये : "हां, हां, परन्तु मैं भी शायद बिना जाने वही चीज करता हूं। अच्छा हो कि मैं दूसरे व्यक्ति की आलोचना करने से पहले सर्वप्रथम स्वयं अपने अन्दर दृष्टि डालूं ताकि मैं निःसंदिग्ध हो सकूं कि मैं ठीक वही चीज, महज थोड़े-से अन्तर के साथ, वही चीज नहीं करता।" और, जब-जब तुम्हें दूसरे व्यक्ति का आचरण बुरा लगे तब-तब यदि तुम इसे सामान्य बुद्धि और समझदारी के साथ कर सको तो तुम देखोगे कि जीवन

में दूसरों के साथ का सम्बन्ध मानों एक आईना है जो हमारे सामने इसलिए रखा गया है कि हम अधिक आसानी से और अधिक सूक्ष्म दृष्टि से उस दुर्बलता को देख सकें जिसे हम अपने अन्दर वहन करते हैं।

साधारणतः, प्रायः पूर्ण रूप में, जो चीज तुम्हें दूसरों के अन्दर बुरी लगती है वह ठीक वही चीज होती है जिसे तुम अपने अन्दर वहन करते हो, वह थोड़ी-बहुत पर्दे के पीछे, थोड़ी-बहुत छिपी हुई, सम्भवतः थोड़ा-सा भिन्न आकार लिये रहती है जिससे तुम अपने विषय में भ्रम में रहते हो। जब तक वह तुम्हारे अन्दर है तब तक तो तुम्हें खटकने वाली नहीं प्रतीत होती, पर ज्यों ही तुम उसे दूसरों में देखते हो त्यों ही वह भयानक बन जाती है।

इसे अनुभव करने की कोशिश करो, यह तुम्हें स्वयं अपने-आपको बदलने में बहुत, बहुत मदद देगा और साथ-ही-साथ, दूसरों के साथ तुम्हारे सम्बन्ध में तुम्हें एक हंसती हुई सहिष्णुता प्रदान करेगा, वह सदिच्छा प्रदान करेगा जो समझ से उत्पन्न होती है और वह बहुधा एकदम निरर्थक झगड़ों का अन्त कर देगी।

तुम झगड़ा किये बिना जी सकते हो। ऐसा कहना बड़ा विचित्र-सा लगता है, क्योंकि, वस्तुएं अभी जैसी हैं, उनके कारण, इसके विपरीत, ऐसा प्रतीत हो सकता है कि जीवन झगड़ा करने के लिए ही बना है, इस अर्थ में कि एक साथ रहने वाले लोगों का मुख्य कार्य होता है, खुले तौर पर या गुप्त रूप से झगड़ा करना। तुम हमेशा शब्दों तक नहीं आते, न (सौभाग्यवश) हाथापाई तक उतरते हो, पर तुम्हारे भीतर निरन्तर उत्तेजना की स्थिति बनी रहती है क्योंकि तुम अपने चारों ओर उस पूर्णता को नहीं पाते जिसे तुम स्वयं उपलब्ध करना पसन्द करते हो—किन्तु जिसे उपलब्ध करना कठिन अनुभव करते हो—पर तुम इसे एकदम स्वाभाविक समझते हो कि दूसरों को उसे उपलब्ध कर लेना चाहिये।

"यह कैसी बात है कि वे लोग ऐसे हैं?"... लोग उन कठिनाइयों को भूल जाते हैं जिन्हें वे "वैसा" न बनने में स्वयं अपने अन्दर अनुभव करते हैं।

बस, चेष्टा करो और तुम देखोगे!

प्रत्येक वस्तु की ओर सद्भावनाभरी मुस्कान के साथ ताको, जो चीजें

तुम्हें उत्तेजित, नाराज करती हैं उन्हें अपने लिए एक प्रकार की शिक्षा के रूप में ग्रहण करो और तब तुम बहुत अधिक शान्ति के साथ और बहुत अधिक प्रभावशाली रूप में जीवन यापन करोगे, क्योंकि इसमें कोई सन्देह नहीं कि मनुष्य जिस पूर्णता को स्वयं उपलब्ध करना चाहता है उसे दूसरों में न पाने के कारण होने वाली नाराजगी और उत्तेजना में अपनी शक्ति का अधिकांश भाग व्यर्थ नष्ट कर देता है।

दूसरों को जो पूर्णता प्राप्त करनी चाहिये वहां आकर तुम रुक जाते हो, और तुम बहुधा उस लक्ष्य के विषय में सचेतन नहीं होते जिसका अनुसरण स्वयं तुम्हें करना चाहिये। अगर तुम उसके विषय में सचेतन हो तो जो काम *तुम्हें* दिया गया है उसी से आरम्भ कर दो, अर्थात्, जो कुछ तुम्हें करना है उसे आरम्भ कर दो, दूसरे जो कुछ करते हैं उसमें व्यस्त हुए बिना, तुम्हें जो कुछ करना है उसे करो, क्योंकि, आखिरकार, दूसरे जो कुछ करते हैं उससे तुम्हारा कोई सरोकार नहीं। और सच्चा मनोभाव ग्रहण करने का सबसे उत्तम उपाय है महज अपने-आपसे यह कहना : "मेरे इर्द-गिर्द जो भी हैं, मेरे जीवन की सारी परिस्थितियां, मेरे समीप जो हैं वे सभी वह आरसी है जिसे दिव्य चेतना ने मेरे सम्मुख मुझे यह दिखाने के लिए रखा है कि मुझे कौन-कौन-सी प्रगति करनी चाहिये। जो कुछ मुझे दूसरों के अन्दर खटकता है वह वही कार्य है जिसे मुझे स्वयं अपने अन्दर करना है।"

और सम्भवतः कोई व्यक्ति यदि स्वयं अपने अन्दर कोई सच्ची पूर्णता वहन करे तो वह अक्सर उसे दूसरों में भी देखेगा।

७.११.१९५८

९ — अन्तरात्मा जो कुछ देखती और अनुभव करती है उसे वह जानती है, बाकी सब कुछ आभास, पूर्वसंस्कार और धारणा है।

इसका मतलब है कि जो भी ज्ञान अन्तरात्मा की दृष्टि या अनुभव का परिणाम नहीं होता उसका कोई यथार्थ मूल्य नहीं होता।

परन्तु तुरत यह प्रश्न उठता है (यह मुझसे पहले भी पूछा गया था) :

"भला मनुष्य कैसे जान सकता है कि अन्तरात्मा क्या देखती है?"

स्पष्ट ही, इसका केवल एक ही समाधान है, अपनी अन्तरात्मा के विषय में सचेतन होना; और यह बात इस सूत्र को पूरा कर देती है : जब तक तुम अपनी अन्तरात्मा के विषय में सचेतन नहीं हो जाते तुम सच्चा ज्ञान नहीं प्राप्त कर सकते। अतएव, तुम्हारा पहला प्रयास होना चाहिये अपने अन्दर विद्यमान अपनी अन्तरात्मा को ढूंढ़ निकालना, उसके साथ युक्त होना और अपने जीवन को उसी के शासन में छोड़ देना।

कुछ लोग पूछते हैं : "भला कोई यह कैसे जान सकता है कि यही अन्तरात्मा है?" मैं इस प्रश्न का उत्तर पहले कई बार दे चुकी हूं। जो लोग यह बात पूछते हैं उनका यह प्रश्न ही यह साबित करता है कि वे अपनी अन्तरात्मा के विषय में सचेतन नहीं हैं, क्योंकि जिस क्षण तुम अपनी अन्तरात्मा के विषय में सज्ञान हो जाते हो और उसके साथ एक हो जाते हो, उसी क्षण तुम उसे निश्चित रूप से जान भी जाते हो और यह नहीं पूछते कि इसे कैसे जाना जाये। और यह अनुभव एक ऐसी चीज नहीं है जिसका अनुकरण किया जा सके या जिसकी कल्पना की जा सके, तुम यह झूठा दिखावा नहीं कर सकते कि तुम अपनी अन्तरात्मा के सम्पर्क में आ गये हो—यह एक ऐसी चीज है जिसका तुम अविष्कार या अनुकरण नहीं कर सकते। जब अन्तरात्मा जीवन पर शासन करने लगती है तब तुम उसे पूर्ण रूप से जान जाते हो और उसके विषय में प्रश्न नहीं करते।

परन्तु जिस सूत्र को हमने पढ़ा है उसकी उपयोगिता यह है कि वह तुम्हें बतलाता है कि जो कुछ तुम विश्वास करते हो कि तुम जानते हो, जो कुछ तुमने सीखा-पढ़ा है या जो कुछ व्यक्तिगत निरीक्षण, व्यक्तिगत अनुमान, तुलना आदि के द्वारा तुम्हारे जीवन पथ में तुम्हारे सामने उपस्थित हुआ है, वह अत्यन्त सापेक्षिक ज्ञान है जिसे तुम जीवन के स्थायी और यथार्थतः उपयोगी सिद्धान्त का आधार नहीं बना सकते।

क्या हमने कितनी ही बार यह बात नहीं दुहरायी कि जो कुछ मन से आता है वह बिलकुल सापेक्षिक होता है, मन जितना ही अधिक सुशिक्षित होता है, जितना ही अधिक किसी अनुशासन के अधीन रहता है उतना ही अधिक यह साबित करने में समर्थ होता है कि जो कुछ वह प्रस्तुत करता

या कहता है वह सत्य है? युक्ति-तर्क के द्वारा हम प्रत्येक वस्तु के सत्य को साबित कर सकते हैं, पर किसी भी हालत में इसका मतलब यह नहीं होता कि वह सत्य ही है। वह बराबर ही मत, पूर्वसंस्कार, बाह्य रूप पर आधारित ज्ञान बना रह जाता है जो केवल संदिग्ध ही नहीं उससे भी कुछ बढ़कर होता है।

अतएव, ऐसा लगता है कि निकलने का बस एक ही रास्ता है : अपनी अन्तरात्मा को ढूंढ़ना और उसे प्राप्त करना। वह हमारे अन्दर विद्यमान है, वह जान-बूझकर छिपी हुई नहीं है, वह तुम्हारे साथ इसलिए नहीं खेल रही कि तुम कठिनाइयों में जा गिरो। इसके विपरीत, वह बहुत प्रयास करती है ताकि तुम उसे प्राप्त कर लो, उसकी वाणी सुनो; बस, उसके और तुम्हारी सक्रिय चेतना के बीच दो व्यक्ति हैं, प्राण और मन, जिनको बहुत अधिक शोरगुल मचाने की आदत है। और, चूंकि वे बहुत शोर मचाते हैं और अन्तरात्मा वैसा नहीं करती या यथासम्भव कम शोर मचाती है, इसलिए उनका शोर अन्तरात्मा की वाणी सुनने में बाधा देता है।

जब तुम यह जानना चाहो कि तुम्हारी अन्तरात्मा क्या जानती है तो तुम्हें एक आन्तरिक प्रयास करना होता है; निस्सन्देह, सतर्क होना जरूरी है, और यदि तुम सतर्क होओ तो तुम मन और प्राण के इस नितान्त बाह्य कोलाहल के पीछे विद्यमान किसी अत्यन्त सूक्ष्म, बहुत स्थिर और बहुत शान्तिपूर्ण चीज को पहचान सकते हो जो जानती है और बतलाती है कि वह क्या जानती है। परन्तु दूसरों (अर्थात् मन और प्राण) का आग्रह इतना अधिक प्रबल होता है और *वह चीज* (अन्तरात्मा) स्वयं इतनी शान्त-स्थिर होती है कि तुम आसानी से भूल कर बैठते हो; तुम आवाज उसकी सुनते हो जो सबसे अधिक शोर मचाता है और अधिकांश समय तुम बाद में सचेत होते हो कि वास्तव में उससे भिन्न दूसरी चीज ही सच कह रही थी। वह चीज तुम पर लादती नहीं, सुनने के लिए तुम्हें बाध्य नहीं करती, क्योंकि वह जोर-जबरदस्ती करना जानती ही नहीं।

जब तुम हिचकिचाते हो, जब तुम अपने-आपसे यह प्रश्न करते हो कि अमुक प्रकार की या उनसे भिन्न परिस्थितियों में तुम्हें क्या करना है तब तुम्हारे अन्दर एक कामना होती है, तत्काल एक मानसिक और प्राणिक पसन्द घुस आती है जो धक्का देती है, डटी रहती है, हठ करती है और

अपने-आपको थोपती है, और संसार की सर्वोत्तम युक्तियों के साथ तर्क-वितर्क करना आरम्भ कर देती है, और यदि तुम खूब सजग न होओ, यदि तुमने प्रबल अनुशासन का अभ्यास न किया हो, यदि तुम्हें अपने ऊपर लगाम लगाने का अभ्यास न हो तो, वह अन्त में तुम्हें यह विश्वास करा देती है कि वह जो कह रही है वही सत्य है और, जैसा कि मैंने अभी बताया है, वे इतना हो-हल्ला मचाती हैं कि तुम अपनी अन्तरात्मा की शान्त, क्षीण आवाज को, नीरव, सूक्ष्म सुझाव को सुन भी नहीं पाते जो कहती है : "इसे मत करो।"

"इसे मत करो"—यह वाणी प्रायः ही आती है और तुम उसे एक ओर फेंक देते हो मानों वह कोई निर्बल वस्तु हो और तुम अपने आवेग की भवितव्यता का अनुसरण करते हो। परन्तु, सत्य को प्राप्त करने और उसे जीवन में उतारने का तुम्हारा संकल्प यदि, वास्तव में, सच्चा हो तो तुम्हें अधिक-से-अधिक अच्छी तरह इसे सुनना सीखना होगा, तुम्हें अधिक-से-अधिक अच्छी तरह विवेक करना सीखना होगा, और यदि इसके लिए तुम्हें कुछ प्रयास भी करना पड़े, यदि इससे तुम्हें कुछ दुःख-कष्ट भी हो, तो भी, तुम्हें इसके अनुसार काम करना सीखना होगा। और यदि तुम केवल एक बार भी उसका कहना मान लो तो वह एक सबल सहायक बन जायेगी, तुम अपने पथ पर काफी अग्रसर हो जाओगे और समझने लगोगे कि अन्तरात्मा क्या चीज है और क्या नही है तथा इस विवेक और आवश्यक सच्चाई के सहारे अपने लक्ष्य पर पहुंचना तुम्हारे लिए सुनिश्चित हो जायेगा।

परन्तु तुम्हें जल्दबाजी नहीं करनी चाहिये, तुम्हें अधीर नहीं होना चाहिये, तुम्हें बहुत लगन के साथ कार्य करते रहना चाहिये। क्योंकि एक बार ठीक करने के लिए तुम दस बार भूल करते हो; परन्तु तुम जब कोई भूल कर बैठो तो तुम्हें अपना सब कुछ छोड़ नहीं देना चाहिये और निराश नहीं होना चाहिये, तुम्हें अपने-आपसे कहना चाहिये कि भागवत कृपा कभी मेरा साथ नहीं छोड़ती और अगली बार मैं इससे अच्छा करूंगा।

अतएव, अन्त में, हम कहेंगे कि चीजों को जैसी वे हैं उसी रूप में जानने के लिए तुम्हें सर्वप्रथम अपनी अन्तरात्मा के साथ युक्त होना चाहिये और यह कि अपनी अन्तरात्मा के साथ युक्त होने के लिए तुम्हें बार-बार

और लगन के साथ उसकी इच्छा करनी चाहिये।

अपने लक्ष्य पर एकाग्र होने की तुम्हारी क्षमता जितनी अधिक होगी तुम्हारा रास्ता भी उतना ही कम लम्बा होगा।

१४.११.१९५८

१० — मेरी अन्तरात्मा जानती है कि वह अमर है; परन्तु तुम एक मृत शरीर के टुकड़े-टुकड़े करते हो और विजय के मद में चिल्ला उठते हो : "कहां है तुम्हारी अन्तरात्मा और कहां है तुम्हारा अमरत्व?"

यह बात बहुत बार दुहरायी जा चुकी है—पर कुछ अपवादों को छोड़कर बहुत थोड़े-से लोगों ने यह समझा है—कि केवल सजातीय ही सजातीय को जान सकता है। यदि यह बात समझ में आ जाये तो अज्ञान का अधिकांश भाग विलीन हो जायेगा।

एकमात्र अन्तरात्मा ही अन्तरात्मा को जान सकती है और सत्ता के प्रत्येक स्तर पर, एकमात्र समतुल्य वस्तु ही समतुल्य वस्तु को पहचान सकती है। एकमात्र भगवान् ही भगवान् को जान सकते हैं और, चूंकि हम अपने अन्दर भगवान् को वहन करते हैं, इसीलिए हम उन्हें देखने और पहचानने में समर्थ होते हैं। परन्तु हम यदि अपनी इन्द्रियों और बाह्य प्रक्रियाओं के द्वारा आन्तरिक जीवन की किसी बात को समझने की चेष्टा करें तो इसमें कोई सन्देह नहीं कि हमारा प्रयास पूर्ण असफलता और सम्पूर्ण भूल-भ्रान्ति में समाप्त होगा।

अतएव, यदि तुम यह सोचो कि तुम विशुद्धतः भौतिक चेतना में रहते हुए प्रकृति के रहस्यों को जान सकते हो तो तुम एकदम भूल कर रहे हो। और किसी वस्तु के सत्य को स्वीकार करने से पहले ठोस और भौतिक प्रमाण मांगने की यह आदत अज्ञान के अत्यन्त स्पष्ट परिणामों में से एक है। इस मनोभाव के कारण वज्रमूर्ख व्यक्ति भी यह समझता है कि वह उच्चतम वस्तुओं पर अपनी राय दे सकता है तथा गम्भीरतम अनुभवों को नकार सकता है।

निश्चय ही मरे हुए शरीर के टुकड़े-टुकड़े करके तुम अन्तरात्मा को नहीं पा सकते क्योंकि अन्तरात्मा तो उससे बाहर चली गयी है। यदि अन्तरात्मा उसमें से बाहर न चली गयी होती तो शरीर मृत न हुआ होता। श्रीअरविन्द ने इस दावे की मूर्खता की ओर अंगुली-निर्देश करने के लिए यह सूत्र लिखा था।

यह बात आलोचक मानव मन के सभी निर्णयों के विषय में लागू होती है और विज्ञान की सभी पद्धतियों पर तब लागू होती है जब वे विशुद्ध भौतिक वस्तुओं से भिन्न वस्तुओं के विषय में अपना फतवा देना चाहती हैं।

निष्कर्ष बराबर एक ही निकलता है : एकमात्र सच्चा मनोभाव है विनम्रता का भाव, मनुष्य जो कुछ नहीं जानता उसके सामने नीरव आदर का भाव और अपने अज्ञान से बाहर निकल आने के लिए एक आन्तरिक अभीप्सा का भाव। कई चीजों में से एक यह भी है जो प्रगति करने में मनुष्य जाति की सबसे अधिक सहायता करती है : जिसे वह नहीं जानती उसका आदर करना, स्वयं अपने-आप यह स्वीकार करना कि वह नहीं जानती और इसलिए वह कोई निर्णय नहीं दे सकती। परन्तु सर्वदा इसके विपरीत ही किया जाता है। जिन चीजों के बारे में तुम जरा भी नहीं जानते उन्हीं के विषय में तुम अपना निश्चित निर्णय घोषित करते हो, तुम अधिकार के साथ कहते हो : "यह सम्भव है और यह असम्भव है", जब कि तुम यह भी नहीं जानते कि किस विषय की चर्चा हो रही है। तुम एक बड़प्पन का जामा पहन लेते हो, क्योंकि तुम उन बातों पर सन्देह करते हो जिन्हें तुमने कभी नहीं जाना।

लोगों का विश्वास है कि सन्देह करना श्रेष्ठता का एक चिह्न है, परन्तु, वास्तव में, वह निकृष्टता का एक चिह्न है।

संशयवाद और सन्देह प्रगति की सबसे बड़ी बाधाओं में से दो हैं। वे अज्ञान के साथ उद्धतता को जोड़ देते हैं।

२१.११.१९५८

११ — अमरत्व का अर्थ मृत्यु के बाद मनोमय व्यक्तित्व का बने रहना नहीं है, यद्यपि वह भी सत्य है, बल्कि उसका अर्थ है उस

अजन्मी और मृत्युहीन आत्मा को ज्ञानपूर्वक प्राप्त करना जिसका शरीर केवल एक यन्त्र और एक छाया है।

यहां पर तीन बातें कही गयी हैं जिनके विषय में प्रश्न पूछे गये हैं। पहला प्रश्न है: "मनोमय व्यक्तित्व क्या है?"

प्रत्येक मनुष्य में प्राण-सत्ता शरीर को सजीव बनाती है और पूरे या आंशिक रूप से मनोमय पुरुष उस पर शासन करता है। यह एक साधारण नियम है, परन्तु प्रत्येक व्यक्ति में मनोमय सत्ता गठन और व्यक्तिभाव की दृष्टि से अलग-अलग मात्रा में प्राप्त होती है। अधिकतर मनुष्यों में मन एक प्रकार का तरल पदार्थ होता है और जिसका अपना कोई संगठन नहीं होता, अतः उसका कोई व्यक्तित्व भी नहीं होता। और जब तक मन वैसा, अर्थात् तरल, असंगठित, अपने निजी संहत जीवन से रहित और व्यक्तित्वहीन होता है, तब तक मृत्यु के बाद कोई अस्तित्व नहीं रखता। जब शरीर, शरीर का उपादान विश्वव्यापी भौतिक उपादान में विलीन हो जाता है तब मन सत्ता को गठित करने वाला उपादान भी मनोमय लोक में जाकर विलीन हो जाता है।

परन्तु जब मनोमय सत्ता गठित, सुव्यवस्थित, व्यष्टिभावापन्न हो जाती है और एक व्यक्तित्व का रूप ले लेती है तब वह निर्भर नहीं करती, अपने अस्तित्व के लिए शरीर पर बिलकुल निर्भर नहीं करती और इसलिए शरीर की मृत्यु के बाद भी बनी रहती है। पृथ्वी का मनोमय वातावरण सत्ताओं से, मनोमय व्यक्तित्वों से भरा रहता है जो शरीर के विलीन हो जाने के बाद भी बिलकुल स्वतन्त्र रूप से जीवित रहते हैं और जब अन्तरात्मा, अर्थात्, सच्चा 'स्व' पुनः जन्म लेता है तब वे भी नये शरीर में पुनः जन्म ले सकते हैं; क्योंकि अन्तरात्मा अपने विगत जन्मों की स्मृति अपने साथ वहन करती है।

परन्तु यह वह चीज नहीं है जिसे श्रीअरविन्द 'अमरत्व' कहते हैं। 'अमरत्व' तो वह जीवन है जिसका न तो आदि है और न अन्त, जो न तो उत्पन्न होता है, और न मरता है, जो पूर्ण रूप से शरीर से स्वतन्त्र होता है—वह सच्चे 'स्व' का जीवन है, प्रत्येक व्यक्ति की मूल सत्ता है और वह सच्चा 'स्व' विश्वात्मा से पृथक् नहीं है। और इस मूल सत्ता को

विश्वात्मा के साथ उपलब्ध एकत्व का बोध प्राप्त है; वास्तव में, वह सत्ता विश्वात्मा की ही एक साकार, व्यष्टिभावापन्न अभिव्यक्ति है और उसका न तो आदि होता है और न अन्त, न जीवन है न मृत्यु, वह शाश्वत रूप में विद्यमान है और वही अमर है। जब हम इस सच्चे 'स्व' के विषय में पूर्णतः सचेतन हो जाते हैं तब हम उसके शाश्वत जीवन में हिस्सा बंटाते हैं और इसलिए हम भी अमर हो जाते हैं।

परन्तु साधारणतया लोगों में इस "अमरत्व" शब्द के विषय में कुछ भ्रान्ति है—यह कोई नयी बात नहीं है, ऐसा अक्सर लोग किया करते हैं। जब कोई अमरत्व की चर्चा करता है तो अधिकतर लोग यह समझते हैं कि यहां शरीर को ही अनन्त काल तक बनाये रखने की बात कही जा रही है।

परन्तु शरीर तब तक अनन्त काल तक नहीं बना रह सकता जब तक कि, सबसे पहले, वह इस अमर 'स्व' के विषय में पूर्ण सचेतन न हो जाये और इसके साथ युक्त न हो जाये, इसके साथ इस हद तक एकाकार न हो जाये कि इसमें भी सतत रूपान्तरित होते रहने की वही क्षमता, वही शक्ति आ जाये जिससे उसे विश्वव्यापी गति का अनुसरण करने की सामर्थ्य प्राप्त हो, स्थायित्व प्राप्त करने की यह पूर्णतः अनिवार्य शर्त है। चूंकि शरीर अनम्य होता है, चूंकि वह विश्व गति का अनुसरण नहीं करता, चूंकि वह विश्व के विकास के साथ सतत एकात्मता प्राप्त करने के लिए पर्याप्त तीव्रता के साथ परिवर्तित होने में असमर्थ होता है, इसीलिए वह विकार और मृत्यु को प्राप्त होता है। उसकी यह स्थिरता, अनम्यता, परिवर्तित होने की असमर्थता ही उसे विनाश को प्राप्त होने के लिए बाध्य करती है ताकि उसका उपादान भौतिक उपादान के सामान्य भण्डार में वापस आ जाये और फिर से नये रूप बनाये तथा प्रगति करने में समर्थ हो। परन्तु सामान्यतया, जब लोग अमरत्व की बात करते हैं तब वे समझते हैं कि इसका अर्थ ही है शरीर का अमरत्व; यह जानी हुई बात है कि ऐसी चीज अभी तक संसिद्ध नहीं हुई है।

श्रीअरविन्द कहते हैं कि यह सम्भव है और यह भी कहते हैं कि यह प्राप्त होगा, वे इसके लिए एक शर्त रखते हैं : वह यह है कि शरीर को अतिमानसभावापन्न हो जाना होगा और इसे अतिमानसिक सत्ता के गुणों

में हिस्सा बंटाना होगा और वे हैं नमनीयता और सतत रूपान्तरित होने के गुण। और जब श्रीअरविन्द यह लिखते हैं कि शरीर केवल एक "यन्त्र और छाया" है तब वे उस शरीर की बात करते हैं जो हमें अभी प्राप्त है और जो सम्भवतः बहुत दीर्घकाल तक ऐसा ही बना रहेगा। यह सच्चे 'स्व' का केवल एक यन्त्र है, सच्चे 'स्व' की एक बहुत ही अपूर्ण अभिव्यक्ति और एक छाया है—एक छाया है, अर्थात्, शाश्वत सच्चे 'स्व' की ज्योति और सुस्पष्टता के मुकाबले एक अस्पष्ट और धूमिल पदार्थ है।

हमारे मन में यह बात जानने का आग्रह कम नहीं होता कि भला यह छाया, यह यन्त्र जीव के विकास में कैसे सहायता कर सकता है और इस यन्त्र को विकसित करने में हमें भावी जीवनों में कैसे सहायता मिल सकती है।

प्रत्येक बार जब कोई जीव नये शरीर में आता है तो इस उद्देश्य से आता है कि एक ऐसा नया अनुभव प्राप्त करे जो उसके विकास में सहायक हो तथा उसके व्यक्तित्व को अधिक पूर्ण बनाये। इसी तरीके से जीवन-पर-जीवन बिताते हुए चैत्य पुरुष अपने को गढ़ता और एक ऐसा पूर्ण स्वतन्त्र और सचेतन व्यक्तित्व बन जाता है जो अपने विकास के शिखर पर पहुंच कर, केवल नये जन्म के समय का ही नहीं, वरन् उसके स्थान, लक्ष्य और करणीय कार्य का भी चुनाव कर सकता है।

भौतिक शरीर में उसका अवतरित होना निश्चित रूप से अन्धकार, अज्ञान और अचेतनता में ही अवतरण है, और जिस अनुभव को लेने के लिए वह आता है उसके लिए शरीर को उपयोगी बनाने से पहले शरीर के जड़तत्त्व में महज जरा-सी चेतना ले आने के लिए उसे अति दीर्घ काल तक कार्य करना पड़ता है। इस तरह, यदि हम विवेकपूर्ण और स्पष्टदर्शी पद्धति के सहारे शरीर की साधना करें तो हम उसके साथ-ही-साथ अपनी अन्तरात्मा की वृद्धि, उसकी प्रगति और ज्योति-प्राप्ति में भी सहायता पहुंचाते हैं।

शारीरिक व्यायाम करने का अर्थ है शरीर के कोषों में चेतना भरना। तुम इसे जानो या न जानो, पर यह एक वास्तविक तथ्य है। जब हम अपनी मांसपेशी को अपनी इच्छा के अनुसार चलाने के लिए एकाग्र होते हैं, जब हम अपने अंगों को मुलायम बनाने, उनमें स्फूर्ति या शक्ति या

प्रतिरोध या नमनीयता, जो कि स्वाभाविक रूप में उनमें नहीं होती, ले आने का प्रयास करते हैं, तब हम शरीर के कोषों में एक चेतना संचारित कर देते हैं जो वहां पहले नहीं थी और इस तरह शरीर को एक ऐसा यन्त्र बना देते हैं जो सर्वत्र एक जैसा और ग्रहणशील होता है, जो अपनी क्रिया में तथा अपनी क्रिया के द्वारा प्रगति करता है। शारीरिक व्यायाम का यही असली महत्त्व है। स्वभावतः एकमात्र यही चीज शरीर में चेतना नहीं ले आती, परन्तु यह एक ऐसी चीज है जो एकदम व्यापक रूप में कार्य करती है पर है विरल। मैं पहले भी कई बार तुमसे कह चुकी हूं कि कलाकार अपने हाथ में बहुत बड़ी मात्रा में चेतना को संचारित करता है, जैसे बुद्धि-प्रधान व्यक्ति अपने मस्तिष्क में भरता है, पर यह एक ऐसी क्रिया है जिसे हम स्थानीय कह सकते हैं जब कि शारीरिक व्यायाम की क्रिया अधिक व्यापक होती है और जब तुम इस व्यायाम का पूर्णतः अद्‌भुत परिणाम देखते हो, जब तुम देखते हो कि किस हद तक शरीर पूर्ण बनाया जा सकता है तब तुम समझते हो कि वह किस हद तक जड़तत्त्व में अवतरित चैत्य पुरुष के कार्य के लिए सहायक हो सकता है। क्योंकि जब चैत्य पुरुष के हाथ में एक ऐसा यन्त्र होगा जो सुसंगठित, सुसमंजस और शक्ति, नमनीयता तथा सम्भावनाओं से पूर्ण हो तो, स्वभावतः ही उससे उसके कार्य में यथेष्ट सुविधा होगी।

मैं यह नहीं कहती कि जो लोग शारीरिक व्यायामों का अभ्यास कर रहे हैं वे इस लक्ष्य को अपने सामने रखते हैं, क्योंकि बहुत कम लोग ही यह जानते हैं कि उसका यह परिणाम होता है, पर चाहे वे इसे जानें या न जानें, परिणाम तो होता ही है। इसके अलावा, यदि तुम थोड़े-से संवेदनशील होते हो, जब तुम एक ऐसे आदमी के शरीर की क्रियाओं को देखो जिसने कोई युक्तिसंगत और विधिबद्ध शारीरिक शिक्षा पायी हो तो तुम उसमें एक ज्योति, एक चेतना, एक जीवनी-शक्ति देखोगे जो दूसरों के अन्दर नहीं होती।

ऐसे बहुत से लोग हैं जो चीजों को एकदम बाह्य दृष्टि से देखते हैं और कहते हैं : "उदाहरणार्थ, जो कुली-मजूर कठिन काम करने के लिए विवश होते हैं, जो आवश्यकतावश और अपनी रोजी के लिए, भारी बोझ ढोना सीखते हैं, वे भी अपनी मांसपेशियों को विकसित करते हैं और

संभ्रान्त लोगों की तरह व्यायाम करने में, जिसका कोई उपयोगी बाह्य परिणाम नहीं निकलता, अपना समय नष्ट करने के बदले कम-से-कम कुछ उत्पादन तो करते हैं"... यह महज एक अज्ञान है, क्योंकि एक विशेष स्थानिक और सीमित व्यवहार के द्वारा मांसपेशी विकसित करने तथा किसी अंग को बिना कार्य या व्यायाम के छोड़े बिना एक सर्वांगपूर्ण कार्यक्रम द्वारा जान-बूझकर और सुसमंजस रूप में मांसपेशी को विकसित करने में एक तात्त्विक भेद है।

मजूरों और किसानों की तरह जो लोग कोई विशेष कार्य करते हैं और विशेष रूप से कुछ मांसपेशियों को विकसित करते हैं, उनमें बराबर ही एक प्रकार की व्यावसायिक विकृति देखी जाती है और उनका विकास किसी भी रूप में उनके चैत्य पुरुष की प्रगति में सहायता नहीं पहुंचाता। क्योंकि जीवन अपने सम्पूर्ण रूप में यद्यपि चैत्य प्रगति में निश्चित रूप से सहायता पहुंचाता है तो भी वह इतने अचेतन और इतने धीमे रूप में पहुंचाता है कि बेचारे चैत्य पुरुष को अपने लक्ष्य तक पहुंचने के लिए बार-बार और अनेक बार तथा अनिश्चित काल तक वापस आते रहना पड़ता है। अतएव, भूल करने का खतरा बिना उठाये हम कह सकते हैं कि शारीरिक व्यायाम शरीर की साधना है और सभी साधनाएं निश्चित रूप से मनुष्य को अपने लक्ष्य तक पहुंचाने में सहायता करती हैं। मनुष्य उसे जितना अधिक सचेतन रूप से करता है उतना ही अधिक शीघ्र और उतना ही अधिक व्यापक परिणाम प्राप्त होता है; पर कोई यदि अपनी अंगुली या पैर या नाक से अधिक दूर तक देखे बिना भी व्यायाम करे तो भी वह सर्वांगपूर्ण उन्नति में सहायक होता है।

अन्त में, हम कह सकते हैं कि चाहे किसी भी साधना का अनुसरण नियमित रूप से, सच्चाई के साथ तथा स्वेच्छा से किया जाये तो वह बहुत अधिक सहायक होती है, क्योंकि वह पार्थिव जीवन को अधिक तेजी से उसके लक्ष्य तक ले जाती है और उसे नवीन जीवन को ग्रहण करने के लिए तैयार करती है। अपने-आपको अनुशासन के अधीन रखने का मतलब है इस नवीन जीवन को शीघ्र आने देना और अतिमानसिक सत्य के साथ शीघ्र सम्पर्क स्थापित करना।

भौतिक शरीर अपनी वर्तमान अवस्था में, सच्चे 'स्व' के शाश्वत जीवन

की एक छाया, एक बहुत विकृत छाया मात्र है; परन्तु यह भौतिक शरीर एक क्रमोन्नत विकास को प्राप्त हो सकता है; प्रत्येक व्यष्टिगत रूपायन के द्वारा भौतिक उपादान प्रगति करता है और एक दिन वह इस योग्य हो जायेगा कि अभी हम भौतिक जीवन को जैसा जानते हैं उसके बीच एक पुल तैयार कर दे।

२८.११.१९५८

१२ — उन्होंने अकाट्य तर्कों के द्वारा मेरे सामने सिद्ध कर दिया कि भगवान् का अस्तित्व नहीं है और मैंने उन पर विश्वास भी कर लिया। बाद में मैंने भगवान् को देखा, क्योंकि वे आये और उन्होंने मेरा आलिंगन किया।

अब भला मैं किस पर विश्वास करूं, दूसरों के तर्कों पर या अपने निजी अनुभव पर?

यह कोई प्रश्न नहीं जिसे श्रीअरविन्द ने पूछा है, बल्कि यह तो एक व्यंग्यात्मक प्रहार है। इसका उद्देश्य है मन की तर्क-शक्ति की मूर्खता को स्पष्ट रूप में दिखा देना जो यह समझती है कि वह उन चीजों के विषय में भी बातें कर सकती है जिन्हें वह नहीं जानती। बस, इससे भिन्न और यह कुछ नहीं है।

तुम मन के द्वारा कुछ भी सिद्ध कर सकते हो। यदि तुम्हें यह मालूम हो कि मन का कैसे उपयोग किया जाता है और युक्ति-तर्क करने और अनुमान करने का ज्ञान तुम्हें प्राप्त हो तो तुम प्रत्येक चीज को साबित कर सकते हो। इसके अलावा, यह एक अभ्यास है जो उच्चतर विद्यालयों में मन को नमनीय बनाने के लिए दिया जाता है : तुम्हारे सामने किसी विषय का पूर्वपक्ष सिद्ध कर दिया जाता है और उसके बाद तुरत उसका उत्तर पक्ष, उतने ही दृढ़ प्रत्यय के साथ, तुम्हें सिद्ध करना पड़ता है और यह सब इस आशा के साथ किया जाता है कि यदि तुम थोड़ा और ऊपर उठो तो तुम दोनों का समन्वय प्राप्त कर लोगे।

अतएव, जिस क्षण यह स्वीकार कर लिया जाता है कि प्रत्येक चीज

साबित की जा सकती है तब इसका मतलब है कि युक्ति-तर्क हमें कहीं नहीं पहुंचाते; क्योंकि तुम यदि एक चीज को सिद्ध करो और उसके बाद तुरत ही उससे विरुद्ध चीज को भी सिद्ध कर सको तो यह इस बात का प्रमाण है कि तुम्हारे प्रमाणों का कोई मूल्य नहीं।

अनुभव नाम की एक वस्तु भी है। एक सरल हृदय के लिए, एक सच्ची और सीधी प्रकृति के लिए, एक ऐसी प्रकृति के लिए जो यह जानती है कि उसका अनुभव सच्चा है, कि वह किसी कामना या मानसिक महत्त्वाकांक्षा का कोई मिथ्या रूप नहीं है, बल्कि अन्तरात्मा से आने वाली एक सहज स्वाभाविक क्रिया है—अनुभव पूर्णतः विश्वासोत्पादक होता है। विश्वास जमाने की अपनी शक्ति वह उस समय खो बैठता है जब उसके साथ अनुभव प्राप्त करने की इच्छा या अपने-आपको बहुत श्रेष्ठ व्यक्ति समझने की महत्त्वाकांक्षा आ जुटती है। यदि तुम्हारे अन्दर वह चीज हो तो सावधान, क्योंकि कामना और महत्त्वाकांक्षा अनुभव को मिथ्या बना देते हैं। मन आकारों का निर्माता है और यदि तुममें बहुत प्रबल कामना हो कि कोई बहुत महत्त्वपूर्ण या मजेदार चीज तुम्हारे लिए घटे तो तुम उसका होना सम्भव बना सकते हो, कम-से-कम बाह्य रूप में उन लोगों के लिए सम्भव बना सकते हो जो चीजों को ऊपर-ही-ऊपर देखते हैं। परन्तु, ऐसी बातों के अतिरिक्त, जब तुम सीधे-सरल, सच्चे और सहज होओ, और सबसे बड़ी बात यह हो कि अनुभव तुम्हारे पास अपने-आप, उन्हें पाने के लिए तुम्हारी ओर से कोई प्रयास हुए बिना, तुम्हारी सत्ता की गहराई से उठने वाली अभीप्सा की अभिव्यक्ति के रूप में, आते हों तो ऐसे अनुभवों पर पूर्ण प्रामाणिकता की मुहर-छाप लगी होती है; और सारा संसार तुमसे कह सकता है कि वे मूर्खतापूर्ण या भ्रमपूर्ण हैं, पर कोई बात तुम्हारे व्यक्तिगत विश्वास में कोई भी परिवर्तन नहीं लायेगी। परन्तु स्वाभाविक है कि, इसीलिए, तुम्हें स्वयं अपने-आपको धोखा नहीं देना चाहिये, तुम्हें सच्चा और सीधा-सरल होना चाहिये और अन्तःकरण में पूर्ण सत्यनिष्ठ बने रहना चाहिये।

किसी ने मुझसे पूछा था: "यह कैसे हो सकता है कि भगवान् एक अविश्वासी के सामने भी प्रकट हो जाते हैं?" यह प्रश्न हास्यास्पद है, क्योंकि भगवान् यदि किसी अविश्वासी के सामने प्रकट होना चाहें तो मैं

ऐसी कोई चीज नहीं देखती जो उन्हें ऐसा करने से रोक सके!

इसके विपरीत, भगवान् मजाक करना जानते हैं (श्रीअरविन्द ने कितनी ही बार इस बात को दुहराया है कि परमात्मा हास्यप्रिय हैं और हम ही उन्हें प्रशान्त और सर्वदा गम्भीर रहनेवाला बना देना चाहते हैं), और उन्हें यहां आकर किसी अविश्वासी का आलिंगन करने में मजा आता होगा। जिस व्यक्ति ने शायद पिछले दिन यह कहा था: "भगवान् का अस्तित्व नहीं है, मैं उन पर विश्वास नहीं करता। यह तो मूर्खता और अज्ञान है।"... उसी को वे अपनी भुजाओं में ले लेते हैं, उसे अपनी छाती से चिपका लेते हैं—और एकदम उसके मुंह पर हंसते हैं।

सब कुछ सम्भव है, यहां तक कि जो चीजें हमारी तुच्छ, सीमित बुद्धि को अयुक्तियुक्त प्रतीत होती है, उनका होना भी सम्भव है।

वास्तव में, जब हम इन सूत्रों को अन्त तक पढ़ चुकेंगे केवल तभी हमें इन्हें समझने का अवसर प्राप्त होगा, क्योंकि प्रत्येक सूत्र में श्रीअरविन्द हमें एक ऐसी स्थिति में ला बैठाते हैं जो उस सत्य से बिलकुल भिन्न है जिसे हमें खोजना है। पक्ष असंख्य हैं। दृष्टिकोण अगणित हैं। और हम अपने को झूठा बनाये बिना, अपनी बात का खण्डन किये बिना अत्यन्त विरोधी बातों को कह सकते हैं: सब कुछ इस बात पर निर्भर है कि वस्तुओं को हम किस तरह देखते हैं। और, जब हम सब कुछ देख चुकेंगे, अपने लिए सुलभ सभी दृष्टियों से जब हम केन्द्रीय 'सत्य' को चारों ओर से देख लेंगे, तब भी हमें बस जरा-सी झांकी ही मिलेगी—हो सकता है कि उस समय भी दिव्य सत्य हमारे लिए चारों ओर से अछूता ही रह जाये। परन्तु ध्यान देने की बात यह है कि यदि भगवान् के साथ केवल एक ही सम्पर्क का अनुभव हमें मिल जाये—एक सच्चा, स्वतःस्फूर्त और विशुद्ध अनुभव—तो उस क्षण, उस अनुभव के अन्दर हम सब कुछ, यहां तक कि उससे भी अधिक जान जायेंगे। यही कारण है कि मनुष्य जो कुछ थोड़ा-सा जानता है उसे पूर्ण सच्चाई के साथ जीवन में उतारना इतना महत्त्वपूर्ण है ताकि वह अनुभव प्राप्त करने की और अनुभव द्वारा जानने की योग्यता प्राप्त कर सके, मन के द्वारा जानने की योग्यता नहीं बल्कि इसलिए कि वह चीजों को जीवन में उतारता है, क्योंकि वे उसकी सत्ता और चेतना का अंग बन जाती हैं।

मनुष्य जो कुछ थोड़ा-बहुत जानता है, उसे जीवन में उतारना ही अधिक जानने का सबसे उत्तम तरीका है, यह पथ पर आगे बढ़ने का सबसे अधिक शक्तिशाली उपाय है—बस, थोड़ा-सा जीवन में लाने का प्रयत्न हो, पर हो बहुत सच्चा। उदाहरणार्थ, जब तुम जानते हो कि अमुक चीज करने लायक नहीं है, बस, उसे नहीं करना चाहिये। जब तुम अपने अन्दर एक दुर्बलता, एक अशक्तता देख लेते हो तो फिर उसे दुबारा प्रकट नहीं होने देना चाहिये। जब तुम्हें किसी तीव्र अभीप्सा के होने पर इस बात की झलक मिल जाती है कि क्या होना चाहिये, भले ही वह एक क्षण के लिए ही मिली हो, तो फिर उसे जीवन में सिद्ध करना भूलना नहीं चाहिये—कभी भी भूलना नहीं चाहिये।

कुछ ऐसे लोग होते हैं जो सर्वदा अपनी कमजोरियों के लिए बिलखते रहते हैं। उससे कुछ विशेष लाभ नहीं होता। यदि तुमने वास्तव में उन्हें एक बार देख लिया हो और यथार्थ में, सच्चे रूप में समझ लिया हो, यदि तुमने देख लिया हो कि ऐसा नहीं होना चाहिये, तब बिलखना बन्द कर दो! अब तो बस नित्य प्रयास करना होगा, अब तो अपने अन्दर संकल्प उत्पन्न करना होगा, अब तो प्रत्येक क्षण तुम्हें जाग्रत् रहना होगा—जिस दोष को तुमने एक बार जान लिया है उसे तुम्हें फिर दुबारा कभी नहीं होने देना होगा। अज्ञानवश भूल करना, अचेतनतावश भूल करना अवश्य ही बहुत शोचनीय बात है, पर यह संशोधनीय है। परन्तु यह जान लेने पर भी कि इसे नहीं करना चाहिये, भूल करते रहना एक प्रकार की कायरता है और उसे कभी प्रश्रय नहीं देना चाहिये।

यह कहना : "ओह! मानव-स्वभाव ही ऐसा है। ओह! हम लोग निश्चेतना में हैं। ओह! हम तो अज्ञान में हैं", यह सब आलस्य और दुर्बलता है। और इस आलस्य और दुर्बलता के पीछे एक बहुत बड़ा अशुभ संकल्प भी विद्यमान है। लो बस!

मैं यह इसलिए कहती हूं कि ऐसे बहुत से, अनगिनत लोग हैं जिन्होंने मेरे सामने यह मन्तव्य प्रकट किया है। और यह सर्वदा ही अपने लिए बहाना बनाने का एक तरीका होता है। यह कहना : "हम जो कर सकते हैं करते है", कोई सत्य कथन नहीं है। क्योंकि, यदि तुम सच्चे हो तो एक बार जो वस्तु तुम देख लेते हो (जब तक तुमने देखा नहीं है तब तक

कुछ कहने को नहीं है), पर जिस क्षण तुम देख लेते हो, उसी क्षण तुम भागवत कृपा भी पा जाते हो, और जिस क्षण तुम भागवत कृपा को पा लेते हो उस क्षण से उसे भूलने का कोई अधिकार तुम्हें नहीं रहता।

५.१२.१९५८

१३ — उन्होंने मुझसे कहा: "ये चीजें दृष्टिभ्रम हैं।" मैंने पूछा, दृष्टिभ्रम का क्या अर्थ है तो मुझे बताया गया कि यह एक ऐसी वैयक्तिक या आन्तरिक अनुभूति है जिसकी कोई प्रत्यक्ष या भौतिक वास्तविकता नहीं होती। और तब मैं बैठकर मानव तर्क-बुद्धि के चमत्कारों पर आश्चर्य करने लगा।

मधुर मां, "मानव तर्क-बुद्धि के चमत्कारों" से श्रीअरविन्द का क्या आशय है?

इस सूत्र में "उन्होंने" से श्रीअरविन्द का मतलब भौतिकवादियों तथा वैज्ञानिकों से है और, साधारणतया, उन लोगों से है जो संसार में एक भौतिक वास्तविकता पर ही विश्वास रखते हैं और मानव तर्क-बुद्धि को ही अकेला और अचूक निर्णायक मानते हैं। इसके अतिरिक्त, वे यहां जिन "चीजों" के विषय में कह रहे हैं वे सब इस स्थूल जगत् के नहीं वरन् दूसरे जगतों के अनुभव हैं जो भौतिक आंखों से नहीं बल्कि दूसरी आंखों से गोचर होते हैं। इनमें सूक्ष्म प्रदेशों में प्राप्त होने वाले प्राणिक जगत् के इन्द्रियों द्वारा ग्रहण किये गये अनुभवों से लेकर भागवत उपस्थिति के आनन्द के अनुभव तक आ जाते हैं।

इन्हीं "चीजों" तथा ऐसी ही अन्य चीजों के बारे में श्रीअरविन्द ने "दृष्टिभ्रम" शब्द का प्रयोग होते सुना था। शब्दकोश में "दृष्टिभ्रम" का अर्थ यों है: "अस्वस्थ प्रकार का वेदन जिसका आधार कोई वास्तविक पदार्थ न हो अर्थात्, बिना पदार्थ का बोध।" श्रीअरविन्द इसका ठीक रूप यों रखते हैं: "एक ऐसा आत्मनिष्ठ या चैत्य अनुभव जिसका किसी वस्तुनिष्ठ या भौतिक पदार्थ के साथ कोई सम्बन्ध न हो।" आन्तरिक चेतना के इन तथ्यों की इससे अधिक अच्छी परिभाषा और नहीं हो सकती,

क्योंकि ये तथ्य मनुष्य के लिए अत्यधिक मूल्यवान् हैं और उसे एक विचारने वाले पशु से कुछ अधिक बड़ा बना देते हैं। मानव बुद्धि इतनी सीमित, पार्थिव, दम्भपूर्ण रूप में अज्ञानमय है कि वह निन्दापूर्ण शब्द की सहायता से ठीक उन्हीं शक्तियों को हीन बताना चाहती है जो मनुष्य के सामने एक उच्चतर और श्रेष्ठतर जीवन के द्वार खोल देती हैं...। इस हठीली नासमझी को देखकर ही श्रीअरविन्द "मानव तर्क-बुद्धि के चमत्कारों" पर व्यंगपूर्वक आश्चर्य करते हैं। कारण, सत्य को मिथ्यात्व में इस हद तक बदल देने की शक्ति निश्चय ही चमत्कार है।

५.१.१९६०[१]

१४— जड़ पदार्थ में तल्लीन रहने के कारण जो सत्य हमारी आंखों से ओझल रहते हैं उनकी अनियमित झांकियों को विज्ञान दृष्टिभ्रम कहता है। संयोग सर्वोच्च और वैश्व बुद्धि के कार्य में कलाकार का अद्‌भुत स्पर्श है। इस 'बुद्धि' ने अपनी चेतन सत्ता में—जैसा कि कलाकार कैनवस पर अपनी कृति उतारता है—संसार की योजना बनायी और उसकी रचना की है।

यहां "कलाकार" से क्या मतलब है?

यहां श्रीअरविन्द विश्व के स्रष्टा, सर्वोच्च प्रभु के कार्य की एक ऐसे कलाकार की कृति से तुलना करते हैं जो अपनी तूलिका के महान् स्पर्श से अपनी चेतन सत्ता में, जैसे कि केनवस पर, संसार का चित्र खींचता है। और जब एक "निराले हल्के स्पर्श" द्वारा वह तूलिका से एक रेखा पर दूसरी रेखा खींच देता है तो वह "घटनाओं का संयोग" हो जाता है।

साधारणतया "संयोग" शब्द का अर्थ एक अचेतन और निरर्थक अवसर माना जाता है। पर श्रीअरविन्द हमें समझाना चाहते हैं कि संयोग और अचेतनता का इस तथ्य के साथ कोई सम्बन्ध नहीं है। इसके विपरीत,

[१] ये तारीखें तब की हैं जब ये प्रश्न पूछे गये थे। कभी-कभी माताजी बहुत बाद में बिना तारीख के उत्तर देती थीं।

यह एक ऐसी चेतना और सुरुचि का परिणाम है जो कलाकारों के पास होती है और यह एक गहन आशय का दिग्दर्शन भी करा सकता है।

१२.१.१९६०

१५ — जिसे लोग दृष्टिभ्रम कहते हैं वह मन और इन्द्रियों में उस वस्तु की परछाईं है जो हमारे मानसिक और इन्द्रियजनित बोधों से परे है। अन्धविश्वास मन की इन परछाइयों को गलत समझने से पैदा होता है, दृष्टिभ्रम और कुछ नहीं है।

क्या दृष्टिभ्रम की अन्तर्दर्शन से तुलना की जा सकती है?

अन्तर्दर्शन उन वस्तुओं का सूक्ष्म इन्द्रियों द्वारा प्राप्त बोध है जो एक ऐसे जगत् में सचमुच अपना अस्तित्व रखती हैं जो ज्ञान प्राप्त करने वाली इन्द्रिय के साथ सम्बन्ध रखता है।

उदाहरणार्थ, वैयक्तिक प्राणिक जगत् के साथ मेल खाता हुआ वैश्व प्राणिक जगत् भी है। जब मनुष्य पर्याप्त रूप से विकसित हो जाता है, तो उसे एक ऐसी व्यक्तिगत प्राणिक सत्ता प्राप्त हो जाती है जिसके पास देखने, सुनने और सूंघने आदि के लिए इन्द्रियां होती हैं। अतएव, जिसने अपनी प्राणिक सत्ता को भलीभांति विकसित कर लिया है वह चेतन रूप से और यह याद रखते हुए कि उसने क्या देखा है, अपनी प्राणिक दृष्टि की सहायता से प्राणिक जगत् में देख सकता है। और साथ ही जो कुछ देखा है उसे याद भी रख सकता है। यही अन्तर्दर्शन है।

इसी प्रकार सब सूक्ष्म जगतों, अर्थात् मानसिक, प्राणिक, अधिमानसिक तथा अतिमानसिक जगतों, बल्कि सत्ता के सभी मध्यवर्ती जगतों और स्तरों के सम्बन्ध में समझना चाहिये। इस प्रकार तुम प्राणिक, मानसिक, अधिमानसिक, अतिमानसिक आदि सब प्रकार के अन्तर्दर्शन प्राप्त कर सकते हो।

इसके अतिरिक्त, श्रीअरविन्द कहते हैं कि जिसे दृष्टिभ्रम कहा जाता है वह मन या शारीरिक इन्द्रियों पर उस वस्तु का प्रतिबिम्ब है जो हमारे

मन और सामान्य इन्द्रियों से परे है। अतएव यह प्रत्यक्ष अन्तर्दर्शन नहीं वरन् एक प्रतिबिम्बित प्रतिमूर्ति है जो साधारणतया न तो समझी जाती है और न जिसकी व्याख्या ही की जा सकती है। अनिश्चितता का यह गुण अवास्तविकता का आभास देता है और सब प्रकार के अन्धविश्वासों का कारण बनता है। इसी कारण "गम्भीर" प्रकृति के लोग या वे जो अपने-आपको गम्भीर समझते हैं इन तथ्यों का महत्त्व स्वीकार नहीं करते और इन्हें दृष्टिभ्रम कहते हैं। किन्तु जो लोग गुह्य विद्या के तथ्यों में रुचि रखते हैं उनको अन्तर्दृष्टि की योग्यता के अभिव्यक्त होने से पहले इसी प्रकार का बोध अक्सर होता है। तब वह योग्यता केवल निर्मित हो रही होती है। किन्तु तुम्हें इसे सच्चे अन्तर्दर्शन से मिला नहीं देना चाहिये। क्योंकि मैं फिर कहती हूं कि ये तथ्य अधिकतर अज्ञान की प्रायः पूर्ण अवस्था में उत्पन्न होते हैं और साथ ही इनके साथ प्रायः बहुत-सी भ्रान्तियां जुड़ी रहती हैं और इनकी व्याख्या भी बड़े गलत ढंग से की जाती है। हम यहां उन लोगों की बात नहीं कर रहे जो सच्चाई की अधिक परवाह नहीं करते। जब ऐसे लोग अपने अनुभवों की कहानी सुनाते हैं तो उनके साथ बहुत-सी बारीकियां और यथार्थ संकेत जोड़ देते हैं जो वास्तव में वहां नहीं होते। उनकी ये बातें स्वभावतया ही उन लोगों के, जो बुद्धिवादी और विचारशील हैं, अविश्वास को न्यायसंगत ठहराती हैं।

अतएव, हम "अन्तर्दर्शन" शब्द केवल उन्हीं अनुभवों के लिए सुरक्षित रखते हैं जो ज्ञान और सच्चाई की अवस्था में प्राप्त होते हैं। फिर भी, हम "दृष्टिभ्रम" और अन्तर्दर्शन दोनों में जो कुछ देखते हैं उसका सम्बन्ध किसी वास्तविक वस्तु से अवश्य होता है। यद्यपि उसकी प्रतिलिपि कभी-कभी बहुत अधिक विकृत कर दी जाती है।

२०.१.१९६०

१६—बहुतेरे आधुनिक वाद-विवाद करने वालों की तरह बहु-शब्द-प्रयोग के नीचे विचार का गला मत घोंट दो। अपनी खोज को सूत्रों और विशिष्ट कथनों के मोहक प्रभाव से सुला मत दो। सदा खोज करते रहो। उन वस्तुओं का कारण ढूंढ़ो जो एक

उतावली दृष्टि के लिए केवल संयोग या भ्रान्ति होती हैं।

वस्तुओं का कारण कैसे ढूंढ़ा जाये? यदि यह कार्य मन द्वारा किया जाये तो भी क्या 'सत्य' के सामने भ्रान्ति ही नहीं रहेगी?

मन के अनेक स्तर और प्रदेश हैं, भौतिक मन के स्तर से लेकर, जो सामान्य विचारों का निम्न प्रदेश है, जो भ्रान्ति, अज्ञान और झूठ से भरा रहता है, उच्चतर मन के स्तर तक जो सहज ज्ञान के रूप में अतिमानसिक सत्य की किरणों को ग्रहण करता है, अनेक प्रदेश हैं। इन दो छोरों के बीच में भी अनगिनत मध्यवर्ती स्तर क्रमबद्ध रूप में आते हैं जो एक दूसरे के ऊपर होते हैं तथा परस्पर एक दूसरे को प्रभावित करते हैं। एक निम्न प्रदेश में व्यावहारिक बुद्धि अर्थात् सामान्य ज्ञान होता है जिसका मनुष्य को बहुत गर्व है और जो सामान्य मन के लिए बुद्धिमत्ता की अभिव्यक्ति होता है, यद्यपि यह पूर्णतया अज्ञान के क्षेत्र में कार्य करता है। व्यावहारिक बुद्धि के इसी प्रदेश में "बहु-शब्द-प्रयोग" आता है जिसकी श्रीअरविन्द ने चर्चा की है, इसमें वे सब सूक्तियां और विशिष्ट कथन, वे सब गढ़े-गढ़ाये वाक्य आ जाते हैं जो मानसिक वातावरण में एक मस्तिष्क से दूसरे मस्तिष्क तक दौड़ते रहते हैं और जिनका प्रत्येक व्यक्ति उस समय प्रयोग करता है, जब वह उस आदमी की तरह प्रतीत होना चाहता है जो कुछ जानता है या यह मानता है कि वह बुद्धिमान् है।

इस प्रकार के अतिसाधारण एवं निम्न प्रकार के विचार से ही हमें श्रीअरविन्द सावधान रहने के लिए कहते हैं, जब हम एक नये और अप्रत्याशित तथ्य की उपस्थिति में होते हैं और उसकी व्याख्या करने की चेष्टा करते हैं। वे बताते हैं कि हमें सदा किसी तथ्य की खोज उस सर्वोच्च बुद्धि के प्रयोग द्वारा करनी चाहिये जो वस्तुओं के सच्चे कारण को जानने की तीव्र इच्छा रखती है। सरल और प्रचलित व्याख्याओं से आसानी से सन्तुष्ट न होकर हमें इस खोज को लगातार करते रहना चाहिये, जब तक कि हम अधिक सूक्ष्म और अधिक सच्चे सत्य को प्राप्त न कर लें। तब हमें यह भी पता लग जायेगा कि प्रत्येक वस्तु के पीछे, उसके भी पीछे जो संयोग और भ्रान्ति प्रतीत होती है, एक चेतन इच्छा-

शक्ति मौजूद है जो सर्वोच्च अन्तर्दर्शन को अभिव्यक्त करती है।

२७.१.१९६०

१७—कोई व्यक्ति यह निर्धारित कर रहा था कि भगवान् को 'यह' होना चाहिये, या 'वह' होना चाहिये, नहीं तो वह भगवान् नहीं होगा। पर मुझे ऐसा प्रतीत हुआ कि मैं केवल यही जान सकता हूं कि भगवान् क्या हैं। मेरी समझ में नहीं आता कि मैं भगवान् से यह कैसे कहूं कि उन्हें क्या होना चाहिये। कारण, हम किस माप से उनके विषय में निर्णय ले सकते हैं? ये निर्णय वस्तुतः हमारे अहंभाव की मूर्खताएं होते हैं।

क्या व्यक्ति का भगवान् के साथ तादात्म्य स्थापित हो चुकने के बाद उन्हें भौतिक मन से भी जानना सम्भव है?

भगवान् के साथ चेतन रूप से तादात्म्य स्थापित हो जाने के बाद समस्त सत्ता, अपने बाह्य भागों में—मानसिक, प्राणिक और शारीरिक भागों में भी—इस तादात्म्य के परिणामों से गुजरती है और तब उसमें इस हद तक परिवर्तन हो जाता है कि शारीरिक रूप में भी परिवर्तन दृष्टिगोचर होने लगता है। एक ऐसा प्रभाव दिखायी देने लगता है जो विचारों, भावों, वेदनों, यहां तक कि कार्यों पर भी क्रिया करता है। कभी-कभी सब क्रियाओं में, भागवत उपस्थिति और उसके कार्य का एक मूर्त और स्थायी प्रभाव दृष्टिगोचर होता है, यह सब बाह्य साधन के द्वारा होता है। किन्तु यह नहीं कहा जा सकता कि भौतिक मन भगवान् को *जानता* है, क्योंकि मन का अपना जानने का ढंग भगवान् के लिए पराया है, यह भी कहा जा सकता है कि वह बिलकुल विपरीत है। भौतिक मन स्वयं भागवत प्रभाव ग्रहण कर सकता है और उसके द्वारा रूपान्तरित भी हो सकता है, किन्तु जब तक वह भौतिक मन रहता है वह न व्याख्या कर सकता है, न ही समझ सकता है, भगवान् को जानना तो दूर रहा। कारण, भगवान् को जानने के लिए व्यक्ति को भगवान् के साथ एक हो जाना चाहिये और इसके लिए

भौतिक मन को जो कुछ वह है वह बने रहना छोड़ देना चाहिये, दूसरे शब्दों में, उसे भौतिक मन नहीं रहना चाहिये।

इस निम्न त्रिविध सत्ता में (मन, प्राण और शरीर में) भगवान् को जानने की योग्यता केवल अतिमानसिक रूपान्तर के द्वारा ही प्राप्त की जा सकती है। और यह उस चरम प्राप्ति से, जिसका अर्थ दिव्य बनना है, जरा ही पहले आती है।

३.२.१९६०

१८ — इस जगत् में संयोग जैसी कोई वस्तु नहीं हैः भ्रान्ति का विचार स्वयं ही भ्रान्ति है। अभी तक मानव मन में ऐसी कोई भ्रान्ति नहीं आयी जो किसी सत्य को छिपाये हुए या विकृत किये हुए न हो।

"भ्रान्ति का विचार स्वयं ही भ्रान्ति है", इसका क्या अर्थ है?

हम भ्रान्ति में ही निवास करते हैं, इसे कोई भी विचारशील मन अस्वीकार नहीं कर सकता। किन्तु कुछ लोगों के अनुसार, हम जिसे भ्रान्ति देखते और समझते हैं और जिसमें जीते हैं, उसके पीछे किसी भी चीज का अस्तित्व नहीं है, वहां नास्ति है, खालीपन है। जब कि दूसरे कहते हैं : हम जो कुछ देखते या अनुभव करते हैं, या जिसमें रहते-सहते हैं वह एक धोखेवाली, भ्रमपूर्ण प्रतीति है और इसके पीछे—इसके परे और इसके अन्दर—एक 'वास्तविकता' है, एक सनातन 'सत्य' है जिसे हम अपनी सामान्य अवस्था में नहीं देख पाते, पर यदि हम कुछ कष्ट उठाकर आवश्यक पद्धतियों का अनुसरण करें तो उसे अनुभव कर सकते हैं।

इस सूत्र में, "भ्रान्ति के विचार" से श्रीअरविन्द इस दार्शनिक सिद्धान्त की ओर निर्देश करते हैं कि इस स्थूल जगत् का कोई वास्तविक अस्तित्व नहीं है, यह केवल एक बाह्य रूप है जो अहंभाव और इन्द्रियों की भ्रान्ति से उत्पन्न होता है और जब यह भ्रान्ति दूर हो जायेगी तो यह जगत् भी उसके साथ-साथ लुप्त हो जायेगा।

इसके विपरीत, श्रीअरविन्द इस बात की पुष्टि करते हैं कि बाह्य प्रतीतियों के पीछे, अत्यधिक भ्रान्तिपूर्ण प्रतीतियों के पीछे भी एक सत्य, एक चेतन संकल्प विद्यमान है जो विश्व की अभिव्यक्ति पर शासन करता है। इस अभिव्यक्ति में प्रत्येक वस्तु, प्रत्येक घटना, प्रत्येक परिस्थिति उस वस्तु का परिणाम है जो उसके पहले आयी और उसका कारण है जो उसके बाद आयेगी। संयोग और असंगति, उस मानव चेतना की भ्रमपूर्ण प्रतीतियां हैं जो वस्तुओं के सत्य को देखने के लिए अत्यधिक आंशिक और सीमित हैं। किन्तु यह मूर्त और वास्तविक सत्य समस्त बाह्य प्रतीतियों और उनकी भ्रान्तिपूर्ण असंगति के पीछे विद्यमान है।

और स्वयं श्रीअरविन्द कहते हैं: जगत् सत्य है; केवल उसके विषय में हमारा ज्ञान मिथ्या है।

१०.२.१९६०

१९ — जब मेरे अन्दर विभाजनकारी बुद्धि थी तो मैं बहुत-सी वस्तुओं से पीछे हट जाता था। पर जब मैंने इसे आंखों से ओझल कर दिया तो मैंने संसार में कुरूप और अनाकर्षक वस्तुओं की खोज की पर उन्हें न पा सका।

क्या दुनिया में सचमुच ऐसी कोई चीज नहीं है जो कुरूप और अनाकर्षक न हो? क्या हमारी तर्क-बुद्धि ही चीजों को इस ढंग से देखती है?

श्रीअरविन्द यहां जो कहना चाहते हैं उसे सच्चे रूप में समझने के लिए व्यक्ति को अपने अन्दर तर्क-बुद्धि से ऊपर उठने और अपनी चेतना को मानसिक बुद्धि से अधिक ऊंचे जगत् में स्थापित करने का अनुभव होना चाहिये। कारण, ऊपर की चेतना से तुम यह देख सकते हो कि जो कुछ जगत् में अस्तित्व रखता है वह सच्चिदानन्द—सत्-चित्-आनन्द—की अभिव्यक्ति है, यह पहली बात है। और इसलिए, यदि तुम बाह्य रूप के पीछे, वह चाहे जो भी हो, काफी गहराई में जाओ तो सच्चिदानन्द को पा सकते हो, जो 'सर्वोच्च सौन्दर्य' का तत्त्व है। दूसरे, इस अभिव्यक्त जगत् में

प्रत्येक वस्तु सापेक्ष है, यहां तक कि कोई भी ऐसा सौन्दर्य नहीं है जो अपने से बड़े सौन्दर्य की तुलना में कुरूप न लगे, और न ही कोई ऐसी कुरूपता है जो अपने-से बहुत बड़ी कुरूपता की अपेक्षा सुन्दर न प्रतीत हो।

जब तुम ऐसा देख और अनुभव कर सको तो तुम तत्काल एक पूर्ण दृष्टिकोण से इन प्रभावों की और इनकी अवास्तविकता की चरम सापेक्षता को जान लेते हो। फिर भी, जब तक हम तर्क-बुद्धि की चेतना में निवास करते हैं, तो यह एक प्रकार से स्वाभाविक ही होता है कि जो कुछ हमारी पूर्णता की अभीप्सा को, हमारे विकास के संकल्प को धक्का पहुंचाता है या जिस चीज से हम ऊपर उठना या उसे वश में करना चाहते हैं वह हमें कुरूप और अनाकर्षक प्रतीत होती है, क्योंकि हम एक उच्चतर आदर्श की खोज में लगे हैं और अधिक ऊपर चढ़ना चाहते हैं।

पर फिर भी, यह एक अर्ध-ज्ञान ही है जो कि सच्चे ज्ञान से कोसों दूर है। यह एक ऐसी बुद्धिमत्ता है जो अज्ञान और अचेतनता के बीच बुद्धिमान् प्रतीत होती है।

'सत्य' में सब कुछ इससे भिन्न है और भगवान् ही प्रत्येक वस्तु में चमकते हैं।

१७.२.१९६०

२० — भगवान् ने मेरी आंखें खोल दी हैं। कारण, मैंने असंस्कृत की उदात्तता देखी, अनाकर्षक का आकर्षण देखा, अपूर्ण की पूर्णता और कुरूप का सौन्दर्य देखा।

यह सूत्र पिछले सूत्र का पूरक और कुछ-कुछ उसी की व्याख्या है।

वे स्पष्ट शब्दों में कहते हैं कि बाह्य प्रतीतियों के पीछे एक 'उत्कृष्ट सत्य' है, जो, कहा जा सकता है कि बाह्य विकृतियों का प्रकाशमान विरोध है। इस प्रकार, जब आन्तरिक आंखें इस दिव्य सत्य के प्रति खुली होती हैं तो वह इतने शक्तिशाली रूप में प्रकट होता है कि उस वस्तु को मिटा देने में सफल हो जाता है जो साधारणतया इसे सामान्य दृष्टि से छुपा देती है।

२४.२.१९६०

२१— ईसाई और वैष्णव क्षमा की प्रशंसा करते हैं, पर मैं अपने लिए यह पूछता हूं : "मैं किसे क्षमा करूं और क्या क्षमा करूं?"

जब भगवान् से क्षमा मांगी जाती है, तो क्या वे सदा हमें क्षमा कर देते हैं?

श्रीअरविन्द स्वयं ही हमें भगवान् का उत्तर देते हैं : "मैं किसको क्षमा करूं और क्या क्षमा करूं?" प्रभु यह जानते हैं कि सब कुछ वे स्वयं ही हैं, अतएव, सब कर्म भी उन्हीं के हैं और सब वस्तुएं भी वे स्वयं ही हैं। क्षमा करने के लिए व्यक्ति को उससे अलग होना चाहिये जिसे वह क्षमा करता है, और जिस वस्तु को क्षमा करना है वह भी उसके अपने द्वारा नहीं बल्कि किसी दूसरे के द्वारा की जानी चाहिये।

सच पूछो तो क्षमा मांगते वक्त व्यक्ति यह आशा करता है कि जो कार्य उसने किया है उसके बुरे परिणाम नष्ट हो जायें। किन्तु यह तभी सम्भव है जब की हुई भूल के कारण विलीन हो जायें। यदि तुमने अज्ञानवश कोई अपराध किया है तो अज्ञान का नाश होना चाहिये; यदि तुमने किसी बुरी भावना के वश कोई दोष किया है तो उस बुरी भावना का नाश होना चाहिये तथा उसका स्थान सद्भावना को लेना चाहिये। खाली पश्चात्ताप ही काफी नहीं है, उसके साथ-साथ उन्नति भी होनी चाहिये।

कारण, विश्व सतत रूप में विकास कर रहा है; कोई भी वस्तु अचल नहीं है, सब कुछ सदा बदलता रहता है, चाहे वह आगे बढ़ रहा हो या पीछे हट रहा हो। जो वस्तुएं या कर्म हमें पीछे की ओर ले जाते हैं वे हमें बुरे प्रतीत होते हैं तथा अस्तव्यस्तता और अव्यवस्था के कारण होते हैं। उनका एकमात्र इलाज है आगे की ओर मौलिक गति, उन्नति। यह नया अनुकूलन ही पीछे हटने की क्रिया के परिणामों को नष्ट कर सकता है।

अतएव व्यक्ति को भगवान् से एक अस्पष्ट प्रकार की शाब्दिक क्षमा नहीं मांगनी चाहिये, बल्कि आवश्यक उन्नति करने के लिए शक्ति मांगनी चाहिये। कारण, केवल आन्तरिक रूपान्तर ही किये हुए कर्म के परिणामों को मिटा सकता है।

२.३.१९६०

२२ — भगवान् ने एक मानवीय हाथ से मेरे ऊपर आघात किया; तो क्या मैं यह कहूं : "हे भगवान्! मैं तेरी धृष्टता के लिए तुझे क्षमा करता हूं"?

२३ — भगवान् ने एक प्रहार के द्वारा मेरा मंगल किया। क्या मैं यह कहूं : "हे सर्वशक्तिमान्, मैं इस अपकार और निष्ठुरता के लिए तुझे क्षमा करता हूं पर फिर से ऐसा न करना"?

"भगवान् ने एक मानवीय हाथ से मेरे ऊपर आघात किया", इसका क्या अर्थ है?

ये दो सूत्र इस बात को दर्शाते हैं कि भागवत उपस्थिति समस्त वस्तुओं और समस्त सत्ताओं में विद्यमान है। और ये उस विचार को भी विकसित करते हैं जिसकी अभी चर्चा हो चुकी है, अर्थात्, ऐसी कोई भी चीज और कोई भी व्यक्ति नहीं है जिसे क्षमा किया जाये, क्योंकि भगवान् समस्त वस्तुओं के निर्माता हैं।

"भगवान् ने एक मानवीय हाथ से मेरे ऊपर आघात किया", इस वाक्य को इसी तरह पढ़ना और समझना चाहिये। यदि तुम केवल बाह्य प्रतीतियों को ही देखो तो तुम्हें लगेगा कि एक मनुष्य दूसरे मनुष्य को घूंसा मार रहा है। किन्तु जो व्यक्ति 'सत्य' को देखता और जानता है वह यह समझ लेता है कि वे सर्वोच्च प्रभु ही मानवीय हाथ के द्वारा आघात करते हैं, और यह आघात उस व्यक्ति का अवश्य ही भला करेगा जिस पर वह पड़ा है। दूसरे शब्दों में, वह उसकी चेतना को उन्नत करेगा, क्योंकि सृष्टि का अन्तिम लक्ष्य ही समस्त प्राणियों को भगवान् की चेतना के प्रति जगाना है।

एक बार यह समझ में आ जाये तो इन दो सूत्रों का शेष भाग बड़ी सरलता से समझ में आ जायेगा।

क्या हम भगवान् को उस भलाई के लिए क्षमा कर दें जो उसने हमारे प्रति की है, और साथ ही यह भी कहें कि फिर से ऐसा न करना?

ऐसे नुस्खे की विरोधात्मक और मूर्खतापूर्ण बात स्पष्ट ही है।

९.३.१९६०

२४ — जब मैं किसी दुर्भाग्य पर रोता-पीटता हूं और उसे अशुभ कहता हूं, अथवा जब मैं ईर्ष्यालु और हताश होता हूं तब मैं जानता हूं कि मेरे अन्दर फिर से वही सनातन मूर्ख जाग उठा है।

यह "दुर्भाग्य" क्या है और क्यों आता है?

जब व्यक्ति किसी परिणाम की आशा से कार्य करता है और यदि परिणाम वह नहीं आता जिसे वह चाहता था तो वह उसे दुर्भाग्य कहता है। साधारणतया ऐसी प्रत्येक घटना जो इच्छा के विपरीत होती है या जिसे शंका की दृष्टि से देखा जाता है सामान्य मन को दुर्भाग्य प्रतीत होती है। यह दुर्भाग्य क्यों आता है? प्रत्येक अवस्था में कारण भिन्न होता है; बल्कि घटना के बाद ही, वस्तुओं को समझने की आवश्यकता हमें इस बात के कारण खोजने को प्रेरित करती है कि यह घटना क्यों हुई थी। किन्तु अधिकतर परिस्थिति-सम्बन्धी हमारा ज्ञान अन्धा और भ्रान्तिपूर्ण होता है। हम अज्ञान में ही फैसला दे बैठते हैं। और फिर बाद में ही, कभी-कभी तो बहुत देर के बाद, हम आवश्यक दूरी पर खड़े होकर परिस्थितियों की शृंखला तथा समग्र परिणाम को देखते हैं, और तभी वस्तुओं के वास्तविक स्वरूप को भी देखते हैं। हम देखते हैं कि जो चीज हमें बुरी लगती थी वह वस्तुतः बड़ी उपयोगी थी और उसने हमारे आवश्यक विकास में सहायता पहुंचायी थी।

श्रीअरविन्द उस व्यक्ति की अवस्था को "सनातन मूर्ख" कहते हैं जो अज्ञान और कामना में डूबा हुआ है और जो प्रत्येक वस्तु को अपने संकुचित और ससीम अहं के दृष्टिकोण से देखता है। वस्तुओं को शुद्ध रूप में समझने और अनुभव करने के लिए तुम्हारे अन्दर एक वैश्व दृष्टि होनी चाहिये तथा प्रत्येक वस्तु और प्रत्येक परिस्थिति में तुम्हें भागवत उपस्थिति और भागवत इच्छा के प्रति सचेतन होना चाहिये।

तब हम यह जान लेते हैं कि हमारे साथ जो कुछ होता है वह सदा हमारे भले के लिए होता है, पर केवल तभी जब हम अपना दृष्टिकोण आध्यात्मिक रखें और समय के साथ खिलते चलें।

१६.३.१९६०

२५ — जब मैं दूसरों को दुःख भोगते हुए देखता हूं तो अनुभव करता हूं कि मैं अभागा हूं; परन्तु वह प्रज्ञा, जो मेरी नहीं है, आने वाले शुभ को देखती है और उसका अनुमोदन करती है।

यह "प्रज्ञा" क्या है?

यह सर्वोच्च बुद्धिमत्ता है, सर्वोच्च भगवान् की बुद्धिमत्ता है। यह वर्तमान, भूत और भविष्य को समान रूप में देख लेती है। यह समस्त कार्यों के कारण और समस्त कारणों के कार्य जानती है। यह सारी परिस्थितियों के जिस योगफल को उनकी समग्रता में एक साथ देख लेती है वह उसे प्रकृति का एक उत्कृष्ट प्रयत्न प्रतीत होता है जो भगवान् को अधिकाधिक व्यक्त करने तथा उसे भागवत पूर्णता की ओर ऊपर ले चलने के लिए किया जाता है। यही वह शुभ है जो निकट आ रहा है। इसी की ओर सब बढ़ रहे हैं, इसीलिए सच्ची बुद्धिमत्ता इसे पसन्द करती है।

कारण, हमारा संकीर्ण दृष्टिकोण, हमारा अत्यधिक संकुचित ज्ञान और हमारे पथभ्रान्त वेदन ही हमारे लिए उस चीज को जो उन्नति की एक सम्भावना और अवसर है कष्ट में बदल देते हैं।

और इसका प्रमाण यह है कि ज्यों ही हम इस बात को समझ लेते हैं और इसमें सहयोग देते हैं, हमारा कष्ट दूर हो जाता है।

२३.३.१९६०

२६ — सर फिलिप सिडनी[१] ने फांसी के तख्ते की ओर जाते हुए एक अपराधी को देखकर कहा था, "वह देखो, भगवान् की कृपा से वंचित सर फिलिप सिडनी जा रहा है।" पर और भी अधिक ज्ञान की बात होती यदि उन्होंने कहा होता, "वह देखो, भगवान् की कृपा से सर फिलिप सिडनी जा रहा है।"

मैं इस सूत्र का अर्थ नहीं समझ पाया।

[१] इंगलैण्ड के एक प्रसिद्ध कवि और असाधारण प्रतिभासम्पन्न व्यक्ति।

सर फिलिप सिडनी एक राजनेता और कवि थे, किन्तु जीवन में सफलता प्राप्त करने पर भी वे स्वभाव से बड़े नम्र थे। कहा जाता है कि एक अपराधी को फांसी के तख्ते की ओर ले जाये जाते देखकर उन्होंने यह मशहूर वाक्य कहा था जिसे श्रीअरविन्द ने अपने सूत्र में उद्धृत किया है। इसका उल्था हम यों दे सकते हैं : "भागवत कृपा *के बिना* यह बात मेरे साथ भी हो सकती थी।" श्रीअरविन्द कहते हैं कि यदि सर फिलिप सिडनी अधिक बुद्धिमान् होते तो कहते : "भगवान् की कृपा *से* मेरे साथ भी ऐसा हो सकता था।" कारण, भागवत कृपा तो सदा सर्वत्र, प्रत्येक वस्तु और प्रत्येक घटना के पीछे मौजूद है, चाहे उस वस्तु या घटना की ओर हमारी प्रतिक्रिया कैसी भी क्यों न हो, चाहे वह हमें भली प्रतीत हो या बुरी, विपत्तिकारक लगे या सुखदायी।

यदि सर फिलिप सिडनी योगी होते तो उन्हें मानव एकता का अनुभव होता और उन्होंने प्रत्यक्ष रूप में यह जान लिया होता कि वे स्वयं या उन्हीं की सत्ता का एक भाग फांसी के तख्ते की ओर ले जाया जा रहा है। साथ ही, वे यह भी जान लेते कि जो कुछ भी होता है वह भगवान् की कृपा से ही होता है।

३०.३.१९६०

२७ — भगवान् बहुत बड़े और निर्दयी 'उत्पीड़क' हैं, क्योंकि वे प्यार करते हैं। तुम इस बात को नहीं समझते, क्योंकि तुमने न तो कृष्ण को देखा है और न तुम उनके साथ खेले हो।

"कृष्ण के साथ खेलने" का क्या अर्थ है? "भगवान् बहुत बड़े और निर्दयी उत्पीड़क हैं", इसका क्या अभिप्राय है?

कृष्ण अन्तरस्थ भगवान् हैं, वे एक ऐसी भागवत उपस्थिति हैं जो प्रत्येक व्यक्ति और प्रत्येक वस्तु में विद्यमान है। वे सर्वोच्च प्रभु के आनन्द और प्रेम का एक सर्वोच्च पक्ष भी हैं। वे मुस्कुराहटपूर्ण दयालुता और क्रीड़ापूर्ण प्रसन्नता की मूर्ति हैं। वे एक साथ खिलाड़ी, खेल और खेल के सारे

साथी, तीनों हैं। और चूंकि यह खेल, परिणामों सहित पूर्ण रूप से जाना हुआ है, सोचा हुआ, इच्छित, व्यवस्थित तथा अपनी समग्रता में चेतन रूप से खेला जाता है इसलिए इसमें खेल के आनन्द के सिवाय और किसी चीज के लिए स्थान ही नहीं हो सकता। अतएव "कृष्ण को देखने" का अर्थ है अन्तरस्थ भगवान् को देखना, "कृष्ण से खेलने" का अर्थ है अन्तरस्थ भगवान् के साथ एक होना तथा उनकी चेतना में भाग लेना। जब तुम इस स्थिति में पहुंच जाओ तो तत्काल दिव्य क्रीड़ा के आनन्द में प्रवेश पा सकते हो। जितना पूर्ण तुम्हारा तादात्म्य होगा उतनी ही पूर्ण तुम्हारी अवस्था होगी।

किन्तु यदि चेतना का कोई एक कोना सामान्य बोध, सामान्य बुद्धि, सामान्य वेदन को ही बनाये रखे तो तुम दूसरों के कष्ट को देखोगे, तुम इस क्रीड़ा को, जो कि इतने कष्ट का कारण होती है, बहुत निर्दयतापूर्ण पाओगे और तब अन्त में कहोगे कि जो भगवान् इस तरह की पीड़ा में आनन्द लेते हैं वे निश्चय ही भयानक उत्पीड़क होंगे; किन्तु दूसरी ओर, जब तुम भगवान् के साथ तादात्म्य प्राप्त कर चुको, तो उस विशाल और अद्‌भुत प्रेम को नहीं भूल सकते जो वे अपनी क्रीड़ा में घोलते हैं, और तब तुम यह समझ जाते हो कि हमारी दृष्टि की ससीमता ही हमें ऐसा निर्णय करने के लिए प्रेरित करती है और यह कि वे एक दयालु उत्पीड़क नहीं बल्कि महान् और दयालु प्रेम हैं जो जगत् और मनुष्यों को उनकी प्रगतिशील यात्रा में द्रुततम मार्गों के द्वारा पूर्णता की ओर ले जाता है; यद्यपि यह पूर्णता सदा सापेक्ष होती है तथा इसे सदैव पार किया जाता है।

किन्तु एक दिन ऐसा आयेगा जब प्रगति-पथ पर आगे चलने के लिए इस ऊपरी कष्ट की आवश्यकता नहीं रहेगी, जब उन्नति अधिकाधिक सामंजस्य और आनन्द के साथ साधित हो सकेगी।

६.४.१९६०

२८ — किसी ने कहा था कि नेपोलियन एक निरंकुश शासक तथा बहुत बड़े हत्यारे थे; परन्तु मैंने सशस्त्र भगवान् को यूरोप भर में विचरण करते हुए देखा।

क्या ये सब युद्ध पृथ्वी के क्रम-विकास के लिए आवश्यक हैं?

मानव विकास की एक विशेष अवस्था में युद्ध अनिवार्य हैं। प्रागैतिहासिक युग में समूचा जीवन ही युद्ध था और हमारे समय तक भी मानव इतिहास युद्धों की एक लम्बी कहानी है। युद्ध चेतना की एक ऐसी अवस्था का स्वाभाविक परिणाम है जो जीवन के लिए संघर्ष और अहंभावयुक्त उग्रता से शासित है। और वर्तमान समय में, मनुष्यों के द्वारा शान्ति के लिए कुछ प्रयत्न किये जाने पर भी, अभी तक हमें कोई चीज यह निश्चिति नहीं दिला सकती कि अब युद्ध एक अनिवार्य विपत्ति नहीं है। वस्तुतः, चाहे खुले रूप में हो या न हो, इस समय भी पृथ्वी के कई स्थलों पर युद्ध की अवस्था नहीं है क्या?

यह भी ठीक है कि पृथ्वी पर जो कुछ होता है वह अनिवार्य रूप से उसे उन्नति की ओर ले जाता है। अतएव युद्ध साहस, सहनशीलता और निर्भीकता के विद्यालय हैं। ये एक ऐसे भूतकाल का नाश करने में उपयोगी हो सकते हैं जो अपना समय पूरा होने पर भी विलीन होकर अपना स्थान नयी वस्तुओं को देने से इन्कार करता है। युद्ध पृथ्वी को किसी आक्रमणकारी और विनाशक जाति से मुक्त करने का साधन भी हो सकता है ताकि न्याय और सत्य का शासन स्थापित हो सके। कुरुक्षेत्र का युद्ध इसका उदाहरण है। युद्ध संकट को उपस्थित करके एक अत्यधिक तामसिक चेतना की जड़ता को भी झकझोर सकता है तथा सुप्त शक्तियों को जगा सकता है। और अन्त में, यह शान्ति और युद्ध के भेद तथा युद्धकाल के तथा उसके पीछे होने वाले भयंकर दुष्परिणामों के द्वारा मनुष्यों को एक ऐसा प्रभावकारी साधन ढूंढ़ने को प्रेरित कर सकता है जिसके द्वारा रूपान्तर का यह बर्बर और हिंसक रूप अनावश्यक कर दिया जाये।

कारण, पार्थिव क्रम-विकास में जो कुछ अनावश्यक होता है वह स्वयं ही समाप्त हो जाता है।

१३.४.१९६०

आपने कहा है: "ये (युद्ध) एक ऐसे भूतकाल का नाश करने में उपयोगी हो सकते हैं जो अपना समय पूरा होने पर भी विलीन होकर

अपना स्थान नयी वस्तुओं को देने से इन्कार करता है।" अब जब कि अतिमानस पृथ्वी पर अवतरित हो चुका है, क्या जगत् की वर्तमान अवस्था को बदलने के लिए युद्ध की आवश्यकता पड़ेगी?

सब कुछ राष्ट्रों की ग्रहणशीलता पर निर्भर होगा। यदि वे व्यापक रूप से तथा शीघ्र ही नयी शक्तियों के प्रभाव के प्रति अपने-आपको खोल दें और काफी जल्दी अपनी धारणाओं तथा अपने कार्यों को बदल दें तो युद्ध टल सकता है। किन्तु अभी तो यह हर समय संकट के रूप में ऊपर मंडराता रहता है और प्रत्येक भूल, चेतना की प्रत्येक कालिमा इस संकट को बढ़ा रही है।

फिर भी अन्तिम विश्लेषण में, प्रत्येक वस्तु वस्तुतः, भागवत कृपा पर ही निर्भर है और हमें भविष्य की ओर विश्वास और शान्तिपूर्वक देखना चाहिये, साथ ही जितनी तेजी से हो सके प्रगति करते चलना चाहिये।

१५.४.१९६०

२९ — मैं भूल गया हूं कि पाप क्या है और पुण्य क्या; मैं तो केवल भगवान् को, जगत् के अन्दर 'उनकी' लीला को तथा मानवता के अन्दर 'उनकी' इच्छा को ही देख पाता हूं।

यदि सब कुछ भगवान् की इच्छा से होता है तो व्यक्ति की इच्छा की क्या उपयोगिता है?

विश्व में और विशेषतया पृथ्वी पर प्रत्येक वस्तु भागवत योजना का एक अंग है, यह योजना प्रकृति द्वारा कार्यान्वित की जाती है। इसे चरितार्थ करने में प्रत्येक वस्तु की आवश्यकता पड़ती है। वैयक्तिक इच्छा प्रकृति के कार्य करने का एक साधन है जो उसके कार्य के लिए अनिवार्य है। अतएव वैयक्तिक इच्छा एक तरह से भागवत इच्छा का ही अंग होती है।

फिर भी इसे ठीक प्रकार समझने के लिए व्यक्ति को "संकल्प" शब्द को दिये गये अर्थ को भली-भांति जान लेना चाहिये।

संकल्प, जैसा कि उसके बारे में सोचा जाता है, एक ऐसा विचार है जो अपने-आपको विकसित कर रहा है और जिसके साथ शक्ति—चरितार्थता की शक्ति—भी जोड़ी जाती है, जिसके साथ कार्यकारिणी प्रेरणा भी होती है। यह मानवीय इच्छा की व्याख्या है। भागवत इच्छा दूसरी चीज है। यह एक दृष्टि है जिसमें उपलब्धि की क्षमता जुड़ी होती है। भागवत इच्छा सर्वज्ञ और सर्वशक्तिमान् है, यह अदम्य है और तत्काल कार्य करती है।

मानवीय इच्छा अनिश्चित है, इसमें प्रायः ही उतार-चढ़ाव आते रहते हैं। विरोधी इच्छाओं के साथ इसका सदा संघर्ष चलता रहता है। यह प्रभावकारी तभी होती है जब किसी-न-किसी कारण से प्रकृति की इच्छा के अनुकूल हो जो स्वयं भागवत इच्छा का दूसरा रूप है या जो स्वयं भगवान् के अनुकूल होती है और यह भागवत कृपा या योग का परिणाम होता है।

अतएव कहा जा सकता है कि वैयक्तिक इच्छा एक ऐसा साधन है जिसे भगवान् हमें अपनी ओर वापस ले जाने के लिए प्रयुक्त करते हैं।

२०.४.१९६०

३० — मैंने एक शिशु को कीचड़ में लोटते देखा और फिर उसी बच्चे को उसकी मां के नहला देने पर स्वच्छ और समुज्ज्वल देखा, पर प्रत्येक बार उसकी नितान्त पवित्रता को देखकर मैं कांप उठा।

क्या बड़े होने पर भी बच्चा इस पवित्रता को बनाये रख सकता है?

सिद्धान्त रूप में यह असम्भव बात नहीं है। कुछ लोग ऐसे हो सकते हैं जो शहरों, सभ्यताओं और संस्कृतियों से दूर जन्म लेते है, और वे अपने पार्थिव शरीर के समस्त जीवनकाल में इस सहज पवित्रता को, उस आत्मा की पवित्रता को जो मन की क्रिया से आच्छादित नहीं होती, बनाये रखते हैं।

कारण, यहां श्रीअरविन्द जिस पवित्रता की बात करते हैं वह सहज प्रवृत्ति की पवित्रता है जो स्वभाववश प्रकृति की प्रेरणा की आज्ञा के

अनुसार चलती है। यह न कोई हिसाब करती है, न प्रश्न और न ही कभी यह पूछती है कि यह चीज अच्छी है या बुरी, कोई कार्य अच्छा है या बुरा, यह पुण्य है या पाप, यह परिणाम अनुकूल होगा या प्रतिकूल। ये सब विचार तब सामने आते हैं जब मानसिक अहंभाव प्रकट होकर चेतना में ऊंचे आसन पर विराजमान होना शुरू कर देता है और आत्मा की सहज स्वाभाविकता को ढक देता है।

आधुनिक "सभ्य" जीवन में माता, पिता और शिक्षक, अपनी व्यावहारिक और तर्क-संगत "अच्छी सलाह" के द्वारा बहुत जल्दी इस स्वाभाविकता को दबा देते हैं जिसे वे अचेतना कहते हैं और उसके स्थान पर एक मानसिक अहंभाव की स्थापना कर देते हैं जो अत्यन्त छोटा, संकीर्ण एवं ससीम होता है, जो अपनी ओर ही मुड़ा रहता है और भ्रान्ति, पाप और दण्ड के विचारों से या फिर निजी स्वार्थ, लाभ और हिसाब-किताब के विचारों से भरा रहता है। इस सबका अनिवार्य परिणाम यह निकलता है कि दबाव, डर और अपना औचित्य सिद्ध करने की प्रवृति से प्राणिक कामनाएं बढ़ जाती हैं।

फिर भी, यदि तुम पूर्ण बनना चाहते हो तो यह कहा जा सकता है कि चूंकि मनुष्य एक मनोमय प्राणी है उसे अपने विकास क्रम में इस अवचेतना और सहज पवित्रता का, जो कि पशु की स्वाभाविक विशुद्धता के समान है, आवश्यक रूप से त्याग कर देना चाहिये। और फिर मानसिक वक्रता और अशुद्धता के अनिवार्य काल में से होते हुए मन के ऊपर उठना चाहिये और दिव्य चेतना की उच्चतर और प्रकाशमान पवित्रता में प्रवेश करना चाहिये।

२७.४.१९६०

३१ — जिस चीज को मैं चाहता था कि वह उचित हो या समझता था कि वह उचित है, वह नहीं होती; इसलिए यह स्पष्ट है कि संसार को परिचालित करने वाली कोई 'सर्वज्ञ सत्ता' नहीं है बल्कि केवल एक अन्धी 'आकस्मिकता' अथवा एक कठोर 'कार्य-कारण-परम्परा' है।

कुछ व्यक्तियों के लिए घटनाएं उस बात की विरोधी होती हैं जिसे वे चाहते हैं या जिसे वे अपने लिए अच्छा समझते हैं। फलस्वरूप प्रायः ही वे निराशा अनुभव करते हैं। क्या उनके विकास के लिए यह बात आवश्यक है?

निराशा कभी भी विकास के लिए आवश्यक नहीं होती, यह सदा दुर्बलता और तमस् का चिह्न होती है। यह प्रायः ही एक विरोधी शक्ति की उपस्थिति की द्योतक होती है, एक ऐसी शक्ति की जो जान-बूझकर साधना के विरोध में काम करती है।

इसलिए जीवन की परिस्थितियां चाहे जैसी हों, तुम्हें सदैव निराशा से दूर रहना चाहिये और फिर मलिन, उदास और हताश रहने की यह आदत वस्तुतः परिस्थितियों पर निर्भर नहीं होती, बल्कि यह प्रकृति में विश्वास न होने से उत्पन्न होती है। जिस व्यक्ति में विश्वास होता है, चाहे वह केवल अपने ऊपर ही क्यों न हो, वह सब कठिनाइयों का, सब परिस्थितियों का, अत्यधिक विपरीत परिस्थितियों का भी, बिना निरुत्साहित या निराश हुए, सामना कर सकता है। वह अन्त तक मर्दानगी के साथ संघर्ष करता रहता है। जिन व्यक्तियों की प्रकृति में विश्वास का अभाव होता है उन्हीं में सहनशीलता और साहस का भी अभाव होता है।

श्रीअरविन्द हमें बताते हैं कि मनुष्यों के लिए उनके भौतिक जीवन की थोड़ी-बहुत सफलता व्यक्ति और वैश्व भौतिक प्रकृति के बीच के थोड़े-बहुत समन्वय पर निर्भर करती है। कुछ लोगों की इच्छा-शक्ति सहज भाव में ही प्रकृति की इच्छा-शक्ति के अनुरूप होती है और ये लोग जिस काम को अपने हाथ में लेते हैं उसी में सफल होते हैं। इसके विपरीत, कुछ ऐसे लोग हैं जिनकी इच्छा-शक्ति वैश्व प्रकृति का लगभग पूरी तरह से विरोध करती है। ऐसे लोग जो कुछ करना चाहें उसी में असफल होते हैं।

जहां तक विकास की आवश्यकता का प्रश्न है, एक ऐसे संसार में जो क्रम-विकसित हो रहा है सभी चीजें आवश्यक रूप में विकास के लिए सहायक होती हैं। किन्तु वैयक्तिक विकास अनेक जीवनों और अनगिनत अनुभवों में से होता हुआ आगे बढ़ता है। तुम केवल एक जन्म और एक मृत्यु के बीच के जीवन के आधार पर मूल्यांकन नहीं कर सकते। समूची

दृष्टि से यदि देखा जाये तो यह निश्चित है कि असफलता और पराजय का जीवन भी आत्मा के विकास के लिए उतना ही उपयोगी होता है जितना कि सफलता और विजय के जीवन का अनुभव। सब मिलाकर यह तो निश्चित है कि वह एक उदासीन जीवन से अधिक उपयोगी होता है, उस जीवन से जो सामान्य मनुष्यों में देखने में आता है जिसमें सफलता और असफलता, तुष्टि और उसका भ्रम, दुःख और सुख बारी-बारी से आते हैं और परस्पर मिश्रित हो जाते हैं। ऐसा जीवन व्यक्ति को स्वाभाविक प्रतीत होता है, और उसमें बड़े प्रयत्नों की आवश्यकता नहीं होती।

४.५.१९६०

३२ — अनीश्वरवादी वह भगवान् है जो अपने ही साथ आंख-मिचौली खेलता है; परन्तु ईश्वरवादी क्या उससे भिन्न है? है, सम्भवतः; क्योंकि उसने भगवान् की छाया देखी है और उसे पकड़ा भी है।

"भगवान् अपने ही साथ आंख-मिचौली खेलते हैं", इसका क्या अर्थ है?

आंख-मिचौली के खेल में एक छुप जाता है और दूसरा उसे ढूंढ़ता है। इसी प्रकार भगवान् नास्तिक से छुप जाते हैं, और वह कहता है : "भगवान्? मैं उसे नहीं देखता, मुझे नहीं पता वह कहां है; इसलिए, उसका अस्तित्व ही नहीं है।" किन्तु नास्तिक यह नहीं जानता कि भगवान् उसके अन्दर भी है और इसलिए भगवान् ही स्वयं अपने अस्तित्व को अस्वीकार कर रहे हैं। क्या यह एक खेल नहीं है? फिर भी एक ऐसा दिन आयेगा जब वह भगवान् के सामने उपस्थित होगा और उसे यह स्वीकार करना पड़ेगा कि भगवान् का अस्तित्व है।

भगवान् में विश्वास करने वाला अपने-आपको नास्तिक से बहुत ऊंचा समझता है, किन्तु वह जो कुछ पकड़ पाया है वह केवल भगवान् की परछाईं ही है और वह उसी से चिपटा हुआ कल्पना करता है कि यही

स्वयं भगवान् है। कारण, यदि उसने सचमुच भगवान् को जाना होता तो वह यह भी जान लेता कि भगवान् सब कुछ हैं और सब वस्तुओं में हैं। तब वह अपने-आपको किसी और से ऊंचा समझना छोड़ देता।

११.५.१९६०

३३ — ऐ प्रेमिक! प्रहार कर! यदि तू इस समय मुझ पर प्रहार नहीं करता तो मैं यही समझूंगा कि तू मुझे प्यार नहीं करता।

मैं इस सूत्र को भली प्रकार समझ नहीं पाया हूं।

वे सब लोग जो दिव्य पूर्णता के लिए अभीप्सा करते हैं यह जानते हैं कि जो आघात भगवान् अपने असीम प्रेम और कृपा के कारण हमें पहुंचाते हैं वे हमारी उन्नति के सबसे अधिक निश्चित और द्रुत मार्ग हैं। उन्हें लगता है कि आघात जितना अधिक कठोर होगा भागवत 'प्रेम' उतना ही अधिक होगा।

इसके विपरीत, सामान्य मनुष्य भगवान् से सदा एक सरल, अनुकूल और सफल जीवन की मांग करते हैं। वैयक्तिक तुष्टि में ही वे भगवान् की दयालुता का संकेत देखते हैं और, इसके विपरीत, यदि उन्हें अपने जीवन में असफलता और दुर्भाग्य का सामना करना पड़े तो वे शिकायत करते हैं और भगवान् से कहते हैं : "तुम मुझसे प्रेम नहीं करते!"

इस अज्ञानपूर्ण और गंवारू वृत्ति के विरुद्ध श्रीअरविन्द अपने 'प्रिय' से कहते है : "प्रहार कर, कठोर प्रहार कर, ताकि मेरे प्रति तेरे प्रेम की तीव्रता मुझे अनुभव हो।"

१८.५.१९६०

३४ — ऐ दुर्भाग्य! तू धन्य है; तेरी ही सहायता से मैंने अपने परम प्रेमी का मुखमण्डल देखा है।

यदि दुर्भाग्य के द्वारा ही व्यक्ति भगवान् का मुंह देखता है तो वह फिर दुर्भाग्य नहीं रहेगा। क्या यह ठीक नहीं है?

स्पष्ट ही, यह दुर्भाग्य होने की जगह आशीर्वाद होगा। और ठीक यही बात श्रीअरविन्द कहना चाहते हैं।

जिन घटनाओं की हम प्रतीक्षा नहीं करते, जिनकी हम आशा या इच्छा नहीं करते, जो हमारी इच्छाओं के विरुद्ध होती हैं उन्हें ही हम अज्ञानवश दुर्भाग्य कहते हैं और फिर रोते-धोते हैं। किन्तु यदि हम जरा अधिक बुद्धिमान् बनकर इन घटनाओं के गम्भीर परिणामों का निरीक्षण करें तो पता चलेगा कि ये हमें अपने भगवान् की ओर, अपने प्रिय की ओर, शीघ्र ले जाती हैं, जब कि सुखकर और सुगम परिस्थितियां हमें रास्ते पर घिसटने के लिए उत्साहित करती हैं, जो सुख के फूल मार्ग में पड़ते हैं उन्हें चुनने के लिए हमें वहीं रोक देती हैं। हम अत्यधिक दुर्बल हैं और इतने सच्चे नहीं हैं कि उन्हें पूरे संकल्प के साथ अस्वीकार कर दें ताकि वे हमें आगे बढ़ने से रोक न सकें।

यदि व्यक्ति बिना डगमगाये अपनी सफलता और उससे सम्बन्धित सब सुखों में स्थिर रहना चाहता है तो उसे काफी मजबूत होने के साथ-साथ रास्ते पर काफी आगे बढ़ा हुआ भी होना चाहिये। किन्तु जो लोग इसे कर सकते हैं, जो लोग मजबूत होते हैं, वे सफलता के पीछे नहीं दौड़ते, न उसकी चाह करते हैं, वरन् वे उदासीनता के साथ इसे स्वीकार करते हैं। कारण, वे दुःख और दुर्भाग्य के कोड़ों का मूल्य जानते हैं।

किन्तु सब कुछ देख लेने पर सच्ची वृत्ति होगी आत्मा की पूर्ण समता, जो हमें सफलता और असफलता को, सौभाग्य और दुर्भाग्य को, प्रसन्नता और अप्रसन्नता को समान रूप से शान्तिपूर्ण आनन्द के साथ स्वीकार करने के योग्य बनाती है। यह वृत्ति इस बात का चिह्न और प्रमाण है कि व्यक्ति अपने लक्ष्य के निकट है। कारण, तब सब चीजें हमारे लिए ऐसे चमत्कारपूर्ण उपहार बन जाती हैं जिन्हें प्रभु अपनी असीम हित-चिन्ता के भाव में हम पर बरसाता है।

२५.५.१९६०

३५ — मनुष्य अब भी दुःख-दर्द से आसक्त हैं; जब वे देखते हैं कि कोई व्यक्ति हर्ष या शोक से बहुत ऊपर उठ गया है तो वे उसे अभिशाप देते और चिल्लाकर कहते हैं: "ओ, तू तो जड़-पत्थर है!" इसी कारण ईसामसीह आज भी यरुसलम में सूली पर झूल रहे हैं।

३६ — मनुष्य पाप से आसक्त हैं; जब वे देखते हैं कि कोई व्यक्ति पाप या पुण्य से बहुत परे चला गया है तो वे उसे अभिशाप देते और चिल्लाकर कहते हैं: "ओ, तू तो सब बन्धन छिन्न करने वाला है; तू तो दुष्ट और दुराचारी है!" इसी कारण अभी तक श्रीकृष्ण वृन्दावन में वास नहीं करते।

मैं इन दो सूत्रों का अर्थ जानना चाहता हूं।

जब ईसा पृथ्वी पर आये तो वे अपने साथ भ्रातृत्व, प्रेम और शान्ति का सन्देश लाये। उन्हें दुःख सहते हुए सूली पर प्राण देने पड़े, ताकि उनका सन्देश सुना जाये। कारण, मनुष्य दुःख और घृणा का पोषण करते हैं और चाहते हैं कि उनका भगवान् उनके साथ ही कष्ट पाये। जब ईसा धरती पर आये तब भी मनुष्य दुःख को चाहते थे और उनकी शिक्षा और उनके बलिदान के बावजूद वे अभी तक उसे ही चाहते हैं। वे दुःख से इतने चिपटे हुए हैं कि उसके प्रतीकस्वरूप ईसा सदा ही सूली पर टंगे रहते हैं और लोगों की मुक्ति के लिए स्वयं सदा कष्ट पाते रहते हैं।

कृष्ण पृथ्वी पर मुक्ति और आनन्द लाने के लिए आये। वे मनुष्यों को, उन मनुष्यों को जो प्रकृति के तथा अपनी लालसाओं और दोषों के दास हैं, यह कहने के लिए आये कि यदि वे सर्वोच्च प्रभु में शरण लें तो वे समस्त दासता और समस्त पापों से मुक्त हो जायेंगे। किन्तु वे अपने पापों और पुण्यों से बहुत अधिक चिपटे हुए हैं, (क्योंकि बिना पाप के पुण्य भी नहीं रह सकता) वे अपने पापों से प्रेम करते हैं और यह सह नहीं सकते कि कोई मुक्त होकर समस्त दोषों से ऊपर उठ जाये।

इसीलिए कृष्ण, यद्यपि वे अमर हैं, वर्तमान समय में वृन्दावन में

सशरीर मौजूद नहीं हैं।

३.६.१९६०

३७ — कुछ लोग कहते हैं कि श्रीकृष्ण कभी हुए ही नहीं, वे तो एक कल्पित व्यक्ति हैं। उनके कहने का मतलब है कि वे पृथ्वी पर कभी नहीं हुए; क्योंकि वृन्दावन यदि कहीं न रहा होता तो भागवत भी न लिखी जाती।

वृन्दावन यदि पृथ्वी पर नहीं तो क्या कहीं और है?

समूची पृथ्वी अपने अन्दर की सब वस्तुओं सहित, एक प्रकार का घनरूप है, एक ऐसी चीज का घनरूप जिसका अस्तित्व उन जगतों में है जिन्हें हमारी स्थूल आंखें नहीं देख पातीं। प्रत्येक अभिव्यक्त वस्तु सूक्ष्मतर लोक में किसी जगह अपना एक मूल तत्त्व, एक विचार या सार-तत्त्व रखती है। यह अभिव्यक्ति की एक अनिवार्य शर्त है। और अभिव्यक्ति का महत्त्व सदैव अभिव्यक्त वस्तु के स्रोत पर निर्भर रहता है।

देवताओं के जगत् में एक ऐसे आदर्श और सामंजस्यपूर्ण वृन्दावन का अस्तित्व है जिसका पृथ्वी का वृन्दावन केवल एक विकृत और हास्यजनक रूप है।

जिन लोगों का आन्तरिक विकास हो चुका है, चाहे वह इन्द्रियों का हो या मन का, वे इन सत्यों को, जिन्हें एक सामान्य मनुष्य नहीं देख पाता, देखते हैं और उनसे प्रेरणा ग्रहण करते हैं।

अतएव, भागवत के लेखक एक हों या अनेक, निश्चय ही एक सुन्दर, अति वास्तविक और सच्चे आन्तरिक जगत् के साथ सम्बन्ध रखते हैं। इन लेखकों ने जो कुछ वर्णन या अभिव्यक्त किया है वह सभी उन्होंने इसी जगत् में देखा और अनुभव किया था।

कृष्ण मनुष्य के शरीर में मौजूद थे या नहीं, यह एक बड़ी गौण बात है (शायद बिलकुल ऐतिहासिक दृष्टि से इसका महत्त्व हो सकता है), क्योंकि कृष्ण एक वास्तविक सत्ता हैं, सजीव और कार्यरत। और उनका

प्रभाव पृथ्वी के विकास और रूपान्तर में एक बड़ा भारी तथ्य रहा है।

८.६.१९६०

३८ — आश्चर्य! जर्मनों ने ईसा के अस्तित्व का ही खण्डन कर डाला; फिर भी उन्हें फांसी पर चढ़ाने की बात आज भी सीज़र की मृत्यु से कहीं अधिक बड़ी ऐतिहासिक घटना बनी हुई है।

ईसा चेतना के किस स्तर पर निवास करते थे?

'गीता-प्रबन्ध' नामक पुस्तक में श्रीअरविन्द तीन अवतारों की चर्चा करते हैं, उनमें से एक ईसा हैं। अवतार परम प्रभु की विभूति होता है जो पृथ्वी पर मानव शरीर धारण करता है। मैंने स्वयं श्रीअरविन्द को यह कहते हुए सुना था कि ईसा भगवान् के प्रेम के एक पक्ष की विभूति थे।

सीज़र की मृत्यु ने रोम के और उस पर निर्भर दूसरे देशों के इतिहास में एक निश्चयात्मक परिवर्तन दर्शाया है। इसलिए वह यूरोप के इतिहास में एक महत्त्वपूर्ण घटना थी।

किन्तु ईसा की मृत्यु मानवीय सभ्यता के क्रम-विकास में एक नये चरण का प्रारम्भिक बिन्दु रही है। इसी कारण श्रीअरविन्द हमें बताते हैं कि ईसा की मृत्यु इतिहास में अधिक अर्थपूर्ण है। दूसरे शब्दों में, सीज़र की मृत्यु की अपेक्षा इस बात के ऐतिहासिक परिणाम अधिक बड़े हैं। ईसा का इतिहास, जैसा कि सुनाया जाता है, भगवान् के बलिदान का एक मूर्त और नाटकीय प्रतीक है। परम प्रभु, जो सर्वप्रकाशवान्, सर्वज्ञानी, सर्वशक्तिमान्, सर्वसुन्दर, सर्वप्रेममय और सर्व-आनन्दपूर्ण हैं, मानव अज्ञान और दुःख के स्थूल आवरण को धारण करना स्वीकार करते हैं, केवल इसलिए कि मनुष्य उस मिथ्यात्व से निकल आयें जिसमें वे निवास करते हैं और जिसके कारण ही वे मृत्यु को प्राप्त होते हैं।

१६.६.१९६०

३९ — कभी-कभी हम ऐसा समझने लगते हैं कि केवल वे ही चीजें वास्तव में मूल्य रखती हैं जो कभी नहीं हुईं; क्योंकि उनके सामने सबसे बड़ी ऐतिहासिक सफलताएं भी प्रायः निस्तेज और प्रभावहीन प्रतीत होती हैं।

मै इस सूत्र का अर्थ समझना चाहता हूं।

श्रीअरविन्द ने इतिहास का गहन अध्ययन किया था, वे जानते थे कि जिस सामग्री से इसका निर्माण हुआ है वह किस हद तक अनिश्चित होती है। अधिकतर तो प्रलेखों की यथार्थता में ही सन्देह होता है और जो जानकारी ये देते हैं वह हल्की, अपूर्ण, तुच्छ और प्रायः ही विकृत होती है। सब मिलाकर, आज का प्रामाणिक मानव इतिहास आक्रमणों, युद्धों, क्रान्तियों, नरहत्याओं और उपनिवेशीकरण की एक लम्बी और कभी न समाप्त होने वाली कहानी है। यह भी सच है कि इनमें से कुछ आक्रमण और हत्याएं चाटुकारिता के शब्दों और गुणों से विभूषित कर दी गयी हैं। ये धर्मयुद्धों, पवित्र युद्धों और सभ्यता सिखाने वाले संग्रामों के नाम से पुकारी जाती रही हैं, पर यह सब होते हुए भी हैं लोलुपता और प्रतिकार के कर्म ही।

इतिहास में हमें सांस्कृतिक, कलात्मक या दार्शनिक विकास का वर्णन कभी-कदास ही मिलता है।

इसीलिए श्रीअरविन्द कहते हैं कि यह सब मिलाकर एक निराशाजनक वस्तु है जिसका कोई गम्भीर अर्थ नहीं। दूसरी ओर, उन तथ्यों और घटनाओं की पौराणिक कहानियों में, जिनका शायद पृथ्वी पर कभी अस्तित्व नहीं रहा, जिन्हें "अधिकृत" विज्ञान ने प्रामाणिक घोषित नहीं किया, उन लोगों की कहानियों में, जिनके बारे में शुष्क बुद्धि वाले विद्वान् शंका करते हैं, हमें मनुष्य की समस्त आशाओं और अभीप्साओं का स्वच्छ रूप देखने को मिलता है, उन्हीं में चामत्कारिक और वीरतापूर्ण तथा उत्कृष्ट कार्यों का स्वाद पाया जाता है। उनमें व्यक्ति को उस सबका वर्णन मिलता है जो वह बनना चाहेगा, या जैसा बनने की वह चेष्टा कर रहा है।

मोटे तौर पर यह वही बात है जो श्रीअरविन्द इस सूत्र में कहना चाहते हैं।

२२.६.१९६०

४० — इतिहास की चार अत्यन्त महान् घटनाएं हैं—'ट्राय'[१] नगर का घेरा, ईसा का जीवन और उनका सूली पर चढ़ना, वृन्दावन में कृष्ण निर्वासन और कुरुक्षेत्र की रणभूमि पर अर्जुन के साथ उनका संवाद। ट्राय के घेरे ने हेलास[२] को उत्पन्न किया, वृन्दावन में निर्वासन के कारण भक्ति मार्ग का उदय हुआ (क्योंकि उससे पहले केवल ध्यान-धारणा और पूजा-अर्चना थी), ईसा ने अपने फांसी के तख्ते पर से यूरोप को मानव बनाया, कुरुक्षेत्र का वार्तालाप अब भी मनुष्य को मुक्ति प्रदान करेगा। फिर भी कहा जाता है कि इन चारों में से कोई भी घटना कभी घटी ही नहीं।

१. *क्या पुराने समय का ध्यान और पूजा-पाठ हमारे समय के ध्यान और पूजा-पाठ के समान था?*

२. *"कुरुक्षेत्र का वार्तालाप अब भी मनुष्य को मुक्ति प्रदान करेगा", इसका क्या अर्थ है?*

१. पुराने समय में, जैसा अब भी होता है, प्रत्येक धर्म के ध्यान और पूजा के अपने विशेष ढंग होते थे। पर सर्वत्र और सदा ध्यान मानसिक क्रिया और एकाग्रता की एक विशेष पद्धति माना जाता रहा है। केवल उसकी क्रियाओं और छोटी-छोटी बातों में भेद होता है। पूजा का अर्थ है वे धार्मिक उत्सव और उपचार जो एक सूक्ष्म और पूर्ण यथार्थता के साथ किसी देवता के सम्मान में किये जाते हैं।

यहां श्रीअरविन्द प्राचीन भारत की वैदिक और वैदान्तिक समय की पूजा और ध्यान की बात कह रहे हैं।

२. कुरुक्षेत्र के वार्तालाप से उनका मतलब भगवद्गीता से है। श्रीअरविन्द का विचार है कि गीता का सन्देश उस महान् आध्यात्मिक आन्दोलन का आधार है जिसने मानव जाति को मुक्ति का मार्ग दिखाया है तथा दिखायेगा जो मुक्ति की ओर अर्थात् मिथ्यात्व और अज्ञान से मुक्ति और सत्य की ओर ले जायेगा।

---

[१] यूनान के पुराणों में वर्णित प्रियम देश की राजधानी।

[२] यूनान देश को ही प्राचीन काल में 'हेलास' कहते थे।

जब से गीता प्रकट हुई है तभी से उसने एक बहुत बड़ा आध्यात्मिक कार्य किया है। किन्तु उसकी जो नयी व्याख्या श्रीअरविन्द ने की है उसका प्रभाव अब बहुत अधिक बढ़ गया है और उसने एक निश्चयात्मक रूप धारण कर लिया है।

२९.६.१९६०

४१ — कहते हैं कि ईसा की कहानी जालसाजी है और कृष्ण कवियों की सृष्टि हैं। तब तो इस जालसाजी के लिए भगवान् को धन्यवाद दो और उन आविष्कर्ताओं के सामने नतमस्तक हो जाओ।

ईसा के उपदेशों ने मनुष्य के जीवन में कौन-सा कार्य किया है?

ये उपदेश ईसाई धर्म के प्रारम्भिक बिन्दु थे, ये संसार में क्या लाये इसे जानने के लिए ईसाई धर्म के विकास और उसके जीवन का ऐतिहासिक और मनोवैज्ञानिक हाल देना होगा, साथ ही इसने पृथ्वी पर क्या कार्य किया है यह भी बताना होगा। यह सब लम्बा हो जायेगा और यहां प्रासंगिक भी नहीं होगा।

मैं केवल इतना ही कह सकती हूं कि इन उपदेशों के लेखकों ने ईसा की शिक्षा को लोगों के सामने यथार्थ रूप में पुनः प्रस्तुत करने की चेष्टा की है और इस सन्देश को लोगों तक पहुंचाने में उन्हें कुछ हद तक सफलता भी मिली है। यह शान्ति, भ्रातृत्व और प्रेम का सन्देश है।

किन्तु जो रूप लोगों ने इस सन्देश को दिया है उसके बारे में चुप रहना ही अधिक अच्छा है।

६.७.१९६०

४२ — यदि भगवान् मेरे लिए नरक में स्थान निश्चित कर दें तो मैं नहीं जानता कि मुझे स्वर्ग के लिए क्यों अभीप्सा करनी चाहिये।

भगवान् जानते हैं कि मेरी भलाई के लिए सबसे उत्तम क्या है।

क्या स्वर्ग और नरक का अस्तित्व है?

स्वर्ग और नरक एक ही साथ सत्य और मिथ्या दोनों हैं। उनका अस्तित्व है भी और नहीं भी।

मानव विचार सर्जनकारी है। वह मानसिक और प्राणिक तत्त्व को, बल्कि सूक्ष्म भौतिक तत्त्व को भी थोड़े-बहुत स्थायी आकार प्रदान करता है। ये आकार वास्तविक की अपेक्षा ज्यादा छाया-रूप होते हैं किन्तु उन लोगों के लिए जो इनके बारे में सोचते हैं और उनके लिए तो और भी अधिक जो उन पर विश्वास करते हैं, इनका अस्तित्व इतना मूर्त होता है कि उन्हें इनके सच्चे होने की भ्रान्ति हो जाती है। जिन धर्मों में नरक और स्वर्ग का या विभिन्न प्रकार के स्वर्गों का अस्तित्व माना जाता है उनके अनुयायियों के लिए ये चीजें बाह्य रूप में भी अपना अस्तित्व रखती हैं और अपनी मृत्यु के बाद वे थोड़े-बहुत लम्बे समय के लिए वहां जा भी सकते हैं। किन्तु ये केवल अस्थायी मानसिक रचनाएं होती हैं, इनमें सनातन सत्य नहीं होता।

मैंने उन स्वर्गों और नरकों को देखा है जहां लोग मृत्यु के बाद जाते हैं और उन्हें यह समझाना बड़ा कठिन होता है कि इनमें कोई सच्चाई नहीं है। एक बार मुझे किसी को यह विश्वास दिलाने में कि उसका तथाकथित नरक नरक नहीं है और उसे उसमें से निकालने में एक वर्ष से भी अधिक लग गया था। यहां श्रीअरविन्द जिस नरक की चर्चा करते हैं वह एक स्थान की अपेक्षा चेतना की एक अवस्था अधिक है। यह एक ऐसी मनोवैज्ञानिक अवस्था है जिसे व्यक्ति अपने लिए स्वयं उत्पन्न कर लेता है।

जैसे तुम अपने अन्दर भगवान् के साथ एक आनन्दपूर्ण सम्बन्ध का स्वर्ग स्थापित कर लेते हो, उसी प्रकार, यदि तुम अपनी प्रकृति में आसुरिक प्रवृत्तियों को वश में करने की सावधानी न बरतो तो अपनी चेतना में दुःख और विध्वंस का नरक लिए फिरोगे।

जीवन में कुछ ऐसे क्षण आते हैं जब तुम्हारे चारों ओर की सभी वस्तुएं, चाहे वे व्यक्ति हों या परिस्थितियां, इतनी अस्पष्ट, विरोधी और

कुरूप हो उठती हैं कि तुम्हारे अन्दर उच्चतर प्राप्ति की समस्त आशा लुप्त-सी होती प्रतीत होती है। संसार तुम्हारे लिए एक स्थायी घृणा, अचेतन और दुराग्रही अज्ञान तथा निष्ठुर दुर्भावना की अन्धकारमयी रात्रि का रूप धारण कर लेता है और इसका कोई इलाज नहीं दिखायी देता। उस समय तुम श्रीअरविन्द के साथ कह सकते हो, "भगवान् ने मेरा स्थान नरक में निश्चित किया है", और उनके साथ ही तुम्हें सब परिस्थितियों में, चाहे वे कितनी ही भयंकर क्यों न प्रतीत होती हों, भगवान् के प्रति पूर्ण समर्पण के पूर्ण-आनन्द में निवास करना चाहिये और प्रभु से सच्चे दिल से यह कहना चाहिये : "तेरी इच्छा पूर्ण हो।"

१३.७.१९६०

४३ — यदि भगवान् मुझे स्वर्ग की ओर खींचते हों, तो यदि उनका दूसरा हाथ मुझे नरक में ही रोके रखने की चेष्टा करता हो तो भी, मुझे ऊपर उठने के लिए संघर्ष करना चाहिये।

क्या भगवान् को यह नहीं पता कि वे हमारे लिए क्या चाहते है? तब वे हमें दो विरोधी दिशाओं में क्यों खींचते हैं?

भगवान् पूरी तरह जानते हैं कि वे हमारे लिए क्या चाहते हैं। वे हम सबको एक पूर्ण मिलन की अवस्था में अपनी ओर लाना चाहते हैं। लक्ष्य सबके लिए एक ही है किन्तु उस तक पहुंचने के लिए तरीके, ढंग और क्रियाएं अनगिनत हैं। पृथ्वी पर जितने प्राणी हैं उतनी ही प्रक्रियाएं भी हैं। और इनमें से प्रत्येक उन परम प्रभु की इच्छा की यथार्थ अभिव्यक्ति है जो अपनी समग्र दृष्टि और पूर्ण बुद्धिमत्ता में प्रत्येक के लिए वही करते हैं जो उसके लिए आवश्यक होता है।

अतः, यदि किसी के अन्दर अपनी अभीप्सा और प्रयत्न को तीव्र बनाने के लिए एक आन्तरिक विरोध या असंगति की आवश्यकता होती है तो प्रभु, अपनी असीम कृपा के फलस्वरूप, उस व्यक्ति को ऊपर की ओर खींचते और उसे अपने-आप ऊपर उठने की शक्ति प्रदान करते हैं,

पर साथ ही उसे नीचे भी रखते हैं ताकि उसके अन्दर एक आवश्यक प्रतिरोध उत्पन्न हो जाये और इस प्रकार वह अपनी अभीप्सा और प्रयत्न को तीव्र बना सके।

और यदि कोई श्रीअरविन्द के समान यह देख सके कि इन दो क्रियाओं का एक ही दिव्य स्रोत है तो रोने-धोने और डरने के स्थान पर वह प्रसन्न होगा और एक प्रकाशयुक्त और दृढ़ विश्वास को बनाये रखेगा।

१९.७.१९६०

४४ — केवल वे ही विचार सत्य हैं जिनके विरोधी विचार भी अपने समय और अपने प्रयोग में सत्य हैं; अकाट्य सिद्धान्त ही अत्यन्त भयंकर प्रकार के असत्य होते हैं।

निर्विवाद मत क्यों सबसे अधिक भयंकर होते हैं?

मन निरपेक्ष, असीम और सनातन सत्य के बारे में नहीं सोच सकता। वह केवल उसी के बारे में धारणा बना सकता है जो स्थानीय, अस्थायी, खण्डात्मक और ससीम हो।

इसलिए मानसिक स्तर पर निरपेक्ष सत्य अपने-आपको अनगिनत खण्डात्मक और परस्पर-विरोधी सत्यों में विभाजित कर देता है जो मूल सत्य की प्रकृति बनाने का भला या बुरा प्रयत्न करते हैं।

यदि इनमें से एक तत्त्व इस समष्टि से अलग कर दिया जाये और उसे एकमात्र सत्य मान लिया जाये तो, चाहे वह कितना भी केन्द्रीय या व्यापक क्यों न हो, वह अवश्य ही असत्य का रूप धारण कर लेगा। क्योंकि वह 'समग्र सत्य' के शेष भाग को अस्वीकार कर देता है।

ठीक इसी ढंग से निर्विवाद मत बनाये जाते हैं और इसीलिए वे अत्यन्त भयंकर प्रकार के असत्य होते हैं। क्योंकि इनमें से प्रत्येक इस बात पर आग्रह करता है कि केवल वही एकमात्र सत्य है, बाकी सब सत्य नहीं हैं। ये सत्य जब अभिव्यक्त होते हैं तो अपनी अनेकविध और पूरक समग्रता में उत्तरोत्तर असीम, सनातन और निरपेक्ष सत्य को व्यक्त करते हैं।

२७.८.१९६०

४५ — तर्क-शास्त्र सत्य का सबसे बड़ा शत्रु है, जैसे धर्माभिमान पुण्य का सबसे बड़ा शत्रु है; क्योंकि पहला अपनी निजी भूल-भ्रान्तियों को नहीं देख पाता और दूसरा अपनी निजी अपूर्णताओं को।

तर्क-शास्त्र और तर्क-बुद्धि का हमारे जीवन में क्या कार्य है?

तुम्हारे प्रश्न का जो सबसे अच्छा उत्तर मैं दे सकती हूं वह 'योग-समन्वय' का निम्न उद्धरण है : "तर्क-बुद्धि अपनी समस्त पूर्णता में एक तार्किक क्रिया है जिसकी विशिष्ट शक्ति सबसे पहले निरीक्षण और व्यवस्था के द्वारा प्राप्य सामग्री के बारे में एक सुनिश्चित ज्ञान प्राप्त कर लेती है। उसके बाद वह इसके परिणामस्वरूप प्राप्त होने वाले ज्ञान के लिए उस सामग्री पर क्रिया करती है। यह ज्ञान उसे चिन्तन शक्तियों के प्रारम्भिक प्रयोग से प्राप्त होता है तथा उसी के द्वारा सुनिश्चित एवं विस्तृत भी बनता है। अन्त में वह इस बात का निश्चय कर लेती है कि प्राप्त परिणाम ठीक है या नहीं, ऐसा वह एक सावधानी से किये गये औपचारिक कार्य के द्वारा करती है जो अधिक जागरूक, विचारपूर्ण और कठोर रूप से तार्किक होता है। यह कार्य उन परिणामों को कसौटी पर कसता है, अस्वीकार करता है या उनकी पुष्टि करता है। ऐसा करते समय वह उन सुरक्षित मानदण्डों और प्रक्रियाओं का प्रयोग करता है जो विचार और अनुभव द्वारा विकसित किये जाते हैं। अतएव तार्किक बुद्धि का पहला कार्य प्राप्य सामग्री का शुद्ध रूप में सावधानी और बारीकी के साथ निरीक्षण करना है।"

किन्तु इस सूत्र में श्रीअरविन्द तर्क-बुद्धि की नहीं बल्कि उस तर्क-शास्त्र की बात करते हैं जो तर्क-बुद्धि का सहायक एवं साधन है।

तर्क-शास्त्र का कार्य एक विचार से दूसरे विचार पर और एक तथ्य से उसके परिणामों पर सही निष्कर्ष से पहुंचना है। किन्तु इसके अन्दर सत्य को पहचान सकने की योग्यता नहीं होती। अतएव, तुम्हारा तर्कशास्त्र निर्विवाद तो हो सकता है, किन्तु यदि तुम्हारा प्रारम्भिक बिन्दु गलत हुआ तो तुम्हारा निष्कर्ष भी गलत होगा, चाहे तुम्हारा तर्क बिलकुल यथार्थ क्यों न हो, बल्कि अपनी यथार्थता के कारण ही वह गलत होगा। यही

बात उस धार्मिकता के साथ भी है जो धार्मिक श्रेष्ठता की ही एक भावना होती है। तुम्हारी श्रेष्ठता तुम्हें दूसरों के लिए घृणा सिखाती है। और तुम्हारा यह अभिमान, जो तुम्हें दूसरों के प्रति घृणा से भर देता है क्योंकि वे तुम्हारी दृष्टि में तुमसे कम गुणवान् हैं, तुम्हारी श्रेष्ठता के समस्त मूल्य को नष्ट कर देता है।

इसीलिए श्रीअरविन्द हमें अपने सूत्र में बताते हैं कि तर्क-शास्त्र सत्य का उसी प्रकार सबसे बुरा शत्रु है जिस प्रकार धार्मिक श्रेष्ठता की भावना सदाचार की सबसे बड़ी शत्रु है।

२४.८.१९६०

४६ — जब मैं 'अज्ञान' में सोया पड़ा था, तो मैं एक ध्यान कक्ष में पहुंचा जो साधु-सन्तों से भरा था। मुझे उनकी संगति उबाऊ लगी और स्थान एक बन्दीगृह प्रतीत हुआ; जब मैं जगा तो भगवान् मुझे एक बन्दीगृह में ले गये और उसे ध्यान-मन्दिर और अपने मिलन-स्थल में बदल दिया।

क्या श्रीअरविन्द यहां अपने राजनैतिक जीवन के समय के बन्दीगृह के अनुभव की चर्चा कर रहे हैं?

हां, श्रीअरविन्द यहां अलीपुर जेल की अपनी अनुभूति की ओर इंगित कर रहे हैं।

किन्तु इस सूत्र में जो बात मनोरंजक है वह है दो अवस्थाओं का अन्तर। एक ओर स्थूल जेल था, जहां केवल उनका शरीर बन्द था, जब कि उनकी आत्मा को, जो सामाजिक प्रथाओं, पक्षपातों तथा समस्त पूर्व धारणाओं एवं सैद्धान्तिक सीमाओं से मुक्त हो चुकी थी, भगवान् के साथ सीधा और चेतन सम्बन्ध और पूर्णयोग का प्रथम ज्ञान मिला था और दूसरी ओर संकुचित नियमों का मानसिक बन्दीगृह जो जीवन का त्याग करता है, जिसमें साधारणतः वे लोग अपने को बन्द करते हैं जो परम्परागत और रूढ़ विचारों पर आधारित आध्यात्मिक जीवन के प्रति अपने-आपको

समर्पित करने के लिए सामान्य जीवन का त्याग कर देते हैं।

अतएव, यहां भी सदा की भांति, श्रीअरविन्द सच्ची स्वतन्त्रता के नायक के रूप में हमारे सामने उपस्थित हैं। यह स्वतन्त्रता समस्त नियमों और सीमाओं से परे है, यह सर्वोच्च और सनातन सत्य के साथ पूर्ण मिलन की सर्वांगीण स्वतन्त्रता है।

२४.१०.१९६०

४७ — जब मैंने एक उबाऊ पुस्तक पूरी-की-पूरी, प्रसन्नता से पढ़ ली और साथ ही उसकी अरोचकता की समस्त पूर्णता को देख लिया, तब मैं जान गया कि मैंने अपने मन को जीत लिया है।

अरोचक पुस्तक को प्रसन्नतासहित पढ़ना कैसे सम्भव हो सकता है?

यह तब सम्भव हो सकता है जब प्रसन्नता इस बात पर निर्भर नहीं करती कि तुम क्या कर रहे हो या तुम्हारे साथ क्या बीत रही है, जब प्रसन्नता उस अपरिवर्तनीय आनन्द की सहज बाह्य अभिव्यक्ति होती है जिसे तुम भागवत उपस्थिति के साथ अपने अन्दर लिये फिरते हो तब यह समस्त क्रियाओं और समस्त परिस्थितियों में चेतना की एक स्थायी अवस्था होती है। और चूंकि अरोचक वस्तुओं में सबसे अधिक अरोचक वस्तु अरोचक पुस्तक होती है, श्रीअरविन्द यहां मन की विजय और उसके रूपान्तर का अकाट्य प्रमाण देने के लिए इसका दृष्टान्त देते है।

१०.११.१९६०

४८—मैं जान गया कि मैंने मन को जीत लिया जब मेरे मन ने घृणित वस्तु के सौन्दर्य की प्रशंसा की। पर मैंने यह भी पूर्णतया अनुभव किया कि क्यों दूसरे लोग पीछे हट गये या उन्होंने घृणा की।

"कुरूप वस्तु के सौन्दर्य" का क्या अर्थ है?

यह वही उपलब्धि है जो विभिन्न दृष्टिकोणों से उपस्थित की गयी है और विभिन्न अनुभवों द्वारा व्यक्त की गयी है। उपलब्धि यह है कि प्रत्येक वस्तु सर्वोच्च, सनातन और असीम सत्ता की अभिव्यक्ति है, वह अपनी समग्र पूर्णता और पूर्ण वास्तविकता की दृष्टि से अपरिवर्तनीय है। इसी कारण, अपने मन और उसके अज्ञानमय एवं मिथ्या-बोध पर विजय प्राप्त करके हम प्रत्येक वस्तु के द्वारा उस सर्वोच्च सत्य के सम्पर्क में आ सकते हैं जो एक साथ सर्वोच्च सौन्दर्य और सर्वोच्च प्रेम भी है तथा जो सुन्दर और कुरूप वस्तुओं की, शुभ और अशुभ की हमारी समस्त मानसिक और प्राणिक धारणाओं से परे की चीज है।

जब हम सर्वोच्च सत्य, सौन्दर्य और प्रेम का नाम लेते हैं, तो हमें इसे कोई दूसरा अर्थ देना चाहिये, वह अर्थ नहीं जो इन्हें हमारी बुद्धि देती है। इस तथ्य पर बल देने के लिए ही श्रीअरविन्द विरोधाभासी रूप में लिखते हैं : "कुरूप वस्तुओं का सौन्दर्य।"

१४.११.१९६०

यह दूसरा अर्थ क्या है?

मेरा मतलब यह था कि हम बौद्धिक रूप से भगवान् के विषय में धारणा नहीं बना सकते। केवल जब हम आध्यात्मिक जगत् में प्रवेश करने के लिए मानसिक जगत् से निकलते हैं तथा वस्तुओं के बारे में सोचने मात्र के स्थान पर उन्हें जीते हैं, वह बन जाते हैं, तभी हम उन्हें सच्चे रूप में समझ सकते हैं। साथ ही, जब हम अपनी अनुभूति को व्यक्त करना चाहते हैं, तो हमारे पास वही शब्द होते हैं जो हमारी मानसिक अनुभूतियों को व्यक्त करते हैं। और हमारे सब प्रयत्नों के होते हुए भी ये शब्द उस बात को जिसे हम व्यक्त करना चाहते हैं अनूदित करने में असमर्थ रहते हैं।

इसीलिए श्रीअरविन्द मन को प्रचलित विचारों की लीक से निकालने के लिए तथा, जो कुछ कहा जाता है उसकी प्रत्यक्ष दीखने वाली मूर्खता के द्वारा, अनुभव और दृष्टि में आयी हुई वस्तु के प्रकाश की ओर इंगित

करने के लिए प्रायः ही विरोधाभासों का प्रयोग करते हैं।

२६.११.१९६०

४९ — सौन्दर्य और शुभ के भगवान् को असुन्दर और अशुभ में अनुभव और प्रेम करना और फिर भी अतिशय प्रेम के कारण उसे उस असुन्दरता और अशुभ से छुड़ाने की कामना करना, यह वास्तविक पुण्य और नैतिकता है।

जो अशुभ और असौन्दर्य सर्वत्र देखने में आते हैं उन्हें दूर करने के कार्य में कैसे सहयोग दिया जाये? प्रेम के द्वारा? प्रेम की शक्ति क्या है? वैयक्तिक चेतना का तत्त्व शेष मनुष्य जाति पर कैसे कार्य कर सकता है?[1]

अशुभ और असुन्दर को दूर करने में कैसे सहयोग दिया जाये?... यह कहा जा सकता है कि सहयोग या कर्म में एक स्तर-परम्परा होती है; एक अभावात्मक सहयोग और दूसरा भावात्मक सहयोग।

प्रारम्भ में, एक ऐसा ढंग होता है जिसे अभावात्मक कहा जा सकता है। यह तरीका बौद्ध धर्म और उससे मिलते-जुलते दूसरे धर्मों ने किया, अर्थात्, ऐसी वस्तुओं को न देखा जाये। सबसे पहले व्यक्ति विशुद्धता और सुन्दरता की अवस्था में ही काफी हद तक रहे ताकि वह कुरूप और बुरी बात को देख ही न सके—यह कुछ ऐसे हुआ कि असुन्दर वस्तु तुम्हारा स्पर्श ही नहीं करती, क्योंकि तुम्हारे अन्दर उसका अस्तित्व ही नहीं है।

यह अभावात्मक प्रणाली की अपूर्णता है। पर यह बिलकुल प्रारम्भिक है, अर्थात्, बुरी वस्तु को कभी न देखना, दूसरों की बुरी बात की चर्चा कभी न करना, निरीक्षण, आलोचना और बुरे तथ्यों पर आग्रह कर स्पन्दनों को स्थायी नहीं बनाना। बुद्ध ने यही सिखाया था : प्रत्येक बार जब तुम

[1] श्रीमाताजी ने इस प्रश्न का मौखिक उत्तर दिया था। हम यह पूरी बातचीत वैसी ही दे रहे हैं जैसी कि यह टेपरिकॉर्डर पर रिकॉर्ड की गयी थी।

अशुभ की चर्चा करते हो तो तुम उसे फैलाने में सहायता देते हो।

यह समस्या के एक छोर पर है।

किन्तु यह एक सामान्य नियम होना चाहिये। जो लोग आलोचना करते हैं उनके पास इसका उत्तर भी है। वे कहते हैं : "यदि तुम अशुभ को नहीं देखोगे तो तुम उसका इलाज भी नहीं कर सकोगे। यदि तुम किसी को उसकी कुरूपता में ही छोड़ दोगे तो वह इससे कभी बाहर नहीं निकलेगा।" (यह बात पूरी-पूरी ठीक नहीं है, पर वे अपने कार्य का औचित्य इसी प्रकार सिद्ध करते हैं)। अतएव, श्रीअरविन्द इस सूत्र में उन आक्षेपों का पहले से ही उत्तर दे रहे हैं : तुम अशुभ को नहीं देखते इसका कारण अज्ञान, अचेतना या उदासीनता नहीं है। तुम उसे भली प्रकार देख सकते हो बल्कि अनुभव भी कर सकते हो किन्तु तुम उसे अपने ध्यान की शक्ति और चेतना का आश्रय देकर उसके विस्तार में सहयोग देना अस्वीकार करते हो। और इसके लिए तुम्हें स्वयं इस बोध और भावना से ऊपर उठना चाहिये। तुम्हें अशुभ या कुरूपता को देख अवश्य सकना चाहिये, पर उसे देखने में न तो पीड़ा होनी चाहिये, न क्षोभ और दुःख। तुम उसे एक ऊंचाई से देखो, जहां इन चीजों का अस्तित्व ही नहीं होता, किन्तु तुम्हें उसका चेतन बोध होता है, तुम उससे प्रभावित नहीं होते, उससे स्वतन्त्र रहते हो। यह पहला पग है।

दूसरा पग है समस्त वस्तुओं के पीछे स्थित उस सर्वोच्च शुभ और सर्वोच्च सौन्दर्य के प्रति *वास्तविक रूप* में सचेतन रहना जो उन्हें सहारा देता है, और उनके अस्तित्व को अनुमति देता है। जब तुम 'उस' को देख लेते हो तो तुम इस मुखौटे और विकृति के पीछे भी देख सकोगे। यह कुरूपता, यह दुष्टता या यह अशुभ भी एक ऐसी चीज का छद्मवेश है जो मूल रूप में सुन्दर या शुभ है, ज्योतिर्मय और पवित्र है।

इसके बाद ही *सच्चा* सहयोग आता है। कारण, जब तुम्हें यह अन्तर्दृष्टि, यह बोध प्राप्त हो, जब तुम इसी चेतना में रहने लगो, तो यह चेतना तुम्हें 'उसे' पृथ्वी पर, अभिव्यक्ति *में खींच लाने* की तथा उस वस्तु के सम्पर्क में लाने की शक्ति देती है जो इस समय उसकी एक विकृति और छद्मवेश है। यह कार्य ऐसे ढंग से होता है कि विकृति और छद्मवेश धीरे-धीरे पीछे स्थित 'सत्य' के प्रभाव से परिवर्तित हो जायेंगे।

अब हम सहयोग के सोपान के शिखर पर हैं।

इस प्रकार, इस व्याख्या में प्रेम के तत्त्व को लाने की आवश्यकता नहीं है। किन्तु यदि तुम उस शक्ति या सामर्थ्य के स्वभाव को जानना या समझना चाहते हो, जो इस रूपान्तर को अनुमति देती है या सम्पन्न करती है (विशेषकर अशुभ के विषय में किन्तु कुछ हद तक कुरूपता के विषय में भी), तो तुम देखोगे कि प्रेम सबसे अधिक बलशाली और समग्र शक्ति है—समग्र इस अर्थ में कि यह सब अवस्थाओं में प्रयुक्त की जाती है। यह पवित्रीकरण की शक्ति से भी अधिक बलशाली है जो गलत इच्छा को समाप्त कर देती है और किसी-न-किसी प्रकार विरोधी शक्तियों को अपने वश में कर लेती है, पर रूपान्तर की सीधी शक्ति उसमें नहीं होती। पवित्रीकरण की शक्ति *पहले* नष्ट करती है ताकि पीछे रूपान्तर हो सके। वह एक आकार को नष्ट करती है ताकि उससे अधिक अच्छा आकार बना सके, जब कि प्रेम को रूपान्तर के लिए किसी चीज को नष्ट करने की जरूरत नहीं पड़ती। उसके अन्दर रूपान्तर की सीधी शक्ति होती है। प्रेम एक अग्निशिखा के समान है जो कठोर वस्तु को लचकदार बना देती है। और फिर इस लचकदार वस्तु को भी एक प्रकार के पवित्र वाष्प में बदल देती है—यह वस्तु को नष्ट नहीं करती, उसे रूपान्तरित करती है।

अपने सार रूप में और स्रोत में प्रेम एक ज्वाला है, एक सफेद ज्वाला, जो *सब* बाधाओं को जीत लेती है। तुम स्वयं इसे अनुभव कर सकते हो। तुम्हारी सत्ता में कोई भी कठिनाई क्यों न हो, एकत्रित हुई भूलों, अयोग्यताओं तथा अज्ञान और दुर्भावनाओं का कितना भी बोझ क्यों न हो, इस पवित्र, साररूप सर्वोच्च प्रेम का एक *क्षण* भी मानों इन सबको एक सर्वसमर्थ ज्योति में विलीन कर देता है। इसका एक क्षण और सम्पूर्ण अतीत समाप्त हो जाता है, यदि तुम इसके सार को क्षण भर के लिए भी छू लो तो सारा बोझ हट जाता है।

इस बात को समझना बड़ा सरल है कि जिस व्यक्ति को यह अनुभव प्राप्त है वह इसे फैला सकता है, दूसरों पर कार्य कर सकता है, क्योंकि अनुभव प्राप्त करने के लिए तुम्हें एकमेव का, समस्त अभिव्यक्ति के सर्वोच्च सार-तत्त्व का, संसार में जो कुछ भी है उस सबके मूल सार-तत्त्व तथा उसके स्रोत और सत्य का स्पर्श करना होगा। और तुम एकता के प्रदेश

में तत्काल प्रवेश कर जाओगे—तब व्यक्तियों में पृथक्त्व की कोई भावना नहीं रहती। वह केवल एक ही स्पन्दन होता है जो बाह्य रूप में अनिश्चित काल तक दुहराया जा सकता है।[1]

यदि तुम काफी ऊंचे उठ सको तो तुम समस्त वस्तुओं के हृदय में पहुंच जाते हो, और जो कुछ इस हृदय में अभिव्यक्त होता है वह सब वस्तुओं में भी व्यक्त हो सकता है। यही वह महान् रहस्य है, व्यक्ति के रूप में भगवान् के अवतरण का रहस्य है। कारण, साधारणतया यह होता है कि जो कुछ केन्द्र में अभिव्यक्त होता है वह बाह्य रूप में तभी उपलब्ध किया जाता है जब वैयक्तिक रूप में संकल्प-शक्ति जाग उठती है या प्रत्युत्तर देती है। उधर, यदि केन्द्रीय संकल्प एक व्यक्ति में सतत और स्थायी रूप में प्रकट होता है तो यह व्यक्ति इस संकल्प में और दूसरे व्यक्तियों में मध्यस्थ का काम कर सकता है और उनके लिए भी संकल्प कर सकता है। यह व्यक्ति जो कुछ देखता है और अपनी चेतना में सर्वोच्च संकल्प को समर्पित करता है वह सब इस प्रकार विस्तारित हो जाता है मानों वह वस्तु प्रत्येक व्यक्ति से आयी हो। और यदि वैयक्तिक तत्त्वों का किसी-न-किसी कारण से उस प्रतिनिधि सत्ता के साथ थोड़ा-बहुत चेतन या ऐच्छिक सम्पर्क हो तो उनका सम्पर्क प्रतिनिधि सत्ता की सार्थकता और योग्यता को बढ़ा देगा। इस प्रकार जड़-पदार्थ में सर्वोच्च कर्म अधिक मूर्त और स्थायी रूप में सक्रिय हो सकता है। यही चेतना के अवरोहण का कारण है—इसे "ध्रुवीकृत" (polarised) चेतना भी कह सकते हैं, क्योंकि यह पृथ्वी पर सदा किसी निश्चित उद्देश्य और एक विशेष प्राप्ति और कार्य के लिये आती है—यह कार्य अवतार के सामने नियत और स्थिर रूप में उपस्थित होता है। ऐसे कार्य पृथ्वी पर सर्वोच्च अवतारों के

---

[1] बाद में किसी ने श्रीमाताजी से पूछा : "क्या केवल एक ही स्पन्दन होता है जो अनिश्चित काल तक *दुहराया जा सकता है* या *दुहराया जाता है?*" माताजी ने उत्तर दिया : "मेरा मतलब एक साथ ही बहुत-सी चीजों से था। यह स्पन्दन सर्वत्र अचल-स्थिर है। किन्तु जब कोई इसे चेतन रूप में चरितार्थ कर लेता है तो उसमें इसे सर्वत्र सक्रिय बना देने की शक्ति भी होती है, वह इसे चाहे जिधर मोड़ सकता है। दूसरे शब्दों में तुम किसी चीज को उसके निश्चित स्थान से हटाते नहीं, किन्तु चेतना जिधर मोड़ी जाये, उधर ही उसका दबाव इसे सक्रिय बना देता है।"

महान् पग होते हैं।

और जब सर्वोच्च प्रेम की अभिव्यक्ति का, उसके स्फटिकसम और केन्द्रीभूत अवरोहण का दिन आयेगा, तो वह सचमुच रूपान्तर की घड़ी होगी। क्योंकि, तब कोई चीज उसका अवरोध नहीं कर सकेगी।

पर चूंकि प्रेम सर्वसमर्थ है, अतः पृथ्वी पर कुछ ग्रहणशीलता अवश्य तैयार की जानी चाहिये ताकि परिणाम ध्वंसकारी न हों। श्रीअरविन्द ने अपने एक पत्र में इस बात की व्याख्या की है। उनसे किसी ने पूछा : "यह वस्तु एकदम ही क्यों नहीं आती?" उन्होंने कुछ इस प्रकार का जवाब दिया : यदि भागवत प्रेम अपने सार-तत्त्व में पृथ्वी पर अभिव्यक्त हो जाये तो यह बम के गोले के समान होगा। कारण पृथ्वी इतनी नमनीय और ग्रहणशील नहीं है कि इस प्रेम की मात्रा के अनुसार अपने-आपको विस्तृत कर सके। पृथ्वी को अपने-आपको केवल खोलना ही नहीं, बल्कि विस्तृत भी करना है, अपने-आपको नमनीय भी बनाना है—जड़-पदार्थ अभी तक बड़ा कठोर है। भौतिक चेतना का तत्त्व भी ऐसा ही है। अत्यधिक जड़-पदार्थ ही नहीं वरन् भौतिक चेतना का तत्त्व भी बहुत अधिक कठोर है।

जनवरी १९६१

५० — पापी से घृणा करना सबसे बड़ा पाप है, क्योंकि यह भगवान् से घृणा करना है, फिर भी जो ऐसा पाप करता है वह अपने श्रेष्ठ पुण्य में गौरव मानता है।

जब व्यक्ति चेतना की एक विशेष अवस्था में प्रवेश करता है, तो देखता है कि वह सब कुछ कर सकता है और, अन्त में ऐसा कोई भी "पाप" नहीं होता जो सम्भाव्यता के रूप में हमारे अन्दर मौजूद न हो। क्या यह धारणा ठीक है? फिर भी व्यक्ति कुछ वस्तुओं के प्रति विद्रोह करता है और उनसे घृणा करता है; उसके अन्दर कहीं-न-कहीं एक बिन्दु ऐसा अवश्य होता है जिसे वह स्वीकार नहीं करता। ऐसा क्यों? 'बुराई' के सामने एक सच्ची वृत्ति, एक प्रभावशाली वृत्ति क्या है?

ऐसा कोई पाप नहीं जो हमारे अन्दर न हो...।

यह अनुभव तब होता है जब किसी कारण से (यह व्यक्ति-विशेष पर निर्भर है) व्यक्ति अपने-आपको वैश्व चेतना के सम्पर्क में लाता है (उसके असीम सार-तत्त्व में नहीं, बल्कि स्थूल जगत् के किसी भी स्तर पर)। एक आणविक चेतना होती है, है न, एक निरी भौतिक होती है और इससे भी अधिक एक सामान्य मनोवैज्ञानिक चेतना होती है। जब तुम अन्तर्मुख होकर, अहं से पीछे हटकर चेतना के इस क्षेत्र के सम्पर्क में आते हो, तो इसे पार्थिव मनोवैज्ञानिक या मानव-समूह की चेतना कह सकते हैं (इसमें एक भेद है : "मानव-समूह" की चेतना का क्षेत्र छोटा है, जब कि "पार्थिव चेतना" में पशुओं की ही नहीं, वनस्पति की भी क्रियाएं आ जाती हैं; किन्तु वर्तमान स्थिति में, चूंकि अपराध, पाप और बुराई की नैतिक धारणा केवल मानव चेतना की वस्तु है, हम इसे केवल सामूहिक मानव मनोवैज्ञानिक चेतना कह सकते हैं), जब तुम इस तादात्म्य द्वारा उस चेतना के सम्पर्क में आते हो तो स्वभावतया, यह अनुभव करते हो, देखते और जानते हो कि इसी तादात्म्य से तुम कोई-सी भी, कहीं भी मानवी क्रिया कर सकते हो। कुछ हद तक यह सत्य की चेतना है—यह अहंभावयुक्त भावना कि कौन-सी वस्तु तुम्हारी है, कौन-सी नहीं, तुम क्या कर सकते हो, क्या नहीं, उस समय विलीन हो जाती है। और तुम्हें पता लग जाता है कि मानवी चेतना अपने मूल रूप में इस ढंग से बनी है कि कोई भी मनुष्य कोई भी काम कर सकता है। और जब तुम सत्य की चेतना में होते हो, तो उसके साथ ही तुम्हारे अन्दर यह धारणा भी होती है कि विचार-विवेचन, अरुचियां या अस्वीकृतियां मूर्खतापूर्ण बातें हैं। वहां *सब कुछ* सम्भाव्यता रूप में होता है। और यदि शक्ति की कुछ तरंगें (जिनका सामान्यतया तुम अनुसरण नहीं कर सकते; तुम उन्हें आते-जाते अवश्य देखते हो किन्तु उनके मूल स्रोत और उनकी दिशा का तुम्हें साधारणतया ज्ञान नहीं होता), यदि इनमें से कोई भी तरंग तुम्हारे अन्दर प्रवेश कर जाये तो वह तुमसे कोई भी काम करा सकती है।

यदि तुम सदा चेतना की इस अवस्था में रहो और कुछ समय बाद यदि अपने अन्दर अग्नि की लौ को, पवित्रीकरण और उन्नति की ज्वाला को जगाये रखो तो तुम इन शक्तियों को अपने अन्दर सक्रिय रूप धारण

करने तथा अपने-आपको स्थूल रूप में अभिव्यक्त करने से रोक सकोगे, इतना ही नहीं, स्वयं गति के स्वभाव पर कार्य करके उसका रूपान्तर भी कर सकोगे। किन्तु यह मानी हुई बात है कि जब तक तुम एक उच्च कोटि की उपलब्धि नहीं प्राप्त कर लेते, तब तक, तुम्हारे लिए चेतना की इस अवस्था को अधिक समय तक बनाये रखना लगभग असम्भव होगा। प्रायः तत्काल ही तुम एक स्थूल पृथक् सत्ता की अहंभावयुक्त चेतना में जा गिरते हो; और तब ये, सब कठिनाइयां वापिस आ जाती हैं : घृणा, किन्हीं विशेष वस्तुओं के प्रति विद्रोह, इनके द्वारा उत्पन्न भय, आदि।

यह सम्भव है (बल्कि निश्चित है) कि जब तक तुम स्वयं पूर्णतया रूपान्तरित नहीं हो जाते, घृणा और विद्रोह की ये क्रियाएं आवश्यक हैं, ताकि तुम *अपने अन्दर* द्वार बन्द करने के लिए जो करना चाहिये वह करो—कारण, आखिर समस्या तो यही है कि उन्हें अपने-आपको व्यक्त न करने दिया जाये।

एक और सूत्र में श्रीअरविन्द ने कहा है (मुझे ठीक शब्द इस समय याद नहीं हैं), कि पाप बस एक ऐसी चीज है जो अपने स्थान पर नहीं है। इस सतत 'अभिव्यक्ति' में कोई भी वस्तु अपने-आपको दुबारा उत्पन्न नहीं करती और ऐसी वस्तुएं हैं जो अतीत में विलीन हो जाती हैं। जिस समय इन वस्तुओं का विलय आवश्यक हो जाता है तब ये हमारी चेतना के लिए बहुत सीमित, बुरी एवं अरुचिकर हो उठती हैं। और हम इनके प्रति विद्रोह करते हैं, क्योंकि इनका जीवनकाल समाप्त हो चुकता है। किन्तु यदि हम इसे एक समग्र दृष्टिकोण से देखते, यदि हम अपने अन्दर भूत, वर्तमान और भविष्य को एक साथ रख सकते (जैसा कि कहीं ऊपर होता है), हम इन वस्तुओं की सापेक्षता को देख सकते। विशेषतया बुद्धिशील विकास की 'शक्ति' ही हमारे अन्दर अस्वीकृति के संकल्प को पैदा करती है। और जहां ये अपने स्थान पर होती हैं वहां इन्हें पूर्णतया सहन भी किया जाता है। बात केवल इतनी ही है कि जब तक तुममें एक समग्र दृष्टि न हो तब तक इस अनुभूति की प्राप्ति लगभग असम्भव है और यह दृष्टि केवल परम प्रभु में होती है! अतएव, सबसे पहले तुम्हें परम प्रभु के साथ तादात्म्य प्राप्त कर लेना चाहिये। इसके बाद ही, इस तादात्म्य के साथ तुम पर्याप्त रूप में बाह्य चेतना की ओर वापिस लौटकर वस्तुओं के

सच्चे रूप को देख सकते हो। किन्तु सिद्धान्त यही है और जितनी मात्रा में तुम इसे चरितार्थ कर सकोगे उतनी मात्रा में तुम चेतना की एक ऐसी अवस्था पर पहुंच जाओगे जिसमें तुम एक समग्र विश्वास से उत्पन्न मुस्कान के साथ यह देखोगे कि सब कुछ वैसा है जैसा होना चाहिये।

स्वभावतया, जो लोग अधिक गहराई से नहीं सोचते, वे कहेंगे : "ठीक है, पर यदि हम देखें कि सब वस्तुएं वैसी ही हैं "जैसी होनी चाहियें", तो कोई भी वस्तु गति नहीं करेगी।" पर नहीं! तुम वस्तुओं की गति को नहीं रोक सकते! निमिषमात्र के लिए भी वे अपनी गति बन्द नहीं करतीं! यह एक सतत और पूर्ण रूपान्तर है, एक ऐसी क्रिया है जो कभी बन्द नहीं होती। क्योंकि इस प्रकार से अनुभव करना हमारे लिए कठिन है, हम यह कल्पना कर सकते हैं कि यदि हम चेतना की किन्हीं अवस्थाओं में प्रवेश करें तो कोई चीज बदलने से रह जायेगी। किन्तु यदि हम तमस् की पूर्ण दिखने वाली अवस्था में भी प्रवेश कर जायें, तो भी वस्तुएं परिवर्तित होती रहेंगी और उनके साथ हम भी!

अपने मूल रूप में, घृणा, विद्रोह, क्रोध और उग्रता की अन्य क्रियाएं आवश्यक रूप में अज्ञान और संकीर्णता की क्रियाएं हैं। इनके साथ संकीर्णता की सारी दुर्बलताएं होती हैं। विद्रोह दुर्बलता है—इच्छा-शक्ति की असमर्थता है। आदमी संकल्प करता है (या वह सोचता है कि वह संकल्प कर रहा है), वह अनुभव करता और देखता है कि वस्तुएं वैसी नहीं हैं जैसी होनी चाहियें। जो कुछ तुम देखते हो उसके साथ जो बात मेल नहीं खाती उसके प्रति तुम विद्रोह कर देते हो। किन्तु यदि तुम सर्व-समर्थ हो, यदि तुम्हारी इच्छा-शक्ति सर्व-समर्थ है, यदि तुम्हारी दृष्टि सर्व-समर्थ है तो, तुम्हारे सामने विद्रोह करने का अवसर ही नहीं आयेगा, तुम सदा यही देखोगे कि सभी वस्तुएं वैसी ही हैं जैसी होनी चाहियें। यदि हम एकदम ऊपर उठ जायें और सर्वोच्च संकल्प की चेतना के साथ संयुक्त हो जायें, तो हम प्रत्येक पल, विश्व के प्रति क्षण यह देखेंगे कि सब कुछ ठीक वैसा ही है जैसा कि उसे होना चाहिये, ठीक वैसा ही जैसा कि भगवान् चाहते हैं। यही सर्वशक्तिमान् सामर्थ्य है। और तब उग्रता की सभी क्रियाएं निरर्थक ही नहीं हास्यास्पद हो उठती हैं।

अतएव, समाधान केवल एक है : अभीप्सा, एकाग्रता, अन्तर्मुखता और

तादात्म्य के द्वारा सर्वोच्च संकल्प के साथ अपने-आपको संयुक्त करना। और यही एक साथ सर्वशक्तिमान् और पूर्ण स्वतन्त्रता भी है। अन्य सब वस्तुएं तो इसकी आसन्नमात्र हैं। ये रास्ते पर हो सकती हैं पर समग्र वस्तु नहीं हैं। और तब, यदि कोई प्रयोग करता है तो उसे पता लगता है कि इस सर्वोच्च स्वतन्त्रता और सर्वोच्च शक्ति के साथ एक ऐसी पूर्ण शान्ति और अचंचलता भी रहती हैं जो कभी धोखा नहीं देतीं। अतएव, यदि तुम्हें किसी ऐसी वस्तु का अनुभव हो जो ऐसी नहीं है, अर्थात्, विद्रोह, वितृष्णा या कोई और ऐसी बात है जिसे तुम स्वीकार नहीं कर सकते, तो इसका अर्थ यह होगा कि तुम्हारे अन्दर कोई ऐसा भाग मौजूद है जिसे अभी रूपान्तर का स्पर्श प्राप्त नही हुआ है, कोई ऐसी चीज जो पुरानी चेतना को पकड़े हुए है, जो अभी तक रास्ते पर है। बस बात इतनी है।

इस सूत्र में श्रीअरविन्द ने उन लोगों की बात की है जो पापी से घृणा करते हैं। पापी से घृणा नहीं करनी चाहिये।

भिन्न दृष्टिकोण से देखी गयी यह वही समस्या है। इसका समाधान भी वही है।

पापी से घृणा न करना इतना कठिन नहीं है, किन्तु पुण्यात्मा से घृणा न करना और भी अधिक कठिन है। कारण, पापियों को व्यक्ति भली-भांति समझ सकता है, बेचारे और निकम्मे लोगों को भी भली-भांति समझा जा सकता है, किन्तु पुण्यात्मा को...

किन्तु असल में तो व्यक्ति उनकी जिस वस्तु से घृणा करता है वह है उनकी अहंमन्यता, बस वही। क्योंकि आखिर वे कोई बुरा काम नहीं करते —उसके लिए तुम उन्हें दोषी नहीं ठहरा सकते! किन्तु उसी कारण वे अपने-आपको उच्चतर व्यक्ति मान लेते हैं। इसे सहना लोगों के लिए भारी पड़ जाता है। यह उनकी अपने सम्बन्ध में श्रेष्ठता की भावना है, यह वह ढंग है जिससे वे अपनी महानता से इन दीन लोगों की ओर देखते हैं जो उनसे अधिक बुरे नहीं होते।

ओह! मेरे पास इसके कई उदाहरण हैं, बड़े अद्‌भुत!

उदाहरणार्थ, एक स्त्री को लें, उसके बहुत से मित्र हैं जो उससे बहुत अधिक प्रेम करते हैं, क्योंकि उन्हें उसके अन्दर कुछ विशेष योग्यताएं दीखती हैं। उसका सानिध्य उन्हें सुखकर प्रतीत होता है, वे उससे हमेशा सीख सकते हैं। तब अचानक, किन्हीं परिस्थितियों के वश, वह स्त्री समाज द्वारा बहिष्कृत कर दी जाती है, क्योंकि उसने अपना सम्बन्ध किसी दूसरे पुरुष के साथ स्थापित कर लिया है या बिना विवाह किये किसी दूसरे व्यक्ति के साथ रहने लगी है, दूसरे शब्दों में उन सब सामाजिक कारणों के लिए जिनका स्वयं अपने-आपमें कोई मूल्य नहीं है, लोग उसे ठुकरा देते हैं। और उसके सब मित्र (यहां मैं उन मित्रों की बात नहीं कर रही जो उससे सचमुच प्रेम करते हैं), उसके सब सामाजिक मित्र जो उससे रास्ते में मिलने पर मुस्कान सहित उसका स्वागत करते थे, अभिवादन करते थे, अब अपनी गर्दन दूसरी ओर मोड़ लेते हैं और उसकी ओर बिना देखे आगे बढ़ जाते हैं—ऐसा यहां आश्रम में भी हो चुका है! मैं प्रत्यक्ष उदाहरण नहीं देना चाहती, पर यहां ऐसा कितनी बार हुआ है : जब कभी प्रचलित सामाजिक नियम के विरुद्ध कुछ हुआ तो वही लोग जो इतना प्रेम दिखाते थे, इतनी सहानुभूति प्रकट करते थे, वही कभी-कभी कहते : "यह तो अब हाथ से गया।"

जब ऐसी बाते बाहर संसार में होती हैं तो मुझे बिलकुल स्वाभाविक प्रतीत होती हैं, किन्तु जब ये यहां होती हैं तो मुझे सदा एक धक्का-सा लगता है, यानी मैं अपने-आपसे कहती हूं : "किन्तु ये अब भी इन सबसे ऊपर नहीं उठे?"

जो लोग समझते हैं कि उनके विचार उदार हैं, वे इन सब "सामाजिक प्रथाओं" से ऊपर हैं, वे भी सीधे, एकदम इस जाल में जा गिरते हैं। तब अपने अन्तःकरण को चुप कराने के लिए वे कहते हैं : "माताजी इसे स्वीकृति या अनुमति नहीं देतीं, न ही इसे सहन करती हैं!" इस प्रकार बाकी चीजों के साथ एक और मूर्खता जोड़ देते हैं।

इस अवस्था से बाहर निकलना बड़ा कठिन है। यही सच्ची दाम्भिकता है!—सामाजिक प्रतिष्ठा की यह भावना! किन्तु है यह मन की संकुचितता, क्योंकि, जिन लोगों में जरा भी बुद्धि होती है वे इस फंदे में नहीं फंसते।

उदाहरणार्थ, जो लोग संसार-भर में घूम-फिर आये हैं उन्होंने देखा है कि ये सब सामाजिक नियम पूर्णतया जलवायु, जाति और आदतों पर निर्भर करते हैं, इससे भी अधिक समय और युग पर। वे ऐसी बातों की ओर देखकर मुस्कुरा सकते हैं। किन्तु ये ठीक सोचने वाले लोग, ओह!...

यह प्रारम्भिक पग है। जब तक तुम ऐसी अवस्था से बाहर नहीं निकल आते तब तक तुम योग के योग्य नहीं हो। यदि तुम इस अवस्था में हो तो सचमुच तुम योग के लिए उपयुक्त नहीं हो—यह प्रारम्भिक अवस्था है।

जनवरी १९६१

५१ — जब मैं न्याययुक्त क्रोध के बारे में सुनता हूं तो मुझे मनुष्य की आत्मप्रवंचना-सम्बन्धी सामर्थ्य पर आश्चर्य होता है।

जब कोई अपने-आपको छलता है तो सदा सच्चे भाव से ऐसा करता है। वह सदा दूसरों के भले के लिए, मानवजाति के हित के लिए तथा आपकी सेवा के लिए ऐसा करता है। फिर वह अपने-आपको धोखा कैसे देता है?

मैं भी अपनी ओर से तुमसे प्रश्न पूछना चाहती थी! क्योंकि तुम्हारा प्रश्न दो प्रकार से समझाया जा सकता है। इसे उस व्यंग और विनोद के भाव में भी लिया जा सकता है जिसका प्रयोग श्रीअरविन्द ने अपने सूत्र में किया है जब वे मनुष्य की आत्म-प्रवंचना-सम्बन्धी सामर्थ्य पर आश्चर्य करते हैं। कहने का मतलब, तुम अपने-आपको उस व्यक्ति के स्थान पर रख देते हो जो अपने-आपको छलता है और कहते हो : "पर मैं तो सच्चा हूं! मैं सदा दूसरों का, मनुष्यजाति का हित चाहता हूं, भगवान् का कार्य करना चाहता हूं—इसमें कोई सन्देह नहीं! भला मैं अपने-आपको कैसे छल सकता हूं?"

किन्तु मूल रूप में स्वयं को छलने के दो तरीके हैं जो बिलकुल भिन्न हैं। उदाहरणार्थ, जब तुम देखते हो कि लोग बुरा व्यवहार करते हैं, स्वार्थी,

अविश्वस्त और विश्वासघाती बन जाते हैं तो व्यक्तिगत कारणों से नहीं बल्कि सद्भावना और भगवान् की सेवा की लगन के कारण तुम्हें आघात पहुंचता है। एक ऐसी अवस्था होती है जिसमें तुम इन वस्तुओं पर अधिकार पा लेते हो और इन्हें अपने अन्दर अभिव्यक्त नहीं होने देते। किन्तु जिस हद तक तुम सामान्य चेतना, सामान्य दृष्टिकोण, सामान्य जीवन और सामान्य विचार के सम्पर्क में रहते हो, उस हद तक इनकी सम्भावना भी तुम्हारे अन्दर मौजूद रहती है, ये चीजें तुम्हारे अन्दर प्रसुप्त ढंग से रहती हैं क्योंकि जिन गुणों को तुम प्राप्त करना चाहते हो ये वस्तुएं उनकी विरोधी होती हैं। और यह विरोध हमेशा चलता रहता है—तब तक, जब तक तुम इनसे ऊपर और परे नहीं चले जाते, जब तक तुम गुण और अवगुण से ऊपर नहीं उठ जाते। जब तक तुममें गुण की भावना रहती है तब तक उसकी विरोधी वस्तु भी प्रसुप्त रूप में रहती है। जब तुम गुण और दोष को पार कर जाते हो केवल तभी यह बात समाप्त होती है।

अतएव, तुम्हें इस प्रकार का जो क्रोध आता है उसका कारण यह तथ्य है कि तुम इन चीजों से अभी बिलकुल ऊपर नहीं उठे हो। तुम ऐसी अवस्था में हो जब तुम इन बातों को पूरी तरह से नापसन्द करते हो और तुम स्वयं उन्हें नहीं कर सकते। तब तक तो कुछ कहने की आवश्यकता नहीं जब तक तुम अपने क्रोध को बड़े उग्र रूप में व्यक्त नहीं करते। यदि क्रोध के साथ यह अभिव्यक्ति भी मिल जाती है तो इसका कारण यह है कि जो भाव तुम रखना चाहते हो और दूसरों के प्रति तुम्हारे अन्दर जो प्रतिक्रिया होती है, इन दोनों में एक प्रकार का पूर्ण विरोध होता है। क्रोध प्राणिक शक्ति का एक विकृत रूप है, एक ऐसे प्राण की शक्ति का जो धुंधला और बिलकुल ही असंस्कृत तथा साधारण प्राणिक क्रियाओं और प्रतिक्रियाओं का दास है। जब कोई अज्ञानमय और अहंभावयुक्त संकल्पवाला व्यक्ति इस प्राणिक शक्ति का प्रयोग करता है और इस संकल्प का आस-पास के दूसरे व्यक्तियों के संकल्पों के द्वारा विरोध होता है तो यह शक्ति विरोध के दबाव से क्रोध में बदल जाती है और उस चीज को उग्रता के द्वारा पाना चाहती है जो शक्ति के दबावमात्र से नहीं मिल सकी।

इसके अतिरिक्त, अन्य सभी उग्र भावों की तरह, क्रोध भी हमेशा दुर्बलता, अक्षमता और अयोग्यता का चिह्न है।

और यहां आत्म-छलना क्रोध को दिये गये अनुमोदन, और चाटुकारितापूर्ण विशेषण में है—क्योंकि क्रोध केवल एक अन्ध, अज्ञानमय और आसुरिक वस्तु ही हो सकता है, दूसरे शब्दों में, यह प्रकाश का विरोधी है।

फिर भी दोनों में से यह अधिक अच्छा है।

एक अवस्था और भी है। कुछ लोग ऐसे हैं जो बिना जाने या इसलिए कि वे जानना *नहीं* चाहते, सदा अपने व्यक्तिगत हितों, अपनी रुचियों, अपनी आसक्तियों और अपनी धारणाओं को मानकर चलते हैं। ये भगवान् के प्रति पूर्णतया समर्पित नहीं होते और अपनी वैयक्तिक गतिविधियों को छिपाने के लिए नैतिक और यौगिक विचारों का प्रयोग करते हैं। ऐसे लोग अपने-आपको दोहरा धोखा देते हैं, ये अपनी बाह्य क्रियाओं या दूसरों के साथ अपने सम्बन्ध में ही स्वयं को धोखा नहीं देते वरन् अपनी व्यक्तिगत क्रियाओं में भी अपने को धोखा देते हैं : भगवान् की सेवा करने के स्थान पर ये अपने अहंभाव की सेवा करते हैं। और यह सदा और सतत रूप में होता रहता है! वे अपनी और अपने अहंभाव की सेवा करते हैं, जब कि बहाना करते हैं भगवान् की सेवा का। तब यह आत्मप्रवंचना नहीं, पाखण्ड हो जाता है।

हमेशा प्रत्येक वस्तु को एक बड़े अनुकूल रूप का आवरण देना तथा समस्त क्रियाओं की अनुकूल व्याख्या करना एक मानसिक अभ्यास है जो सदा विद्यमान रहता है। कभी-कभी यह काफी सूक्ष्म भी होता है, किन्तु किसी समय यह इतने स्थूल प्रकार का होता है कि अपने सिवाय और कोई नहीं छला जाता। यह एक प्रकार का बहाना बनाने का अभ्यास होता है, अनुकूल मानसिक बहाना बनाने का अभ्यास होता है और जो कुछ व्यक्ति करता है, जो कुछ व्यक्ति कहता है या जो कुछ व्यक्ति अनुभव करता है, उस सब की एक अनुकूल मानसिक व्याख्या करने का अभ्यास होता है। उदाहरणार्थ, जो लोग अपने ऊपर नियन्त्रण नहीं रखते और अत्यधिक रोष में आकर किसी को थप्पड़ मार देते हैं, वे इसे प्रायः दिव्य क्रोध का नाम देते हैं।

आत्म-प्रवंचना की यह शक्ति और किसी भी अज्ञान व मूर्खता के लिए समर्थन ढूंढ़ने की मन की चतुराई आश्चर्यजनक है, आश्चर्यजनक।

यह ऐसा अनुभव नहीं है जो कभी-कभी आता हो, इसे प्रत्येक मिनट

व्यक्ति अपने अन्दर देख सकता है। और साधारणतया दूसरों के अन्दर तो यह और भी अधिक सरलता से देखा जा सकता है! किन्तु यदि तुम ध्यानपूर्वक अपना निरीक्षण करो तो तुम प्रतिदिन हजारों बार अपने को पकड़ सकते हो, और उसी तरह लिप्त रहते हुए देखो तो कहते हो : "ओह, यह *वही वस्तु नहीं* है!" और तब, यह कभी तुम्हारे लिए वही नहीं होता जो तुम्हारे पड़ोसी के लिए होता है।

जनवरी १९६१

५२ — यह एक चमत्कार है कि मनुष्य भगवान् से प्रेम कर सकते हैं और मनुष्यों से नहीं। तब वे किससे प्रेम करते हैं?

क्या परोपकार-वृत्ति के द्वारा भगवान् को प्राप्त किया जा सकता है?

सब कुछ इस पर निर्भर है कि तुम परोपकार-वृत्ति का क्या अर्थ समझते हो। साधारणतया, तुम उन व्यक्तियों को परोपकारी कहते हो जो दानशीलता के कार्य करते हैं।

यहां श्रीअरविन्द परोपकार शब्द की चर्चा नहीं करते। कारण, जैसा कि लोग सामान्यतया समझते हैं, परोपकार-वृत्ति एक सामाजिक और परम्परागत वृत्ति है, एक प्रकार का बृहदाकार अहंभाव है जो प्रेम नहीं बल्कि छोटे के प्रति दया है जो संरक्षक का रूप धारण कर लेती है।

इस सूत्र में श्रीअरविन्द उन लोगों की ओर संकेत करते हैं जो संसार और मनुष्यों से पूर्णतया सम्बन्ध-विच्छेद कर लेने की चेष्टा करते हुए एकाकी भगवान् की एकान्त में खोज करने के लिए संन्यास-मार्ग का अनुसरण करते हैं।

किन्तु श्रीअरविन्द के लिए मनुष्य भगवान् का अंश है और यदि तुम सचमुच भगवान् से प्रेम करते हो, तो यह कैसे हो सकता है कि तुम मनुष्य के साथ प्रेम न करो, क्योंकि वह 'उन्हीं' का तो एक पक्ष है?

१८.१.१९६१

५३ — धार्मिक सम्प्रदायों के झगड़े उन बर्तनों के आपसी विवाद के समान हैं जिनमें अमरता देनेवाला अमृत भरा जायेगा। उन्हें झगड़ने दो, किन्तु हमें तो अमृत लेने—पात्र कोई भी हो—और अमरत्व प्राप्त करने से मतलब है।

५४—तुम कहते हो कि बर्तन की सुगंध सुरा में आ जाती है। यह तो स्वाद है, किन्तु इसकी अमर कर देनेवाली क्षमता इससे कौन छीन सकता है?

१. अमरता का यह अमृत क्या है जिसकी श्रीअरविन्द चर्चा करते है? इस अमृत में वह कौन-सी वस्तु है जो हमें अमरता की शक्ति प्रदान करती है? क्या यह अमरता शरीर की अमरता है?

२. जब हमें यह अमृत मिल जाता है तो धार्मिक सम्प्रदायों का क्या होता है? क्या वे अपने लक्ष्य पर पहुंच जाते हैं?

अमरता का यह अमृत सर्वोच्च सत्य है, सर्वोच्च ज्ञान है, यह भगवान् के साथ ऐसा मिलन है जो अमरता की चेतना प्रदान करता है।

प्रत्येक सम्प्रदाय का भगवान् तक पहुंचने का अपना विशेष तरीका होता है और इसी बात में श्रीअरविन्द इनकी तुलना विभिन्न पात्रों से करते हैं। किन्तु वे कहते हैं : रास्ता कोई भी पकड़ो इस बात का अधिक महत्त्व नहीं है। महत्त्व केवल लक्ष्य का है और तुम किसी भी रास्ते पर चलो, लक्ष्य एक ही है। अमृत किसी भी पात्र में हो, होगा अमृत ही।

कुछ लोग कहते हैं कि बर्तन का सोंधापन और जिस रास्ते का तुम अनुसरण करते हो वह रास्ता अमृत का स्वाद बदल देते हैं, दूसरे शब्दों में, वे भगवान् के साथ तुम्हारे मिलन को बदल देते हैं। श्रीअरविन्द उत्तर देते हैं : उन तक पहुंचने का रास्ता भिन्न हो सकता है और प्रत्येक व्यक्ति उसी रास्ते को चुनता है जो उसे पसन्द हो, तथा जो उसकी रुचि के अनुकूल हो, किन्तु स्वयं अमृत, अर्थात् भगवान् के साथ मिलन, समस्त अवस्थाओं में अमरत्व की अपनी शक्ति सुरक्षित रखता है।

अब जब कि यह कहा जाता है कि भगवान् के साथ मिलन के द्वारा व्यक्ति अमरता की चेतना प्राप्त कर लेता है, तो इसका अर्थ यह है कि हमारी चेतना उस चेतना के साथ संयुक्त हो जाती है जो अमर है, परिणाम-स्वरूप वह अपने-आपको भी अमर अनुभव करती है। तब हम ही उन क्षेत्रों के प्रति चेतन हो जाते हैं जहां अमरता का निवास है। किन्तु इसका यह अर्थ नहीं कि हमारी भौतिक सत्ता रूपान्तरित और अमर हो जाती है; इसके लिए एक बिलकुल दूसरी प्रणाली का अनुसरण करना होगा। और तुम्हें केवल इस चेतना को पहले प्राप्त ही नहीं करना होगा बल्कि इसे स्थूल जगत् में भी उतार लाना होगा। इसे केवल भौतिक चेतना का रूपान्तर ही नहीं बल्कि भौतिक सत्ता का भी रूपान्तर साधित करने देना होगा जो एक काफी बड़ा कार्य है।

संक्षेप में, तुम्हें वैयक्तिक उपलब्धि को समष्टि की उपलब्धि के साथ मिला नहीं देना चाहियेः जब *हमें* अमृत मिल गया है तो हम सब सम्प्रदायों से ऊपर उठ गये हैं, हमारे लिए इनका न कुछ अर्थ रह गया है और न उपयोग। किन्तु, सामान्य और सार्वजनिक रूप में, इनका मूल्य और उपयोग मार्ग के रूप में तब तक बना रहेगा, जब तक मनुष्य सिद्धि प्राप्त नहीं कर लेते।

२८.१.१९६१

५५ — मेरे अन्दर विस्तारित होओ, हे वरुण; मेरे अन्दर शक्तिशाली बनो, हे इन्द्र; हे सूर्य, अत्यधिक तेजस्वी और ज्योतिर्मय बनो; हे चन्द्र, सौन्दर्य और माधुर्य से परिपूर्ण होओ; हे रुद्र, भयानक और विकट हो उठो; प्रचण्ड और वेगवान् बन जाओ, हे मरुत; सबल एवं साहसी बनो, हे अर्यमा; भोक्ता और सुखदायक बनो, हे भग; कोमल, दयालु, स्नेही और भावुक बनो, हे मित्र; उज्ज्वल और प्रकाशकारी बनो, हे उषा; हे रात्रि, गम्भीर और उर्वर बनो; हे जीवन, परिपूर्ण, तत्पर और स्फूर्तिमय बनो; हे मृत्यु, मेरे पगों को एक धाम से दूसरे धाम में ले चलो। इन सब को समन्वित करो, हे ब्रह्मणस्पति... मैं इन देवताओं के अधीन न होऊं, हे काली।

श्रीअरविन्द काली को सबसे अधिक महत्त्व क्यों देते हैं?

जिन गुणों का ये देवता प्रतिनिधित्व करते हैं या जिनके ये प्रतीक हैं उन सबको प्राप्त करना आवश्यक और अच्छा है। इसीलिए श्रीअरविन्द उनका आवाहन करते हैं और उनसे प्रार्थना करते हैं कि वे उनकी प्रकृति को अपने अधीन कर लें। किन्तु, जो परात्पर भगवान् के साथ संयुक्त होना चाहता है, जो सर्वोच्च प्राप्ति के लिए अभीप्सा करता है, उसके लिए यह काफी नहीं हो सकता। इसीलिए अन्त में वे काली का आवाहन करते हैं ताकि वे उन्हें इन देवताओं के परे जाने की शक्ति दें।

क्योंकि, काली विश्व-माता का एक अत्यधिक शक्तिशाली पक्ष हैं। इन द्वारा सृष्ट सभी देवताओं की शक्ति से इनकी शक्ति अधिक महान् है। अतएव इनसे युक्त होने का अर्थ है सभी देवताओं की समष्टि से अधिक विस्तृत, पूर्ण और शक्तिशाली होना। इसीलिए श्रीअरविन्द काली के साथ एकत्व को सबसे ऊपर और परे का स्थान देते हैं।

२.२.१९६१

५६ — ओ उत्सुक विवादकर्ता, तू विवाद में जीत गया है, अब तो तुझ पर अत्यधिक दया आनी चाहिये, क्योंकि तूने अपने ज्ञान को विस्तृत करने का एक अवसर खो दिया है।

विवाद का क्या उपयोग है? जिसे हम सत्य समझते हैं उसे दूसरों को समझाने का सबसे अच्छा तरीका कौन-सा है?

सामान्यतया, जो लोग विवाद करना पसन्द करते हैं वे वही होते हैं जिन्हें अपने विचारों को सुस्पष्ट करने के लिए विरोध से उत्तेजना पाने की आवश्यकता होती है।

यह स्पष्ट ही एक प्रारम्भिक बौद्धिक अवस्था का चिह्न है।

किन्तु यदि तुम किसी विवाद में एक निष्पक्ष दर्शक के रूप में उपस्थित

हो (तब भी जब तुम विवाद में हिस्सा ले रहे हो और कोई तुमसे ही बात कर रहा हो), तो तुम सदा ही उससे लाभ उठा सकते हो, अर्थात्, तुम कई दृष्टिकोणों से किसी प्रश्न या समस्या को सोच सकते हो। विरोधी मतों में समन्वय लाने के प्रयत्न में तुम अपने विचारों को विस्तृत कर सकते हो तथा एक अधिक व्यापक समन्वय तक पहुंच सकते हो।

जिसे व्यक्ति सत्य समझता है उसे दूसरों के आगे प्रमाणित करने का सबसे अच्छा तरीका है उसके अनुसार *आचरण करना*—और कोई दूसरा तरीका नहीं है।

यदि कोई विवाद में जीत जाता है तो वह अपनी चेतना को विस्तृत करने का अवसर कैसे खो देता है?

विवाद मतों के परस्पर विरोध के सिवाय और कुछ नहीं है, और मत सत्य के अत्यन्त आंशिक पक्षों के सिवाय कुछ नहीं हैं? तुम भले एक विषय पर समस्त मतों को एकत्रित और समन्वित करने में सफल हो जाओ, फिर भी तुम्हें सत्य की एक बहुत अपूर्ण अभिव्यक्ति से अधिक और कुछ नहीं मिलेगा।

यदि तुम विवाद में जीत जाते हो, तो इसका मतलब यह होता है कि तुम्हारे मत ने दूसरे मत को परास्त कर दिया है, पर तुम्हारे जीतने का कारण आवश्यक रूप से यह नहीं होता कि तुम्हारा मत उसके मत से अधिक सच्चा था, वरन् यह कि तुम तर्कों का प्रयोग अच्छी तरह कर सकते थे, या यह कि तुम अधिक आग्रही विवादकर्त्ता हो। और उस विवाद के बाद तुम्हें यह विश्वास हो जाता है कि जिस मत की तुम पुष्टि करते हो वही ठीक है। इस प्रकार तुम प्रश्न का अपने दृष्टिकोण से भिन्न दूसरे दृष्टिकोण को देखने तथा सत्य के जो एक या अनेक पक्ष तुम्हें पहले से ज्ञात हैं उनमें एक और पक्ष जोड़ने का अवसर खो देते हो। तुम अपने ही विचार में बन्द होकर रह जाते हो तथा उसे विस्तृत करना अस्वीकार कर देते हो।

१७.३.१९६१

५७—चूंकि बाघ अपनी प्रकृति के अनुसार कार्य करता है और उसके सिवा कुछ नहीं जानता, वह दिव्य है और उसके अन्दर कोई बुराई नहीं है। यदि वह अपने से प्रश्न करने लगे तो वह अपराधी हो जायेगा।

मनुष्य के लिए सच्चे अर्थों में "स्वाभाविक" अवस्था क्या होगी? वह अपने से प्रश्न क्यों करता है?

पृथ्वी पर[१] मनुष्य एक संक्रमणकालीन सत्ता है और इसलिए अपने विकासकाल में वह क्रमशः कई ऐसी प्रकृतियां ग्रहण करता है जिन्होंने आरोहण के चक्राकार मार्ग का अनुसरण किया है और तब तक करती रहेंगी जब तक कि वह अपनी अतिमानसिक प्रकृति की देहरी तक न पहुंच जाये और अतिमानव में रूपान्तरित न हो जाये। यह चक्र-रेखा उसके मानसिक विकास का घुमावदार चक्र है।

हम ऐसी किसी भी सहज अभिव्यक्ति को "प्राकृतिक" कहना पसन्द करते हैं जो किसी चुनाव का, पहले से सोचे हुए निश्चय का परिणाम न हो, दूसरे शब्दों में, जिसमें किसी भी मानसिक क्रिया ने हस्तक्षेप न किया हो। इसीलिए जब मनुष्य में एक ऐसी प्राणिक सहजता होती है जिसमें मानसिक क्रिया का बहुत ही कम प्रभाव होता है, तो वह सरलता अधिक स्वाभाविक प्रतीत होती है। किन्तु यह एक ऐसी सरलता है जो पशु की सरलता से बहुत मिलती है तथा विकास के मानव स्तर के एकदम निचले तल में स्थित है। वह मानसिक हस्तक्षेप से रहित इस सहजता को पुनः तभी प्राप्त करेगा जब वह अतिमानसिक अवस्था को प्राप्त कर ले, दूसरे शब्दों में, जब वह मन को पार करके उच्चतर सत्य में ऊपर उठेगा।

तब तक, स्वभावतः ही, उसकी सत्ता के ये सभी तरीके प्राकृतिक रहेंगे! किन्तु मन के साथ यह विकास-क्रम, हम झूठा तो नहीं कह सकते,

[१] श्रीमाताजी ने यह भी कहा : "यह कथन आवश्यक नहीं है, मैंने जब "पृथ्वी पर" कहा है तो मेरा मतलब यह है कि मनुष्य केवल पृथ्वी का ही प्राणी नहीं है : अपने मूल रूप में मनुष्य एक वैश्व सत्ता है, किन्तु पृथ्वी पर उसकी अभिव्यक्ति एक विशेष प्रकार की है।"

पर विकृत अवश्य हो गया है, क्योंकि मन का यह स्वभाव है कि वह विकृति की ओर खुला रहता है, बल्कि शुरू से ही वह विकृत है, यह कहना अधिक ठीक होगा कि आसुरिक शक्तियों ने उसे विकृत कर दिया है। विकृति की यह अवस्था ही हमें ऐसा आभास देती है कि वह स्वाभाविक नहीं है।

वह अपने से प्रश्न क्यों करता है? केवल इसलिए कि यह मन का स्वभाव है!

मन के साथ व्यक्तीकरण शुरू हुआ और पृथक्ता की एक बड़ी तीव्र भावना और चुनावसम्बन्धी स्वतन्त्रता की एक थोड़ी-बहुत यथार्थ प्रतीति भी आयी—वे सब, ये सब मनोवैज्ञानिक अवस्थाएं मानसिक जीवन के स्वाभाविक परिणाम हैं तथा उन सब परिणामों के लिए जो आज हमारे सामने हैं, अर्थात्, भ्रान्तियों से लेकर अत्यधिक कठोर सिद्धान्तों तक के लिए द्वार खोल देती हैं। मन सोचता है कि वह एक या दूसरी चीज में चुनाव कर सकता है, किन्तु उसका यह बोध उस सच्चे सिद्धान्त की विकृतिमात्र है जो केवल तभी प्राप्त हो सकता है जब अन्तरात्मा या चैत्य चेतना में प्रकट होकर सत्ता का शासन-सूत्र अपने हाथ में ले ले। तब मनुष्य का जीवन सचमुच वैयक्तिक और चेतन रूप में अपने-आपको परिणत करने वाली सर्वोच्च इच्छा-शक्ति की अभिव्यक्ति हो जायेगा। किन्तु मनुष्य की सामान्य अवस्था में यह एक असाधारण बात है जो मानव चेतना को स्वाभाविक नहीं प्रतीत होती—बल्कि अतिप्राकृतिक प्रतीत होती है।

मनुष्य अपने-आपसे प्रश्न करता है, क्योंकि मन-रूपी यन्त्र सब सम्भावनाओं को देखने के लिए ही बनाया गया है; और इसका तात्कालिक परिणाम है शुभ और अशुभ का विचार, अर्थात्, क्या ठीक है, क्या गलत है इसका और इसके परिणामस्वरूप होने वाले सब कष्टों का विचार। यह नहीं कहा जा सकता कि यह बुरी चीज है, यह एक मध्यवर्ती अवस्था है, —कोई विशेष सुखद अवस्था नहीं है, किन्तु फिर भी... मन के पूर्ण विकास के लिए यह अवस्था निश्चय ही अनिवार्य थी।

१७.३.१९६१

५८—पशु ने भ्रष्ट होने से पहले शुभ और अशुभ के ज्ञान-वृक्ष का फल नहीं खाया है, देवता ने शाश्वत जीवन का वृक्ष पाने के लिए उसे छोड़ दिया है, मनुष्य ऊपर के स्वर्ग और नीचे की प्रकृति के बीच में खड़ा है।

क्या यह सच है कि कोई पार्थिव स्वर्ग भी था? मनुष्य को वहां से क्यों निकाल दिया गया?[1]

ऐतिहासिक दृष्टिकोण से (मैं यहां मनोवैज्ञानिक दृष्टिकोण की नहीं, ऐतिहासिक दृष्टिकोण की बात कर रही हूं), यदि मैं अपने-आपको अपनी स्मृति की भूमिका पर रखूं (मैं इसे प्रमाणित नहीं कर सकती, वस्तुतः कुछ भी प्रमाणित नहीं हो सकता—और मेरे विचार में इसका कोई भी सच्चे अर्थों में ऐतिहासिक प्रमाण नहीं है, दूसरे शब्दों में, ऐसा प्रमाण जिसे सुरक्षित रखा गया हो। कम-से-कम ऐसा कोई प्रमाण अभी तक मिला नहीं है), किन्तु जहां तक मेरी स्मृति जाती है, पृथ्वी के इतिहास में निश्चय ही एक ऐसा समय था जब एक प्रकार के पार्थिव स्वर्ग का अस्तित्व था, इस अर्थ में कि वह एक पूर्णतया सामंजस्यपूर्ण और प्राकृतिक जीवन था; अर्थात्, मन की अभिव्यक्ति प्रकृति की आरोहणकारी गति के साथ पूर्ण सहमति और सामंजस्य रखती थी, उसमें कोई विकृति या विकार नहीं था। यह स्थूल रूपों में मन की अभिव्यक्ति की पहली अवस्था थी।

यह अवस्था कितने समय तक रही?—यह कहना कठिन है, किन्तु मनुष्य के लिए यह एक ऐसा 'जीवन' था जो पशु जीवन के विकास के साथ कुछ-कुछ मिलता था। मेरी यह स्मृति उस जीवन की ओर निर्देश करती है जिसमें शरीर पूर्ण रूप से अपने प्राकृतिक वातावरण के अनुकूल था—जलवायु शरीर की आवश्यकताओं के और शरीर जलवायु की आवश्यकताओं के अनुकूल। जीवन पूर्णतया सहज और स्वाभाविक था, इतना सहज और स्वाभाविक जितना कि एक अधिक प्रकाशयुक्त और

[1] माताजी ने इस प्रश्न का उत्तर मौखिक दिया था। हम यहां वैसे-का-वैसा ही दे रहे हैं जैसा कि वह रिकार्ड किया गया था।

चेतन पशु-जीवन होगा। किन्तु इसमें वे जटिलताएं और विकृतियां नहीं थीं जिन्हें मन अपने विकासक्रम में पीछे से ले आया। ऐसे जीवन की स्मृति मुझे है। मुझे यह स्मरण था और जब मैं समग्र पृथ्वी के जीवन के प्रति सचेतन हुई तो मैंने इसे फिर से जीवन में भी देखा। किन्तु मैं यह नहीं कह सकती और न ही मैं जानती हूं कि यह कितने समय तक रहा, या इसका विस्तार कहां हुआ। मुझे केवल अवस्था या स्थिति का ही स्मरण है, अर्थात्, जड़-प्रकृति कैसी थी, उस समय मानव-रूप और मानव चेतना कैसी थी और पृथ्वी के अन्य सब तत्त्वों के साथ उसका सामंजस्य कैसा था—पशु-जीवन के साथ, तथा इतना अधिक वनस्पति-जीवन के साथ। प्रकृति की वस्तुओं के प्रयोग का, वनस्पतियों और फलों के गुणों का, वस्तुतः जो कुछ प्रकृति का वनस्पति-जगत् हमें दे सकता था उस सब का एक प्रकार का स्वयं-स्फूर्त ज्ञान यहां विद्यमान था। न तब आक्रमण-वृत्ति थी, न भय, न विरोध, न संघर्ष और न विकृति ही—मन पवित्र, सरल और प्रकाशपूर्ण था, जटिल नहीं।

क्रम-विकास की प्रगति के साथ, उसके आगे बढ़ने की क्रिया के साथ ही, जब मन ने अपने अन्दर, *अपने ही लिए* विकसित होना शुरू कर दिया तो ये समस्त जटिलताएं और विकृतियां आरम्भ हुईं। हां तो, बाइबल के पहले अध्याय (सृष्ट्युत्पत्ति-प्रकरण) की कहानी में भी, जो बच्चों की कहानी-सी प्रतीत होती है, कुछ सत्य है। इस पुस्तक की परम्परा जैसी पुरानी परम्पराओं में प्रत्येक अक्षर एक विशेष ज्ञान का संकेत होता था। वह उस समय के परम्परागत ज्ञान का चित्रात्मक सारांश होता था। किन्तु इसके अतिरिक्त, प्रतीकात्मक कथा में भी एक सत्य था और वह यह कि पृथ्वी पर सचमुच ही जीवन का एक ऐसा काल, मानवी आकारों में मानसीकृत जड़-पदार्थ की प्रथम अभिव्यक्ति का काल था जो तब भी अपने से पहले की समस्त वस्तुओं के साथ पूर्णतया समस्वर था। यह तो बाद में...

ज्ञान के वृक्ष का प्रतीक ऐसे ज्ञान का प्रतिनिधित्व करता है जो दिव्य नहीं रहा, यह भौतिक ज्ञान है जिसका स्रोत विभाजन में है और जिसने सब चीजों को दूषित करना आरम्भ किया था। यह काल कब तक रहा? (क्योंकि मुझे जिस जीवन का स्मरण है वह प्रायः अमर है—मुझे ऐसा

प्रतीत होता है कि विकासक्रम में अचानक ही आकारों के विघटन की आवश्यकता पैदा हो गयी और यह हुआ प्रगति के लिए ही)। अतएव, मैं नहीं कह सकती कि यह काल कब तक रहा और कहां रहा। यदि कुछ संकेतों को देखा जाये (किन्तु हैं ये केवल संकेत ही), तो ऐसा प्रतीत होता है कि यह... के आस-पास हो सकता है, मुझे ठीक पता नहीं कि यह स्थान लंका और भारत के इस ओर है या दूसरी ओर (यहां माताजी हिन्द महासागर की ओर, अर्थात्, या तो लंका और भारत के पश्चिम की ओर या लंका और जावा के बीच, पूर्व की ओर संकेत करती हैं), किन्तु निश्चय ही इस स्थान का अब अस्तित्व नहीं है, शायद समुद्र इसे लील गया है। इस स्थान की अन्तरझांकी और इस जीवन और इसके रूपों की चेतना मेरे अन्दर बड़ी स्पष्ट है; किन्तु स्थूल रूप में ठीक स्थानादि बताना सम्भव नहीं है। सच पूछो तो, जब दुबारा मुझे इस जीवन की अनुभूति हुई, तो मेरे अन्दर ब्योरे की चीजें देखने की उत्सुकता नहीं थी। वस्तुतः, वहां भावना की एक और ही अवस्था होती है जिसमें इन स्थूल प्रकार के यथार्थ वर्णनों के लिए उत्सुकता नहीं रहती; तब प्रत्येक वस्तु मनोवैज्ञानिक तथ्य में बदल जाती है। और यह... यह वस्तु अत्यधिक सरल, प्रकाशमय और सामंजस्यपूर्ण तथा हमारी समस्त धारणाओं से परे की वस्तु थी—ठीक-ठीक कहें तो, स्थान और काल-सम्बन्धी इन सभी पूर्वधारणाओं से बिलकुल परे की वस्तु थी। यह एक जीवन था—सहज, अत्यधिक सुन्दर और प्रकृति के अतीव निकट, पशु के जीवन के स्वाभाविक विकास की भांति। वहां कोई विरोध न था, न प्रतिवाद, कुछ भी नहीं था—सब कुछ अच्छे-से-अच्छे तरीके से होता था।

(मौन)

मुझे यह स्मृति बार-बार, विभिन्न परिस्थितियों में, कई बार प्राप्त हुई है (उसमें वह-का-वही दृश्य या प्रतिमूर्तियां नहीं थीं, क्योंकि यह ऐसी वस्तु नहीं थी जिसे मैंने देखा हो। यह *एक जीवन* था जो मैंने जिया था)। कुछ समय तक, रात-दिन मुझे एक प्रकार की समाधि में एक ऐसा जीवन दिखायी देता रहा जो मैं बिता चुकी थी, और मुझमें इस बात की पूर्ण

चेतना थी कि यह पृथ्वी पर मानव आकारों के प्रस्फुटन की अवस्था थी, ये वे पहले आकार थे जो भागवत सत्ता को मूर्तिमन्त करने के योग्य बने। हां, यही बात थी : पहली बार मैं एक पार्थिव आकार में, एक विशेष आकार में, एक वैयक्तिक आकार में व्यक्त हो सकी थी (विश्वव्यापी जीवन में नहीं, वैयक्तिक रूप में), दूसरे शब्दों में, पहली बार, इस जड़-पदार्थ के मानसीकरण के द्वारा, ऊपर की सत्ता और नीचे की सत्ता को संयुक्त किया गया था। यह अनुभूति मेरे जीवन में कई बार चरितार्थ हुई है, किन्तु बाह्य परिवेश एक जैसा होता था। अनुभूति भी बिलकुल वही होती थी, वह प्रसन्नता-मिश्रित सरलता की अनुभूति थी, उसमें कोई जटिलता नहीं थी, न कोई समस्या थी, और न शंकाएं ही, वहां इन चीजों में से कुछ भी नहीं था! था केवल जीने के आनन्द का उछाह, वैश्व प्रेम और सामंजस्य में रहने का—फूल, धातु, पशु सब आपस में समस्वर थे।

इसके बहुत समय बाद, यह भी एक व्यक्तिगत बोध ही है, वस्तुएं दूषित होने लगीं। शायद इसलिए कि आम क्रमविकास के लिए मानसिक स्फटिकीकरण आवश्यक था, अनिवार्य हो गया था, जिससे वह किसी और चीज तक पहुंचने के लिए तैयार हो जाये। यहीं... छिः, ऐसा प्रतीत होता है मानों व्यक्ति एक गढ़े में, कुरूपता और अन्धकार में जा गिरा हो। इसके बाद सब कुछ इतना काला, असुन्दर, कठिन और कष्टदायक हो गया! यह सचमुच, हां, सचमुच पतन का आभास देता है।

(मौन)

मैं एक गुह्यवादी को जानती हूं जो कहता था कि यह सब अनिवार्य नहीं था—वस्तुतः उसके भाव को व्यक्त करना कठिन है। अभिव्यक्ति की पूर्ण स्वतन्त्रता में मूल स्रोत से स्वेच्छापूर्वक अलग हो जाना ही इस समस्त अव्यवस्था का कारण है। पर इसकी व्याख्या कैसे की जाये? हमारे शब्द इतने दरिद्र हैं कि इन चीजों को समझा नहीं सकते। हम कह सकते हैं कि यह अनिवार्य था, क्योंकि ऐसा हुआ। किन्तु यदि हम सृष्टि के बाहर निकलकर देखें, तो एक ऐसी सृष्टि के बारे में सोच सकते हैं, बल्कि सोच सकते थे जिसमें वह अव्यवस्था न होती। श्रीअरविन्द भी कुछ ऐसी

ही बात कहते हैं, कि यह एक प्रकार की आकस्मिक घटना थी, इसे आकस्मिक घटना कहा जा सकता है, पर एक ऐसी आकस्मिक घटना, जिसने अभिव्यक्ति के लिए कहीं अधिक महान् और समग्र पूर्णता को प्राप्त करना सम्भव बना दिया है; यदि यह घटना न हुई होती, तो अभिव्यक्ति उतनी महान् और पूर्ण न होती। किन्तु ये अटकलबाजियां हैं और कम-से-कम इतना तो कहा ही जा सकता है कि बेकार अटकलबाजियां हैं। बहरहाल, इस विषय का अनुभव और बोध यही है : *(यहां माताजी एक निःसहाय पतन का संकेत देती हैं)* ओह, एकदम सहसा।

सम्भवतः, पृथ्वी के लिए ऐसा ही हुआ, एकदम अचानक : एक प्रकार का आरोहण और फिर पतन—किन्तु पृथ्वी तो एकाग्रता का केवल एक छोटा-सा बिन्दु है। किन्तु विश्व के दृष्टिकोण से बात और ही है।

(मौन)

उस समय की याद किसी स्थान पर, पृथ्वी के स्मृति-गर्भ में, अर्थात् उस क्षेत्र में जहां पृथ्वी की समस्त स्मृतियां अंकित हैं, सुरक्षित है। और जो लोग स्मृति के साथ सम्बन्ध स्थापित कर सकते हैं, वे कह सकते हैं कि अब भी पार्थिव स्वर्ग का कहीं अस्तित्व अवश्य है, पर मैं इसे नहीं जानती, न देखती ही हूं।

और सर्प की कहानी क्या है? सर्प को इतना अशुभ क्यों माना जाता है?

ईसाई लोग कहते हैं कि यह 'अशुभ' की सत्ता है।

(मौन)

किन्तु यह सब नासमझी है।

जिस गुह्यवादी के बारे में मैं कह चुकी हूं उसका कहना है कि बाइबल की 'स्वर्ग और सर्प' की कहानी का सच्चा अर्थ यह है कि मनुष्य, मन के

विकास के द्वारा, पशु की दिव्यता की अवस्था से, पशुओं के ही समान, चेतन दिव्यता की अवस्था तक जाना चाहता था (यह इसी का प्रतीक है, जब यह कहा जाता है कि उन्होंने ज्ञान के वृक्ष का फल खाया)। तो, और वह सर्प (यह भी कहा जाता है कि सर्प रंग-बिरंगा था, अर्थात्, उसमें सातों रंग मौजूद थे) अशुभ बिलकुल ही न था, यह एक विकासात्मक शक्ति थी, अर्थात्, विकास की शक्ति, और स्वभावतया इस विकासात्मक शक्ति ने ही उन्हें ज्ञान का फल चखाया।

और फिर उनके अनुसार, जेहोवा (Jehovah) असुरों का सरदार, सबसे बड़ा असुर था—वह एक ऐसा अहंकारी देवता था जो सब पर अधिकार जमाना एवं सबको अपने वश में करना चाहता था। जिस क्षण से उसने, पार्थिव सिद्धि के सम्बन्ध में सर्वोच्च स्वामी की पदवी ग्रहण की, उसी क्षण से उसे यह बात स्वभावतया अखरने लगी कि मनुष्य एक ऐसी मानसिक प्रगति कर ले जो उसे स्वामी की आज्ञा का उल्लंघन करने की शक्ति देने वाला ज्ञान प्रदान करे। वह इस बात से भयंकर रूप में क्रोधित हो उठा। कारण, यह ज्ञान मनुष्य को, चेतना के क्रमविकास की शक्ति के द्वारा, देवता बना सकता है। इसीलिए, उन्हें स्वर्ग से निकाल दिया गया था।

इसमें पर्याप्त मात्रा में सत्य है, पर्याप्त मात्रा में।

श्रीअरविन्द भी इससे पूर्णतया सहमत थे। उन्होंने भी यही बात कही थी। मन की क्रमविकासात्मक शक्ति ने ही मनुष्य को ज्ञान की ओर प्रेरित किया—एक ऐसे ज्ञान की ओर जो विभाजन का ज्ञान था। और यह भी सच्ची बात है कि शुभ और अशुभ को जानकर ही मनुष्य अपने प्रति सचेतन हुआ। किन्तु स्वभावतया, इसने सब कुछ बिगाड़ दिया और वह स्वर्ग में न रह सका। वह अपनी चेतना के द्वारा ही वहां से खदेड़ दिया गया; वह और न रह सका।

किन्तु क्या वह जेहोवा द्वारा निकाल दिया गया था या अपनी चेतना द्वारा?

ये एक ही बात कहने के दो भिन्न तरीके हैं।

मैं समझती हूं कि इन सब प्राचीन धर्म-पुस्तकों और प्राचीन परम्पराओं के अर्थ के अलग-अलग स्तर हैं (यहां माताजी समझ के स्तरों को दिखाने के लिए एक संकेत करती हैं), और युग, व्यक्तियों और आवश्यकता के अनुसार एक अथवा दूसरा प्रतीक वहां से ले लिया गया और प्रयोग में लाया गया। किन्तु एक ऐसा समय भी आता है जब तुम इन चीजों से परे जाकर उन्हें उस स्थान से देखते हो जिसे श्रीअरविन्द "दूसरा गोलार्ध" कहते हैं जिसमें तुम यह अनुभव करने लगते हो कि ये केवल, तुम्हें उसके सम्पर्क में लाने के लिए, कहने का ढंगमात्र है—यह देखने के निम्न ढंग और जानने के उच्च ढंग के बीच में एक सेतु है, एक जोड़ने वाली कड़ी है।

और जो लोग तर्क करते हैं और तुम्हें कहते हैं: "ओह, नहीं वह ऐसा है, यह ऐसा है", किसी समय बड़े हास्यास्पद प्रतीत होते हैं! और बहुत से लोगों का यह सहज उत्तर: "ओह! वह, वह तो असम्भव है", जितना हास्यजनक है उतना हास्यजनक और कोई कथन नहीं है। कारण, कम-से-कम, बल्कि यह भी कहा जा सकता है, अत्यधिक प्रारम्भिक ढंग का बौद्धिक विकास भी तुम्हें यह जानने योग्य बना सकता है कि यदि यह सम्भव न होता तो तुम इसके बारे में सोच भी न सकते।

(मौन)

ओह! यदि हम केवल इसे दुबारा पा सकते! पर कैसे?

आखिर, उन्होंने पृथ्वी को दूषित कर दिया है, उसे दूषित कर ही दिया, सारे वायुमण्डल को दूषित कर दिया है, सब कुछ दूषित कर दिया है! अतएव, अब वातावरण को एक बार फिर से वैसा बनाने के लिए जैसा कि उसे होना चाहिये, व्यक्ति को बहुत दूर तक जाना होगा, विशेषकर मनोवैज्ञानिक ढंग से बहुत दूर तक जाना होगा। किन्तु जड़-पदार्थ की रचना ही (माताजी अपने आस-पास की वायु को अपने हाथों से टटोलती हैं), इसके ये बम और प्रयोग, ओह, इन्होंने सब घोटाला कर दिया है... सचमुच ही जड़-पदार्थ को अस्तव्यस्त कर दिया है।

सम्भवतः—नहीं, सम्भवतः नहीं, यह बिलकुल निश्चित है—कि इसे

गूंधना, मथना और तैयार करना आवश्यक था ताकि यह *इसे*, नयी चीज को, जो अभिव्यक्त नहीं हुई है, ग्रहण कर सके।

यह बहुत सरल, बहुत सामंजस्य और प्रकाश से पूर्ण तो था, पर काफी जटिल नहीं। वस्तुतः इसी जटिलता ने सब कुछ दूषित कर दिया है, किन्तु यही जटिलता *अनन्तगुनी* अधिक सचेतन सिद्धि लायेगी। और तब, जब पृथ्वी इस जटिलता के साथ भी, उसी प्रकार सामंजस्यमयी, सरल, प्रकाशपूर्ण और शुद्ध—सरल, पवित्र और शुद्ध रूप से दिव्य—हो जायेगी, तभी हम कुछ कर सकेंगे।

(ज्यों ही माताजी जाने के लिए उठीं, उन्होंने बड़ा चमकीला बैंगनी रंग का कैना का फूल देखा)

ठीक ऐसे ही, पार्थिव स्वर्ग की भूमि में ऐसे ही बहुत-से फूल थे, लाल और इतने सुन्दर!!

११.३.१९६१

५९ — धर्म की सबसे बड़ी सुविधा यह है कि कभी-कभी तुम भगवान् को पकड़कर उन्हें जी भरकर पीट सकते हो। लोग उन बर्बर जातियों की मूर्खताओं की हंसी उड़ाते हैं जो, यदि उनकी प्रार्थनाएं स्वीकार न हों तो अपने देवताओं की मार-पीट करते हैं। किन्तु ये हंसी उड़ाने वाले स्वयं ही मूर्ख और बर्बर हैं।

कोई भगवान् को जी भर कैसे पीट सकता है?

धर्म की प्रवृत्ति सदा यह होती है कि वह भगवान् को मनुष्य के रूप में देखता है। यह रूप होता तो है बहुत परिवर्द्धित और विस्तृत ढंग का पर तल में ऐसे भगवान् हमेशा मानवीय गुणों वाले होते हैं। इसी कारण लोगों का भगवान् के साथ ऐसा व्यवहार करना सम्भव होता है जैसा कि वे अपने मानवीय शत्रु के साथ करते। कुछ देशों में ऐसा भी होता है कि जब भगवान् लोगों की इच्छानुसार कार्य नहीं करते तो वे उन्हें ले जाकर नदी में फेंक आते हैं।

किन्तु क्या ये "मूर्तियां" केवल मनुष्य की रचनाएं ही नहीं हैं, इनका अपना अस्तित्व भी होता है?

रूप कुछ भी हो (जिसे हम तिरस्कार के भाव में "मूर्ति" कहते हैं), देवता का बाह्य रूप चाहे जो हो, चाहे हमारी भौतिक आंखों को कुरूप, अतिसाधारण या भयानक अथवा हास्यास्पद भी लगे, उसके अन्दर सदा उस वस्तु की उपस्थिति रहती है जिसका वह प्रतीक होता है। वहां एक ऐसा व्यक्ति अवश्य होता है, चाहे वह पुरोहित हो या दीक्षित शिष्य, साधु हो या संन्यासी, जिसमें कुछ शक्ति होती है और जो (साधारणतया यह कार्य पुरोहित का होता है) शक्ति और अन्दर की उपस्थिति को खींचता है। और यह बात वास्तविक और सच्ची है कि वहां शक्ति और उपस्थिति होती भी है। लोग इसी की, इस उपस्थिति की ही पूजा करते हैं, लकड़ी, पत्थर या धातु से बनी मूर्ति की नहीं।

किन्तु यूरोप के लोगों में यह आन्तरिक भाव नहीं होता, बिलकुल नहीं होता, क्योंकि उनके लिए हर वस्तु मानों ऊपरी तल है, इतना ही नहीं, ऊपरी तल की भी एक झीनी फिल्म, जिसके पीछे कुछ नहीं है। इसलिए वे ये सब अनुभव नहीं कर पाते। किन्तु मैं इस बात की पुष्टि करती हूं कि वहां उपस्थिति का होना एक तथ्य है, एक पूर्णतया सच्चा तथ्य।

बहुत-से लोग कहते हैं कि श्रीअरविन्द की शिक्षा एक नया धर्म है। क्या आप भी यही कहेंगी कि यह एक धर्म है?

जो यह कहते हैं, वे मूर्ख हैं, उन्हें यह पता नहीं कि वे क्या कह रहे हैं। जो कुछ श्रीअरविन्द ने लिखा है तुम बस उसी को पढ़ लो और तुम्हें पता लग जायेगा कि उनकी रचनाओं पर किसी धर्म को आधारित करना सम्भव ही नहीं है। कारण, वे प्रत्येक समस्या को, प्रत्येक प्रश्न को उसके सब पक्षों में उपस्थित करते हैं तथा प्रत्येक दृष्टिकोण के सत्य को दर्शाते हैं और वे यह भी बताते हैं कि सत्य पर पहुंचने के लिए तुम्हें एक ऐसा समन्वय साधित कर लेना चाहिये जो समस्त मानसिक धारणाओं को पार करके विचार के परे स्थित परात्पर सत्ता तक पहुंचता हो।

अतएव, प्रश्न का दूसरा भाग निरर्थक है। साथ ही यदि तुमने 'बुलेटिन' का पिछला अंक[1] पढ़ा होता, तो तुम यह प्रश्न कभी न करते।

मैं फिर दोहराती हूं कि जब हम श्रीअरविन्द की बात कहते हैं तो वहां शिक्षा या अन्तःप्रकाश का प्रश्न ही नहीं उठता, वह तो सर्वोच्च सत्ता की सीधी क्रिया है। इस पर कोई भी धर्म संस्थापित नहीं किया जा सकता।

किन्तु लोग इतने मूर्ख होते हैं कि वे किसी भी चीज को धर्म का रूप दे सकते हैं क्योंकि उन्हें अपने संकीर्ण विचार और सीमित कर्म के लिए एक स्थिर ढांचे की आवश्यकता पड़ती है। जब तक वे इस प्रकार स्थापना नहीं कर सकते कि यह चीज सच्ची है और वह झूठी, तब तक वे सुरक्षित नहीं अनुभव करते। किन्तु जिन्होंने श्रीअरविन्द की पुस्तकों को पढ़ा और समझा है वे ऐसा नहीं कह सकते। धर्म और योग सत्ता के एक ही स्तर पर स्थित नहीं हैं। और आध्यात्मिक जीवन पूर्णतया शुद्ध रूप में अपना अस्तित्व तभी रख सकता है जब वह समस्त मानसिक मताग्रहों से मुक्त हो जाये।

२६.४.१९६१

६० — मर्त्यता का अस्तित्व नहीं है, केवल अमर ही मर सकता है; मर्त्य न जन्म ले सकता है, न मर सकता है।

क्या मनुष्य अपने मानसिक, प्राणिक और भौतिक अनुभवों को एक जन्म से दूसरे जन्म तक ले जाता है?

प्रत्येक में यह बात भिन्न ढंग से होती है। सब कुछ व्यक्ति के विभिन्न भागों के विकास की मात्रा पर तथा इन भागों के आंतरात्मिक केन्द्र के चारों ओर कम या ज्यादा अच्छे संगठन पर निर्भर है। व्यक्ति जितना अधिक संगठित होगा उतना अधिक उसका अस्तित्व चेतन रूप में स्थायी हो

[1] "जगत् के इतिहास में श्रीअरविन्द जिस वस्तु के प्रतीक हैं वह कोई शिक्षा नहीं है, न वह एक नया अन्तःप्रकाश ही है; वह एक निर्णायक कार्य है जो सीधा भगवान् से प्रवाहित हुआ है।"—माताजी (१४.२.१९६१)

जायेगा। साधारणतया, यह कहा जा सकता है कि प्रत्येक व्यक्ति अपने वर्तमान जीवन में अपने पूर्व जीवन के परिणामों को लाता है, पर उन जीवनों की स्मृति को नहीं बनाये रखता। कुछ विरल अपवादों को छोड़कर साधारणतया जब तुम अपनी अन्तरात्मा के साथ संयुक्त होते हो, जब तुम उसके प्रति पूर्णतया सचेतन हो जाते हो, केवल तभी तुम पूर्व जन्मों की बातें याद रख सकते हो जिन्हें अन्तरात्मा अपनी चेतना में सुरक्षित रखती है।

अन्यथा अत्यधिक संवेदनशील व्यक्तियों में भी ये स्मृतियां खण्डित और अनिश्चित होती हैं तथा समय-समय पर ही उठती हैं, अधिकतर तो इन्हें पहचानना भी कठिन होता है; ये अनिश्चित प्रभाव से अधिक कुछ नहीं प्रतीत होतीं। किन्तु जो इन बाह्य प्रतीतियों के पीछे की वस्तु को देखना जानता है, वह अपने जीवन की परिस्थितियों की शृंखला में एक प्रकार की समानता देख सकेगा।

४.५.१९६१

६१ — कुछ भी ससीम नहीं है! केवल 'असीम' ही अपने लिए सीमाएं उत्पन्न कर सकता है। ससीम का न आदि हो सकता है न अन्त, क्योंकि आदि और अन्त का चिन्तन भी इसकी असीमता को घोषित करता है।

'असीम' का अनुभव कैसे किया जाये?

इसका केवल एक ही तरीका है : ससीम की चेतना से निकल आओ।

अति प्राचीन समय से अब तक, वहां पहुंचने की आशा से ही समस्त यौगिक अनुशासनों का विकास हुआ है और लोग इनका अभ्यास करते आये हैं। इस विषय पर बहुत कुछ लिखा जा चुका है, पर किया बहुत कम गया है। केवल बहुत थोड़े-से व्यक्ति ही ससीम से निकल कर असीम में डुबकी लगाने में सफल हुए हैं।

फिर भी जैसा कि श्रीअरविन्द ने लिखा है, केवल असीम का ही

अस्तित्व है; केवल हमारे उपरितलीय बोध का मिथ्यात्व ही हमें ससीम के अस्तित्व में विश्वास करवाता है।

२०.५.१९६१

६२ — मैंने एक मूर्ख को बिलकुल मूर्खतापूर्ण बातें कहते सुना और मुझे आश्चर्य हुआ कि इससे भगवान् का क्या तात्पर्य होगा; मैंने इस पर विचार किया और तब सत्य और ज्ञान के एक विकृत मुखौटे को देखा।

मूर्खता 'सत्य' का एक विकृत मुखौटा कैसे हो सकती है?

यहां श्रीअरविन्द ठीक मूर्खता की परिभाषा देते हैं। मुखौटा वस्तु को छिपा देता है; जिसे ढकता है उसे अदृश्य कर देता है। और यदि मुखौटा विकृत हुआ तो वह जिस वस्तु को ढकता है उसे अदृश्य ही नहीं करता बल्कि उसकी पूरी प्रकृति को भी बदल देता है। इसलिए इस परिभाषा के अनुसार, मूर्खता एक ऐसी वस्तु है जो समस्त वस्तुओं के मूल सत्य पर परदा डाल देती है, उसे इस हद तक विकृत कर देती है कि वह पहचाना भी नहीं जा सकता।

२३.६.१९६१

क्या श्रीअरविन्द का तात्पर्य यह है कि किसी स्वतन्त्र असत्य या असत्यता का अपने-आपमें कोई अस्तित्व नहीं है?

पूर्ण असत्यता तो कोई हो ही नहीं सकती। वस्तुतः यह सम्भव ही नहीं है, क्योंकि सब वस्तुओं के पीछे भगवान् विद्यमान हैं।

यह तो ऐसी बात है जैसे लोग पूछते हैं कि क्या कुछ तत्त्व विश्व से लुप्त हो जायेंगे। "विश्व के विनाश" का अर्थ क्या हो सकता है? यदि हम अपनी मूर्खता से बाहर निकल आयें, तो हम "विनाश" किसे कह सकते हैं? केवल बाह्य रूप और प्रतीति नष्ट होती है—और बाह्य प्रतीतियां तो

एक-एक करके सभी नष्ट हो जाती हैं। यह भी कहा गया है (यह सर्वत्र लिखा है और कितनी ही बातें कही गयी हैं) कि या तो विरोधी शक्तियां बदल जायेंगी, दूसरे शब्दों में, वे अपने अन्दर स्थित भगवान् के प्रति सचेतन होकर दिव्य बन जायेंगी या फिर नष्ट हो जायेंगी। "नष्ट हो जाने का" क्या अर्थ हुआ? उनका बाह्य रूप? उनकी चेतना का स्वरूप शायद नष्ट हो जाये पर वह "चीज" जो उनके अस्तित्व का, बल्कि समस्त वस्तुओं के अस्तित्व का कारण है, वह कैसे नष्ट हो सकती है? विश्व एक बाह्य विषयीकरण है। उस वस्तु की बाह्य चेतना है जो सनातन काल से चली आ रही है, तब? यह कैसे हो सकता है कि 'सब कुछ' का अस्तित्व न रहे? उस असीम एवं सनातन 'सर्व' से, दूसरे शब्दों में, उससे जिसकी किसी प्रकार की कोई सीमा नहीं है, कौन बाहर निकल सकता है? बाहर निकलने के लिए स्थान ही नहीं है! निकल कर कहां जाये? *उसके* सिवाय तो और कुछ है ही नहीं।

और जब हम कहते हैं कि "केवल वही है", तो हम उसे किसी स्थान में स्थित समझते हैं जो कि बिलकुल मूर्खतापूर्ण बात है। तब भला कोई किसी चीज को वहां से बाहर कैसे कर सकता है?

तुम एक ऐसे विश्व के बारे में सोच सकते हो जो वर्तमान अभिव्यक्ति से बाहर निकला हुआ हो। तुम ऐसे विश्वों के बारे में सोच सकते हो जो एक-दूसरे के बाद आते हों, उन वस्तुओं के बारे में भी सोच सकते हो जो पहले के विश्वों में थी पर बाद के विश्वों में नहीं है। यह बात बिलकुल स्पष्ट है। तुम यह भी सोच सकते हो कि समस्त असत्य और झूठ का स्तूप (जो *आज* हमारे लिए असत्य और झूठ है) किसी विशेष संसार का भाग नहीं होगा क्योंकि संसार अपने आत्मोद्घाटन के मार्ग पर होगा। यह सब समझ में आ सकता है, पर "विनाश"? किन्तु जब वह नष्ट हो जाता है तो जाता कहां है? जब हम विनाश की बात सोचते हैं तो हम केवल एक रूप के नष्ट होने की बात सोचते हैं (यह चेतना का रूप हो सकता है, या एक स्थूल रूप भी, पर होता सदा रूप ही है), किन्तु जो वस्तु अरूप है उसका नाश कैसे किया जा सकता है?

अतएव, पूर्ण असत्य के नष्ट हो जाने की चर्चा का अर्थ केवल यह है कि ये समस्त वस्तुएं सदा भूतकाल में ही विद्यमान रहेंगी। किन्तु वे

भविष्य में होने वाली अभिव्यक्तियों का अंग नहीं बनेंगी। बस इतना ही। तुम *इससे* बाहर नहीं निकल सकते!

किन्तु क्या वे भूतकाल में बनी रहेंगी?

हमें बताया गया है कि चेतना की एक ऐसी अवस्था है—जब हम ऊपर उठकर नास्ति या निर्वाण और अस्ति से परे जा सकते हैं (एक निर्वाण का पक्ष है और एक अस्ति का, ये दोनों सर्वोच्च सत्ता के दो, पर एक साथ रहने वाले और पूरक पक्ष हैं) जहां सब वस्तुएं सनातन रूप में एक साथ रहती हैं, तब व्यक्ति सोच सकता है (भगवान् जाने! शायद यह भी मूर्खता ही न हो!) कि कुछ ऐसी वस्तुओं का समुदाय है जो असत् में होती हैं, और यही होना हमारी चेतना को विलोप या विनाश प्रतीत होगा।

क्या यह सम्भव है?—मुझे पता नहीं। यह भगवान् से पूछना पड़ेगा। किन्तु साधारणतया वे ऐसे प्रश्नों का उत्तर नहीं देते, वे केवल मुस्कुरा देते हैं!

एक ऐसा समय आता है जब सचमुच तुम कुछ भी नहीं कह सकते। तुम्हें ऐसा भास होता है कि तुम जो भी कहते हो वह मूर्खता नहीं तो मूर्खता के आस-पास की वस्तु होती है, और वास्तव में ऐसे समय चुप रहना ही अच्छा होगा। यही कठिनाई है। कुछ सूत्रों में तुम्हें एकदम ऐसा अनुभव होता है कि उन्होंने (श्रीअरविन्द ने) किसी ऐसी वस्तु को पकड़ लिया है जो हम जो कुछ सोच सकते हैं उससे ऊपर और परे स्थित है, —तब व्यक्ति क्या कहे?

(मौन)

स्वभावतया, जब तुम वापिस नीचे आ जाते हो, तो बहुत कुछ कह सकते हो!

यदि यह हंसी में कहना हो (हंसी सदा की जा सकती है, मुश्किल यह है कि लोग उसे इतनी गम्भीरता से ले लेते हैं कि हंसी करते संकोच होता है), तो व्यक्ति भली-भांति कह सकता है, और यह बात बिलकुल गलत

भी नहीं है कि तुम कई बार एक पागल या मूर्ख व्यक्ति की बातों को सुनकर जितना सीख सकते हो उतना एक तर्कवादी व्यक्ति की बातों को सुनकर नहीं सीख सकते। मेरा यही विश्वास है।

तर्कवादी व्यक्तियों के समान सुखा देने वाली वस्तु और कोई नहीं है।

२७.६.१९६१

६३ — मुसलमान कहते हैं, भगवान् महान् (अल्लाहो अकबर) हैं। ठीक है, वे इतने महान् हैं कि आवश्यकता पड़ने पर वे दुर्बल भी हो सकते हैं।

६४ — भगवान् प्रायः ही अपने कार्यों में असफल होते हैं, यह उनके असीम देवत्व का चिह्न है।

६५ — चूंकि भगवान् अजेय रूप में महान् हैं, इसलिए वे दुर्बल हो सकते हैं; चूंकि वे निर्विकार रूप में पवित्र हैं, वे मुक्त रूप से पाप में रत हो सकते हैं; वे नित्यानन्दमय हैं, इसलिए पीड़ा के आनन्द का भी स्वाद लेते हैं; वे अविच्छेद्य रूप से बुद्धिमान् हैं, इसलिए उन्होंने अपने-आपको मूर्खतापूर्ण कार्य करने से नहीं रोका।

भगवान् को दुर्बल बनने की क्या आवश्यकता है?

श्रीअरविन्द यह नहीं कहते कि भगवान् को दुर्बल बनने की कोई आवश्यकता है। वे कहते हैं कि इस समष्टि में, शक्तियों की लीला की पूर्णता की खातिर दुर्बलता का क्षण और शक्ति का प्रदर्शन, दोनों आवश्यक हो सकते हैं। वे कुछ व्यंगपूर्वक, यह भी जोड़ देते हैं कि चूंकि भगवान् सर्वशक्तिमान् हैं, वे आवश्यकता पड़ने पर दुर्बल भी हो सकते हैं।

यह वस्तुतः कुछ नीतिवादियों के दृष्टिकोण को विस्तृत करने के लिए कहा गया है जो भगवान् पर कुछ निश्चित गुणों का आरोप करते हैं

और उन्हें अन्यथा नहीं होने देते।

जिस रूप में हम शक्ति और दुर्बलता को देखते हैं, उसमें दोनों समान रूप से उस दिव्य सत्य की विकृत अभिव्यक्ति है जो भौतिक बाह्य प्रतीतियों के पीछे गुप्त रूप में विद्यमान है।

३०.६.१९६१

क्या भगवान् वास्तव में असफल होते हैं या दुर्बल बन जाते हैं? या यह केवल उनकी लीला है?[1]

बात ऐसी नहीं है! यह पश्चिमी मनोभाव की विकृति है जो गीता की वृत्ति के विरुद्ध है। पश्चिमी मन के लिए सजीव और ठोस रूप में यह समझना बहुत कठिन है कि *सब* कुछ भगवान् है।

लोग एक "स्रष्टा भगवान्" के ईसाई विचार से बहुत अधिक प्रभावित हैं, उनके लिए सृष्टि एक ओर और भगवान् दूसरी ओर! जब तुम इस पर चिन्तन करते हो तो इसे अस्वीकार कर देते हो, पर यह तुम्हारे संवेदनों और भावों में प्रवेश कर चुका है। बड़े सहज, स्वाभाविक और प्रायः अवचेतन रूप में तुम भगवान् के साथ उन सब गुणों का सम्बन्ध जोड़ देते हो जो सर्वश्रेष्ठ एवं अत्यधिक सुन्दर हैं, और उस वस्तु को भी जो तुम प्राप्त एवं चरितार्थ करना चाहते हो। स्वभावतया, प्रत्येक अपनी चेतना के अनुसार भगवान् के गुणों को बदल देता है, किन्तु ये गुण सदा वही होते हैं जिन्हें वह सर्वश्रेष्ठ समझता है। इसीलिए तुम्हें इस विचार से सहज, स्वाभाविक और अवचेतन रूप में आघात पहुंचता है कि भगवान् कोई ऐसी चीज भी हो सकते हैं जिससे तुम प्रेम नहीं करते, जिसे तुम पसन्द नहीं करते या जो तुम्हें सर्वश्रेष्ठ नहीं प्रतीत होती।

मैं जान-बूझकर इस बात को बड़े सरल और बालोचित ढंग से कह रही हूं ताकि तुम भली-भांति समझ सको। किन्तु मुझे विश्वास है कि बात यही है, क्योंकि मैंने इसे अपने अन्दर बड़े लम्बे समय तक इसी रूप में देखा है, और इसका कारण था वातावरण और शिक्षा आदि से निर्मित

[1] माताजी ने इसका उत्तर उसी समय दिया था।

विशिष्ट अवचेतन रचना। तुम्हें इस शरीर में एकता की, भगवान् की पूर्ण और अनन्य एकता की चेतना को प्रविष्ट कर सकना चाहिये—अनन्य यह इसलिए है कि ऐसी कोई भी चीज नहीं है जो इस एकता में न हो, इसमें वे चीजें भी हैं जो हमें अरुचिकर प्रतीत होती हैं।

इसी के विरुद्ध श्रीअरविन्द युद्ध करते हैं, क्योंकि उन्होंने भी ईसाई शिक्षा प्राप्त की थी, उन्हें भी लड़ना पड़ा था। और ये सूत्र अवचेतन रचना के विरुद्ध लड़ने की आवश्यकता के परिणाम हैं, मानों उस आवश्यकता के खिलने के समान हों। कारण, यही बात तुम्हें ऐसे प्रश्न पूछने के लिए प्रेरित करती है : "भला भगवान् में दुर्बलता कैसे हो सकती है? वे मूर्ख कैसे हो सकते हैं? यह कैसे हो सकता है...?"—किन्तु भगवान् के सिवा और कुछ नहीं है! केवल उनका ही अस्तित्व है, उनके बाहर कोई चीज नहीं है, और यदि कोई वस्तु हमें कुरूप प्रतीत होती है तो इसका एक सरल कारण यह है कि वे उसे इस रूप में नहीं चाहते। वे एक ऐसे संसार का निर्माण कर रहे हैं, जहां यह अभिव्यक्ति न हो, अभिव्यक्ति इस अवस्था से किसी और अवस्था की ओर बढ़ सके। अतएव, हमारे अन्दर से जिस चीज को वर्तमान सक्रिय अभिव्यक्ति में से बाहर निकलना है, उसे हम स्वभावतया हठपूर्वक अस्वीकार कर देते हैं, अर्थात्, हमारे अन्दर अस्वीकृति की क्रिया होती है।

लेकिन वे ही हैं। उनके सिवाय कोई और चीज है ही नहीं! सुबह से शाम तक और शाम से सुबह तक बस यही रटना है, क्योंकि हर क्षण हम भूल जाते हैं।

केवल वे ही हैं, उनके अतिरिक्त कोई चीज है ही नहीं—केवल वे ही हैं, उनके बिना और कोई सत्ता नहीं है, वे अकेले ही हैं!

अतएव, इस प्रकार के प्रश्न पूछने का मतलब यह है कि व्यक्ति के अन्दर उन लोगों की एक स्वाभाविक प्रतिक्रिया अब भी चल रही है जो दिव्य और अदिव्य में भेद करते हैं, दूसरे शब्दों में, जो भगवान् में और उसमें, जो भगवान् नहीं है, भेद करते हैं। "भला भगवान् कैसे दुर्बल हो सकते हैं?"—मैं ऐसा प्रश्न नहीं कर सकती।

यह मैं समझता हूं। किन्तु वे भगवान् की 'लीला' की बात करते हैं।

जिसका अर्थ यह हुआ कि भगवान् किसी तरह वस्तुओं के पीछे तो विद्यमान हैं, पर, यह कहा जा सकता है कि, वे खेल के बिलकुल मध्य में नहीं हैं, वे सचमुच, पूर्णतया खेल के अन्दर नहीं हैं?

हां, हां, वे हैं। पूर्णतया हैं। 'खेल'! वह तो वे स्वयं ही हैं।

तुम भगवान् की चर्चा करते हो, किन्तु तुम्हें यह याद रखना चाहिये कि चेतना के ये सब स्तर होते हैं; और जब हम भगवान् की या उनके 'खेल' की बात करते हैं तो हमारा मतलब उन भगवान् से है जो अपनी परात्पर अवस्था में, जड़-पदार्थ के सभी स्तरों से परे हैं। और जब उनकी 'लीला' की बात करते हैं तो हम उनकी भौतिक अवस्था की बात करते हैं। तब हम कहते हैं कि परात्पर भगवान् अपनी ओर ही देख रहे हैं और खेल रहे हैं—अपने ही अन्दर, अपने ही द्वारा, अपने ही साथ—अपना भौतिक खेल खेल रहे हैं।

किन्तु समस्त भाषा ही 'अज्ञान' की भाषा है। अपने-आपको व्यक्त करने का सारा ढंग ही, चाहे व्यक्ति जो कुछ भी कहे, चाहे जिस ढंग से कहे, आवश्यक रूप में अज्ञानमय है। इसीलिए जो चीज मूर्त रूप में सत्य है उसे व्यक्त करना इतना कठिन हो जाता है। इसके लिए व्याख्या की जरूरत पड़ती है जो स्वभावतया ही असत्य से भरी होगी या अत्यधिक लम्बी होगी। इसलिए कई बार श्रीअरविन्द के वाक्य बहुत लम्बे होते हैं, केवल इसलिए कि वे इस अज्ञानमयी भाषा से अलग रहना चाहते हैं।

सोचने का यह ढंग ही गलत है। विश्वासी और श्रद्धालु, सब-के-सब (विशेषकर पश्चिम में), जब भगवान् के बारे में बातचीत करते हैं तो वे यह सोचते हैं कि यह "कोई और ही वस्तु" है। वे सोचते हैं कि भगवान् कमजोर, कुरूप या अपूर्ण नहीं हो सकते—उनका यह सोचना गलत है, वे सम्पूर्ण सत्ता को विभक्त और पृथक् कर देते हैं। यह एक अवचेतन विचार है, एक ऐसा विचार जो चिन्तन नहीं करता। लोगों को, सहज प्रवृत्तिवश इसी प्रकार सोचने का अभ्यास है, वे सचेतन रूप में नहीं सोचते। उदाहरणार्थ, जब वे सामान्य ढंग से "पूर्णता" की बात करते हैं, तो वे उन सब वस्तुओं की पूर्ण समष्टि को देखते, अनुभव करते और उसकी कल्पना करते हैं जिन्हें वे गुणयुक्त, दिव्य, सुन्दर और प्रशंसायोग्य

समझते हैं किन्तु यह पूर्णता बिलकुल नहीं है! पूर्णता वह वस्तु है जिसमें किसी भी चीज का अभाव न हो। दिव्य पूर्णता वह समग्र दिव्य सत्ता है जिसमें किसी वस्तु का अभाव नहीं है, दिव्य पूर्णता वह समग्र भागवत सत्ता है जिसमें से तुम कुछ भी घटा नहीं सकते। अतएव यह एक बिलकुल उलटी बात है! नैतिक व्यक्तियों के लिए दिव्य पूर्णता का अर्थ है वे सब गुण जिनका वे प्रतिनिधित्व करते हैं।

सच्चे दृष्टिकोण से पूर्णता एक सम्पूर्ण सत्ता है (यहां माताजी अपनी मुद्रा से सम्पूर्ण पृथ्वी को दर्शाती हैं), और यह एक तथ्य है कि इस समग्र के बाहर कुछ नहीं है। वहां किसी चीज की कमी असम्भव है और यह भी असम्भव है कि कोई ऐसी चीज हो जो इस समग्र सत्ता का भाग नहीं है। कोई ऐसी वस्तु नहीं है जो इस समग्र सत्ता में न हो। मैं तुम्हें समझाती हूं : ऐसा हो सकता है कि अमुक विश्व में सब वस्तुएं विद्यमान न हों, क्योंकि विश्व केवल अभिव्यक्ति का एक प्रकार है, किन्तु अन्य सब प्रकार के सम्भव विश्व भी हैं। अतएव, मैं सदा वापिस उसी बात पर आ जाती हूं : ऐसी कोई वस्तु नहीं है जो समग्र सत्ता का भाग न हो।

अतएव, कहा जा सकता है कि प्रत्येक वस्तु अपने स्थान पर स्थित है, ठीक जैसा कि उसे होना चाहिये, और वस्तुओं के पारस्परिक सम्बन्ध भी ठीक वैसे ही हैं जैसे होने चाहियें।

किन्तु पूर्णता भगवान् तक पहुंचने का केवल एक मार्ग है, यह एक पक्ष है, ऐसे और भी अनगिनत पक्ष, कोण और अंग हैं—भगवान् के पास पहुंचने के लिए, अनगिनत रास्ते हैं; उदाहरणार्थ, संकल्प, सत्य, पवित्रता, पूर्णता, एकता, अमरत्व, सनातनता, असीमता, नीरवता, शान्ति, अस्तित्व, चेतना आदि-आदि। मार्गों की संख्या असीम है। प्रत्येक के द्वारा तुम भगवान् के एक पक्ष को छू सकते हो, उस तक पहुंचकर उनसे सम्पर्क प्राप्त कर सकते हो। और यदि तुम सच्चे रूप में यह करो तो तुम्हें पता लगेगा कि भेद केवल अत्यन्त बाह्य रूप में है, प्राप्त होने वाला सम्पर्क एक ही है। यह तो ऐसा हुआ कि तुम पृथ्वी के केन्द्र के चारों ओर घूमते हो और वैचित्र्य-दर्शक यन्त्र में उसके सभी पक्षों को देखते हो, किन्तु ज्योंही सम्पर्क स्थापित हो जाता है, सब कुछ एक-सा दीखता है।

अतएव पूर्णता भगवान् तक पहुंचने का एक गोलाकार मार्ग है : सब

कुछ वही है और सब कुछ वैसा ही है जैसा कि उसे होना चाहिये—"होना चाहिये", अर्थात् भगवान् की पूर्ण अभिव्यक्ति। पर हम उनके संकल्प की बात भी नहीं कर सकते, क्योंकि यदि हम "उनके संकल्प" की बात करें तो यह भी एक ऐसी वस्तु होगी जो उनके बाहर है!

यह भी कहा जा सकता है (किन्तु यह बहुत नीचे स्तर की बात है) कि वे वही हैं जो वे हैं और वे ठीक वही हैं जो वे होना चाहते हैं—यह कहने के साथ कि "वे ठीक वही हैं जो होना चाहते हैं", हम बहुत-से पग नीचे उतर आते हैं! किन्तु यह तुम्हें पूर्णता का एक पक्ष बताने के लिए है।

इसके अतिरिक्त, दिव्य पूर्णता का अर्थ असीमता और सनातनता भी है। दूसरे शब्दों में, सब वस्तुएं देश और काल से बाहर अपना सह-अस्तित्व रखती हैं।

यह पवित्रता के शब्द की तरह है। तुम भागवत पवित्रता और जिसे लोग "पवित्रता" कहते हैं उसके भेद पर अनेक भाषण दे सकते हो। भागवत पवित्रता, सिवाय दिव्य प्रभाव के और किसी प्रभाव को स्वीकार नहीं करती—निचले स्तर तक भी। किन्तु वह पहले से ही बहुत विकृत हो चुकी है। दिव्य पवित्रता का अर्थ यह है कि भगवान् के सिवाय और किसी चीज का अस्तित्व नहीं है—वे पूर्ण रूप में शुद्ध हैं, केवल भगवान् हैं, भगवान् के सिवाय और कुछ नहीं है।

और इसी प्रकार आगे भी।

७.७.१९६१

६६ — पाप वह वस्तु है जो कभी अपने स्थान पर थी, पर धीरे-धीरे अब वह स्थानभ्रष्ट है। इसके सिवाय और कोई पाप नहीं है।

उदाहरणार्थ, क्या निर्दयता भी कभी अपने स्थान पर थी?

बिलकुल ठीक, तुम्हारा प्रश्न मेरी दृष्टि के सामने आया था, क्योंकि मेरी चेतना में लोगों के सभी प्रश्न आ जाते हैं।

निर्दयतावश मारना? निर्दयतावश दूसरों को कष्ट पहुंचाना? पर यह भी तो भगवान् की ही एक अभिव्यक्ति है, हम सदा वापिस उसी बात पर पहुंच जाते हैं। यह अभिव्यक्ति प्रकट रूप में विकृत है। क्या तुम मुझे बता सकते हो कि इस सबके पीछे क्या है?

निर्दयता उन चीजों में से एक है जिनसे श्रीअरविन्द सबसे अधिक घृणा करते थे, किन्तु वे सदा यह भी कहते थे कि यह तीव्रता का एक विकृत रूप है; यह भी कहा जा सकता है कि यह प्रेम की तीव्रता का एक विकृत रूप है। एक ऐसी वस्तु है जो किसी मध्य मार्ग से सन्तुष्ट नहीं होती, जो चरम सीमाएं चाहती है, और यह भी न्यायसंगत है।

मैं यह सदा से जानती थी कि परपीड़न-रति की भांति निर्दयता भी उग्र एवं अत्यधिक शक्तिशाली संवेदन की आवश्यकता है जिससे तमस् की उस मोटी पर्त के अन्दर प्रवेश किया जा सके जो कुछ भी अनुभव नहीं करती—तमस् को अनुभव कर सकने के लिए अति की आवश्यकता पड़ती है, शायद इस दिशा में कुछ व्याख्या मिल सके।

किन्तु मूल रूप में यह समस्या सदा ही बनी रहती है और इसका अब तक कोई समाधान नहीं मिला। "यह ऐसा क्यों हुआ? यह विकृति कहां से आयी? यह सब विकृत क्यों हो गया है?" इसके पीछे सुन्दर वस्तुएं भी हैं, जितना हम कह सकते हैं उससे कहीं अधिक तीव्र और असीम रूप में ये शक्तिशाली हैं, आश्चर्यजनक वस्तुएं हैं ये! किन्तु यह सब यहां इतना भयावह क्यों हो गया है? जब मैंने इस सूत्र को पढ़ा तो तुरन्त यह बात मेरे सामने आयी थी।

पाप का विचार एक ऐसी वस्तु है जिसे मैं नहीं समझती और यह कभी मेरी समझ में नहीं आया। आदिम पाप मुझे एक बड़ा राक्षसी विचार प्रतीत होता था, इससे अधिक बुरा विचार मनुष्य के मन में नहीं आ सकता—पाप और मैं साथ-साथ नहीं चल सकते! तब, स्वभावतया, मैं श्रीअरविन्द के साथ पूरी तरह सहमत हूं कि पाप का अस्तित्व नहीं है। यह मानी हुई बात है, किन्तु...

"निर्दयता" जैसी कुछ वस्तुओं को पाप कहा जा सकता है किन्तु मैं इसकी यही व्याख्या देख पाती हूं कि यह एक रुचि की या एक अत्यधिक शक्तिशाली संवेदन की आवश्यकता की विकृति है। मैंने निर्दय व्यक्तियों में

देखा है कि उन्हें ऐसे समय एक प्रकार का आनन्द प्राप्त होता है; वे उसमें तीव्र प्रकार की प्रसन्नता अनुभव करते हैं; यही इसका औचित्य है। बस केवल यह ऐसी विकृत अवस्था में है कि घृणित हो उठता है।

वस्तुएं अपने स्थान पर नहीं हैं, इस विचार को तो मैंने उसी समय समझ लिया था जब मैं छोटी-सी बच्ची थी। पर इसकी व्याख्या केवल बाद में एक व्यक्ति से मिली जिनसे मैंने गुह्यविद्या सीखी थी, क्योंकि सृष्ट्युत्पत्ति की अपनी प्रणाली में उन्होंने विभिन्न विश्वों के क्रमिक प्रलयों की विवेचना की थी और कहा था कि प्रत्येक विश्व उस सर्वोच्च सत्ता का एक पक्ष है जो अपने-आपको अभिव्यक्त कर रही है, प्रत्येक विश्व सर्वोच्च सत्ता के एक पक्ष पर आधारित है और फिर बारी-बारी से सभी विश्व भगवान् की ओर लौट जाते हैं। उन्होंने उन सभी पक्षों को जो क्रम से अभिव्यक्त हो रहे थे गिनकर बड़े तर्कपूर्वक बताया था। यह सब असाधारण था—मैंने यह लिख रखा है, याद नहीं कहां। और उन्होंने यह भी कहा कि इस बार यह (मुझे याद नहीं , क्रम में इसकी संख्या क्या थी) एक ऐसा विश्व होगा जो वापिस नहीं लौटेगा और एक अधिकाधिक उन्नत अभिव्यक्ति का अनुसरण करेगा जो प्रायः अनिश्चित काल तक चलेगी। वर्तमान विश्व एक सन्तुलित विश्व है (यह स्थिर अवस्था में नहीं बल्कि उत्तरोत्तर सन्तुलित होने की अवस्था में है), दूसरे शब्दों में, यहां प्रत्येक वस्तु अपने स्थान पर है, प्रत्येक स्पन्दन, प्रत्येक क्रिया अपने स्थान पर है। और व्यक्ति जितना अधिक निम्न स्तर पर आता है उतना ही अधिक उसे प्रत्येक रूप, प्रत्येक क्रिया, प्रत्येक वस्तु, समष्टि के सम्बन्ध से, अपने स्थान पर दिखायी देती है।

यह सब मुझे बड़ा मनोरंजक लगा, क्योंकि बाद में श्रीअरविन्द ने भी यही बात कही है कि यहां ऐसी कोई चीज नहीं है जो बुरी हो, केवल वस्तुएं अपने स्थान पर नहीं हैं—देश में ही नहीं, काल में भी, वस्तुतः जगतों, नक्षत्रों आदि में भी; प्रत्येक वस्तु का अपना ठीक स्थान है। और जब प्रत्येक वस्तु, बृहदाकार वस्तु से लेकर अत्यधिक सूक्ष्म वस्तु तक, ठीक अपने स्थान पर होगी तभी समष्टि सर्वोच्च सत्ता को उत्तरोत्तर अभिव्यक्त करेगी। तब अपने-आपको दुबारा प्रकट करने के लिए उसे पीछे लौटने या हटने की कोई आवश्यकता नहीं होगी। इसी आधार पर श्रीअरविन्द ने

यह कहा है कि इसी सृष्टि में, इसी विश्व में एक दिव्य जगत् की पूर्णता अभिव्यक्त हो सकती है—इसे ही श्रीअरविन्द अतिमानसिक पूर्णता कहते हैं। सन्तुलन इस सृष्टि का मूल धर्म है और इसीलिए अभिव्यक्ति में ही पूर्णता प्राप्त की जा सकती है।

इस सम्बन्ध में वे कौन-सी पहली वस्तुएं है जिन्हें अतिमानसिक सत्ता अपने स्थान से च्युत करना चाहती है या करने की कोशिश कर रही है, ताकि प्रत्येक वस्तु व्यक्तिगत और विश्वगत रूप में अपने स्थान पर रह सके?

च्युत करना? क्या वह किसी को अपने स्थान से च्युत करेगी? यदि हम श्रीअरविन्द के विचार को स्वीकार करें तो वह प्रत्येक वस्तु को अपने स्थान पर स्थापित करेगी। बस।

एक चीज है जिसे अवश्य समाप्त होना चाहिये, वह है विकृति, दूसरे शब्दों में, सत्य पर असत्य का आवरण क्योंकि जो कुछ भी हम यहां देखते हैं उस सबके लिए वही उत्तरदायी है। यदि यह हटा दिया जाये, तो सभी वस्तुएं पूरी तरह बदल जायेंगी, पूर्णतया बदल जायेंगी। वे वैसी हो जायेंगी जैसी कि हम उस समय अनुभव करते हैं जब हम उस चेतना से बाहर निकल आते हैं। जब तुम उस चेतना से बाहर निकलकर सत्य की चेतना में प्रवेश करते हो, तो तुम एक ऐसे स्थल पर जा पहुंचते हो जहां इस बात पर आश्चर्य होता है कि क्या दुःख, कष्ट, मृत्यु आदि के जैसी कोई वस्तु हो सकती है; आश्चर्य इस अर्थ में होता है कि व्यक्ति यह समझ नहीं पाता कि यह सब कैसे हो सकता है—यह तब होता है जब व्यक्ति दूसरी ओर चला जाता है। किन्तु यह अनुभूति साधारणतया जिस जगत् को हम जानते है उसकी असत्यता के अनुभव के साथ जुड़ी रहती है, जब कि श्रीअरविन्द यह कहते हैं कि अतिमानसिक चेतना में विकास करने के लिए संसार की अवास्तविकता का यह बोध आवश्यक नहीं है—यह केवल असत्य की अवास्तविकता है, संसार की नहीं। दूसरे शब्दों में कहा जा सकता है, कि संसार का अपना सत्य है, जो असत्य से स्वतन्त्र है।

मेरा ख्याल है कि यह अतिमानसिक सत्ता का पहला प्रभाव है, व्यक्ति में भी यही पहला प्रभाव है, क्योंकि यह कार्य सबसे पहले व्यक्ति से ही आरम्भ होगा।

१८.७.१९६१

६७—मनुष्य में कोई पाप नहीं है, बल्कि अत्यधिक मात्रा में रोग, अज्ञान और दुरुपयोग-वृत्ति है।

६८—पाप-भावना का होना आवश्यक था ताकि मनुष्य अपनी निजी अपूर्णताओं से उकता जाये। यह अहंकार का संशोधन करने के लिए भगवान् का उपाय था। परन्तु मनुष्य का अहंकार स्वयं अपने पापों के प्रति तो बहुत ही धीमे रूप में और दूसरों के पापों के प्रति बहुत तीव्र रूप में जाग्रत् रहकर भगवान् के इस उपाय का सामना करता है।

अपने विकास की किस अवस्था में मनुष्य अहंकार से मुक्त हो पायेगा?

तब, जब मनुष्य को सचेतन व्यक्तित्व बनाने के लिए अहंकार की आवश्यकता न रहेगी।

२७.७.१९६१

६९ — भगवान् हमें पूर्णता की ओर ले जाने का जो प्रयास करते हैं उसमें बाधा उत्पन्न करने के लिए हम उनके साथ पाप और पुण्य का खेल खेलते हैं। पुण्य की भावना हमें गुप्त रूप से अपने पापों का पोषण करने में सहायता प्रदान करती है।

ये सूत्र हमें अपने पाप-पुण्य-सम्बन्धी विचारों की व्यर्थता को बताते हैं। आपने भी अपनी ३ फरवरी, १९५८ की अनुभूति[1] के निष्कर्ष के

[1] इसकी व्याख्या के अन्त में देखिये ३ फरवरी १९५८ की अनुभूति।

बारे में हमसे कहा था: "मैंने देखा कि जो चीज व्यक्तियों को अतिमानसिक बनने में सहायता करती है या उन्हें रोकती है वह उस चीज से बहुत भिन्न है जिसकी कल्पना हमारी सामान्य नैतिक धारणाएं करती हैं।" आपने आगे यह भी कहा था: "जो बात बहुत स्पष्ट है वह यह है कि 'दिव्य' या 'अदिव्य' के बारे में हमारा मूल्यांकन ठीक नहीं है... मुझे ऐसा लगा... कि इस लोक और दूसरे लोक का सम्बन्ध उस दृष्टिकोण को बिलकुल बदल देता है जिसके द्वारा वस्तुओं के बारे में अनुमान लगाना या विवेचन करना चाहिये। इस दृष्टिकोण में कुछ भी मानसिक नहीं था और इसने यह अनोखी आन्तरिक भावना दी कि ऐसी बहुत-सी वस्तुएं, जिन्हें हम भली या बुरी समझते हैं, वास्तव में वैसी नहीं हैं। यह बिलकुल स्पष्ट था कि सब कुछ वस्तुओं की सामर्थ्य पर तथा अतिमानसिक जगत् को अनूदित करने की प्रवृत्ति या उसके साथ सम्बन्ध स्थापित करने पर निर्भर है।"

यह अतिमानसिक "दृष्टिकोण" कैसा है? यह "योग्यता" या अतिमानसिक ज्ञान को अनूदित करने वाली प्रवृत्ति क्या है या उसके साथ सम्बन्ध स्थापित करना क्या है?

मैं इस बारे में जंगल से गुजरते हुए एक बारहसिंगे के प्रसंग[१] में कुछ कह चुकी हूं। वहां तुम्हें इसका कुछ संकेत मिलता है।

---

[१] प्रश्न: एक बारहसिंगा जंगल में से होकर पानी पीने के लिए जाता है, किन्तु इसे कौन प्रमाणित कर सकता है कि वह कहां से गुजरा है। अधिकतर लोगों को तो कोई संकेत मिलेगा ही नहीं, शायद वे यह भी नहीं जानते कि बारहसिंगा क्या होता है। जो उसे जानते हैं वे भी यह नहीं बता सकेंगे कि वह वहां से गुजरा है। किन्तु जिसने शिकार करना या शिकार की खोज करना सीखा है, उसे उसके स्पष्ट चिह्न मिल जायेंगे। वह केवल इतना ही नहीं कहेगा कि कौन-सी किस्म का बारहसिंगा गुजरा है, बल्कि वह उसकी ऊंचाई, आयु, लिंग आदि का भी वर्णन कर देगा। इसी प्रकार ऐसे व्यक्ति भी होने चाहियें जिनको शिकारियों के ज्ञान की भांति आध्यात्मिक ज्ञान हो और जो यह बता सकते हों कि अमुक व्यक्ति का सम्पर्क अतिमानसिक सत्ता के साथ है जब कि सामान्य मनुष्य, जिन्होंने अपने मन को शिक्षित नहीं किया है, यह बात नहीं देख सकेंगे। कहा

तब मैं अपने-आपको अतिमानसिक नौका की इस अनुभूति के सम्पर्क में रखती हूं। उस समय से वस्तुओं के सम्बन्ध में मेरी दृष्टि नहीं बदली है। और मैंने देखा कि इस अनुभूति का स्थिति पर एक निश्चयात्मक प्रभाव पड़ा है। इसने बड़े स्पष्ट, यथार्थ और निश्चित रूप से आवश्यक शर्तों को उत्पन्न कर दिया।

इसने एक बारगी केवल नैतिकता-सम्बन्धी सब सामान्य धारणाओं का ही नहीं बल्कि उन वस्तुओं का भी सफाया कर दिया जो यहां, भारत में, आध्यात्मिक जीवन के लिए आवश्यक समझी जाती हैं। इस दृष्टिकोण से यह अनुभूति बहुत शिक्षाप्रद थी। सबसे पहले, इस प्रकार की तथाकथित वैराग्यमूलक पवित्रता। इस वैराग्यमूलक पवित्रता का अर्थ है बस, प्राण की समस्त क्रियाओं का त्याग; इन्हें लेकर भगवान् की ओर मोड़ने, अर्थात्, इनमें परम सत्ता को देखने और परम सत्ता को स्वतन्त्रतापूर्वक कार्य करने देने के स्थान पर तुम उनसे कहते हो : "न, इससे तुम्हारा कुछ सम्बन्ध नहीं है।" भगवान् को वहां प्रवेश करने का अधिकार नहीं है।

रही बात भौतिक सत्ता की! यह एक पुरानी बात है, सभी जानते हैं; सदा से ही वैरागियों ने इसका त्याग किया है परन्तु इसके साथ प्राण को भी जोड़ दिया है। केवल कुछ शास्त्रीय वस्तुएं बच रहीं जो पवित्र समझी

जाता है कि अतिमानस पृथ्वी पर उतर आया है, वह अभिव्यक्त हो चुका है। जो कुछ इस विषय पर लिखा गया है वह मैंने सब पढ़ लिया है। किन्तु मैं उन अज्ञानियों में से एक हूं जो न कुछ देखते हैं, न अनुभव करते हैं। तो क्या कोई अधिक शिक्षित बोधशक्तिवाला व्यक्ति मुझे यह बता सकेगा कि मैं किन संकेतों से उस व्यक्ति को पहचान सकूंगा जो अतिमानसिक सम्पर्क में आ चुका है?

उत्तर : ऐसे दो अकाट्य चिह्न हैं जो यह बता सकते हैं कि किसी व्यक्ति का अतिमानस के साथ सम्पर्क है :

१. एक पूर्ण और स्थायी समता।

२. भागवत ज्ञान में अटूट विश्वास।

पूर्ण बनने के लिए समता को समस्त परिस्थितियों, घटनाओं और सम्पर्कों के सामने—चाहे वे स्थूल हों या मनोवैज्ञानिक, चाहे उनका स्वरूप और प्रभाव कुछ भी हो—अपरिवर्तित और सहज होना चाहिये।

तादात्म्य द्वारा प्राप्त भ्रांति रहित ज्ञान का पूर्ण और निर्विवाद निश्चय।

गयीं या जिन्हें धार्मिक परम्परा ने स्वीकार कर लिया, उदाहरणार्थ, विवाह की और कुछ ऐसी ही स्वीकृत वस्तुओं की पवित्रता, किन्तु स्वतन्त्र जीवन, ओह, यह समस्त चर्चा धार्मिक जीवन से असंगत है!

अतएव, इस सबका एकबारगी पूरा-पूरा सफाया हो गया।

इसका यह मतलब नहीं कि जिस चीज की मांग की गयी है वह अधिक सरल है। शायद यह बहुत कठिन है।

सबसे पहले, मनोवैज्ञानिक दृष्टिकोण से, जिस शर्त का मैंने बारहसिंगे की बात में जिक्र किया था, उसकी आवश्यकता है : वह है पूर्ण समता। यह एक अनिवार्य शर्त है। मैं सन् १९५६ से, बरसों देखती रही हूं कि एक भी अतिमानसिक स्पन्दन इस पूर्ण समता के बिना संचारित ही नहीं हो सकता। यदि इस समता का जरा-सा भी विरोध हो, अगर अहंभाव की जरा-सी भी क्रिया हो अथवा उसकी ओर रुचि प्रदर्शित हो, तो वह स्पन्दन उसमें से नहीं गुजरता, अर्थात् वह संचारित नहीं होता। यह अपने-आपमें एक काफी बड़ी कठिनाई है।

इसके अतिरिक्त, उपलब्धि को पूर्ण बनाने के लिए दो शर्तें और भी हैं, और वे आसान नहीं हैं। यह बौद्धिक स्तर पर कठिन नहीं है (यहां मैं जिस-तिस की बात नहीं कर रही, वरन् उन लोगों की बात कह रही हूं जो योग करते हैं और जिन्होंने किसी अनुशासन का पालन किया है)। इन लोगों के लिए यह अपेक्षाकृत सरल है। मनोवैज्ञानिक स्तर पर भी, यदि इसके साथ समता जोड़ दी जाये तो, यह अधिक कठिन नहीं है। किन्तु ज्यों ही तुम जड़ प्रकृति के स्तर पर, दूसरे शब्दों में, भौतिक और बाद में शारीरिक स्तर पर पहुंचते हो, त्यों ही वह चीज सरल नहीं रह जाती। ये दो शर्तें निम्न हैं : पहली है अपने-आपको विस्तृत और विशाल या यूं कहें, लगभग असीम बनाने की शक्ति ताकि तुम अपने-आपको अतिमानसिक चेतना के विस्तार तक फैला सको, जो समग्र चेतना है। अतिमानसिक चेतना समग्रतायुक्त भगवान् की चेतना है—जब मैं "समग्रतायुक्त" कहती हूं तो मेरा मतलब उनके 'अभिव्यक्त' पक्ष से है। स्वभावतया, उच्चतर दृष्टिकोण से, सार-तत्त्व के दृष्टिकोण से (उस वस्तु का सार-तत्त्व जो 'अभिव्यक्ति' में 'अतिमानसिक' बन जाती है), भगवान् के साथ पूर्ण तादात्म्य स्थापित करने की योग्यता भी होनी चाहिये, उनके 'अभिव्यक्त' पक्ष में ही

नहीं, बल्कि उनके स्थिर अथवा निर्वाण-सम्बन्धी पक्ष में भी जो 'अभिव्यक्ति' से परे है और 'असत्' है। किन्तु इसके अतिरिक्त व्यक्ति में भगवान् के 'सम्भवन' (बिकमिंग) के साथ ही तादात्म्य स्थापित करने की योग्यता भी होनी चाहिये। इसका अभिप्राय दो वस्तुओं से है : पहली—विस्तार, कम-से-कम एक असीम प्रकार का विस्तार; दूसरी—जैसा कि मैं पहले भी कह चुकी हूं, इसके साथ ही एक पूर्ण सर्वांगीण नमनीयता ताकि भगवान् के 'सम्भवन' में भी उनका अनुसरण किया जा सके। किसी विशेष समय ही व्यक्ति को विश्व जितना विस्तृत नहीं होना है बल्कि उनके 'सम्भवन' में भी उसे अनिश्चित रूप से विशाल बनना है। यही दो शर्तें हैं; इन्हें सम्भावित रूप में अवश्य होना चाहिये।

जब तक भौतिक रूपान्तर का प्रश्न नहीं उठता तब तक मनोवैज्ञानिक और, बहुत हद तक, आभ्यन्तरिक दृष्टिकोण से काम चलता है और वह अपेक्षाकृत सरल है। किन्तु जब 'जड़-पदार्थ' में मूर्त रूप लेने की बात आती है, जैसा कि इस संसार में होता है, जहां प्रारम्भ ही गलत है—यहां हम 'अचेतना' और 'अज्ञान' से आरम्भ करते हैं—तब काम बहुत कठिन हो जाता है। कारण, यथार्थ बात यह है कि इस 'जड़-पदार्थ' को, ताकि यह अपनी पुरानी 'चेतना' को पुनः प्राप्त करने के लिए आवश्यक व्यक्तीकरण तक पहुंच सके, एक ऐसी दृढ़ता प्रदान की गयी थी जो स्वरूप को स्थिर रखने और व्यक्तित्व की ठीक इसी सम्भावना को बनाये रखने के लिए अनिवार्य है। व्यक्ति को अतिमानसिक चेतना को ग्रहण करने के लिए जिस विस्तार, नमनीयता और लचीलेपन की आवश्यकता पड़ती है उसके रास्ते में यही मुख्य बाधा है। मैं सदा ही अपने-आपको इस समस्या के सामने पाती हूं जो काफी ठोस और पूर्णतया भौतिक प्रकार की समस्या है, जब हमें कोषाणुओं के साथ व्यवहार करना हो और कोषाणुओं को कोषाणु ही बने रहना हो, और उन्हें उड़कर ऐसी वास्तविकता में नहीं बदल जाना हो जो अब भौतिक न रहे। और इसके साथ-साथ, उनमें कठोरता का अभाव और लचीलापन भी होना चाहिये जो उन्हें असीम रूप में विस्तृत होने के योग्य बना दे।

(मौन)

नौका की अनुभूति मुझे सूक्ष्म-भौतिक जगत् में हुई थी। और जिन लोगों को, कुछ धब्बे होने के कारण, वापिस ले जाना आवश्यक हो गया था, उनमें इन दो क्रियाओं के लिए आवश्यक नमनीयता का अभाव था। किन्तु यह 'सम्भवन' का अनुसरण करने के लिए आगे बढ़ने वाली क्रिया से अधिक विस्तृत होने की क्रिया थी। यही नौका से उतरने वाले लोगों का अगला कार्य प्रतीत होता था, किन्तु नौका पर तैयारी का अर्थ था यह विस्तार प्राप्त करने की योग्यता।

एक बात और भी थी जिसका मैंने अपनी अनुभूति सुनाते समय जिक्र नहीं किया था : नौका को चलाने के लिए कोई यन्त्र नहीं थे। वहां सब कुछ, सब कुछ इच्छा-शक्ति द्वारा चालित होता था—व्यक्ति और वस्तुएं भी (लोगों के वस्त्र भी उनकी इच्छा के परिणाम थे)। इस बात ने वस्तुओं और व्यक्तियों के रूप को एक बहुत बड़ी नमनीयता प्रदान कर दी थी। कारण, व्यक्ति इस इच्छा-शक्ति के प्रति सचेतन था जो मानसिक इच्छा नहीं, बल्कि 'आत्मा' की इच्छा-शक्ति थी, अथवा यह भी कहा जा सकता है कि जो आध्यात्मिक इच्छा, अर्थात्, अन्तरात्मा की इच्छा थी। किन्तु इस बात को यहां भी उस समय अनुभव किया जा सकता है जब व्यक्ति पूर्ण सहजता के साथ कार्य करता है, दूसरे शब्दों में, जब कार्य—जैसे शब्द और क्रिया—मन के द्वारा निर्धारित नहीं होता (यहां मैं विचार और बुद्धि की बात नहीं कर रही), उस मन के द्वारा भी नहीं जो सामान्यतया हमें कार्य करने के लिए प्रेरित करता है। साधारणतया, जब हम कोई कार्य करते हैं, तो अपने अन्दर उसे करने के संकल्प को देखते हैं (जब हम चेतन हों और अपने-आपको कार्य करते हुए देखें तभी यह देखते हैं; कार्य करने का संकल्प सदा रहता है—वह बहुत क्षणिक हो सकता है)। उसमें मानसिक हस्तक्षेप, एक सामान्य हस्तक्षेप भी उपस्थित रहता है, इसी क्रम में चीजें होती हैं। जब कि अतिमानसिक कार्य का निश्चय मन को लांघकर होता है। यहां मन में से होकर गुजरने की आवश्यकता नहीं है, रास्ता सीधा है। कोई वस्तु प्राणिक केन्द्रों के साथ सीधा सम्पर्क प्राप्त कर लेती है और विचार में गुजरे बिना, पूरी चेतना से उन्हें क्रिया करने को प्रेरित करती है। यहां चेतना सामान्य क्रम से कार्य नहीं करती, वह सीधी आध्यात्मिक संकल्प के केन्द्र से 'जड़-पदार्थ' पर कार्य करती है।

जब तक व्यक्ति मन की इस पूर्ण अचंचलता को सुरक्षित रख सकता है तब तक प्रेरणा पूर्णतया विशुद्ध रहती है,—वह विशुद्ध रूप में ही आती है। यदि व्यक्ति इसे ग्रहण कर सके और बोलते समय इसे अपने पास ही रखे तो जो शब्द बाहर निकलेंगे वे मिश्रित नहीं होंगे, विशुद्ध ही होंगे।

यह एक बहुत सूक्ष्म क्रिया है, शायद इसीलिए कि यह प्रचलित नहीं है—एक जरा-सी गति, एक छोटे-से-छोटा मानसिक स्पन्दन समूची वस्तु को अस्त-व्यस्त कर देता है। लेकिन जब तक यह रहती है, पूरी तरह शुद्ध रहती है और यही अतिमानसिक जीवन की *निरन्तर* अवस्था होनी चाहिये। मानसीकृत आध्यात्मिक संकल्प को हस्तक्षेप नहीं करना चाहिये; क्योंकि व्यक्ति के पास आध्यात्मिक संकल्प भली-भांति रह सकता है। व्यक्ति हमेशा आध्यात्मिक संकल्प को अभिव्यक्त करता रह सकता है (जो लोग यह मानते हैं कि उनका पथप्रदर्शन उनके अन्दर स्थित भगवान् कर रहे हैं उनके साथ ऐसा ही होता है), किन्तु वह मानसिक प्रतिरूप में से गुजरता है। और जब तक यह होता रहे तब तक अतिमानसिक जीवन नहीं होता। अतिमानसिक जीवन मन में से *और नहीं* गुजरता। मन संचार के लिए गतिहीन क्षेत्र होता है। एक जरा-सी आवाज सब कुछ अस्त-व्यस्त करने के लिए काफी होती है।

(मौन)

यह कहा जा सकता है कि 'अतिमानसिक सत्ता' के पार्थिव चेतना के द्वारा अपने-आपको अभिव्यक्त कर सकने के लिए जिस सतत अवस्था की आवश्यकता है वह पूर्ण समता है, ऐसी समता जो परम सत्ता के साथ आध्यात्मिक तादात्म्य से आती है: पूर्ण समता की अवस्था में सभी कुछ परम बन जाता है। और यह आती भी अनायास ही है। यह ऐसी समता नहीं है जो चेतन संकल्प, बौद्धिक प्रयत्न या उस अवस्था से पहले आने वाले बोध से प्राप्त होती है। यह ऐसी नहीं है। इसे अनायास, सहज भाव में आना चाहिये ताकि बाहर से आने वाली प्रत्येक वस्तु को प्रत्युत्तर देने का ढंग ऐसा न हो मानों किसी बाह्य वस्तु को उत्तर दिया जा रहा हो। इस स्वतःचालित क्रिया और प्रत्युत्तर का स्थान एक सतत और, यदि यह कहा

जा सके तो, एक वैसे ही बोध को ले लेना चाहिये, क्योंकि प्रत्येक वस्तु आवश्यक रूप में अपना विशेष प्रत्युत्तर चाहती है, परन्तु—यदि ऐसा कहा जा सके—जो समस्त प्रतिक्रिया से मुक्त हो। यह भेद बाहर से आकर तुम्हें प्रभावित करने वाली वस्तु, जिसे तुम उत्तर भी देते हो, और उस वस्तु में होता है जो चारों ओर घूमती है और जिसके साथ स्वभावतया ही सामान्य कर्म के लिए आवश्यक स्पन्दन भी रहते हैं। मुझे पता नहीं मैं अपनी बात भली-भांति समझा भी पा रही हूं या नहीं...। यह भेद कर्म के *वैसे ही* क्षेत्र में उपस्थित स्पन्दनशील क्रिया और एक ऐसी क्रिया में है जो बाहर से आती है और जो बाहर से स्पर्श करती है और प्रत्युत्तर पाती है (यह मानव चेतना की सामान्य अवस्था है)। दूसरी ओर, जब चेतना भगवान् के साथ तादात्म्य स्थापित कर लेती है, तब क्रियाएं मानों अन्दर ही होती हैं, अर्थात्, बाहर से कुछ नहीं आता; केवल ये वस्तुएं चक्कर काटती रहती हैं, और स्वभावतया ही चक्कर के दौरान इनमें सादृश्य और आवश्यकता के कारण कुछ स्पन्दन भी होते हैं, अथवा ये संचारक माध्यम में स्पन्दनों को बदल भी देती हैं।

यह मेरे लिए बहुत परिचित चीज है, क्योंकि मेरी सतत रूप में यही अवस्था है—मुझे ऐसा कभी नहीं लगा कि वस्तुएं बाहर से आकर टकरा रही हैं, बल्कि मुझे उन आन्तरिक क्रियाओं के विषय में पता है जो अनेक और कभी-कभी विरोधी भी होती हैं; मुझे उस सतत संचार का भी पता है जो क्रिया के लिए आवश्यक आन्तरिक परिवर्तनों को अपने अन्दर धारण किये रहता है।

यही अनिवार्य आधार है।

इसके बाद विस्तार की क्रिया आप ही होती जाती है, साथ ही शरीर में भी आवश्यक हेर-फेर हो जाते हैं, इस विषय को सुलझाना कठिन है। यह एक ऐसी समस्या है जिसमें मैं अभी तक डूबी हुई हूं।

और तब 'सम्भवन' की इस क्रिया के बाद नमनीयता आती है। नमनीयता का अर्थ है कठोर रूप का त्याग कर सकने की योग्यता—जीवन का सारा, सारा समय ही मनुष्य अपने-आपको व्यक्तिगत रूप देने में बिता डालता है, यह एक चेतन और आग्रहपूर्ण रूपबद्धता का समय होता है, जिसे अन्त में मिटाना ही होगा। एक चेतन और वैयक्तिक सत्ता

बनने का अर्थ है सभी वस्तुओं को सतत, कठोर रूप देना, जानते-बूझते हुए कठोर रूप देना। और बाद में व्यक्ति को इसके विपरीत क्रिया करनी पड़ती है, लगातार और पहले जितने या उससे भी बड़े संकल्प के साथ। साथ ही, मनुष्य ने चेतना में व्यक्तीकरण के द्वारा जो कुछ पाया है उसका लाभ उसे नहीं गंवाना चाहिये।

कहना पड़ेगा कि यह कठिन है।

विचार की दृष्टि से यह आरम्भिक, बहुत सरल वस्तु है। भावनाओं की दृष्टि से भी यह कठिन नहीं है। हृदय के लिए, दूसरे शब्दों में, भावात्मक सत्ता के लिए परम सत्ता के आयाम में अपने-आपको विस्तृत करना भी अपेक्षाकृत सरल है; किन्तु शरीर! यह बहुत कठिन है (कैसे कहा जाये?) शरीर अपने जमाव के बिन्दु को खोये बिना, आस-पास की राशि में घुले बिना—परम सत्ता के आयाम तक विस्तृत हो जाये—यह बहुत कठिन है। एक बात और भी है, यदि व्यक्ति 'प्रकृति' के बीच में हो, जहां पर्वत, वन, नदियां और बहुत-सा प्राकृतिक सौन्दर्य हो तथा बहुत-सा खुला स्थान हो, तब यह सब सुखदायी होगा किन्तु भौतिक रूप में, अपने शरीर से बाहर निकल कर और इन दुःखदायी वस्तुओं के सम्पर्क में आये बिना व्यक्ति एक पग भी आगे नहीं रख सकता। कभी-कभी ऐसा होता है कि तुम किसी ऐसे पदार्थ के सम्पर्क में आते हो जो सुखद, समस्वर एवं ऊष्मा लिये होता है तथा एक उच्चतर प्रकाश से स्पन्दित रहता है। किन्तु ऐसा विरले ही देखने में आता है। हां, फूल, कभी-कभी फूल भी होते हैं, पर कभी-कदास ही, सदा नहीं। परन्तु यह जड़-जगत्, ओह!... तुम्हें सब जगह आघात मिलते हैं—खरोंचें लगती हैं, कोड़े पड़ते हैं। तुम्हें आघात लगते हैं। जो वस्तुएं नहीं खुलतीं उन सबसे चपेटें लगती हैं—ओह! कितना कठिन है यह! यह मानव जीवन कैसे इतना कम खिला! यह उलझा पड़ा है, यह कठोर, प्रकाशरहित और ऊष्मारहित हो गया है! और मैं आनन्द की तो बात ही नहीं कर रही।

किन्तु किसी समय, जब तुम बहते पानी और वृक्षों पर सूर्य की किरणें देखते हो, ओह, वे गाते हैं—कण-कण गाता है और प्रसन्न होता है!

किन्तु यदि भौतिक रूपान्तर इतना अधिक कठिन है, तो क्या गुह्य

ढंग से कार्य करना, अर्थात्, किसी चीज को मूर्त रूप देना, गुह्य प्रक्रियाओं द्वारा एक नये शरीर को उत्पन्न करना लाभकारी नहीं होगा?

इस विचार का अर्थ यह हुआ कि सबसे पहले तो ऐसी सत्ताएं होनी चाहियें जो यहां, भौतिक जगत् में ऐसी उपलब्धि पा चुकी हों जो उन्हें अतिमानसिक सत्ता को मूर्त रूप देने की शक्ति दे।

मैंने तुम्हें बताया था कि मैंने एक प्राणिक सत्ता को शरीर प्रदान किया था, किन्तु मैं कभी नहीं कर सकती थी—मेरे लिए उस शरीर को स्थूल रूप देना असम्भव हुआ होता: किसी चीज की कमी है, किसी चीज की कमी है। उसे दृश्य बना भी लिया जाये तो स्थाई रूप नहीं दिया जा सकता—पहला अवसर पाते ही वह भौतिक रूप छोड़ देता। अभी तक यह स्थिरता नहीं प्राप्त हो सकी है।

मैंने इस विषय में श्रीअरविन्द से विचार-विनिमय किया था (विचार-विनिमय—यह कहने का एक ढंग है), उनसे बात की थी और उन्होंने भी इसे उसी रूप में देखा था जैसा कि मैंने देखा था। अर्थात्, एक ऐसी शक्ति है जो हमारे पास नहीं है, यह 'पृथ्वी' पर स्वरूप को बनाये रखने की शक्ति है। जिनमें स्थूल रूप देने की योग्यता है उनके साथ भी यही होता है, स्थूल रूप नहीं रहता, नहीं रह सकता, उसमें भौतिक वस्तुओं का गुण नही रहता।

अतएव, सृष्टि की अविच्छिन्नता सुरक्षित नहीं रखी जा सकती, जब तक कि यहां कोई ऐसी चीज न हो जिसमें यह गुण मौजूद हो।

मैं समस्त गुह्य प्रक्रिया को विस्तार से जानती थी, किन्तु मैं प्रयत्न करती, तो भी वस्तु को अधिक स्थूल रूप न दे पाती; उसे दृश्य रूप दे सकती थी, पर केवल अस्थायी रूप में, और वह अपना विकास करने में भी असमर्थ होता।

१२.१.१९६२

३ फरवरी, १९५८ की अनुभूति

अतिमानसिक जगत् की सत्ताओं में और मनुष्यों में वही अन्तर है जो मनुष्यों और पशुओं में है। कुछ दिन पहले मुझे पशुओं के जीवन से एकाकार हो जाने की अनुभूति हुई थी, और यह एक तथ्य है कि जानवर हमें नहीं समझते, उनकी चेतना इस तरह की बनी है कि हम उनकी पकड़ से लगभग पूरी तरह बच निकलते हैं। फिर भी मैं कुछ पालतू जानवरों को जानती थी—बिल्ली, कुत्ते—विशेषकर बिल्लियां, जो हम तक उठ आने में अपनी चेतना में प्रायः यौगिक प्रयत्न करती थीं। पर साधारणतः, जब वे हमें, जीते और कार्य करते देखती हैं तो वे हमें नहीं समझतीं, वे हमें उस तरह नहीं देखतीं जैसे कि हम हैं, और हमारे कारण तकलीफ पाती हैं। हम सदा उनके लिए एक पहेली बने रहते हैं। उनकी चेतना का एक बहुत छोटा-सा अंश ही हमारे साथ जुड़ा होता है। ठीक यही बात हमारे साथ होती है जब हम अतिमानसिक लोक की ओर देखने का प्रयास करते हैं। जब चेतना का नाता स्थापित हो जायेगा तभी हम उसे देखेंगे, और तब भी हमारी सत्ता का केवल वही अंश उसे उसके यथार्थ रूप में देख सकेगा जो इस तरह के रूपान्तरण से गुजर चुका होगा, नहीं तो दोनों जगत्, पशु और मानव जगत् की तरह, अलग-थलग रहेंगे।

मुझे ३ फरवरी को जो अनुभूति हुई वह इसका प्रमाण है। इसके पहले, अतिमानसिक जगत् के साथ, मेरा सम्पर्क व्यक्तिगत था, आत्मपरक था, जब कि ३ फरवरी को मैं वहां मूर्त रूप में घूमी, वैसे ही मूर्त रूप में जैसे पहले कभी पैरिस में घूमा करती थी, सारी आत्मपरकता से स्वतन्त्र ऐसी एक दुनिया में जिसका अपना अलग अस्तित्व है।

यह दोनों लोकों के बीच बनाये जाने वाले एक सेतु के समान है।

यह रही वह अनुभूति जो मैंने उसके तुरन्त बाद लिखवायी थी।

(मौन)

अतिमानस-लोक चिरस्थायी रूप में विद्यमान है और मैं अतिमानसिक शरीर में *वहां* स्थायी रूप से वर्तमान हूं। आज ही मुझे उसका प्रमाण

मिला जब मेरी पार्थिव चेतना तीसरे पहर को दो से तीन बजे के बीच सचेतन रूप में वहां गयी और रही। अब मैं जानती हूं कि इन दोनों जगतों को सतत और सचेतन सम्बन्ध में जोड़ने के लिए जिस चीज की कमी है वह है वर्तमान स्थिति में भौतिक जगत् और वर्तमान स्थिति में अतिमानसिक जगत् के बीच का प्रदेश। इसी प्रदेश का निर्माण व्यक्तिगत चेतना और व्यक्ति निरपेक्ष जगत् में बाकी है। और यह निर्मित हो रहा है। पहले मैं उस नयी सृष्टि की बात किया करती थी जो बन रही है, वह इसी मध्यस्थ प्रदेश की बात थी। इसी तरह जब मैं इस तरफ होती हूं, यानी, भौतिक चेतना के क्षेत्र में, और जब मैं अतिमानसिक शक्ति को, अतिमानसिक ज्योति और तत्त्व को जड़-तत्त्व में निरन्तर पैठते देखती हूं तो वह इसी प्रदेश का निर्माण-कार्य होता है जिसे मैं देखती हूं और जिसमें मैं भाग लेती हूं।

मैंने अपने-आपको एक विशाल जहाज में पाया, जो उस जगह का प्रतीकात्मक प्रतिरूप था जहां यह कार्य चल रहा है। एक शहर जितना बड़ा यह जहाज पूर्णतया व्यवस्थित था। निश्चय ही वह कुछ समय से कार्यरत था, क्योंकि उसकी व्यवस्था पूर्ण थी। यह वह जगह है जहां उन लोगों को आकार दिया जाता है जो अतिमानसिक जीवन के लिए नियत हैं। ये लोग (या कम-से-कम उनकी सत्ता का एक अंश) पहले ही अतिमानसिक रूपान्तर में से गुजर चुके थे, क्योंकि खुद वह जहाज और जो उसमें सवार थे वे सब न तो भौतिक जगत् के थे न सूक्ष्म-भौतिक जगत् के, न प्राणिक जगत् के और न मानसिक जगत् के—वह एक अतिमानसिक तत्त्व था। स्वयं वह तत्त्व ठोस अतिमानस का था, ऐसा अतिमानसिक तत्त्व जो भौतिक जगत् के सबसे निकट है और जिसकी अभिव्यक्ति सबसे पहले होगी। वहां का प्रकाश सुनहली और लाल ज्योति का मिश्रण था जिससे जगमगाते नारंगी रंग का एक रूप पदार्थ बना था। सब कुछ ऐसा ही था—ज्योति ऐसी थी, लोग ऐसे थे, सूक्ष्म छटा भेद के साथ सभी इसी रंग में रंगे थे और इसी भेद के कारण एक चीज दूसरी चीज से अलग पहचानी जा सकती थी। सामान्य छाप एक छायाविहीन जगत् की पड़ती थी, वहां सूक्ष्म अन्तर तो थे पर छायाएं नहीं थीं। वायुमण्डल आनन्द, शान्ति और व्यवस्था से परिपूर्ण था; वहां सब काम नियमित रूप

से चुपचाप चल रहा था। पर साथ ही वहां शिक्षण, और सब क्षेत्रों में प्रशिक्षण की बारीकियां देखी जा सकती थीं जिनके द्वारा नाव के लोगों को तैयार किया जा रहा था।

वह विशाल तरी अभी-अभी अतिमानस के तट से आ लगी थी, और यहीं उन लोगों के पहले दल को उतरना था जिन्हें अतिमानसिक जगत् का भावी निवासी बनना था। इस पहली उतराई की पूरी तैयारी हो चुकी थी। घाट पर कुछ विशालकाय सत्ताएं तैनात थीं। ये लोग मनुष्य नहीं थे और न पहले कभी मानव रहे थे, और न ही वे अतिमानसिक जगत् के स्थायी निवासी थे। उन्हें तो ऊर्ध्व लोक से वहां भेजा गया था ताकि वे उतराई की चौकसी कर सकें और उस पर नियन्त्रण रख सकें। शुरू से ही सारे समय उस पूरे समूह का परिचालन मेरे हाथों में था। स्वयं मैंने सब दल तैयार किये थे। मैं नाव की सीढ़ी की उपरली पैड़ी पर खड़ी थी और एक-एक करके दलों को बुलाकर नीचे घाट पर भेज रही थी। वे दीर्घकाय सत्ताएं जो वहां तैनात थीं मानों उतरने वालों का निरीक्षण कर रही थीं, जो तैयार थे उन्हें अनुमति दे रही थीं और जो तैयार नहीं थे उन्हें वापस नाव में भेज रही थीं जहां उन्हें प्रशिक्षण जारी रखना था। वहां खड़ी-खड़ी जब मैं उन्हें देख रही थी तो मेरी चेतना का वह अंश जो यहां से गया था उनमें बड़ी रुचि लेने लगा, वह सभी को देखना और पहचानना चाहता था। वह देखना चाहता था कि वे किस तरह बदल गये थे और उन्हें परखना चाहता था जो तुरत ले लिये गये थे और जिन्हें वहीं रह कर अभी प्रशिक्षण जारी रखना था। कुछ देर बाद, जब मैं वहां खड़ी-खड़ी देख रही थी तो मुझे ऐसा लगा कि मुझे कोई चेतना या यहां का कोई व्यक्ति—पीछे की ओर खींच रहा है ताकि मेरा शरीर जाग सके—और अपनी चेतना में मैंने प्रतिवाद किया : "नहीं, नहीं, अभी नहीं! अभी नहीं, मैं लोगों को देखना चाहती हूं।" मैं देख रही थी और बड़े चाव से ध्यानपूर्वक देख रही थी...। यह तब तक होता रहा जब तक कि सहसा, यहां इस दीवार-घड़ी ने तीन बजाने शुरू कर दिये, वह मुझे जबरदस्ती वापिस धरती पर ले आयी। मुझे अपने शरीर में अचानक आ गिरने का अनुभव हुआ। मैं एक झटके के साथ नीचे उतरी थी पर मेरी स्मृति सही-सलामत थी, यद्यपि एकदम अचानक मुझे वापिस बुला लिया गया था। बिना हिले-

डुले मैं तब तक शान्त बनी रही जब तक कि मैंने पूरी अनुभूति को पुनः याद करके सुरक्षित नहीं कर लिया।

उस नाव पर चीजों के स्वभाव और स्वरूप वैसे नहीं थे जैसे हम पृथ्वी पर देखते हैं। उदाहरणार्थ, उनकी पोशाकें कपड़े की नहीं बनी थीं, और वह चीज जो कपड़े जैसी लगती थी कपड़े की तरह नहीं बुनी गयी थी; वह उनके शरीर का ही एक अंग थी, वे उसी तत्त्व से बनी थीं जो तरह-तरह के रूप धर लेता था। उसमें एक तरह की नमनीयता थी। जब किसी परिवर्तन की आवश्यकता होती तो वह हो जाता था पर किसी बनावटी या बाह्य तरीके से नहीं, बल्कि एक आन्तरिक क्रिया द्वारा, वह चेतना की क्रिया द्वारा होता था जो उस तत्त्व को रूप या आकृति देती थी। जीवन अपने आकार आप रच लेता था। वहां सब चीजों में *एक ही तत्त्व* था : वह आवश्यकता और उपयोगिता के अनुसार अपने स्पन्दन के गुण को बदल लेता था।

जिन्हें नये प्रशिक्षण के लिए लौटा दिया गया था उनका रंग एक-सा नहीं था, लगता था कि उनके शरीर पर ऐसे तत्त्व के गहरे धूसर धब्बे थे जो धरती के तत्त्व से मिलते-जुलते थे; वे धूमिल लगते थे, मानों ज्योति द्वारा वे न तो पूरी तरह ओत-प्रोत हुए थे न रूपान्तरित। ऐसा सब जगह नहीं था, बस कहीं-कहीं।

घाट पर जो दीर्घकाय सत्ताएं थीं वे उसी रंग की नहीं थीं, कम-से-कम उनमें वह नारंगी आभा नहीं थी, वे अधिक पाण्डुर और पारदर्शी थीं। उनके शरीर के एक भाग को छोड़कर बाकी का खाका ही दीखता था। वे बहुत लम्बी थीं, उनके शरीर में मानों हड्डियां तो थीं ही नहीं, वे आवश्यकतानुसार कोई भी आकार ले सकती थीं। कमर से पांव तक ही स्थायी घनत्व था जो शरीर के बाकी भागों में महसूस नहीं होता था, उनका रंग अधिक पीला था, बहुत थोड़ी-सी लालिमा लिए, वह अधिक सुनहला था, शायद सफेद के अधिक पास। धवल-से प्रकाश से आलोकित अंश पारभासी थे; वे नितान्त पारदर्शी नहीं थे, फिर भी नारंगी तत्त्व से कम ठोस और अधिक सूक्ष्म थे।

जब मैं वापिस बुलायी गयी और उस घड़ी जब मैं "अभी नहीं" कह रही थी, दोनों बार मैंने अपने-आपको एक उड़ती निगाह से देखा, अर्थात्,

अतिमानसिक जगत् में अपने रूप को देखा। मैं उन दीर्घकाय सत्ताओं और नाव पर के लोगों का एक मिश्रण थी। मेरा ऊपरी भाग, खासकर सिर एक रेखाचित्र था, जिसकी अन्तर्वस्तु श्वेत थी और कोर नारंगी। पांव की ओर जाते-जाते उसका वर्ण नाव के लोगों की तरह होता जाता था, यानी, वह नारंगी था; दुबारा सिर की ओर आते-आते वह अधिकाधिक पारभासक और श्वेत होता जाता था, और लाली घट जाती थी। सिर केवल एक रेखाचित्र-सा था जिसके अन्दर भास्वर सूर्य था, इसमें से ज्योति की किरणें निकल रही थीं जो संकल्प-शक्ति की क्रिया थी।

जिन्हें मैंने जहाज में देखा था उन सबको मैं पहचानती थी। उनमें से कुछ तो यहां, आश्रम के थे, कुछ और जगहों से आये थे, पर मैं उन्हें भी जानती थी। वहां मैंने सभी को देखा। लेकिन चूंकि मैं जानती थी कि जब मैं लौटूंगी तो मुझे कुछ भी याद न रहेगा, मैंने कोई भी नाम न देने का निश्चय किया। और फिर इसकी कोई जरूरत भी नहीं। तीन-चार चेहरे बहुत स्पष्ट दिखायी देते थे, और जब मैंने उन्हें देखा तो मैं अपनी उस भावना को समझ पायी जो यहां पृथ्वी पर उनकी आंखों में देखते समय पैदा हुई थी : कितना अनूठा उल्लास था उनमें...। वे अधिकतर युवक थे, बच्चे बहुत कम थे और उनकी उम्र चौदह-पन्द्रह के बीच थी। निश्चय ही, वे दस-बारह वर्ष से कम के न थे (मैं वहां इतने काफी समय तक नहीं ठहरी कि इन सब बारीकियों को देख सकती)। कुछ-एक को छोड़कर वृद्धों की संख्या नहीं के बराबर थी। तट पर उतरने वालों में कुछ को छोड़ कर अधिकतर अधेड़ आयुवाले थे। इस अनुभूति के पहले ही कुछ व्यक्ति उस जगह कई बार जांचे जा चुके थे, जहां अतिमानसिक बनने की योग्यता वाले व्यक्तियों की परीक्षा होती थी। तब मैंने कई आश्चर्यजनक बातें देखीं और उन्हें अंकित कर लिया; कुछ को तो मैंने इस बारे में बताया भी था। लेकिन मैंने आज जिन्हें तट पर उतारा है उन्हें मैंने बड़ी अच्छी तरह देखा है; वे बीच की आयु वाले थे, न छोटे बच्चे थे न बूढ़े, कुछ विरल अपवाद अवश्य थे। और यह काफी कुछ मेरी आशा से मेल खाता था। मैंने कुछ न कहने और नाम न बताने का निश्चय किया। चूंकि मैं अन्त तक नहीं रुकी अतः ठीक-ठीक चित्र पाना मेरे लिए सम्भव न था। वह चित्र न तो पूरी तरह स्पष्ट था न पूर्ण। मैं यह भी नहीं चाहती

कि कुछ को उसके बारे में बताऊं और कुछ को नहीं।

मैं इतना ही कह सकती हूं कि यह दृष्टिकोण या फैसला केवल उस तत्त्व पर आधारित था जिससे लोगों का निर्माण हुआ था, अर्थात्, क्या वे पूर्णतः अतिमानसिक जगत् के प्राणी थे? क्या वे उसी विशिष्ट तत्त्व के बने थे जो दृष्टिकोण अपनाया गया था? वह न तो नैतिक था न मनोवैज्ञानिक। यह हो सकता है कि जिस तत्त्व से उनके शरीर बने थे वह किसी आन्तरिक विधान या आन्तरिक क्रिया का परिणाम हो, पर उस समय तो उसका प्रश्न नहीं था। कम-से-कम इतना तो स्पष्ट है कि वहां के मूल्य कुछ और हैं।

जब मैं लौट आयी तो अनुभूति की याद के साथ-ही-साथ मैं यह भी जानती थी कि अतिमानसिक जगत् स्थायी था, वहां मेरी उपस्थिति भी स्थायी थी, सिर्फ कमी थी तो एक कड़ी की जो चेतना और तत्त्व के बीच सम्बन्ध जोड़ सके। और वह कड़ी गढ़ी जा रही है। उस समय मुझे एक चरम सापेक्ष की अनुभूति हुई (वह अनुभूति काफी देर तक, लगभग दिनभर बनी रही)—नहीं, ठीक ऐसा भी नहीं : वह अनुभूति यह थी कि इस जगत् और उस जगत् के सम्बन्ध ने उस दृष्टिकोण को नितान्त बदल दिया जिसके अनुसार चीजों का मूल्यांकन और विवेचन होना चाहिये। इस दृष्टिकोण में कोई मानसिक तत्त्व न था, बल्कि इसने ऐसी विलक्षण आन्तरिक भावना जगायी कि बहुत-सी चीजें जिन्हें हम अच्छा या बुरा मानते हैं सचमुच वैसी नहीं हैं। यह बिलकुल स्पष्ट है कि सब कुछ निर्भर है चीजों की क्षमता पर, अतिमानसिक जगत् को रूपायित करने की स्वाभाविक योग्यता पर या फिर उसके साथ नाता जोड़ने पर। यह हमारी साधारण गुण विवेचनाओं से बहुत अधिक भिन्न है, कभी-कभी तो विपरीत भी। मुझे एक छोटी-सी चीज याद आ रही है, जिसे अक्सर हम बहुत खराब मानते हैं, कितना अजीब लगा यह देखकर कि वास्तव में वह बहुत बढ़िया थी! कुछ और चीजें जिन्हें हम बहुत महत्त्वपूर्ण समझते हैं, वास्तव में कोई महत्त्व नहीं रखतीं : अमुक चीज ऐसी है या अमुक वैसी, इसका कोई महत्त्व नहीं। यह बात बिलकुल स्पष्ट है कि दिव्य और अदिव्य की हमारी विवेचना ही ठीक नहीं होती। कुछ चीजों पर तो मैं हंस पड़ी...। भगवद्विरोधी क्या है इसकी हमारी सामान्य भावना कृत्रिम प्रतीत होती है,

वह ऐसी चीज पर आधारित लगती है जो सत्य और सजीव नहीं है (और फिर जिसे हम यहां जीवन कहते हैं, उस जगत् की तुलना में वह जीवंत नही लगा), जो भी हो, यह भाव आधारित होना चाहिये दोनों जगतों के बीच के हमारे सम्बन्ध पर और इस बात पर कि अपने सम्बन्ध को और भी सरल या कठिन कैसे बनाते हैं। तब इस बात की विवेचना में बहुत अन्तर पड़ जायेगा कि कौन-सी चीज हमें भगवान् के निकट ले जाती है और कौन-सी दूर। मनुष्यों में भी मैंने देखा कि जो चीज उन्हें अतिमानसिक बनने में मदद देती है या बाधा डालती है वह उससे बहुत भिन्न है जिसकी कल्पना हमारी नैतिक धारणाएं करती हैं। मुझे लगता है कि हम कितने... हास्यास्पद हैं।

१२.१.१९६२

७० — बिना दया दिखाये अपनी जांच करो, तब तुम दूसरों के प्रति अधिक उदार और अधिक दयालु होगे।

बहुत अच्छा!

यह बहुत अच्छा है, यह सबके लिए बहुत अच्छा है, विशेषतया उन लोगों के लिए जो अपने-आपको बड़ा और बहुत श्रेष्ठ समझते हैं।

किन्तु सचमुच इसका सम्बन्ध किसी गहरी बात से है।

ठीक यही अनुभूति मुझे कुछ समय से हो रही है। यह कुछ-कुछ पहली वृत्ति से उलटी है।

अपने अन्तरतम हृदय में मनुष्य अपने-आपको विरोधी शक्तियों द्वारा सताया हुआ और उत्पीड़ित समझता है। जो लोग साहसी होते हैं वे संघर्ष करते हैं, दूसरे रोते हैं। सृष्टि में इन विरोधी शक्तियों की भूमिका के बारे में, अर्थात्, उनकी अनिवार्य आवश्यकता के बारे में मेरी अन्तर्दृष्टि अधिकाधिक मूर्त रूप धारण कर रही है, ताकि विकास हो और सृष्टि फिर से अपना 'स्रोत' बन जाये। यह अन्तर्दृष्टि इतनी स्पष्ट है कि व्यक्ति को विरोधी शक्तियों के रूपान्तर या नाश की मांग करने के स्थान पर अपना रूपान्तर साधित करना चाहिये, यही वह चीज है जिसके लिए उसे

प्रार्थना करनी चाहिये, यही वह चीज है जो उसे चरितार्थ करनी चाहिये। यह बात पार्थिव दृष्टि से कही गयी है, मैं अपने-आपको व्यक्तिगत दृष्टिकोण पर नहीं ला रही। व्यक्तिगत दृष्टिकोण को तो लोग जानते हैं; मैं पार्थिव दृष्टिकोण से बात कर रही हूं। यह अन्तर्दृष्टि है जो अचानक ही आ गयी, समस्त भ्रान्ति, समस्त नासमझी, समस्त अज्ञान और समस्त अन्धकार की दृष्टि और उससे भी बुरी बात, यह कि पार्थिव चेतना की समस्त अशुभ इच्छा की दृष्टि जो इन विरोधी सत्ताओं और शक्तियों के अधिक लम्बे समय तक चलते रहने के लिए उत्तरदायी है, जो इन्हें एक महान् अभीप्सा—अभीप्सा से भी बड़ी—आहुति के रूप में समर्पित कर देती है ताकि ये विलीन हो जायें, इनके अस्तित्व का कोई कारण न रहे, जिस वस्तु को बदलना है उसके सूचक के रूप में ये वहां उपस्थित न रहें।

ये अनिवार्य उन वस्तुओं के कारण बन गयीं जो दिव्य जीवन का निषेध थीं। सर्वोच्च सत्ता के प्रति पार्थिव चेतना का अत्यन्त तीव्र रूप से किया गया यह समर्पण एक प्रकार का मुक्ति का मूल्य है जो विरोधी शक्तियों को समाप्त करने के लिए चुकाना पड़ता है।

यह एक बड़ी तीव्र अनुभूति थी। इसने अपने-आपको यूं अनूदित किया : "जो भी अपराध मैंने किये हैं उन सबको तुम ले लो, उन्हें स्वीकार करो, उन्हें पोंछ डालो ताकि ये शक्तियां लुप्त हो जायें।"

दूसरे छोर से यह सूत्र ठीक यही है, अपने सार-तत्त्व में यही है। जब तक एक भी मानव-चेतना में अनुभव करने, कर्म करने, या सोचने की अथवा महान्, दिव्य अभिव्यक्ति का विरोध करने की सम्भावना है, तब तक किसी और को दोष देना असम्भव है; उन विरोधी शक्तियों को दोष नहीं दिया जा सकता जो सृष्टि में इसलिए रखी जाती हैं कि वे तुम्हें यह रास्ता दिखा और उसका अनुभव करा सकें जिस पर तुम्हें चलना है।

(मौन)

जिस अवस्था में मैंने अपने-आपको पाया वह मानों सर्वोच्च प्रेम की एक ऐसी 'चेतना' की स्मृति थी—ऐसी स्मृति जो सदा उपस्थित रहती है—जिसे भगवान् ने पृथ्वी पर, पृथ्वी में—पृथ्वी *में*—आविर्भूत किया है

जिससे कि वह उनकी ओर वापिस लौट जाये। कारण, इसका मतलब सचमुच ही सम्पूर्ण भागवत 'निषेध' की अवस्था में उतरना था, यह दिव्य प्रकृति के सार-तत्त्व का ही निषेध था, अतएव यह दिव्य अवस्था को छोड़ना था ताकि 'पृथ्वी' के अन्धकार को स्वीकार करके उसे पुनः दिव्य अवस्था में ले जाया जा सके। और, जब तक यह सर्वोच्च प्रेम सर्वशक्तिशाली रूप में, यहां, इस 'पृथ्वी' पर, चेतन न हो जाये, यह वापिसी कभी पूरी तरह से सुनिश्चित नहीं हो सकती।

यह अनुभूति उस महान् दिव्य सम्भूति[१] की अन्तर्दृष्टि के बाद आयी और मैंने अपने-आपसे पूछा : "क्योंकि यह जगत् विकसनशील है और क्योंकि यह अधिकाधिक दिव्य बन रहा है, क्या अदिव्य वस्तु की इतनी गहरी कष्टदायक भावना और उस अवस्था की भावना जो उस अवस्था की तुलना में, जिसे अभी अभिव्यक्त होना है, दिव्य नहीं है, सदा नहीं बनी रहेगी? क्या वे शक्तियां, जिन्हें हम "विरोधी शक्तियां" कहते हैं सदा नहीं बनी रहेंगी, अर्थात्, वह चीज, जो गति का सामञ्जस्यपूर्ण ढंग से अनुसरण नहीं करती, नहीं बनी रहेगी? तब उत्तर मिला, अन्तर्दृष्टि प्राप्त हुई : नहीं, यही वह समय है जब ऐसा होने की सम्भावना पास आ गयी है, पूर्ण प्रेम के उस सार-तत्त्व की अभिव्यक्ति का समय आ गया है जो इस अचेतना को, इस अज्ञान को और इसके फलस्वरूप उत्पन्न अशुभ इच्छा को पूर्णता और समग्र बोध के इच्छुक ज्योतिर्मय और आनन्दपूर्ण विकास में रूपान्तरित कर सकता है।

यह एक मूर्त तथ्य था।

और इसका अर्थ है वह अवस्था जिसमें व्यक्ति उस सबके साथ इतने *पूर्ण रूप से* तादात्म्य स्थापित कर लेता है जिसका अस्तित्व है, और वह सब कुछ बन जाता है जो प्रत्यक्ष रूप में भगवद्विरोधी है। तब व्यक्ति इस विरोधी तत्त्व को भगवान् के प्रति समर्पित कर सकता है, और इस समर्पण के द्वारा उसे सचमुच रूपान्तरित कर सकता है।

आधाररूप में, पवित्रता के लिए, मनुष्यों में स्थित 'शुभ' के लिए इस प्रकार का संकल्प ही (यह सामान्य मानव मन में धर्मात्मा बनने की

[१]सूत्र संख्या ७३, ७४, ७५ की व्याख्या देखें।

आवश्यकता के द्वारा अनूदित होता है) सच्चे आत्मदान के रास्ते में सबसे *बड़ी बाधा* है। यही 'मिथ्यात्व' के और विशेष रूप से पाखण्ड के मूल में विद्यमान है, दूसरे शब्दों में, व्यक्ति कठिनाइयों के बोझ के अपने हिस्से को अपने ऊपर लेना अस्वीकार कर देता है। श्रीअरविन्द ने इसी बात को इस सूत्र में बड़े सरल और सीधे ढंग से छुआ है।

धर्मात्मा बनने का स्वांग भरने की कोशिश मत करो। यह देखो कि तुम किस हद तक समस्त भगवद्विरोधी तत्त्व के साथ युक्त हो गये हो, उसके साथ एक हो गये हो। बोझ का अपना हिस्सा अपने ऊपर ले लो, यह स्वीकार कर लो कि तुम स्वयं अपवित्र और झूठे हो। इस प्रकार तुम इस 'काली छाया' को लेकर समर्पित कर सकते हो और जिस हद तक तुम इसे लेकर समर्पित कर सकोगे उसी हद तक वस्तुएं भी बदल जायेंगी।

पवित्र व्यक्तियों की सूची में अपने-आपको रखने की चेष्टा मत करो। जो अन्धकार में निवास करते हैं उनके साथ रहना स्वीकार करो और फिर समग्र प्रेम सहित सब कुछ भगवान् को सौंप दो।

२१.१.१९६२

७१ — विचार सत्य को लक्ष्य करके छोड़ा हुआ एक तीर है; वह एक बिन्दु पर तो लग सकता है पर समूचे लक्ष्य को आवृत नहीं कर सकता। परन्तु धनुर्धर अपनी सफलता से इतना सन्तुष्ट हो जाता है कि उससे अधिक कुछ नहीं चाहता।

किन्तु यह तो स्पष्ट है, यह हमारे लिए कितना स्पष्ट है!

हां, किन्तु पूरे लक्ष्य को बेधने के लिए क्या करना चाहिये?

धनुर्धारी न बने रहो।

यह रूपक सुन्दर है। यह उन लोगों के लिए अच्छा है जो ठीक उसी अवस्था में हैं, जिसमें वे कल्पना करते हैं कि उन्होंने सत्य ढूंढ लिया है!

यह उन लोगों के लिए कहना अच्छा है जो यह सोचते हैं कि चूंकि

उन्होंने एक बिन्दु को छू लिया है, इसलिए उन्होंने सत्य ढूंढ़ लिया है।

किन्तु हमने बहुत बार दूसरी बातें भी कही हैं।

यह पूछा जा सकता है कि किस हद तक उस दिन से ही कार्य करना सम्भव है, जब व्यक्ति पूरे लक्ष्य को बेधने में समर्थ हो जाये, दूसरे शब्दों में, वह सब दृष्टिकोणों को, प्रत्येक वस्तु की उपयोगिता को जान सके, क्योंकि तब वह देखता है कि प्रत्येक वस्तु उपयोगी है, प्रत्येक वस्तु अपने स्थान पर है। किन्तु क्या कार्य करने के लिए उसे एक प्रकार से एक ही बिन्दु पर एकाग्र होना या संघर्ष करना नहीं पड़ता?

क्या तुम उस दार्शनिक की कहानी जानते हो जो दक्षिण फ्रांस में रहता था? मुझे उसका नाम अब याद नहीं, पर वह एक बड़ा प्रसिद्ध आदमी था, मौपलिये के विश्वविद्यालय में वह प्राध्यापक था। उसका मकान शहर के बाहरी छोर पर था। कई सड़कें उसके घर की ओर जाती थीं। प्रतिदिन वह व्यक्ति अपने विश्वविद्यालय से निकलता और उस चौराहे पर पहुंचता जहां से कई सड़कें भिन्न-भिन्न दिशाओं में जाती थीं। पर वे सब उसके घर की ओर जाती थीं, एक एक रास्ते से तो दूसरी दूसरे रास्ते से और तीसरी एक और रास्ते से। प्रतिदिन वह चौराहे पर ठहरता और अपने-आपसे पूछता : "किस सड़क पर चला जाये?" प्रत्येक सड़क के अपने लाभ और हानियां थीं। यह सब उसके मस्तिष्क में चलता रहता, कभी लाभ और कभी हानियां, कभी यह, कभी वह और वह प्रतिदिन अपने घर का रास्ता चुनने में आधा घंटा नष्ट करता।

वह खुद इसे कार्य के लिए विचार की अक्षमता के उदाहरण के रूप में दिया करता था। यदि व्यक्ति सोचना शुरू कर दे तो वह कार्य नहीं कर सकता।

यहां, नीचे, इस स्तर पर, जब तक व्यक्ति धनुर्धारी है और केवल एक बिन्दु को ही छूता है, यह सब बहुत अच्छा है। किन्तु ऊपर जाने पर यह बात सत्य नहीं रहती, बिलकुल उलटी हो जाती है! नीचे के स्तर की सारी बुद्धि ही ऐसी होती है, वह सब प्रकार की वस्तुएं देखती है, और

क्योंकि वह सभी प्रकार की चीजें देखती है, वह कर्म करने के लिए चुनाव नहीं कर सकती। किन्तु पूरे लक्ष्य को देखने के लिए, समग्र सत्य को देखने के लिए व्यक्ति को दूसरे छोर तक जाना होगा। और जब तुम वहां पहुंचते हो तो तुम अनेक सत्यों का कुल-जोड़ नहीं देखते। अब वह एक के साथ एक जुड़े सत्यों की अनगिनत संख्या का जोड़ नहीं रहता, जिसे तुम एक-के-बाद-एक देखते हो और समग्र को एक साथ नहीं पकड़ पाते। जब तुम ऊपर, ऊंचाई पर चले जाते हो तो पहले समग्र को देखते हो, समग्र एकबारगी तुम्हारे सामने उपस्थित हो जाता है, इकट्ठा, पूरा, बिना विभाजन के। और तब, व्यक्ति को चुनाव नहीं करना होता, उसे तब एक अन्तर्दृष्टि प्राप्त हो जाती है और यही चीज करने योग्य है। यह इस या उसमें चुनाव नहीं है—यह या वह नहीं है—क्योंकि बात ऐसी नहीं रही। ये वस्तुएं क्रम में नहीं रहीं, जिन्हें तुम एक-के-बाद-एक देखते हो। यहां समग्रता की एक साथ ही अनुभूति होती है जो एकता के समान ही अपना अस्तित्व रखती है। चुनाव का रूप तब केवल अन्तर्दृष्टि का ही होता है।

किन्तु जब तक तुम दूसरी अवस्था में रहते हो, धनुर्धारी के समान, तुम समग्र को नहीं देख सकते—तुम क्रमिक रूप में समग्र को नहीं देख सकते। तुम एक सत्य को दूसरे के साथ जोड़ते हुए भी समग्र को नहीं देख सकते। यही मन की अक्षमता है। मन नहीं देख सकता। वह सदा क्रमिक रूप में देखेगा, जिसका अर्थ होगा सदा सत्यों को जोड़ना। और यह ऐसा नहीं है—इसमें कुछ-न-कुछ सदा छूट जायेगा, सत्य का अर्थ ही छूट जायेगा।

जब व्यक्ति को एकत्व में समग्रता का सार्वभौम और युगपत् बोध होता है, केवल तभी सत्य को उसकी समग्रता में देखा जा सकता है।

और तब कार्य एक चुनाव मात्र नहीं रह जाता जिसमें भूल हो सकती है, शुद्धि और विवाद की आवश्यकता पड़ सकती है, तब वह जो कुछ करना है, उसका स्पष्ट दर्शन बन जाता है और अचूक होता है।

३.२.१९६२

७२ — ज्ञान के उदय होने का लक्षण है यह अनुभव करना कि

अभी मैं न के बराबर या कुछ नहीं जानता; और फिर भी, यदि मैं केवल अपने ज्ञान को ही जान पाता तो इसका अर्थ होता कि मैं सब कुछ पा चुका हूं।

नींद में कई बार ऐसा लगता है कि व्यक्ति को भविष्य के बारे में यथार्थ ज्ञान प्राप्त हो गया है। इस ज्ञान में सब भौतिक बारीकियां तो निहित होती ही हैं, साथ ही यह असाधारण रूप से यथार्थ भी होता है, मानों वहां, गुह्य स्तर पर, सब कुछ ब्योरेवार पहले ही सम्पन्न हो चुका हो। क्या यह ज्ञान यथार्थ होता है? ज्ञान का यह स्तर कौन-सा है? क्या यह एक ही है या एक से अधिक? जाग्रत् अवस्था में, चेतन रूप में, इस तक पहुंचने के लिए क्या किया जाये? और इसका क्या कारण है कि गम्भीर व्यक्ति, जिन्होंने भगवत्प्राप्ति कर ली है, अपनी भविष्यवाणियों में कभी-कभी मोटी भूलें कर जाते हैं?

किन्तु यह तो एक पूरे-का-पूरा जगत् है! यहां एक प्रश्न नहीं, बीसियों प्रश्न उठ खड़े होते हैं।

पूर्वसूचक स्वप्न कई प्रकार के होते हैं, इनमें से कई पूर्वसूचक स्वप्न तो तत्काल ही फलीभूत हो जाते हैं, दूसरे शब्दों में, रात्रि का स्वप्न अगले दिन ही चरितार्थ हो जाता है, और कुछ पूर्वसूचक स्वप्न ऐसे होते हैं जिनके पूरा होने में थोड़ा-बहुत समय लगता है। और अपनी समय-सम्बन्धी स्थिति के अनुसार ये स्वप्न विभिन्न स्तरों में देखे जाते हैं।

जितना अधिक व्यक्ति पूर्ण निश्चयता के निकट पहुंचता है उतनी ही अधिक दूरी बढ़ जाती है, क्योंकि ये अन्तर्दर्शन (Vision) एक ऐसे जगत् में प्राप्त होते हैं जो मूल स्रोत के बहुत निकट है। जो कुछ होने वाला है उसके साक्षात्कार और उसकी चरितार्थता के बीच का समय बहुत लम्बा हो सकता है। किन्तु साक्षात्कार निश्चयात्मक है, क्योंकि वह 'मूलस्रोत' के अत्यन्त निकट है। एक ऐसा स्थान है—जब व्यक्ति सर्वोच्च सत्ता के साथ एक हो जाता है—जहां व्यक्ति भूत, भविष्य और वर्तमान के बारे में सर्वत्र सब कुछ जानता है। किन्तु साधारणतया होता यह है कि लोग वहां जाते हैं पर लौटने पर, जो देखा था वह भूल जाते हैं। उसे याद रखने के

लिए एक विशेष प्रकार के कठोर अनुशासन की आवश्यकता है। और यही वह एकमात्र स्थान है जहां व्यक्ति गलती नहीं कर सकता।

किन्तु जोड़ने वाले टांके या कड़ियां सदा पूरे नहीं होते, इसलिए व्यक्ति कभी-कदास ही याद रख सकता है।

हां, तो मैं यह कह रही थी कि जिस स्तर पर व्यक्ति यह सब देखता है, उसके अनुसार वह स्वप्न की चरितार्थता के समय के बारे में अनुमान लगा सकता है। तात्कालिक वस्तुएं तो पहले से ही हो चुकती हैं, इनका अस्तित्व सूक्ष्म-भौतिक जगत् में पहले से होता है और इन्हें वहां देखा जा सकता है—बस, ये वहां हैं, इनका वहां अस्तित्व है—ये केवल स्थूल जगत् की प्रतिमूर्ति के प्रतिबिम्ब (केवल प्रतिलिपि नहीं) अथवा प्रतिच्छायाएं होती हैं जो अगले दिन या कुछ घंटों के बाद घटेंगी। वहां तुम वस्तु को यथार्थ रूप में उसकी सब बारीकियों सहित देखते हो, क्योंकि वह वहां पहले से ही होती है। सब कुछ अन्तर्दर्शन, उसकी यथार्थता और उसकी शक्ति पर निर्भर करता है। यदि तुममें सूक्ष्म-दर्शन की प्रत्यक्ष और सच्ची शक्ति है तो तुम वस्तु को यथार्थ रूप में देख लोगे; पर यदि तुम इसके साथ अपनी भावनाएं और धारणाएं जोड़ दोगे तो वह अन्तर्दर्शन इससे प्रभावित हो जायेगा। अतएव, सूक्ष्म-भौतिक जगत् में यथार्थता पूर्णतया यन्त्र पर निर्भर करती है, अर्थात्, अन्तर्द्रष्टा पर।

किन्तु ज्यों ही तुम एक अधिक सूक्ष्म क्षेत्र में प्रवेश करते हो, उदाहरणार्थ, प्राण के क्षेत्र में या मन के क्षेत्र में जाते हो तो वहां प्राण के क्षेत्र में सम्भावनाओं की गुंजायश पैदा हो जाती है। तब तुम स्थूल रूप में यह जान सकते हो कि आगे क्या होने वाला है, पर ब्योरे में फर्क पड़ सकता है : यहां इच्छाएं और प्रभाव हस्तक्षेप करके विभेद उत्पन्न कर सकते हैं।

और इसका कारण यह है कि मूल 'संकल्प-शक्ति' विभिन्न क्षेत्रों में प्रतिबिम्बित होती है और प्रत्येक क्षेत्र उन प्रतिमूर्तियों की व्यवस्था और सम्बन्ध को बदल देता है। यह जगत् जिसमें हम रहते हैं प्रतिमूर्तियों का जगत् है। यह अपने सार रूप में वह वस्तु नहीं, बल्कि वस्तु का प्रतिबिम्ब है। यह कहा जा सकता है कि हम, अपने भौतिक जीवन में, केवल एक प्रतिबिम्ब हैं, अर्थात्, जो कुछ हम अपनी मूल वास्तविकता में हैं, उसकी प्रतिमूति हैं। और इन प्रतिबिम्बों के ढंग ही भूलों और असत्यता को

उत्पन्न करते हैं—जो कुछ तुम सार रूप में देखते हो वह पूर्णतया सत्य और विशुद्ध होता है तथा सनातन काल तक रहता है, प्रतिमूर्तियां तत्त्वतः बदलती रहती हैं। और स्पन्दनों में असत्यता जितनी अधिक होती है विकृति और परिवर्तन भी उतने ही अधिक हो जाते हैं। हम कह सकते हैं कि प्रत्येक परिस्थिति का, प्रत्येक घटना और प्रत्येक वस्तु का एक विशुद्ध अस्तित्व होता है, जो कि उसका सच्चा अस्तित्व है, पर उसी वस्तु की सत्ता के विभिन्न क्षेत्रों में बहुत-से अशुद्ध या विकृत अस्तित्व भी होते हैं। उदाहरणार्थ, बौद्धिक क्षेत्र में विकृति शुरू हो जाती है, मानसिक क्षेत्र में भी बहुत-सी विकृतियां आ जाती हैं और जब आवेगों और वेदनों के क्षेत्र हस्तक्षेप करते हैं तो इनकी संख्या और भी बढ़ जाती है। और भौतिक स्तर पर पहुंचते-न-पहुंचते तो प्रायः इन्हें पहचाना भी नहीं जा सकता, वे बिलकुल ही विकृत हो जाते हैं, इस हद तक कि कभी-कभी यह जानना कठिन हो जाता है कि यह उसी की स्थूल अभिव्यक्ति है—उनमें अधिक समानता नहीं होती।

समस्या को सुलझाने का यह एक नया ढंग है और यह कई अन्य वस्तुओं को समझने के लिए कुंजी प्रदान कर सकता है।

अतएव, जब तुम एक व्यक्ति को भली-भांति जानते हो, और तुम्हें उसे भौतिक रूप में देखने का अभ्यास है, यदि तुम उससे सूक्ष्म-भौतिक जगत् में मिलो तो तुम्हें उसके बारे में कई और वस्तुओं का पता लगेगा जो अधिक सुनिश्चित, प्रत्यक्ष और महत्त्वपूर्ण हैं, जिन्हें तुमने भौतिक रूप में पहले नहीं देखा था, क्योंकि स्थूल जगत् की धूमिलता में वे उसी स्तर पर दूसरी वस्तुओं में घुलमिल गयी थीं। कुछ ऐसे चरित्र या चरित्र के व्यक्त रूप होते हैं जो इतने महत्त्वपूर्ण होते हैं कि भली-भांति देखे जा सकते हैं, पर वे भौतिक रूप में प्रकट नहीं हुए होते। जब तुम इसी व्यक्ति को भौतिक रूप में देखते हो तो तुम उसके वर्ण को, उसके नाक-नक्शे को, उसके मुख के भाव को देखते हो। उसी समय यदि तुम उसे सूक्ष्म-भौतिक जगत् में देखो तो तुम्हें अचानक दिखायी देगा कि उसके शरीर के एक भाग का एक रंग है और दूसरे का दूसरा, उसकी आंखों में एक ऐसा भाव है, ऐसी ज्योति है जो पहले बिलकुल दिखायी नहीं देती थी, और सबसे बढ़कर, समस्त आकृति एक भिन्न वस्तु का आभास देती है, एक ऐसी वस्तु का जो हमारी

भौतिक आंखों को व्यर्थ प्रतीत होगी पर जो सूक्ष्म दृष्टि के लिए बड़ी स्पष्ट और स्वभाव को प्रकट करने वाली होगी। वह उन प्रभावों को भी व्यक्त कर देगी जिनके अधीन व्यक्ति रहता है। जो कुछ मैं यहां कह रही हूं वह अभी कुछ दिन पहले मेरे अपने अनुभव में आया था।

अतएव, जिस हद तक तुम चेतन होते हो और जिस स्तर से तुम देखते हो उसी के अनुसार तुम प्रतिमूर्तियों को और घटनाओं को थोड़ा-बहुत निकट से और थोड़ा-बहुत यथार्थ रूप में देखते हो। केवल एक ही दृष्टि सच्ची और सुनिश्चित है और वह भागवत चेतना की दृष्टि है। अब समस्या है इस भागवत चेतना के प्रति सचेतन होने की और इस चेतना को सर्वदा, समस्त बारीकियों में बनाये रखने की।

यहां से वहां तक, संकेतों को प्राप्त करने के कई ढंग हैं। यथार्थ और निश्चित दृष्टि के, जिससे कुछ लोग परिचित हैं, कितने ही स्रोत हो सकते हैं। जब व्यक्ति को अपनी परिस्थितियों के प्रति सचेतन रहने का अभ्यास हो जाता है तो उसे यह दृष्टि परिस्थितियों और वस्तुओं के साथ तादात्म्य स्थापित करने पर हो सकती है। यह संकेत अदृश्य जगत् के उस वाचाल प्राणी के द्वारा दिया जा सकता है जिसे भविष्य में होने वाली वस्तु की पूर्व सूचना देने में आनन्द आता है—ऐसा अधिकतर होता है। ऐसी अवस्था में सब कुछ "घोषणा करने वाले" के नैतिक गुण पर निर्भर करता है। यदि उसे तुम्हें छकाकर सुख मिलता है तो वह तुम्हें सब प्रकार की कहानियां सुनायेगा—जो लोग इन सत्ताओं से सूचना प्राप्त करते हैं उनके साथ प्रायः ऐसा ही होता है। वे लोगों को फंसाने के लिए पहले तो भविष्य में होने वाली घटनाओं के बारे में बताते हैं, क्योंकि उन्हें प्राण या मन के किसी क्षेत्र की व्यापक दृष्टि प्राप्त है, और जब उन्हें यह पक्का निश्चय हो जाता है कि तुम उनमें विश्वास करते हो, तो वे तुम्हें काल्पनिक कहानियां भी सुनाना आरम्भ कर सकते हैं, दूसरे शब्दों में, तुम मूर्ख बनाये जाते हो। ऐसा प्रायः होता है। अपनी ओर से तुम्हें इन प्राणियों अथवा सत्ताओं की चेतना से—जिन्हें छोटे देवता भी कहा जाता है—अधिक उच्च चेतना में निवास करना चाहिये तथा इनकी घोषणाओं के मूल्य को ऊपर से जांच सकना चाहिये।

यदि तुममें वैश्व मानसिक दृष्टि है तो तुम समस्त मानसिक रचनाओं

को देख सकते हो; तुम देखते हो—और यह बड़ा मनोरंजक होता है—कि किस प्रकार मानसिक जगत् भौतिक स्तर पर चरितार्थ होने के लिए अपने-आपको संगठित करता है। तुम कई विभिन्न रचनाओं को देखते हो, इनके एक-दूसरे के निकट आने, संघर्ष करने, संयुक्त होने तथा अपने-आपको संगठित करने के ढंग को भी देखते हो; उन रचनाओं को भी जो सबल होती हैं और अपना प्रभाव डालती हैं तथा जिन्हें अधिक पूर्ण चरितार्थता भी प्राप्त हो जाती है। अब यदि तुम सचमुच उच्चतर दृष्टि प्राप्त करना चाहते हो तो तुम्हें इस मानसिक जगत् से ऊपर उठकर उन मूल संकल्प-शक्तियों को देखना पड़ेगा जो अपने-आपको अभिव्यक्त करने के लिए ही नीचे उतरती हैं। इस अवस्था में, तुम्हें सब ब्योरे का पता न भी लगे, पर मुख्य *तथ्य*, अर्थात्, तथ्य का केन्द्रीय सत्य अवश्य ही निर्विवाद, स्वीकार्य एवं पूर्णतया ठीक होता है।

ऐसे लोग भी होते हैं जिनमें उन चीजों के बारे में भविष्यवाणी करने की शक्ति है जिनका पृथ्वी पर अस्तित्व है पर जो दूर, बहुत दूर, भौतिक आंखों से बहुत दूर हैं। साधारणतया, इन लोगों में अपनी चेतना को बढ़ाने और विस्तारित करने की योग्यता होती है। इनमें भौतिक दृष्टि तो होती है, पर वह जरा अधिक सूक्ष्म होती है जो विशुद्ध भौतिक इन्द्रिय से अधिक सूक्ष्म इन्द्रिय पर निर्भर करती है (इसे इस अंग की जीवन-शक्ति भी कहा जा सकता है)। और तब व्यक्ति इस चेतना को विस्तारित करके तथा देखने का संकल्प करके भली-भांति देख सकता है, वह वस्तुओं को देखता है—वस्तुतः वे पहले से ही वहां होती हैं, केवल वे हमारी सामान्य दृष्टि के क्षेत्र में नहीं होतीं। जिन लोगों में यह क्षमता होती है, और जो लोग वही कहते हैं जो कुछ देखते हैं, अर्थात्, जो सच्चे होते हैं, गप्पें नहीं हांकते, वे पूर्णतया यथार्थ और ठीक ढंग से देखते हैं।

मूलतया तो, इन भविष्यद्रष्टाओं या भविष्यवक्ताओं में एक बड़ी बात होनी चाहिये और वह है उनकी पूर्ण सच्चाई। किन्तु दुर्भाग्य से, लोगों की उत्सुकता, उनके आग्रह और दबाव के कारण—जिसका बहुत कम लोग प्रतिरोध कर सकते हैं—होता यह है कि यदि किसी वस्तु को वे यथार्थ और निश्चित रूप में नहीं देखते तो उनकी आन्तरिक कल्पना-शक्ति जो प्रायः ही उनकी इच्छा के बिना भी वहां उपस्थित हो जाती है, किसी छोटे

तत्त्व को वहां जोड़ देती है जिसकी वहां कमी थी। यही चीज भविष्यवाणियों में त्रुटियां पैदा करती है। बहुत कम लोगों में यह कहने का साहस होता है : "ओह, नहीं, यह मैं नहीं जानता, मुझे इसका पता नहीं है"—इतना ही नहीं, उनमें अपने-आपसे भी यह कह सकने का साहस नहीं होता। और तब जरा-सी कल्पना-शक्ति का प्रयोग कर, जो प्रायः अवचेतन रूप में ही कार्य करती है, वे बोध को, सूचना को पूरा कर देते हैं—तब कुछ भी हो सकता है। बहुत कम इसका प्रतिरोध कर सकते हैं। मैं बहुत, बहुत से ऐसे सिद्ध पुरुषों को जानती थी, मैं इस अद्‌भुत प्रतिभा से सम्पन्न बहुत-से लोगों को जानती थी; पर उनमें ऐसे बहुत कम थे जो ठीक वहीं रुक जाना जानते थे जहां उनका ज्ञान समाप्त होता है। तो हां, जब ब्योरे का प्रश्न उठता है, वे कुछ जोड़ देते हैं। यही चीज इन शक्तियों को एक संदिग्धता का गुण प्रदान कर देती है। व्यक्ति को सचमुच में सन्त होना चाहिये—एक महान् सन्त, एक महान् ऋषि—और पूर्णतया स्वतन्त्र होना चाहिये, उसे लोगों के प्रभाव में किसी प्रकार भी नहीं आना चाहिये (स्वभावतः ही मैं यहां उन लोगों की बात नहीं कर रही जो दुनिया में यश और नाम चाहते हैं, क्योंकि, उस अवस्था में वे सबसे स्थूल जालों में जा फंसते हैं)। फिर भी, यदि तुम सद्‌भावनावश लोगों को सन्तुष्ट एवं प्रसन्न करना चाहते हो, उनकी सहायता करना चाहते हो, तो यही वस्तुओं को विकृत करने के लिए काफी है।

जब सूक्ष्म-भौतिक जगत् में घटनाएं तैयार हो जाती हैं और हमें इसे जानने की दृष्टि भी प्राप्त हो जाती है तो क्या वस्तुओं को बदलने का समय निकल जाता है? या तब भी व्यक्ति उन पर क्रिया कर सकता है?

मैं यहां एक बड़ा मनोरंजक उदाहरण देती हूं। एक बार एक दैनिक पत्र 'ल मातें' (Le Matin) में (बहुत समय पहले जब कि तुम बहुत छोटे-से होगे) रोज एक छोटा-सा स्केच निकलता था जिसमें एक लड़का किसी वस्तु की ओर उंगली से संकेत करता था (वह साईस अथवा होटल के लड़के के वेश में होता था), वह हमेशा तारीख दिखाता था या मुझे नहीं

मालूम क्या दिखाता था—वह एक छोटा-सा स्केच होता था। वस्तुतः जिस व्यक्ति से यह कहानी सम्बन्धित है वह एक यात्री था और एक बड़े होटल में ठहरा था, किस शहर में यह मुझे याद नहीं। हां, तो एक रात या सवेरे, बहुत सवेरे उसे एक स्वप्न आया। उसने देखा कि यह लड़का, यह साईस उसको मुर्दागाड़ी की ओर संकेत कर रहा है (जिसमें मृत व्यक्ति यूरोप में कब्रिस्तान तक ले जाये जाते हैं), और उसे उसके अन्दर बैठने के लिए कह रहा है। उसने यह देखा और फिर प्रातःकाल जब वह तैयार हुआ और अपने कमरे से बाहर निकला जो कि बहुत ऊंची मंजिल पर था, तो उसने देखा वहां वही लड़का, उसी वेश में, उसे नीचे जाने के लिए लिफ्ट में आने का संकेत दे रहा है। यह देखकर उसे एक धक्का-सा लगा। उसने मना कर दिया और वह बोला : "नहीं, धन्यवाद!" वह लिफ्ट बीच में ही गिरा और टूट गया और जितने आदमी उसके अन्दर थे वे सब मर गये।

इस व्यक्ति ने मुझे स्वयं कहा था कि इसके बाद से वह स्वप्नों में विश्वास करने लगा!

यह एक पूर्वबोध था। उसने उस लड़के को देखा, किन्तु लड़के ने लिफ्ट की जगह उसे मुर्दागाड़ी दिखायी। और जब उसने स्केच के अनुसार उसी लड़के और उसी संकेत को देखा, तो उसने कह दिया : "नहीं, धन्यवाद। मैं पैदल ही नीचे उतरूंगा।" और वह लिफ्ट (जो जलशक्ति से चलता था) रास्ते में ही टूटकर ढेर हो गया। वह सबसे ऊपर की मंजिल पर था। और वह चूर-चूर हो गया।

मैं इसकी व्याख्या यों करती हूं कि किसी सत्ता ने उसे पूर्व चेतावनी दे दी थी; उस होटल के लड़के की प्रतिमूर्ति यह सोचने को उकसाती है कि वहां बुद्धि ने, चेतना ने हस्तक्षेप किया था, यह उसकी अवचेतना नहीं थी, अथवा यह भी हो सकता है कि उसकी अवचेतना ने सूक्ष्म-भौतिक जगत् में यह बात जान या देख ली थी कि आगे क्या होने वाला है। किन्तु उसकी अवचेतना ने ऐसी प्रतिमूर्ति क्यों गढ़ी? मुझे पता नहीं। शायद अवचेतना की कोई चीज इसके बारे में जानती थी, क्योंकि यह बात पहले से वहां, सूक्ष्म-भौतिक जगत् में मौजूद थी। यह दुर्घटना अपने घटित होने के पहले ही वहां थी—यह दुर्घटना का नियम है।

स्पष्ट ही, प्रत्येक दशा में, सदा ही, कभी कुछ घन्टों का (बस यही अधिक-से-अधिक है), तो कभी कुछ सेकेंड का फर्क होता है। और अधिकतर तो वस्तुएं तुम्हें बता देती हैं कि वे वहां उपस्थित हैं, और तब उन्हें तुम्हारी चेतना के साथ सम्बन्ध में आने में कभी कुछ मिनट लगते हैं तो कभी कुछ सेकेंड। मैं हमेशा, हमेशा यह जानती हूं कि आगे क्या होने वाला है, उन वस्तुओं के बारे में भी जिनमें मुझे कोई रुचि नहीं है। पहले से वस्तुओं के बारे में जानने का कोई लाभ नहीं है, क्योंकि इससे कुछ बदलता नहीं। किन्तु इनका अस्तित्व है, ये तुम्हारे चारों ओर मौजूद हैं—यदि तुम्हारी चेतना काफी विस्तृत है, तुम यह सब जान जाते हो, उदाहरणार्थ, अमुक व्यक्ति कोई वस्तु लायेगा, ऐसे और भी उदाहरण हैं। और प्रतिदिन ऐसा होता है, या फिर अमुक आदमी आने वाला है। इसका कारण यह है कि हमारी चेतना विस्तृत होकर चीजों के साथ सम्पर्क प्राप्त कर लेती है।

किन्तु उस अवस्था में यह नहीं कहा जा सकता कि वह पूर्व सूचना देती है। क्योंकि वह वस्तु तो वहां पहले से मौजूद होती है, केवल उसे हमारी इन्द्रियों के साथ सम्पर्क स्थापित करने में कुछ समय लगता है क्योंकि वहां कोई ऐसा दरवाजा या दीवार या कोई और चीज है जो देखने से रोकती है।

किन्तु मुझे कई बार ऐसे अनुभव हुए हैं। उदाहरणार्थ: मैं एक बार पर्वतीय प्रदेश में घूम रही थी, मैं एक ऐसे रास्ते पर चल रही थी जहां केवल एक ही आदमी के चलने लायक स्थान था—एक ओर ऊंचा पहाड़ तो दूसरी ओर एक सीधी चट्टान। मेरे पीछे तीन बच्चे थे और उनके पीछे एक अन्य व्यक्ति था। मैं सबसे आगे थी। मार्ग चट्टानों में से होकर जा रहा था और वह किधर जा रहा है यह देखना सम्भव नहीं था (साथ ही वह बड़ा संकटपूर्ण भी था, यदि पैर फिसल जाये, तो आदमी सीधा खन्दक में जा गिरे)। मैं सबके आगे थी, अचानक ही मैंने देखा, इन आंखों से नहीं, दूसरी आंखों से (यद्यपि मैं बड़े ध्यान से अपने पैरों की ओर देख रही थी), मैंने वहां, चट्टान के दूसरे सिरे पर एक सांप देखा। मैंने धीरे-से एक पग आगे बढ़ाया और सचमुच ही दूसरी ओर एक सांप था। इससे मैं आश्चर्य के पहले धक्के से बच गयी क्योंकि मैंने उसे पहले से ही देख लिया था और सावधानी से आगे बढ़ी थी। और क्योंकि मुझे यह धक्का नहीं लगा, मैं

बच्चों को भी बिना आघात पहुंचाये यह बता सकी : "ठहरो, चुप रहो, हिलो मत।" यदि यह आघात लगता तो कुछ भी हो सकता था। सांप ने शोर सुन लिया था। वह कुण्डली मारकर अपने बिल के आगे अपने बचाव के लिए तैयार बैठा था, उसका सिर झूम रहा था—वह एक बड़ा विषैला सांप था। यह घटना फ्रांस में घटी थी। उस दिन कुछ नहीं हुआ। पर यदि कुछ गड़बड़ या हो-हल्ला होता तो पता नहीं क्या कुछ हो जाता।

इस प्रकार की बातें मेरे साथ बहुत, बहुत बार हो चुकी हैं (सांप के सम्बन्ध में ऐसा मेरे साथ चार बार हो चुका है)। एक बार, रात्रि का समय था, ऐसा यहीं, अरियन कुप्पम् नामक एक मछुओं के गांव में हुआ था। यह घटना नदी के पास हुई, ठीक उस स्थान पर जहां वह समुद्र में गिरती है। अंधेरा था। बहुत जल्दी रात हो गयी थी। हम सड़क पर चल रहे थे और ठीक उस समय जब कि मैं अपना पैर रखने ही वाली थी—बल्कि मैंने पैर उठा लिया था और उसे नीचे रखने ही वाली थी—मैंने अपने कान में एक स्पष्ट आवाज सुनी : "सावधान"! हालांकि उस समय कोई भी बोला नहीं था। तब मैंने सिर उठाया और ठीक उस समय जब कि मेरा पैर जमीन को छूने वाला था मैंने एक बड़ा काला नाग देखा, मैं उसके ऊपर बड़े आराम से पैर रख सकती थी—ये ऐसे जीव हैं जो इसे पसन्द नहीं करते। वह सरक कर नदी पार कर गया। मेरे बच्चे, कितना सुन्दर था वह! उसका फन फैला था, सिर ऊंचा किये राजसी ढंग से वह नदी पार कर गया। स्पष्ट ही उस दिन मुझे अपनी अशिष्टता का दण्ड मिल गया होता।

ऐसी सैकड़ों बातें मेरे साथ हो चुकी हैं, ठीक एक सेकेंड पहले, उससे जल्दी नहीं, मुझे सूचना मिल जाती थी, और बहुत भिन्न परिस्थितियों में। एक बार पेरिस में मैं सेंट मिशल बुलवार (Boulevard) को पार कर रही थी (यह अन्तिम सप्ताहों की बात थी; मैंने यह निर्णय लिया था कि इतने महीनों में मुझे अन्तरात्म-सत्ता के साथ, आन्तरिक भागवत सत्ता के साथ संयुक्त हो जाना है और मैं केवल उसी की बात सोच रही थी, मेरा इसके अतिरिक्त और किसी चीज से कोई सरोकार न था)। मैं उस समय लक्समबर्ग के पास रहती थी और शाम को रोज लक्समबर्ग घूमने के लिए जाती थी, पर मैं सदा अन्तर्मुख ही रहती थी। वहां एक चौराहा-सा

था और अन्तर्मुख रहते हुए पार करने के उपयुक्त वह स्थान नहीं था, यह बहुत बुद्धिसंगत भी नहीं था। इस प्रकार एक दिन जब मैं उसी अवस्था में चल रही थी, अचानक मुझे एक धक्का-सा लगा, मानों किसी ने मेरे ऊपर चोट की हो। मैं सहज प्रेरणावश पीछे की ओर कूदी और ज्यों ही मैं पीछे कूदी एक ट्राम-कार वहां से निकल गयी—इस ट्राम-कार की उपस्थिति को मैंने एक हाथ की दूरी से अनुभव कर लिया था। इसने मेरे घेरे को, मेरे सुरक्षा के घेरे को छू लिया था (वह उस समय बहुत सशक्त था, मैं पूरी तरह गुह्यविद्या में डूबी हुई थी और मैं उसे रखना जानती थी), सुरक्षा के इस ज्योतिमण्डल को उसका आघात प्राप्त हो गया था और उसने सचमुच मुझे पीछे की ओर फेंक दिया, मानों मुझे कोई भौतिक आघात लगा हो। साथ ही मुझे चालक की गालियां भी सुननी पड़ीं, मैं पीछे की ओर कूदी और ट्रामकार ऐन समय पर निकल गयी।

मुझे अधिक याद नहीं पर तो भी ऐसे बीसियों प्रसंग मैं तुम्हें सुना सकती हूं।

सुरक्षा विभिन्न स्रोतों से आ सकती है। प्रायः तो ऐसा होता था कि कोई मुझे सूचना दे देता था : एक छोटी-सी सत्ता, कोई प्राणी। और कभी-कभी यह सुरक्षा का घेरा ही रक्षा करता था। सब प्रकार की वस्तुओं के लिए ऐसा होता था। दूसरे शब्दों में, जीवन केवल भौतिक शरीर तक ही सीमित नहीं था—ऐसा होना सुविधाजनक था, अच्छा था। यह आवश्यक भी है, यह तुम्हारी योग्यताओं को बढ़ाता है। यही बात उस समय मुझे एक व्यक्ति ने कही थी जो मुझे गुह्यविद्या सिखाता था : "तुम अपनी इन्द्रियों से, जो *अति सामान्य जीवन तक के लिए भी* बड़ी उपयोगी वस्तुएं हैं, काम नहीं लेतीं।" यह सच है, बिलकुल सच है। जितना कि हम सामान्यतया जानते हैं उससे अनन्तगुना अधिक हम अपने इन्द्रियज्ञान का उपयोग करके जान सकते हैं, केवल मानसिक दृष्टिकोण से नहीं, प्राणिक और भौतिक दृष्टिकोण से भी।

किन्तु इसकी विधि क्या है?

ओह! विधि बड़ी सरल है। इसके लिए कुछ अभ्यास हैं। यह उस पर

निर्भर करता है जो व्यक्ति करना चाहता हो।

यह कई बातों पर अवलम्बित है, प्रत्येक वस्तु की अपनी विधि होती है। पहली विधि है—सबसे पहले इसे चाहना, अर्थात्, इसके लिए निश्चय करना तब तुम्हें इन इन्द्रियों तथा इनके कार्य करने के ढंग के विषय में बताया जाता है—यह एक लम्बा कार्य है। तुम एक या अधिक इन्द्रियों को लो, या उसे लो जिससे तुम अधिक सुगमता के साथ आरम्भ कर सकते हो और तब अपना निश्चय बना लो और नियमों का पालन करो। ये भी उसी प्रकार के व्यायाम हैं जिन्हें तुम अपनी मांसपेशियों के विकास के लिए करते हो। तुम इस प्रकार अपने अन्दर संकल्प-शक्ति भी पैदा करने में सफल हो सकते हो।

किन्तु अधिक सूक्ष्म वस्तुओं के लिए विधि यह है कि जो कुछ व्यक्ति प्राप्त करना चाहता है उसकी यथार्थ प्रतिमूर्ति गढ़ ले, उसके अनुरूप स्पन्दनों का सम्पर्क प्राप्त कर ले और तब एकाग्र होकर अभ्यास करे—ये अभ्यास होंगे किसी वस्तु के पार देखना या किसी आवाज के पार सुनना[१], या दूरी से देख लेना। उदाहरणार्थ, एक बार मैं बहुत समय तक, कई महीनों बीमार होकर बिस्तर में ही रही और बहुत उकता गयी—मैं कुछ देखना चाहती थी। मैं एक कमरे में थी जिसके दूसरी ओर एक और छोटा-सा कमरा था। उस छोटे कमरे के अन्त में एक पुल जैसा था जो कि बगीचे के बीच में एक जीने में बदल गया; यह जीना किसी बहुत बड़ी और सुन्दर शिल्पशाला में जाता था जो बगीचे के बीचोंबीच बनी थी। क्योंकि मैं कमरे में लेटे-लेटे तंग आ गयी थी, मैं यह देखना चाहती थी कि उस शिल्पशाला में क्या हो रहा है। फिर मैंने पूर्णतया शान्त होकर अपनी आंखें बन्द कर लीं और अपनी चेतना को थोड़ा-थोड़ा करके बाहर

---

[१] माताजी ने इसे अधिक सुस्पष्ट करके यों कहा : "आवाज के पीछे से सुन लेना, किसी भौतिक तथ्य के, किसी शब्द, आवाज, उदाहरणार्थ, संगीत के पीछे स्थित सूक्ष्म सत्ता के सम्पर्क में आना। व्यक्ति एकाग्र होकर इन चीजों के पीछे की आवाज सुन लेता है। ऐसा तब होता है जब वह अपने-आपको उस प्राणिक सत्ता के सम्पर्क में ले आता है जो बाह्य प्रतीतियों के पीछे होती है (यह मानसिक सत्ता भी हो सकती है, किन्तु साधारणतया जो सत्ता भौतिक आवाज के पीछे होती है वह प्राणिक सत्ता ही होती है)।"

की ओर भेजना आरम्भ किया। रोज-रोज, एक निश्चित समय पर, नियम से मैं यह अभ्यास करने लगी। पहले तो तुम अपनी कल्पना का प्रयोग करते हो, पर पीछे वह एक तथ्य बन जाता है। कुछ समय के बाद, मुझे भौतिक रूप से यह अनुभव होने लगा कि मेरी दृष्टि का स्थानान्तर हो रहा है : मैं उसका अनुसरण करती रही और तब मैं वहां, नीचे की वस्तुओं को देखने लगी जिनके बारे में मैं कुछ भी नहीं जानती थी। बाद में मैंने जांच कर देखा। शाम को मैं पूछा करती थी : "क्या यह ऐसा था, क्या वह वैसा था?"

किन्तु इनमें से हर चीज के लिए तुम्हें महीनों धैर्य और एक प्रकार के आग्रह के साथ कार्य करना पड़ेगा। एक-एक इन्द्रिय को, आंख, कान को लो, यहां तक कि तुम स्वाद, सुगंध और स्पर्श के सूक्ष्म ज्ञान को प्राप्त करने में भी सफल हो सकते हो।

मानसिक दृष्टिकोण से यह अधिक सरल है, क्योंकि वहां तुम्हें एकाग्र होने का अभ्यास है। अनुमानों के द्वारा किसी समस्या का हल निकालने के स्थान पर जब तुम सोच-विचारकर उसका समाधान ढूंढ़ना चाहते हो तो तुम सब कुछ बन्द करके एकाग्र, केवल एकाग्र होने की कोशिश करते हो, समस्या के केन्द्र को तीव्र बनाते हो। तुम सब कुछ बन्द करके प्रतीक्षा करते हो, जब तक कि एकाग्रता की शक्ति के फलस्वरूप तुम्हें उत्तर नहीं मिल जाता। पर इसमें भी थोड़ा समय लगता है। किन्तु यदि तुम अच्छे विद्यार्थी रहे हो तो तुम्हें इस बात को करने का अभ्यास होगा, और यह बहुत कठिन नहीं है।

भौतिक इन्द्रियों को एक प्रकार से विस्तारित किया जा सकता है। उदाहरणार्थ, रेड इण्डियन लोगों की सुनने और सूंघने की शक्ति हमारी इस प्रकार की शक्ति से कहीं अधिक होती है—और कुत्तों की! मैं एक रेड इण्डियन को जानती थी (जब मैं आठ या दस वर्ष की बच्ची ही थी, वह मेरा मित्र था, वह बफेलोबिल नामक व्यक्ति के साथ आया था। वह हिपोड्रोम (Hippodrome) सरकस का समय था। यह बहुत दिनों की बात है, हां, मैं उस समय आठ वर्ष की थी)। वह इतना होशियार था कि जमीन के साथ अपना कान लगाकर और इस प्रकार स्पन्दनों की तीव्रता पहचान कर दूरी को जान लेता था। उसे यह पता लग जाता था कि किस

दूरी से आदमी के चलने की आवाज आ रही है। इसके बाद सभी बच्चे कहने लगे : "मैं भी जानना चाहता हूं।"

और तब तुम प्रयत्न करते हो और इसी प्रकार तुम अपने-आपको तैयार कर लेते हो। तुम सोचते हो तुम खेल रहे हो पर इसमें तुम आगे के लिए तैयारी कर रहे होते हो।

२७.२.१९६२

७३ — जब प्रज्ञा आती है तो उसका सबसे पहला पाठ होता है : "ज्ञान जैसी कोई चीज नहीं है; हैं केवल अनन्त परमदेव की झांकियां।"

यह ठीक है।

प्रश्न की आवश्यकता नहीं है।

७४ — व्यावहारिक ज्ञान एक दूसरी ही वस्तु है; वह सच्चा और उपयोगी होता है, परन्तु वह कभी पूर्ण नहीं होता। अतएव उसे व्यवस्थित और विधिबद्ध करना आवश्यक पर नाशकारी होता है।

७५ — व्यवस्थित तो हमें करना ही होगा, पर व्यवस्था बनाते और मानते समय भी हमें सर्वदा इस सत्य को दृढ़तापूर्वक पकड़े रहना होगा कि सभी व्यवस्थाएं अपने स्वभाव में क्षणस्थायी और अपूर्ण होती हैं।

मैंने यह बहुत बार देखा है। एक ऐसा भी समय था जब मैं सोचती थी कि यदि व्यक्ति भौतिक प्रकृति की सम्पूर्ण क्रिया के, जैसा कि हम उसे 'अज्ञान' के जगत् में देखते हैं, समग्र, पूर्ण और सर्वांगीण ज्ञान को प्राप्त कर ले, तो शायद इससे हम वस्तुओं के सत्य को फिर से प्राप्त कर सकें या उस

तक नये सिरे से पहुंच सकें। पर अपने पिछले अनुभव[1] के बाद मैं ऐसा नहीं सोच सकती।

मुझे पता नहीं, लोग मुझे समझ पा रहे हैं या नहीं...। एक समय तक, एक बहुत लम्बे समय तक, मैं यह सोचती रही कि विज्ञान—यदि वह पूर्णतया अपनी सम्भाव्यताओं के अन्त तक पहुंच जाये (यदि यह सम्भव हो) तो सच्चे 'ज्ञान' तक पहुंच जायेगा। उदाहरणार्थ, 'जड़-पदार्थ' की रचना का अध्ययन करते हुए तथा खोज की प्रवृत्ति में आगे बढ़ते-बढ़ते एक ऐसा क्षण आ सकता है जब दोनों मिल जायेंगे। उस समय जब मुझे सनातन सत्य की चेतना से वैयक्तिक जगत् की चेतना तक के मार्ग की अनुभूति हुई, यह मुझे असम्भव प्रतीत होता था। और यदि तुम मुझसे अब पूछो तो मेरा विश्वास है कि दोनों वस्तुएं,—विज्ञान को अपनी अन्तिम सीमा तक पहुंचाकर दोनों के संयोग की सम्भावना और भौतिक जगत् के साथ किसी सच्चे चेतन सम्बन्ध की असम्भावना—दोनों समान रूप से अयथार्थ हैं। कुछ और भी है।

और इन दिनों यह पूरी समस्या अधिकाधिक मेरे सामने आ रही है, मानों इसे मैंने पहले कभी देखा ही नहीं।

शायद ये दो ऐसे मार्ग हैं जो तीसरे बिन्दु की ओर जा रहे हैं, और इस क्षण मैं इसी तीसरे बिन्दु का ठीक अध्ययन नहीं, खोज कर रही हूं, —ये दो मार्ग एक तीसरे बिन्दु पर मिलेंगे, वही एक 'सच्ची वस्तु' होगी।

किन्तु यह निश्चित है कि यदि अपनी अन्तिम सीमा तक पहुंचाये गये वस्तुनिष्ठ, वैज्ञानिक ज्ञान के लिए पूर्णतया समग्र और सम्पूर्ण बनना सम्भव हो तो वह, किसी भी हालत में, दहलीज तक ले जाता है। श्रीअरविन्द यही कहते हैं। वे केवल यह कहते हैं कि यह घातक है, क्योंकि जो लोग इस ज्ञान पर विश्वास करते हैं वे इसे एक पूर्ण सत्य मानते हैं और इसी बात ने उनके लिए दूसरा मार्ग बन्द कर दिया है। इसी कारण यह घातक हो जाता है।

किन्तु अपने व्यक्तिगत अनुभव के आधार पर मैं कह सकती हूं कि

---

[1] यह उस विशिष्ट यौगिक 'अनुभूति' से सम्बन्धित है जो श्रीमां को १३ अप्रैल १९६२ को हुई थी।

जो लोग एक *अनन्य* आध्यात्मिक मार्ग पर, अर्थात् केवल आन्तरिक अनुभव के मार्ग पर ही विश्वास करते हैं, यदि वे उसे अनन्य मानते हैं, तो यह भी घातक हो जाता है। क्योंकि यह उनके आगे केवल *एक* पक्ष, समग्र नहीं, समग्र का *एक* सत्य रखता है। दूसरा पक्ष भी मुझे अनिवार्य प्रतीत होता है। जब मैं अत्यन्त समग्र रूप में, परम उपलब्धि में संलग्न थी, तो मुझे यह पूर्णतया विवादरहित लगा कि दूसरी उपलब्धि—जो कि बाह्य एवं भ्रामक है—एक ऐसी वस्तु की विकृति (शायद आकस्मिक) है जो दूसरी वस्तु के *समान ही* सत्य थी।

हम इसी "दूसरी वस्तु" की खोज कर रहे हैं। शायद केवल खोज ही नहीं कर रहे, उसका *निर्माण* भी कर रहे हैं।

हमारा इस तरह उपयोग हो रहा है कि हम उसकी अभिव्यक्ति में भाग ले सकें। यह अभिव्यक्ति उस वस्तु की है जिसके बारे में कोई नहीं सोच सकता, क्योंकि यह अभी तक यहां विद्यमान नहीं है। यह एक ऐसी अभिव्यक्ति है जो आने वाली है।

मैं इतना ही कह सकती हूं।

(मौन)

मैं आजकल वास्तव में चेतना की इसी अवस्था में हूं, मानों मैं सनातन समस्या की उपस्थिति में हूं, किन्तु *एक भिन्न स्थिति में*।

ये स्थितियां—आध्यात्मिक स्थिति और "भौतिक" स्थिति, यदि हम इन्हें ऐसे नाम दे लें, जिन्हें अनन्य माना जाता है (एकांगी और एकमात्र, ताकि एक स्थिति सत्य की दृष्टि से दूसरी स्थिति के मूल्य को अस्वीकार कर देती है), काफी नहीं है, केवल इसलिए नहीं कि ये एक-दूसरी का निषेध करती हैं, पर इसलिए भी कि दोनों को स्वीकार और संयुक्त करके भी समस्या का समाधान नहीं होता। एक और चीज भी है—एक तीसरी चीज जो इन दोनों का परिणाम नहीं, जिसकी अभी खोज बाकी है, शायद वह समग्र 'ज्ञान' का द्वार खोल देगी।

मैं इसी बिन्दु पर हूं।

मैं अधिक नहीं कह सकती, क्योंकि मैं ठीक इसी स्थल पर हूं।

इसमें क्रियात्मक रूप से कैसे भाग लिया जाये...?

यह खोज?

यह... हां तो, तल में सदा एक ही वस्तु है, सदा एक ही वस्तु, अर्थात् अपनी सत्ता को चरितार्थ करना, अपनी सत्ता के सर्वोच्च सत्य के चेतन सम्पर्क में आना, यह चाहे *किसी* भी रूप में, *किसी* भी ढंग से हो —इसका महत्त्व नहीं—किन्तु रास्ता यही है। हम अपने अन्दर एक सत्य को लिए रहते हैं—प्रत्येक व्यक्ति के अन्दर यह सत्य होता है, और इसी सत्य के साथ उसे संयुक्त होना चाहिये, इसी सत्य को जीना चाहिये। इस प्रकार, इस सत्य के साथ संयुक्त होने तथा इसे प्राप्त करने के लिए जिस रास्ते का वह अनुसरण करेगा, वही वह रास्ता होगा जो उसे 'ज्ञान' के *अधिकाधिक* निकट ले जायेगा। दूसरे शब्दों में, ये दोनों—व्यक्तिगत उपलब्धि और 'ज्ञान'—पूर्णतया एक हैं।

कौन जाने, मार्ग की यह बहुविधता ही गुप्त 'रहस्य' को प्रकट कर दे, —उस 'रहस्य' को जो द्वार को खोल देगा।

मुझे नहीं लगता कि कोई अकेला व्यक्ति (पृथ्वी की वर्तमान अवस्था में), कोई भी व्यक्ति, वह चाहे कितना भी महान् क्यों न हो, उसकी चेतना और उसका मूल स्रोत कितना भी सनातन क्यों न हो, अकेला बदल और चरितार्थ कर सकता है—संसार को बदलना, सृष्टि जैसी है उसे बदलना और इस उच्चतर 'सत्य' को संसिद्ध करना जो एक नया संसार होगा, एक संसार जो पूर्णतया सत्य नहीं तो अधिक सत्य अवश्य होगा। ऐसा प्रतीत होता है कि व्यक्तियों के एक विशेष समूह (अभी तक तो यह काल में एक क्रमिक श्रेणी है, किन्तु शायद यह देश में एक समूह भी हो) का होना अनिवार्य है ताकि यह 'सत्य' मूर्त रूप धारण करके अपने-आपको चरितार्थ कर सके।

व्यावहारिक रूप में मुझे इस बात का निश्चय है।

दूसरे शब्दों में, कोई अवतार चाहे कितना भी महान्, कितना भी चेतन और शक्तिशाली क्यों न हो, केवल अपने बूते पृथ्वी पर अतिमानसिक जीवन को उपलब्ध नहीं कर सकता। काल में या तो पंक्तिबद्ध समूह, या फिर देश में फैला हुआ समूह, या शायद दोनों ही इस उपलब्धि के लिए

अनिवार्य हैं। मुझे इसका पूरा विश्वास है।

व्यक्ति प्रेरणा दे सकता है, रास्ता दिखा सकता है—स्वयं मार्ग पर चल सकता है, अर्थात्, स्वयं उसे चरितार्थ करके मार्ग दिखा सकता है—किन्तु उसे जगत् में उपलब्ध नहीं कर सकता। उपलब्धि कुछ सामूहिक नियमों का आदेश मानती है जो सनातन 'सत्ता' और अनन्त सत्ता के किसी पक्ष की अभिव्यक्ति होते हैं—स्वभावतः, 'सत्ता' वही होती है, व्यक्ति भिन्न नहीं होते, व्यक्तित्व भिन्न नहीं होते, सब कुछ एक ही 'सत्ता' है। वही 'सत्ता' अपने-आपको एक ऐसे ढंग से व्यक्त करती है जो हमारे लिए एक समूह, एक दल, एक समाज के रूप में अनूदित होता है।

तो ऐसा है, इसी विषय पर कोई और प्रश्न है?

१३ अप्रैल की अनुभूति के बाद से आपके अन्तर्दर्शन में किस प्रकार का भेद आया है?

मैं फिर कहती हूं।

बहुत लम्बे समय तक मुझे ऐसा प्रतीत होता रहा कि यदि व्यक्ति अपनी चरम सीमा तक पहुंचे हुए वैज्ञानिक रास्ते और अपनी चरम सीमा तक पहुंचे हुए आध्यात्मिक रास्ते—उसकी चरम उपलब्धि—के बीच में एक पूर्ण ऐक्य स्थापित कर सके, यदि उन दोनों को मिला सके तो, वह स्वभावतया उस सत्य को, उस समग्र 'सत्य' को हस्तगत कर लेगा जिसे वह ढूंढ़ रहा है। किन्तु उन दोनों अनुभूतियों के साथ जो मुझे प्राप्त हुई थीं—बाह्य जीवन की अनुभूति (वैश्वीकरण और निर्वैयक्तीकरण के साथ, उन समस्त यौगिक अनुभूतियों के साथ जिन्हें व्यक्ति भौतिक शरीर में प्राप्त कर सकता है), और 'मूलस्त्रोत' के साथ एक समग्र और पूर्ण ऐक्य की अनुभूति। अब जब कि मुझे ये दो अनुभूतियां प्राप्त हो चुकी हैं और कुछ ऐसी बात हो चुकी है जिसका मैं अभी ब्योरा नहीं दे सकती, मैं यह जानती हूं कि दोनों का ज्ञान और दोनों का संयोग काफी नहीं है; एक तीसरी वस्तु भी है जिसमें ये दोनों समाप्त होती हैं और इस तीसरी वस्तु का निर्माण हो रहा है, विस्तार हो रहा है। यही तीसरी वस्तु उस 'उपलब्धि', उस 'सत्य' की ओर ले जा सकती है जिसे हम खोज रहे हैं।

अब कुछ स्पष्ट हुआ?

मेरे मन में कुछ और ही बात थी...। इसके बाद (१३ अप्रैल की इस अनुभूति के बाद), भौतिक जगत् के सम्बन्ध की दृष्टि कैसे और किस बात में परिवर्तित हुई है?

उस चेतना का एक निकट अनुमान ही यहां दिया जा सकता है।

मैं योग के द्वारा भौतिक जगत् के साथ एक ऐसे सम्बन्ध तक पहुंची जो चौथे आयाम (आन्तरिक आयाम जो योग में असंख्य हो जाते हैं) के विचार पर आधारित था और मैंने इस वृत्ति और चेतना की इस अवस्था का लाभ उठाया। मैंने आन्तरिक आयामों द्वारा तथा इन आन्तरिक आयामों की चेतना को पूर्ण बनाकर भौतिक जगत् और आध्यात्मिक जगत् के बीच के सम्बन्ध का अध्ययन किया—मुझे यह अनुभूति उस अन्तिम अनुभूति से पहले हुई थी।

स्वभावतया, बहुत समय तक उन तीन आयामों के बारे में कोई प्रश्न ही नहीं उठता था—ये *पूर्णतया* भ्रान्ति और मिथ्यात्व के जगत् की वस्तुएं थीं। किन्तु अब चौथे आयाम की भावना का प्रयोग और तत्सम्बन्धी सब वस्तुएं मुझे ऊपरी प्रतीत होती हैं। और यह चीज इतनी सबल है कि मुझे यह अब दिखायी नहीं देती। दूसरा, अर्थात्, तीन आयामों वाला जगत्, बिलकुल अवास्तविक है। और फिर वह जगत् (यह कैसे कहा जाये?) मुझे रूढ़िगत प्रतीत होता है, मानों यह एक रूढ़िगत व्याख्या हो जो तुम्हें अमुक ढंग से समझने का अवसर देती है।

और यह कहना, अर्थात्, दूसरा जगत् और सच्ची स्थिति क्या है?... यह समस्त बौद्धिक अवस्थाओं के इतने बाहर की चीज है कि मैं इसे रूप दे ही नहीं सकती।

किन्तु मैं जानती हूं कि एक निश्चित रूप सामने आयेगा। किन्तु वह आयेगा चरितार्थ अनुभूतियों की शृंखला में, जो मुझे अभी प्राप्त नहीं हुई हैं।

(मौन)

यह विधि जो मेरे लिए बड़ी उपयोगी और बहुत सुविधाजनक थी तथा जो मेरे योग में सहायक थी और जिसने मुझे जड़-पदार्थ पर एक अधिकार भी प्रदान किया, मुझे एक ढंग, एक मार्ग, एक प्रक्रिया प्रतीत हुई, पर यह *वह* नहीं है।

यही वह अवस्था है जिसमें मैं निवास कर रही हूं।

इससे अधिक मैं नहीं कह सकती।

२४.५.१९६२

७६ — यूरोप अपने व्यावहारिक और वैज्ञानिक संगठन और कार्यकुशलता के लिए अपने ऊपर गर्व करता है। मैं तब तक प्रतीक्षा कर रहा हूं जब तक उसका संगठन पूर्ण नहीं हो जाता; तब एक बच्चा ही उसका नाश कर देगा।

जब बुलेटिन में ये सूत्र छपे थे तब आपने इस सूत्र को छोड़ देने के लिए कहा था। यह सूत्र काफी रहस्यमय है—इसके अतिरिक्त मैं उसे अच्छी तरह समझना चाहूंगा। फिर मैं यह भी जानना चाहूंगा कि अब हम इसे प्रकाशित करें या नहीं।

उन्होंने यह कहां लिखा था?

सूत्रों में।

हां, लेकिन उन्होंने एक खास पुस्तक नहीं लिखी है : ये सूत्र इधर-उधर से इकट्ठे किये गये थे।

नहीं, नहीं, बिलकुल नहीं। श्रीअरविन्द के पास एक विशेष कापी थी जिसमें वे एक-के-बाद-एक सूत्र लिखते जा रहे थे। और यह सूत्र दूसरों के बीच में ही था।

(मौन के बाद) "एक बालक"...

शुरू में, उन्होंने, अंग्रेजी में क्या लिखा था?

"अपने-आप पर गर्व करता है।"

अपने-आप पर गर्व करता है...
मैं, मैं कहूंगी।

लेकिन वे कहना क्या चाहते थे?

मुझे नहीं मालूम।

स्वभावतया, केवल शक्ति को नष्ट किया जा सकता है, क्योंकि पृथ्वी को नष्ट नहीं किया जा सकता।

हां, पृथ्वी को नष्ट नहीं किया जा सकता, लेकिन एक सभ्यता को नष्ट किया जा सकता है।

हां।

वे कहते हैं : "यूरोप नष्ट हो जायेगा।"

हां ...लेकिन कौन-सा बच्चा?

मुझे ऐसा लगता है कि यह कुछ ऐसी बात है जो पूर्णतया सच है, एक पूर्णतया सच्ची भविष्यवाणी—लेकिन मुझे नहीं मालूम।

आपने कहा था कि इस सूत्र को छोड़ देना ही अच्छा होगा।

लेकिन अब, इसके विपरीत मुझे यह लग रहा है कि इसे कहना *आवश्यक* है।

लेकिन मैं नहीं सोचती कि उसके लिए समय आ चुका है—"आ चुका है", मेरा मतलब सिद्धि के लिए; उसे कहने का समय आ चुका है लेकिन उसे चरितार्थ करने का नहीं।

"बालक"... क्या बालक का मतलब 'नयी' दुनिया नहीं हो सकता

—एक स्मित से ही वह इन सबको ढाह देगा।

हां, यह सम्भव है—यह सम्भव है।

(मौन)

इसके अन्दर एक भयावह सामर्थ्य है... कोई दुर्जेय तत्त्व है। तुम कल्पना नहीं कर सकते कि इसमें कितनी शक्ति है, यह सचमुच ऐसा है मानों प्रभु ने खुद कहा हो : "मैं प्रतीक्षा कर रहा हूं"... मैं प्रतीक्षा कर रहा हूं...।

११.१२.१९७१

७७ — प्रतिभा एक पद्धति का आविष्कार करती है; सामान्य बुद्धि उसे एक सांचे में ढालती जाती है जब तक कि कोई दूसरी नवीन प्रतिभा आकर उसे तोड़-फोड़ न दे। एक सेना का अनुभवी सैनिकों द्वारा परिचालित होना विपज्जनक है; क्योंकि दूसरे पक्ष में भगवान् नेपोलियन को नियुक्त कर सकते हैं।

७८ — जब ज्ञान नया होता है तो वह अजेय होता है, जब वह पुराना हो जाता है तो अपना गुण खो देता है। यह इसलिए कि भगवान् सर्वदा आगे की ओर बढ़ते रहते हैं।

यहां श्रीअरविन्द एक ऐसे ज्ञान की चर्चा करते हैं जो अन्तःप्रेरणा या अन्तःप्रकाश से प्राप्त होता है, जब कोई वस्तु अचानक नीचे उतरती है और बुद्धि को आलोकित कर देती है। अचानक, तुम्हें प्रतीत होता है कि तुम किसी विशेष वस्तु को पहली बार जान रहे हो, क्योंकि वह सीधी 'प्रकाश' और सच्चे 'ज्ञान' के क्षेत्र से आती है और वह सत्य की समस्त अन्तर्जात शक्ति के साथ आती है जो तुम्हें आलोकित कर देती है। और जब वह तुम्हें प्राप्त होती है तो सचमुच ऐसा प्रतीत होता है कि इस

'प्रकाश' के आगे कोई भी चीज नहीं ठहर सकती। और यदि तुम उसे अपने अन्दर कार्य करने देने की सावधानी बरतो तो वह रूपान्तर का उतना कार्य कर लेती है जितना अपने क्षेत्र में कर सकती है।

यह एक ऐसी अनुभूति है जिसे व्यक्ति प्रायः ही प्राप्त कर सकता है। जब यह आती है—पर कुछ समय के लिए, अधिक लम्बे समय के लिए नहीं—तो प्रत्येक वस्तु इस 'प्रकाश' के चारों ओर व्यवस्थित होती प्रतीत होती है। और तब, वह धीरे-धीरे बाकी चीजों के साथ घुल-मिल जाती है। बौद्धिक ज्ञान रहता है। यह किसी-न-किसी रूप में गठित हो जाता है, और यही बाकी रहता है, पर यह खोखला-सा लगता है। इसमें अब वह प्रेरक शक्ति नहीं रह जाती जो सत्ता की समस्त क्रियाओं को इस प्रकाश के रूप में गढ़ ले। श्रीअरविन्द के कहने का भाव यही है। संसार वेग से आगे बढ़ रहा है, प्रभु सदा आगे-आगे चलते हैं और यह सब वह पिछला सिरा है जिसे वे अपने पीछे छोड़ देते हैं किन्तु इसमें तात्कालिक शक्ति या उस क्षण का महत् बल नहीं होता जिस क्षण उन्होंने इसे जगत् में प्रक्षिप्त किया था।

तुम्हें ऐसा लगता है कि यह मानों सत्य की वर्षा हो रही है; जो लोग इसे पकड़ सकते हैं, चाहे वह एक बूंद ही क्यों न हो, उन्हें अन्तःप्रकाश मिलता है। किन्तु यदि वे एक अनोखे वेग से आगे नहीं बढ़ते तो भगवान् अपनी सत्य वर्षा के साथ आगे निकल जाते हैं, और उसे दुबारा पकड़ने के लिए व्यक्ति को बहुत दौड़ना पड़ता है।

श्रीअरविन्द यही कहना चाहते हैं।

हां, किन्तु यह ज्ञान रूपान्तर की सच्ची शक्ति प्राप्त कर सके...

हां, यह उच्चतर 'ज्ञान' ही है, यह वही सत्य है जो अपने-आपको अभिव्यक्त करता है, जिसे श्रीअरविन्द "सच्चा ज्ञान" कहते हैं और यही वह 'ज्ञान' है जो समस्त सृष्टि का रूपान्तर करता है। भगवान् इसे सारे समय पृथ्वी पर उंडेलते रहते हैं और यदि तुम पिछड़ नहीं जाना चाहते तो तुम्हें बहुत जल्दी करनी पड़ेगी।

पर क्या तुमने अपने मस्तिष्क में कभी तेज रोशनी का-सा अनुभव

नहीं किया है? जो यों अनूदित होता है : "ओह! हां", किसी समय तुम किसी वस्तु को बौद्धिक रूप से जानते थे, किन्तु वह मन्द थी, वह निर्जीव थी और अब अचानक ही वह एक बहुत बड़ी शक्ति के रूप में आती है जो चेतना के अन्दर की प्रत्येक वस्तु को इस 'प्रकाश' के चारों ओर व्यवस्थित कर देती है। यह अधिक देर तक नहीं ठहरती। कभी-कभी तो यह कुछ घंटे ही ठहरती है, और कभी कुछ दिन ठहरती है, किन्तु इससे अधिक कभी नहीं, जब तक कि तुम अपनी गतिविधि में अधिक धीमे ही न हो। और इस बीच सत्य का 'स्रोत' दूर, दूर, बहुत दूर चला जाता है...।

ये सब मनोवैज्ञानिक रूपान्तर हैं, किन्तु जब 'जड़-पदार्थ' और 'शरीर' पर कार्य करना हो तो व्यक्ति को किस ज्ञान की जरूरत होती है?

यह, मेरे बच्चे, मैं अभी, यह नहीं कह सकती, क्योंकि इसका मुझे पता नहीं है।

क्या यह किसी अन्य प्रकार का ज्ञान है?

नहीं, मुझे नहीं लगता।

(मौन)

शायद यह एक अन्य प्रकार की क्रिया है, किन्तु अन्य प्रकार का ज्ञान नहीं।

(मौन)

जो वस्तु 'जड़-पदार्थ' का रूपान्तर करती है उसके बारे में तुम केवल तभी बात कर सकते हो जब 'जड़-पदार्थ' कम-से-कम थोड़ा-सा रूपान्तरित हो जाये, अर्थात्, जब रूपान्तर आरम्भ हो जाये। तभी इस प्रक्रिया के

विषय में बात की जा सकती है। किन्तु अभी...

(मौन)

किन्तु सत्ता में कैसा भी, किसी भी स्तर पर रूपान्तर क्यों न हो, उसका निम्न स्तरों पर सदा ही प्रभाव पड़ता है। एक क्रिया सदा होती है; जो चीजें शुद्ध रूप में बौद्धिक प्रतीत होती हैं उनकी भी, निश्चित ही, मस्तिष्क की रचना पर प्रतिक्रिया होती है।

ऐसे अन्तःप्रकाश केवल नीरव मन में ही हो सकते हैं—कम-से-कम अचंचल मन में, एक ऐसे मन में जो सर्वथा शान्त और अविचल हो, नहीं तो वे आते ही नहीं। या फिर यदि वे आते भी हैं तो व्यक्ति अपने शोर में उन्हें जान नहीं पाता। स्वभावतया यह अनुभूति शान्ति, नीरवता और ग्रहणशीलता को अधिकाधिक स्थापित करने में सहायता पहुंचाती है। एक ऐसी वस्तु का प्रभाव, जो बहुत अचल तो हो पर बन्द नहीं, अचल हो पर खुली हुई, अचल हो पर ग्रहणशील भी, यह एक ऐसा प्रभाव है जो ठीक बार-बार आने वाली ऐसी अनुभूतियों द्वारा ही स्थिर होता है। उस नीरवता में जो मृत, मन्द और अनुत्तरशील है और एक प्रशान्त मन की ग्रहणशील नीरवता में एक बड़ा अन्तर है। इससे बहुत बड़ा अन्तर आता है। किन्तु यह उन्हीं अनुभूतियों का परिणाम है। हम जो भी उन्नति करते हैं वह सदा, बिलकुल स्वाभाविक रूप में, ऊपर से आने वाले सत्यों का ही परिणाम होती है।

इसका एक प्रभाव होता है, ऐसी समस्त वस्तुओं का शरीर के कार्य पर—अंगों के कार्य पर, मस्तिष्क के कार्य पर, स्नायुओं आदि के कार्य पर एक प्रभाव पड़ता है। यह निश्चय ही बाह्य आकृति पर प्रभाव पड़ने से पहले, बहुत पहले हो जायेगा।

वास्तव में, जब लोग रूपान्तर की बात करते हैं, तो वे विशेषकर एक रंगीन रूपान्तर की बात किया करते हैं, है न? एक सुन्दर बाह्याकृति! प्रकाशमयी, कोमल, नमनीय, इच्छानुसार परिवर्तित होने वाली। किन्तु यह, अर्थात्, अंगों का रूपान्तर जो कदाचित् ही सुन्दर होता है, इसके बारे में व्यक्ति अधिक नहीं सोचता! पर फिर भी यही रूपान्तर सबसे पहले होगा,

बाह्य आकृति के रूपान्तर से बहुत पहले।

श्रीअरविन्द ने अंगों का स्थान चक्रों[१] द्वारा लिए जाने की बात कही थी।

हां, हां, उन्होंने कहा था तीन सौ वर्ष!

(माताजी हंसती हैं)

(मौन)

कारण, यदि तुम थोड़ा-सा विचार करो तो तुम सरलता से समझ जाओगे। यदि बात केवल एक वस्तु को रोककर दूसरी को आरम्भ करने की होती, तो यह काफी तेजी से किया जा सकता था। किन्तु शरीर को जीवित रखा जाये ताकि वह अपना कार्य जारी रखे और *साथ ही* उसमें एक नयी क्रिया भी आरम्भ हो जाये जो उसे जीवित रहने दे और रूपान्तर भी हो—इन संयोगों को चरितार्थ करना बड़ा कठिन है। मैं इसे बहुत अच्छी तरह समझती हूं, बहुत अच्छी तरह... बहुत बड़ी कालावधि की आवश्यकता है ताकि बिना किसी संकट के यह कार्य हो जाये।

विशेषतया जब हम हृदय की बात पर आते हैं, हृदय का स्थान 'शक्ति' का केन्द्र, एक अत्यधिक महती सक्रिय शक्ति लेगी! (श्रीमां हंसती हैं) ठीक किस क्षण रक्त-संचार बन्द हो जायेगा और उसका स्थान शक्ति ले लेगी?

यह कठिन है!

(मौन)

सामान्य जीवन में तुम किसी वस्तु के बारे में पहले सोचते हो और तब उसे करते हो, किन्तु यहां बिलकुल उलटी बात है। इस जीवन में तुम्हें कार्य पहले करना होगा और समझना होगा पीछे, वह भी बहुत पीछे। पहले तुम्हें उसे करना होगा, बिना सोचे करना होगा। यदि तुम

[१] चक्र—सूक्ष्म शरीर में चेतना के केन्द्र।

सोचोगे, तो कुछ भी अच्छा न कर सकोगे, दूसरे शब्दों में, तुम पुराने ढर्रे पर लौट पड़ोगे।

६.१०.१९६२

७९ — भगवान् अनन्त दिव्य 'सम्भावना' हैं। इसलिए 'सत्य' कभी चुपचाप नहीं बैठता, और इसीलिए उसकी सन्तान की भूल-भ्रान्ति भी न्यायसंगत है।

८० — कुछ श्रद्धालुओं की बातें सुनकर हम अनुमान कर सकते हैं कि भगवान् कभी हंसते नहीं; हेन[1] सत्य के अधिक समीप था जब उसने 'उनके' अन्दर दिव्य अरिस्टोफ़ेन[2] को पाया।

हां, इससे उनका यह अभिप्राय है कि जो वस्तु एक क्षण सत्य है वह दूसरे क्षण सत्य नहीं रहती। और यही वस्तु "उसकी सन्तान की 'भ्रान्ति' का औचित्य सिद्ध करती है"।

शायद उनका मतलब यह है कि भ्रान्ति है ही नहीं।

हां, यह वही बात है, एक ही बात कहने का यह दूसरा ढंग है। कहने का आशय यह है कि जिसे हम अब भ्रान्ति कहते हैं वह किसी अन्य समय सत्य था।

भ्रान्ति काल में एक विचार है।

ऐसी वस्तुएं भी हैं जो सचमुच में भ्रान्तियां प्रतीत होती हैं।

कुछ देर के लिए।

---

[1] जर्मनी के एक कठोर व्यंग्यकार आलोचक और कवि।

[2] यूनान के प्रसिद्ध नाटककार और कवि।

यह एक आभास है : हमारे समस्त मूल्यांकन तात्कालिक होते हैं। इस क्षण वे एक प्रकार के हैं; दूसरे क्षण वैसे नहीं रहते, हमारे लिए भ्रान्तियां बन जाते हैं, क्योंकि हम चीजों को एक-के-बाद-एक देखते हैं। किन्तु भगवान् को वे ऐसी नहीं प्रतीत होतीं, क्योंकि सब कुछ 'उनमें' है।

अब जरा एक क्षण के लिए यह कल्पना करने की कोशिश करो कि तुम भगवान् हो! सब वस्तुएं तुम्हारे अन्दर हैं। केवल दिलबहलाव के लिए तुम उन्हें एक क्रम-विशेष में बाहर लाते हो। किन्तु तुम्हारे लिए, तुम्हारी चेतना में एक ही समय सब कुछ है। समय है ही नहीं, न भूत है न वर्तमान और न भविष्य—सब इकट्ठे हैं। और सभी सम्भव संयोग भी हैं। वे अपनी खुशी के लिए कभी एक वस्तु बाहर लाते हैं और कभी दूसरी, और ऐसे ही चलता रहता है। और तब वे बेचारे जो नीचे हैं और केवल एक छोटा-सा अंश ही देखते हैं (वे केवल उतना ही देख सकते हैं), वे कहते हैं : "ओह यह, यह तो एक भ्रान्ति है।" यह भ्रान्ति कैसे हुई? केवल इसलिए कि वे केवल उतना-सा ही देखते हैं।

यह स्पष्ट है, है न, यह समझना सरल है। भ्रान्ति का यह विचार देश और काल-सम्बन्धी विचार है।

यह तो ऐसे हुआ जैसे कोई वस्तु एक ही समय *हो भी सकती है* और *नहीं भी हो सकती*। और फिर भी यह सत्य है, एक वस्तु है भी और नहीं भी है। काल का विचार ही भ्रान्ति का विचार लाता है—देश और काल का।

इसका क्या अर्थ हुआ कि एक वस्तु एक ही समय है भी और नहीं भी है, यह कैसे हो सकता है?

वह है और साथ ही उसकी विरोधी वस्तु भी है। इसलिए हमारे लिए, एक ही समय 'हां' और 'न' नहीं हो सकते। किन्तु भगवान् के लिए *हमेशा* हां और ना एक साथ होते हैं।

यह हमारी देश की धारणा के अनुसार है। हम कहते हैं : "मैं यहां हूं इसलिए तुम यहां नहीं हो सकते।" किन्तु मैं यहां हूं, तुम यहां हो, सब यहां हैं। (माताजी हंसती हैं) इस बात को समझने के लिए तुम्हें केवल

देश और काल के विचार से बाहर निकलना चाहिये।

यह एक ऐसी चीज है जिसे बड़े ठोस रूप में अनुभव किया जा सकता है, पर हमारे देखने के ढंग से नहीं।

निश्चय ही, इन सूत्रों में से बहुत-से सूत्र ऐसे समय लिखे गये हैं जब उच्चतर मन अचानक ही 'अतिमानस' के प्रति खुल जाता है। अभी तक वह यह नहीं भूल पाया है कि सामान्य ढंग से उसके लिए यह बात कैसी है, किन्तु वह यह भी देखता है कि अतिमानसिक ढंग के लिए यह कैसी है। और तब, वह तुम्हें इस प्रकार की चीजें देता है, यही विरोधाभास का रूप देता है। कारण, एक चीज अभी भूली नहीं है और दूसरी की झांकी मिल गयी है।

(लम्बा मौन)

वास्तव में, यदि तुम ध्यानपूर्वक देखो तो तुम्हें यह सोचना पड़ेगा कि भगवान् अपने लिये एक बड़ा भारी प्रहसन खेल रहे हैं। अभिव्यक्ति स्वयं ही एक प्रहसन है जो वे अपने साथ और अपने लिए खेल रहे हैं।

वे दर्शक का स्थान लेकर अपनी ओर देखते हैं। और इसलिए, अपने आपको देखने के लिए उन्हें देश और काल के विचारों को स्वीकार करना ही पड़ेगा, नहीं तो वे अपनी ओर नहीं देख सकेंगे! और तत्काल ही पूरा प्रहसन शुरू हो जाता है। किन्तु यह एक प्रहसन है इससे अधिक कुछ नहीं!

रही हमारी बात, तो हम इसे अधिक गम्भीरता से लेते हैं क्योंकि हम कठपुतलियां हैं, हैं न? किन्तु ज्यों ही हमारी कठपुतली की भूमिका समाप्त हो जाती है हम यह भली-भांति देख लेते हैं कि यह केवल एक प्रहसन है।

कुछ के लिए यह वस्तुतः दुःखान्त नाटक भी है।

हां, पर हम ही इसे दुःखान्त बनाते हैं। यही बात है, *हम ही* इसे दुःखान्त बनाते हैं।

अभी कुछ दिन हुए मैंने ध्यानपूर्वक देखा, मैंने एक ही प्रकार की

घटनाओं को मनुष्यों और पशुओं के साथ होते देखा है और उनमें अन्तर देखा है। यदि तुम अपने-आपको पशुओं के साथ एक करके देखो तो तुम्हें भली-भांति पता चल जायेगा कि वे ऐसी घटनाओं को दुःखपूर्ण नहीं मानते—उन पशुओं को छोड़कर जो मनुष्य के सम्पर्क में आते हैं, किन्तु उनकी अवस्था स्वाभाविक नहीं होती, वह संक्रमण की अवस्था है। वे पशु और मनुष्य के बीच की संक्रमण अवस्था के प्राणी हैं।... और स्वभावतया सबसे पहले वे मनुष्य के दोष ही अपनाते हैं, उन्हें अपनाना सदा सरल होता है! और इस कारण वे बिना बात दुःखी होते हैं।

कितनी ही बाते हैं...। कितनी ही बातें हैं...। मनुष्य ने मृत्यु को भयानक और सांघातिक बना लिया है। पिछले दिनों मैंने देखा—पिछली रात या उससे पिछली रात, मैंने कम-से-कम दो घंटे एक ऐसे जगत् में गुजारे जिसे सूक्ष्म-भौतिक[१] कहते हैं, जहां जीवित और मृत बिना कोई भेद-भाव अनुभव किये साथ-साथ विचरते हैं—इससे कुछ फर्क नहीं पड़ता। वहां कोई फर्क है ही नहीं। वहां जीवित सत्ताएं थीं—सत्ताएं जिन्हें हम "जीवित" कहते हैं और वे भी जिन्हें हम "मृत" कहते हैं। वे सत्ताएं वहां थीं, इकट्ठी रहती थीं, वे इकट्ठी खाती थीं, वे इकट्ठी चलती-फिरती थीं, इकट्ठी मनबहलाव करती थीं, सब काम मिलकर करती थीं। वह सब एक सुन्दर प्रकाश में होता था, शान्त और बहुत सुखकर। यह बहुत सुखकर था। मैंने अपने-आपसे कहा: देखो, मनुष्यों ने ही इस प्रकार एक दरार डाल दी है और फिर कहते हैं: "अब: मृत्यु!" और मृत्यु! सबसे ज्यादा यह कि तुम उनके साथ ऐसा व्यवहार करते हो मानों वे अचेतन वस्तुएं हैं जब कि यह शरीर अभी चेतन है।

(मौन)

कहां, कहां है 'भ्रान्ति'? 'भ्रान्ति' कहां है?

---

[१] चेतना, जो जड़-पदार्थ से आत्मा तक आरोहण करती है। उसके क्रमशः बढ़ते स्तरों में सूक्ष्म-भौतिक ही वह अवस्था या स्तर है जो जड़-पदार्थ के सबसे अधिक नजदीक है।

कहने का आशय यह है कि भ्रान्ति है ही नहीं। केवल असम्भव वस्तुओं की बाह्य प्रतीति होती है, क्योंकि हमें यह पता नहीं कि प्रभु समस्त सम्भावना हैं और वे जो चाहें कर सकते हैं, जैसे चाहें कर सकते हैं। यह हमारे मस्तिष्क में नहीं घुस सकता। हम सदा कहते रहते हैं : "यह हो सकता है और फिर, वह नहीं हो सकता।" किन्तु यह सत्य नहीं है! यदि वह नहीं हो सकता तो इसका कारण हमारी मूढ़ता है, किन्तु सम्भव सब कुछ है।

(मौन)

देखो तो जरा। केवल वे ही जो नाटक को देखते हैं चिन्ता नहीं करते, क्योंकि वे जानते हैं कि क्या होने वाला है, उन्हें प्रत्येक वस्तु का पूर्ण ज्ञान है—ऐसी प्रत्येक वस्तु का जो हो रही है, जो हो चुकी है और होने वाली है—वह वहां है, सब कुछ है, उनके सामने सब उपस्थित है। दूसरे वे लोग हैं, अर्थात्, नाटक के पात्र जिन बेचारों को कुछ पता नहीं —वे अपनी भूमिका भी नहीं जानते! और वे बहुत अधिक चिन्तित हो जाते हैं, क्योंकि उनसे एक ऐसी भूमिका में काम करवाया जाता है जिसे वे नहीं जानते। यह विचार मुझे अभी आया है, पर है बड़ा तीव्र : हम सब एक प्रहसन कर रहे हैं, किन्तु हम यह नहीं जानते कि यह नाटक है क्या, न ही यह जानते हैं कि यह कहां से आया है, कहां जा रहा है और न उसकी पूरी बात ही जानते हैं। हम मुश्किल से थोड़ा-सा ही जानते हैं और वह भी गलत, केवल उतना जो हमें एक क्षण में करना है। हमारा ज्ञान अपूर्ण है और इसलिए चिंतित हो उठते हैं। किन्तु जब व्यक्ति 'समग्र' को जान लेता है, तो उसे चिन्ता नहीं होती, वह मुस्कराता है—भगवान् को यह सब बड़ा मजेदार लगता होगा किन्तु हम... । हमें भी उन्हीं की तरह मनबहलाव करने की पूरी शक्ति दी गयी है।

बस, हम उसके लिए कष्ट नहीं उठाते।

यह सरल नहीं है!

ओह! यदि यह सरल होता... हां, यदि यह सरल होता, तो लोग इससे ऊब जाते।

कभी-कभी हम अपने-आपसे पूछते हैं : क्यों? आखिर यह जीवन इतना दुःखमय क्यों है? किन्तु यदि यह एक सतत जादुई सुन्दरता होता, तो सबसे पहले तो कोई इसका मूल्यांकन ही न कर पाता, क्योंकि उस अवस्था में तो यह स्वाभाविक होता—विशेष रूप से इस कारण कोई इसे महत्त्व न देता, क्योंकि यह पूर्णतया स्वाभाविक होता—और फिर, यह कहनेवाला कौन है कि केवल परिवर्तन के लिए हम थोड़ा-सा गड़बड़झाला पसन्द नहीं करेंगे? निश्चित रूप से कुछ नहीं कहा जा सकता।

शायद यही है वह पार्थिव स्वर्ग की कहानी... स्वर्ग में उन्हें सहज ज्ञान प्राप्त था, दूसरे शब्दों में, वे जीते थे, उन्हें वही चेतना प्राप्त थी जो पशुओं में होती है, उतनी ही, जितनी कि जीवन के थोड़े-से उपभोग के लिए, यूं ही जीवन का आनन्द पाने के लिए काफी हो। किन्तु उन्होंने क्यों, कैसे, कहां जा रहे हैं, क्या करना होगा इत्यादि को जानना चाहा। और तब सारा झमेला शुरू हुआ—वे शान्तिपूर्वक प्रसन्न रहने से उकता गये।

(मौन)

मेरे विचार में इससे श्रीअरविन्द का अभिप्राय यह था कि बाकी सब वस्तुओं की तरह भ्रान्ति भी एक मिथ्या वस्तु है। वस्तुतः भ्रान्ति है ही नहीं, केवल सम्भावनाएं-ही-सम्भावनाएं हैं, और यदि वे सब एक साथ हों तो प्रायः (और *आवश्यक रूप में*) विरोधी होती हैं, पर विरोधी केवल बाह्य रूप में। व्यक्ति केवल अपनी ओर देखकर कहे : "मैं भ्रान्ति किसे कहता हूं", वस्तु को केवल आमने-सामने देखे तो तत्काल देख पायेगा कि यह एक मूर्खता है—भ्रान्ति है ही नहीं और वह तुम्हारी पकड़ से निकल जाती है।

(मौन)

मुझे ऐसा लगता है कि श्रीअरविन्द उस समय अपनी आरोहण की अवस्था में थे, अन्तर्भासात्मक मन एक छिद्र बना रहा था और 'अतिमानस' के सम्पर्क में आ रहा था और तब 'अतिमानस' एकदम से विचार में

विस्फोट की भांति आ धमका। बस, यह ऐसे ही आता है, प्लॉप! और उन्होंने ये बातें लिखीं। यदि तुम क्रिया का अनुसरण करो तो 'स्रोत' को देख पाते हो।

स्पष्ट ही, वे यही कहना चाहते थे कि भ्रान्ति अनगिनत और अनन्त सम्भावनाओं में से एक है। "अनन्त" का अर्थ है कि सत्ता की सम्भावना के बाहर किसी भी वस्तु का अस्तित्व नहीं है। तब फिर भ्रान्ति को कहां रखा जाये? भ्रान्ति तो इसे हम ही कहते हैं न, और हमारा यह कथन बिलकुल मनमाना है। हम कहते हैं: "यह भ्रान्ति है"—किसकी अपेक्षा? हमारे इस निर्णय की दृष्टि से कि "यह सत्य है", किन्तु निश्चय ही भगवान् के निर्णय के अनुसार ऐसा नहीं है, क्योंकि यह भी उन्हीं का एक अंश है।

चेतना के इस विस्तार को बहुत कम लोग सह सकते हैं।

अब जब मैं इस दृष्टिकोण से देखना शुरू करती हूं (श्रीमां अपनी आंखें बन्द कर लेती हैं), तो एक ही साथ दो वस्तुए दिखायी देती हैं: हां, यह मुस्कराहट, प्रसन्नता और हंसी है और फिर शान्ति; एक शान्ति जो *परिपूर्ण*, ज्योतिर्मयी और सर्वांगीण है। वहां कोई भी ऐसी वस्तु नहीं है जो प्रतिरोध करे, वहां विरोध है ही नहीं; कुछ भी संघर्षकारी नहीं है। केवल एक आलोकपूर्ण समस्वरता है—पर फिर भी जिसे हम भ्रान्ति, दुःख या कष्ट कहते हैं वे सब भी उपस्थित हैं। *वह किसी वस्तु को नहीं हटाती,* यह देखने का एक अन्य ढंग है।

(लम्बा मौन)

इसमें कोई सन्देह नहीं कि यदि व्यक्ति सच्चे दिल से इसमें से बाहर निकलना चाहता हो तो यह उतना कठिन नहीं है: तुम्हें कुछ नहीं करना पड़ता, केवल भगवान् को सब कुछ करने दो। और वे सब कुछ करते हैं। वे सब कुछ करते हैं। वे... ... यह अद्‌भुत है! अद्‌भुत है!

वे किसी भी वस्तु को अपने हाथ में ले लेते हैं, उसे भी जिसे हम एक सर्वथा सामान्य बुद्धि कहते हैं और तब वे तुम्हें इस बुद्धि को विश्राम करने के लिए बस एक ओर रखना सिखाते हैं: "लो, शान्त रहो, अब और मत हिलो-डुलो, चिन्ता मत करो, मुझे तुम्हारी आवश्यकता नहीं",

—तब एक द्वार खुल जाता है—तुम्हें यह भी नहीं लगता कि तुम्हें उसे खोलना है, वह तो पूरा खुला पड़ा है, तुम दूसरी ओर ले जाये जाते हो (यह सब कार्य कोई और करता है, तुम नहीं); और तब तुम्हारे लिए दूसरा मार्ग अपनाना असम्भव हो जाता है।

यह सब... ओह! मन का यह विराट् परिश्रम जो समझने के लिए जी-तोड़ यत्न करता है, वह कड़ी मेहनत से अपना सिर फोड़ता है... बिलकुल व्यर्थ! बिलकुल व्यर्थ! इससे कोई लाभ नहीं होता। यह तो केवल गड़बड़झाले को बढ़ा देता है।

तुम्हारे सामने एक तथाकथित समस्या है : क्या कहा जाये या क्या किया जाये या कैसे कार्य किया जाये या...? कुछ करने को नहीं है, कुछ भी नहीं, तुम्हें केवल प्रभु से यह कहना है : "तुम देख ही रहे हो, बात ऐसी है", और फिर सब समाप्त। फिर, तुम शान्त रहते हो, अत्यधिक शान्त। और तब बिलकुल सहज भाव से, उसके विषय में सोचे बिना, विचारे बिना और हिसाब लगाये बिना, बल्कि जरा भी कुछ किये बिना—तुम वही करते हो जो तुम्हें करना है, अर्थात्, भगवान् स्वयं उसे करते हैं, तुम नहीं करते। वे करते हैं, वे परिस्थितियों को संजोते हैं, लोगों को व्यवस्थित करते हैं, वे तुम्हारे मुख में अथवा तुम्हारी कलम में शब्द रख देते हैं—वे सब कुछ करते हैं, सब, सब, सब, तुम्हारे करने के लिए कुछ बाकी नहीं रहता, कुछ नहीं, बस, अपने-आपको आनन्द में रहने दो।

मुझे अधिकाधिक यह विश्वास हो गया है कि लोग सचमुच यह नहीं चाहते।

किन्तु सफाई का कार्य कठिन है, पहले से सफाई करने का कार्य।

किन्तु तुम्हें यह करने की आवश्यकता नहीं है! वे ही तुम्हारे लिए कर देते हैं।

किन्तु ये सदा आक्रमण करते रहते हैं, अर्थात्, पुरानी चेतना, पुराने विचार...

हां, अभ्यासवश वे फिर से आने की चेष्टा करते हैं। तुम्हें बस यह कहना है :

"प्रभु, आप देखें, आप देखें, आप देखें यह ऐसा है", बस इतना ही। "प्रभु, आप देखें, आप देखें, आप इसे देखें, आप उसे देखें, आप वहां उस मूर्ख को देखें।" बस बात समाप्त हो गयी, और वह भी तत्काल ही...। और मेरे बच्चे, यह अवस्था अपने-आप ही बदल जाती है, जरा भी प्रयास नहीं करना पड़ता। तुम्हें केवल सच्चा बनना होगा, दूसरे शब्दों में, *सचाई से* यह चाहना होगा कि यह ऐसा होना चाहिये। तुम इस बात से पूरी तरह सचेत हो कि तुम कुछ नहीं कर सकते, तुममें कोई क्षमता नहीं है। मुझे यह अधिकाधिक अनुभव हो रहा है कि जड़-पदार्थ का यह मिश्रण जैसा कि यहां है, इन कोषाणुओं और अन्य सबका मिश्रण बहुत दयनीय, बहुत ही क्षुद्र वस्तु है! मैं नहीं जानती कि कुछ ऐसी अवस्थाएं होती हैं या नहीं जिनमें लोग अपने-आपको शक्तिशाली, अद्‍भुत, आलोकित और समर्थ समझते हों; परन्तु मुझे तो लगता है कि यह इसलिए होता है कि वे वास्तव में यह नहीं जानते कि वे वैसे हैं! जब मनुष्य सचमुच यह देख लेता है कि उसका निर्माण कैसे हुआ है, तो यह जान लेता है कि सचमुच वह कुछ नहीं है, कुछ नहीं है; किन्तु सब कुछ करने में समर्थ है, बशर्ते... बशर्ते कि वह भगवान् को कार्य करने दे। पर ऐसी वस्तु सदा होती है जो अपने-आप करना बहुत पसन्द करती है, यही कठिनाई है, नहीं तो...।

नहीं, तुम श्रेष्ठ सद्‍भावना से भरे हो सकते हो और तुम सचमुच कुछ करना *चाहते हो*। यही बात पूरे कार्य को जटिल बना देती है। या फिर तुममें विश्वास नहीं होता, तुम सोचते हो कि भगवान् इसे नहीं कर सकेंगे, इसलिए खुद ही करना पड़ेगा, क्योंकि वे इसे नहीं जानते! (माताजी हंसती हैं) इस प्रकार की मूर्खता बहुत फैली हुई है, है न, कि : "वे वस्तुओं को कैसे देख सकते हैं? हम 'मिथ्यात्व' के जगत् में रहते हैं, वे 'मिथ्यात्व' को कैसे देख सकते हैं और..." ठीक यही बात है, भगवान् वस्तुओं को वैसी ही देखते हैं जैसी कि वे हैं।

मैं उन लोगों की बात नहीं कह रही जिनमें बुद्धि नहीं है, मैं उन लोगों की बात कह रही हूं जो बुद्धिमान् हैं और जो प्रयत्न करते हैं—उनके किसी भाग में एक प्रकार का विश्वास होता है, उन लोगों में भी जो जानते हैं कि हम 'अज्ञान' और 'मिथ्यात्व' के जगत् में निवास करते हैं और एक भगवान् हैं जो सत्य स्वरूप हैं, वे भी कहते हैं : "इसीलिए क्योंकि वे

सत्यस्वरूप हैं, वे नहीं समझते (माताजी हंसती हैं)। वे हमारा मिथ्यात्व नहीं समझते, हमें स्वयं उसका ख्याल रखना होगा।" यह बात प्रबल और व्यापक है।

हम बिना बात की जटिलताएं खड़ी कर लेते हैं।

यह बात मैंने प्रायः ही अपने-आपसे पूछी है : जब व्यक्ति भगवान् से कोई प्रार्थना करता है और उन्हें समझाना चाहता है कि कोई वस्तु ठीक नहीं है, तब मुझे सदा ऐसा प्रतीत होता है कि उसे बलपूर्वक अपने-आपको एकाग्र करना चाहिये, और प्रत्येक अवस्था में दूर की किसी ऊंची वस्तु का आवाहन करना चाहिये। क्या यह ठीक है? या यह वस्तुतः...

यह हम पर निर्भर है!

रही बात मेरी तो मैं अब उन्हें सर्वत्र, सब समय, सब समय अनुभव करती हूं... उनका भौतिक सम्पर्क तक अनुभव करती हूं—यह सूक्ष्म-भौतिक होता है, पर है भौतिक—वस्तुओं में, वायु में, लोगों में...। इस प्रकार, (माताजी अपने हाथों से अपने मुख को दबाती हैं)। और व्यक्ति को दूर जाने की आवश्यकता नहीं, मुझे केवल इतना ही करना होता है (माताजी अपने हाथों को थोड़ा अन्दर की ओर मोड़ती हैं), एकाग्रता का एक सेकेंड और भगवान् मौजूद होते हैं, मौजूद होते हैं, वे सर्वत्र हैं, है न? वे दूर केवल तभी होते हैं जब हम उन्हें दूर समझते हैं।

स्वभावतया जब हम वैश्व चेतना के सभी प्रदेशों, सभी स्तरों के विषय में सोचना शुरू करते हैं और यह समझने लगते हैं कि वे वहां, दूर, बड़ी दूर, परले सिरे पर हैं तो वे सचमुच दूर, दूर, बहुत दूर हो जाते हैं! (माताजी हंसती हैं)। किन्तु जब हम यह सोचते हैं कि वे सर्वत्र मौजूद हैं, वे ही सब कुछ हैं और केवल हमारा बोध ही हमें उन्हें देखने और उनको अनुभव करने से रोकता है; तो सब कुछ पलट जाता है। हमें केवल इतना करना है (माताजी अपने हाथ अन्दर की ओर मोड़ती हैं); यह इस प्रकार की और इस प्रकार की क्रिया है (माताजी बारी-बारी से हाथ अन्दर और बाहर की ओर मोड़ती हैं), यह क्रिया बड़े ठोस प्रकार की होती है।

तुम ऐसा करते हो (बाहर की ओर की क्रिया), और सब कुछ कृत्रिम, कठोर, रूखा, गलत, मिथ्या, हां, कृत्रिम हो जाता है। तुम ऐसा करते हो (अन्दर की ओर की क्रिया) तब सब कुछ विशाल, शान्त, आलोकमय, प्रशान्त, असीम और आनन्दमय हो जाता है। और केवल यह, केवल यह (माताजी बारी-बारी से अपने हाथों को अन्दर और बाहर की ओर मोड़ती हैं)। कैसे? कहां? इसका वर्णन नहीं किया जा सकता, किन्तु यह केवल, चेतना की केवल एक क्रिया है, और कुछ नहीं। चेतना की एक क्रिया। और सच्ची चेतना और झूठी चेतना के बीच का अन्तर अधिकाधिक... यथार्थ होता जाता है, साथ ही *क्षीण* भी—इससे बाहर निकलने के लिए तुम्हें कोई "बहुत बड़े" काम नहीं करने पड़ते। पहले, तुम ऐसा सोचते थे कि तुम किसी वस्तु में निवास करते हो और उससे बाहर निकलने के लिए तुम्हें एक तीव्र अन्तर्मुखता की, एकाग्रता और तल्लीनता की आवश्यकता है। किन्तु अब तुम्हें प्रतीत होता है कि यह एक ऐसी वस्तु है जिसे तुम स्वीकार करते हो (माताजी अपने मुख को अपने हाथ की ओट में कर लेती हैं), एक ऐसी वस्तु जो पतले छिलके के समान है, पर है बहुत कड़ी—बहुत कड़ी, पर लचकीली, अत्यधिक शुष्क, किन्तु बहुत महीन, बहुत ही महीन, बहुत महीन, मानों एक नकाब पहन रखा हो; और तब तुम ऐसा करते हो; (माताजी संकेत करती हैं) वह लुप्त हो जाती है।

तुम उस समय का पूर्व ज्ञान पा सकते हो, तब तुम्हें इस नकाब को हटाने की आवश्यकता नहीं रहेगी, वह इतना महीन हो जायेगा कि नकाब को हटाये बिना ही व्यक्ति उसमें से देख सकेगा, अनुभव और कार्य कर सकेगा। यह कार्य अभी होना शुरू हुआ है।

किन्तु समस्त वस्तुओं में यह 'उपस्थिति'... यह एक 'स्पन्दन' है, किन्तु एक ऐसा 'स्पन्दन' है जिसमें सब कुछ मौजूद है—'स्पन्दन', जिसमें एक प्रकार की अनन्त शक्ति, अनन्त आनन्द और अनन्त शान्ति है और है विशालता, विशालता, विशालता, वहां कोई सीमाएं नहीं...। किन्तु है यह एक स्पन्दन ही, यह... ओह, प्रभु! इसके बारे में सोचा नहीं जा सकता, इसलिए कुछ कहा भी नहीं जा सकता। यदि व्यक्ति सोचे तो सोचते ही सारी खदबद फिर से शुरू हो जाती है, इसी कारण उसके सम्बन्ध में वह कह भी नहीं सकता।

नहीं, वे बहुत दूर हैं, क्योंकि तुम उन्हें बहुत दूर मानते हो। तब भी जब तुमने यह सोचा कि वे इस प्रकार (अपने मुख की ओर संकेत करती हैं) मौजूद हैं, तुम्हारा स्पर्श कर रहे हैं... यदि तुमने उनकी उपस्थिति अनुभव की हो। यह किसी व्यक्ति के साथ सम्पर्क जैसा नहीं होता। यह वैसा नहीं है। यह एक ऐसी वस्तु है जो बाह्य या परकीय नहीं है, जो बाहर से अन्दर की ओर नहीं आती। यह वैसी नहीं है... यह सर्वत्र है।

अतएव तुम सर्वत्र, सर्वत्र, सर्वत्र, सर्वत्र—अन्दर बाहर, सर्वत्र, सर्वत्र केवल उन्हें ही अनुभव करते हो—उन्हें, उनके सिवाय कुछ नहीं। वे, उनके 'स्पन्दन'।

नहीं, तुम्हें यह बन्द करना होगा (सिर की ओर संकेत करती हैं), जब तक तुम इसे बन्द न करोगे, तब तक 'सच्ची वस्तु' को नहीं देख सकोगे—तुम तुलनाएं ढूंढ़ते हो, तुम कहते हो: "यह ऐसा है, यह वैसा है," ओह!

(मौन)

और तुम्हें कितनी बार, कितनी बार यह प्रतीत होता है... कोई रूप नहीं है—रूप है भी और नहीं भी, तुम इसके विषय में कुछ नहीं कह सकते। दृष्टि का आभास होता है पर आंखें नहीं हैं, किन्तु दृष्टि है—दृष्टि है, मुस्कराहट है और मुंह नहीं है, चेहरा नहीं है। पर फिर भी मुस्कराहट है, दृष्टि है और (माताजी हंसती हैं) तुम यह कहे बिना नहीं रह सकते: "हां, प्रभु, मैं मूर्ख हूं!" किन्तु वे हंसते हैं, और तुम भी हंसते हो और आनन्दित होते हो।

तुम इसकी व्याख्या नहीं कर सकते! इसकी व्याख्या की भी नहीं जा सकती, इसकी चर्चा भी नहीं की जा सकती। तुम कुछ नहीं कह सकते। तुम जो कुछ कहते हो वह कुछ नहीं है, कुछ नहीं।

१२.१०.१९६२

८१ — भगवान् का हास्य कभी-कभी शिष्ट कानों के लिए बड़ा ही भद्दा और अनुपयुक्त होता है; उन्हें मोलिऐर[१] बनने से सन्तोष नहीं होता, उन्हें तो अरिस्टोफेन और राबले[२] बनने की भी आवश्यकता होती है।

८२ — यदि मनुष्य जीवन को कम गम्भीरतापूर्वक लें तो वे बहुत शीघ्र उसे अधिक पूर्ण बना सकेंगे। भगवान् कभी अपने कार्य को गम्भीरतापूर्वक नहीं लेते; इसीलिए हम इस अद्भुत विश्व को देख रहे हैं।

८३ — लज्जा से अत्युत्तम परिणाम प्राप्त होते हैं और सौन्दर्यबोध तथा नैतिकता दोनों में ही हम उसकी बिलकुल उपेक्षा नहीं कर सकते; परन्तु इस सबके बावजूद यह दुर्बलता का एक चिह्न और अज्ञान का एक प्रमाण है।

यहां एक प्रश्न हो सकता है कि चीजों को गम्भीरतापूर्वक लेने की बात ने जीवन को अधिक पूर्ण बनने से कैसे रोका है?

पुण्य-भावना हमेशा जीवन में उन वस्तुओं को दबा रखने में व्यस्त रहती है जो उसे जीवन में बुरी लगती हैं और संसार के विभिन्न देशों के सभी पुण्यों को यदि एक साथ एकत्र कर दिया जाये तो जीवन में बहुत थोड़ी-सी चीजें ही बच रहेंगी।

पुण्य-भावना पूर्णता की खोज करने का दावा करती है, परन्तु पूर्णता का अर्थ है एक समग्रता। अतएव ये दोनों बातें एक-दूसरे को काटती हैं। पुण्य-भावना बहिष्कार करती है, कम करती है, सीमाएं बांधती है और पूर्णता प्रत्येक चीज को स्वीकार करती है, किसी चीज का परित्याग नहीं करती, बल्कि प्रत्येक चीज को उसके ठीक स्थान में रखती है—ये दोनों

[१] फ्रांस के सर्वश्रेष्ठ सुखान्त नाटककार।
[२] फ्रांस के व्यंग्य-लेखक।

(पुण्य-भावना और पूर्णता) स्वाभाविक है कि एक-दूसरे को ठीक-ठीक समझ नहीं सकतीं।

जीवन को गम्भीरतापूर्वक लेने का साधारणतया अर्थ है दो बातें करना; पहली, उन चीजों को महत्त्व देना जो शायद कोई महत्त्व नहीं रखतीं; दूसरी, जीवन को उन थोड़े-से गुणों में सीमित कर देना जो पवित्र और जीवन के लिए उपयोगी समझे जाते हैं। कुछ लोगों में (उदाहरणार्थ, उन लोगों में जिनके विषय में यहां श्रीअरविन्द कह रहे हैं, अर्थात्, कट्टर और अति-नैतिक लोगों में) यह पुण्य-भावना बड़ी रूखी-सूखी, नीरस, भद्दी और आक्रामक बन जाती है और उसे हर जगह, प्रत्येक हर्षयुक्त, स्वाधीन और सुखमय वस्तु में दोष-ही-दोष दिखायी देते हैं।

जीवन को पूर्ण बनाने का—मेरा मतलब यहां अर्थात् पृथ्वी पर के जीवन को पूर्ण बनाने का—एकमात्र पथ है उसकी ओर काफी ऊंचाई पर से देखना ताकि तुम उसे सम्पूर्ण रूप में देख सको, केवल उसके वर्तमान पूर्ण रूप को ही नहीं, बल्कि उसके भूत, वर्तमान और भविष्य के सम्पूर्ण रूप को भी देख सको; यह जो कुछ पहले था, जो कुछ अब है और जो कुछ आगे होगा—हमें यह सब एक साथ देखने में समर्थ होना चाहिये। क्योंकि एकमात्र यही तरीका है जिससे हम प्रत्येक चीज को उसके ठीक-ठीक स्थान में रख सकते हैं। उस समय कोई भी चीज हटायी नहीं जा सकती, कोई भी चीज नहीं हटानी चाहिये, बल्कि प्रत्येक चीज अपने उचित स्थान में होनी चाहिये और बाकी के साथ उसका पूर्ण सामञ्जस्य बना रहना चाहिये। और उस समय जो सब चीजें कट्टर धार्मिक व्यक्ति को इतनी 'बुरी', इतनी 'तिरस्कार योग्य', इतनी 'अग्राह्य' प्रतीत होती हैं वे सब एक पूर्णतः दिव्य जीवन के आनन्द और स्वातन्त्र्य के कार्य बन जाती हैं। और तब कोई भी चीज परमात्मा के इस अद्‌भुत परिहास को जानने, समझने, अनुभव करने और जीवन में उतारने से हमें रोक नहीं सकेगी—उस परमात्मा के हास्य को जो स्वयं अपनी ही ओर अनन्त भाव से देखने में असीम आनन्द अनुभव करते हैं।

यह आनन्द, यह अद्‌भुत हास्य ही है जो समस्त अन्धकार, समस्त दुःख-दर्द और समस्त सन्ताप को विलीन कर देता है! इस आन्तर सूर्य को पाने के लिए तथा उसकी किरणों में स्नान करने के लिए स्वयं अपने

अन्दर पर्याप्त गहराई तक प्रवेश करना काफी है और तब सब कुछ सुसमञ्जस, ज्योतिर्मय, सूर्यमय हास्य का झरना बन जाता है, जिसमें कहीं भी कोई छाया या दुःख नहीं रह सकता।

यदि तुम उस स्थान से देख सकने में, वहां रहने में समर्थ हो सको तो वास्तव में बड़ी-से-बड़ी कठिनाइयों, दुःख-कष्टों और शारीरिक वेदनाओं की भी असत्यता को देख सकोगे,—तब तुम्हारे लिए कठिनाई, दुःख-कष्ट और वेदना नाम की कोई चीज नहीं रह जायेगी—प्रत्येक चीज ही एक हर्षमय और ज्योतिपूर्ण प्रकम्पन का रूप ले लेगी।

वास्तव में यही अत्यन्त शक्तिशाली साधन है जिससे कठिनाइयों को विलीन किया जा सकता, दुःख-कष्टों को जीता जा सकता और वेदनाओं को दूर किया जा सकता है। इनमें पहले दो अपेक्षाकृत (मैं अपेक्षाकृत कह रही हूं) आसान हैं, अन्तिम चीज कुछ अधिक कठिन है, क्योंकि लोगों को शरीर और वह जो कुछ अनुभव करता है उस सबको अत्यन्त ठोस, सुनिश्चित समझने का अभ्यास पड़ गया है। परन्तु यह भी वैसी ही चीज है; हमने अपने शरीर को एक तरल, नमनीय, अनिश्चित, नर्म वस्तु के रूप में देखना न सीखा है, न अभ्यास किया है। हमने इसके अन्दर इस ज्योतिर्मय हास्य को प्रविष्ट करने की विधि नहीं सीखी है जो समस्त अन्धकार, समस्य कठिनाई समस्त असंगति, समस्त असामञ्जस्य को, जो कुछ कराहता, रोता और विलाप करता है उसको विलीन कर देता है।

और यह सूर्य, यह दिव्य हास्य का सूर्य प्रत्येक वस्तु के एकदम केन्द्र में विद्यमान है, प्रत्येक वस्तु का सत्य है—आवश्यकता बस यही है कि हम उसे देखना, अनुभव करना और जीवन में उतारना सीखें।

और इसके लिए हमें उन लोगों से दूर रहना चाहिये जो जीवन को अत्यन्त गम्भीर रूप में लेते हैं, वे ऐसे लोग हैं जिनसे मनुष्य ऊब उठता है।

जब कभी वातावरण गम्भीर हो उठे तो तुम कह सकते हो कि कहीं कोई चीज ठीक नहीं है, कोई हानिकारक प्रभाव, कोई पुरानी आदत भीतर घुसने का प्रयास कर रही है जिसे कभी स्वीकारना नहीं चाहिये। यह सब पश्चात्ताप, यह सब सन्ताप, अयोग्यता की भावना, अपराध की भावना और फिर एक पग और आगे, पाप की भावना—ओह! यह सब... मुझे

लगता है कि ये सब एक दूसरे युग, अन्धकार के युग की चीजें हैं।

परन्तु ये सब चीजें जो बनी हुई हैं, जो चिपकी रहने और बनी रहने की चेष्टा करती हैं, ये सब निषेध और जीवन को दो भागों में—छोटा और बड़ा, पवित्र और अपवित्र—बांट देने का यह तरीका! जो लोग यह घोषणा करते हैं कि वे आध्यात्मिक जीवन का अनुसरण करते हैं, वे कहते हैं: "यह कैसी बात है! तुम भला ऐसी तुच्छ चीजों को, जिनका इतना कम महत्त्व है, आध्यात्मिक अनुभव का विषय कैसे बना सकते हो?" और फिर भी यह एक ऐसा अनुभव है जो अधिकाधिक ठोस और वास्तविक होता जाता है, स्थूल रूप तक में! ऐसी चीजों के दो भाग नहीं हैं जिनमें से एक में भगवान् हों और दूसरे में न हों। भगवान् सर्वदा, सर्वत्र विद्यमान हैं। वे किसी चीज को गम्भीरतापूर्वक नहीं लेते, वे प्रत्येक चीज से आनन्द प्राप्त करते हैं और वे तुम्हारे साथ खेलते हैं यदि तुम उनके साथ खेलना जानो। तुम खेलना नहीं जानते, लोग खेलना नहीं जानते। परन्तु वे, कितनी अच्छी तरह खेलना जानते हैं! कितनी अच्छी तरह खेलते हैं वे! प्रत्येक चीज के साथ, छोटी-से-छोटी चीज के साथ खेलते हैं। तुम्हें अपनी मेज पर चीजें रखनी हैं? ऐसा मत समझो कि तुम्हें सोच-समझकर, सजाकर रखना होगा, नहीं, तुम तो खेलने जा रहे हो: तुम इस चीज को यहां और उस चीज को वहां रख दो और फिर इसी तरह रखते चले जाओ। और फिर दूसरी बार दूसरे ढंग से रखो...। कितना सुन्दर खेल है और कितना आनन्ददायी!

अब बात समझ में आ गयी; अब हम यह जानने की कोशिश करेंगे कि भगवान् के साथ-साथ कैसे हंसा जाता है।

१४.१.१९६३

८४—अतिप्राकृत वह चीज है जिसके स्वभाव को हमने नहीं प्राप्त किया है या अभी तक नहीं जाना है, अथवा जिसे प्राप्त करने का साधन अभी तक हमने आयत्त नहीं किया है। चमत्कारों के लिए सर्वसाधारण लोगों की रुचि इस बात का चिह्न है कि मनुष्य का आरोहण अभी तक पूर्ण नहीं हुआ है।

८५—अतिप्राकृत पर अविश्वास करना युक्तिसंगत और समझदारी है; परन्तु उस पर विश्वास करना भी एक प्रकार की बुद्धिमत्ता ही है।

८६—उच्चकोटि के सन्तों ने चमत्कार किये हैं; उच्चतर कोटि के सन्तों ने उनकी निन्दा की है; उच्चतम कोटि के सन्तों ने उनकी निन्दा भी की है और उन्हें किया भी है।

८७—अपनी आंखें खोलो और देखो कि वास्तव में जगत् क्या है और भगवान् क्या हैं; व्यर्थ और मधुर कल्पनाओं से कोई सम्बन्ध मत रखो।

आपने या श्रीअरविन्द ने बाह्य मानवीय चेतना के प्रतिरोधों को जीतने के एक साधन के रूप में चमत्कारों का अत्यधिक उपयोग क्यों नहीं किया है? आप लोगों ने बाहरी चेतना के प्रति इस प्रकार की उपेक्षा, इस प्रकार हस्तक्षेप न करने या इस प्रकार सावधानी के साथ विवेक करने का भाव क्यों रखा है?

जहां तक श्रीअरविन्द का प्रश्न है, मैं बस वही जानती हूं जो उन्होंने मुझसे कई बार कहा है। साधारणतया, लोग भौतिक जगत् या प्राणिक जगत् में किये गये हस्तक्षेप को ही "चमत्कार" कहते हैं। इन हस्तक्षेपों में हमेशा अज्ञान की क्रियाएं तथा स्वेच्छाचारिता मिली-जुली होती हैं।

परन्तु मन के राज्य में श्रीअरविन्द ने जो चमत्कार किये हैं वे अगणित हैं; लेकिन स्वभावतः ही उन्हें वे ही देख सकते थे जिन्हें एक सीधी, सच्ची और शुद्ध दर्शन-शक्ति प्राप्त थी—और बहुतों ने उन्हें देखा है। परन्तु इस मिश्रण के कारण ही वे कोई प्राणिक या भौतिक चमत्कार करने से इन्कार करते थे—मैं जानती हूं—उन्होंने यह अस्वीकार किया था।

मेरा अनुभव यह है कि अभी जगत् जिस स्थिति में है उसमें यदि कोई प्रत्यक्ष चमत्कार, कोई भौतिक या प्राणिक चमत्कार होगा तो वह अवश्यमेव मिथ्यात्व के बहुत-से तत्त्वों को अपने हिसाब से शामिल कर लेगा जिसे स्वीकार नहीं किया जा सकता। ये निश्चित रूप से मिथ्या

चमत्कार होते हैं और उन्हें स्वीकार नहीं किया जा सकता। मैंने उन घटनाओं को देखा है जिन्हें लोग चमत्कार कहते हैं; एक समय में मैंने उनमें से बहुत-सी घटनाओं को देखा जिन्होंने अनेक ऐसी चीजों को बने रहने का अधिकार दिया जो मेरे लिए अनुमोदनीय नहीं हैं।

आजकल लोग जिन्हें चमत्कार कहते हैं वे प्रायः हमेशा प्राणिक जगत् की सत्ताओं के द्वारा सम्पन्न किये जाते हैं अथवा उन मनुष्यों के द्वारा किये जाते हैं जो प्राण जगत् की सत्ताओं के साथ सम्पर्क बनाये रहते हैं और यह चीज एक मिश्रण होती है—यह कुछ ऐसी चीजों को वास्तविक या सत्य स्वीकार करती है जो सत्य नहीं हैं। और यह इसी आधार पर कार्य करती है। अतएव यह स्वीकार्य नहीं है।

मैं पूरी तरह नहीं समझ पाया कि आपके इस कथन का क्या तात्पर्य है कि श्रीअरविन्द ने "मन में कई चमत्कार" किये।

चमत्कार तब हुआ जब उन्होंने मानसिक चेतना के अन्दर अतिमानसिक शक्ति को डाला। उन्होंने मानसिक चेतना में (उस मानसिक चेतना में जो समस्त भौतिक गतिविधियों का संचालन करती है) एक अतिमानसिक रचना या शक्ति या सामर्थ्य को डाल दिया जिसने तुरत ही सारे संगठन को बदल दिया। उसने तत्काल कुछ ऐसे परिणाम उत्पन्न किये जो ऊपर से देखने में युक्तिसंगत न थे, क्योंकि यह कार्य मानसिक युक्ति-तर्क के अनुसार अपनी क्रिया-धारा का अनुसरण नहीं करता।

वे स्वयं कहा करते थे कि ऐसा तब हुआ था जब अतिमानसिक शक्ति और ऊर्जा पर उनका पूरा अधिकार था और अपनी इच्छा के अनुसार वे उनका प्रयोग कर सकते थे। जब-जब उन्होंने उस शक्ति का एक निश्चित उद्देश्य के साथ किसी विशिष्ट स्थान पर प्रयोग किया तो वह अचूक, अनिवार्य सिद्ध हुई, उसका परिणाम अबाधित रहा। हम इसे चमत्कार कह सकते हैं।

उदाहरण के लिए, एक मनुष्य को ले लो जिसे कोई बीमारी है, जिसे दर्द है; जब श्रीअरविन्द को इस अतिमानसिक शक्ति पर अधिकार प्राप्त था (एक समय ऐसा था जब, वे कहते थे कि वह सम्पूर्णतः उनके अधिकार

में थी, यानी, वे उसका उपयोग अपनी मर्जी के मुताबिक कर सकते थे, वे जहां चाहते वहीं उसे कार्य में लगा देते थे), तब वे इस संकल्प-शक्ति को मानों किसी प्रकृतिगत अस्तव्यस्तता के अन्दर, चाहे वह भौतिक, प्राणिक या मानसिक हो, डाल देते, इस अतिमानसिक शक्ति को, एक उच्चतर सामञ्जस्य की, एक उच्चतर सुव्यवस्था की इस शक्ति को उतार लाते और वहां प्रयोग करते और वह तुरन्त कार्य करती। वह स्वयं एक व्यवस्था होती थी, एक सुव्यवस्था, जो स्वाभाविक सामञ्जस्य से कहीं ऊंचा सामञ्जस्य उत्पन्न करती थी। वह मानों एक उपचार होता था और वह किसी भी सामान्य मानसिक और भौतिक साधनों से प्राप्त उपचार से अधिक पूर्ण, अधिक व्यापक होता।

ये चमत्कार संख्या में काफी अधिक थे। पर मनुष्य इतने अन्धे हैं, अपनी साधारण चेतना में इतने जड़ हैं कि वे हमेशा कोई-न-कोई व्याख्या दे डालते हैं, वे सर्वदा कोई-न-कोई सफाई दे सकते हैं। केवल वे लोग ही इसे देखने में समर्थ होते हैं जिनमें श्रद्धा और अभीप्सा होती है, कोई बहुत शुद्ध वस्तु होती है, अर्थात्, जो वास्तव में जानना चाहते हैं वे ही प्रत्यक्ष देख सकते हैं।

जब वह शक्ति प्राप्त थी तब, वे यहां तक कहा करते थे कि, उसके लिए उन्हें कोई प्रयास नहीं करना पड़ता था, उन्हें केवल इतना ही करना पड़ता था कि सुव्यवस्था और अतिमानसिक सामञ्जस्य की इस शक्ति को वहां लगा दें और फिर उसी क्षण अभीप्सित परिणाम प्राप्त हो जाता था।

चमत्कार क्या चीज है? क्योंकि श्रीअरविन्द अक्सर कहा करते थे कि चमत्कार नाम की कोई चीज नहीं है और, साथ-ही-साथ, 'सावित्री' में, उदाहरणार्थ, वे कहते हैं :

"यहां सब कुछ चमत्कार है और चमत्कार के द्वारा ही बदल सकता है।"

(सावित्री : पर्व १, सर्ग ५, पृ. ८५)

यह इस बात पर निर्भर है कि तुम इसे कैसे देखते हो, इस ओर से या उस ओर से।

तुम केवल उन्हीं चीजों को चमत्कार कहते हो जिनकी व्याख्या स्पष्ट नहीं होती अथवा जिनकी कोई मानसिक व्याख्या नहीं होती। इस दृष्टिकोण से हम कह सकते हैं कि ऐसी अनगिनत चीजें होती रहती हैं जो चमत्कार हैं, क्योंकि तुम यह नहीं समझा सकते कि वे कैसे या क्यों हुईं।

तब सच्चा चमत्कार क्या होगा?

मैं नहीं समझती कि सच्चा चमत्कार क्या हो सकता है, क्योंकि इसके साथ ही यह प्रश्न उठता है कि चमत्कार किसे कहते हैं। एक सच्चा चमत्कार... । केवल मन ही चमत्कारों की धारणा बनाता है। क्योंकि मन, अपनी निजी तर्कयुक्ति के द्वारा यह निर्णय करता है कि अमुक अवस्था में अमुक वस्तु हो सकती है या नहीं। परन्तु ये तो मन की सीमाएं हैं। क्योंकि, परात्पर प्रभु की दृष्टि से, भला कोई चमत्कार हो ही कैसे सकता है? प्रत्येक वस्तु वे स्वयं हैं जिसे वे मूर्त रूप देते हैं।

तब हम उस मार्ग की महान् समस्या में प्रवेश करते हैं जिसका अनुसरण किया गया है; वह शाश्वत मार्ग है, जैसा कि श्रीअरविन्द ने 'सावित्री' में समझाया है। स्वभावतः, यह बात समझ में आने योग्य है कि जो चीज पहले मूर्तिमान हुई वह वही चीज है जिसमें मूर्तिमान होने की इच्छा है। और सबसे पहली बात जो स्वीकार करने योग्य है तथा जो क्रमविकास के सिद्धान्त के अनुसार युक्तिसंगत प्रतीत होती है, वह यह है कि मूर्तिमान होने की क्रिया उत्तरोत्तर बढ़ती है, वह सनातन काल से सम्पूर्ण विद्यमान नहीं है। (मौन) यह कहना बड़ा कठिन है, क्योंकि हम यह कल्पना करने के अभ्यास से बाहर निकलने में समर्थ नहीं हैं, कि वह एक सुनिश्चित राशि है जो असीम रूप से अपने को उन्मीलित कर रही है और केवल किसी निश्चित राशि से ही प्रारम्भ किया जा सकता है। हम लोग हमेशा ही (कम-से-कम जिस ढंग से हम बात करते हैं उसके अनुसार) एक क्षण की बात सोचते हैं (हंसती हैं) जब भगवान् ने अपने-आपको साकार बनाने का निश्चय किया था। उस ढंग से व्याख्या करना आसान हो जाता है। वह अपने को धीरे-धीरे, क्रमशः मूर्तिमान करते हैं, और इसका अर्थ है उत्तरोत्तर होने वाला विकास, परन्तु यह केवल कहने का एक ढंग है।

चूंकि कोई आरम्भ नहीं है इसलिए कोई अन्त भी नहीं है और फिर भी क्रमविवर्तन है। अनुक्रम का अर्थ, क्रमविकास का अर्थ, प्रगति का अर्थ केवल अभिव्यक्ति के प्रसंग में ही होता है। यदि तुम केवल पृथ्वी की बात कहो तो तुम बहुत सच्चे रूप में और युक्तिसंगत ढंग से व्याख्या कर सकते हो, क्योंकि पृथ्वी का, उसकी आत्मा में नहीं, भौतिक स्वरूप में एक आरम्भ है।

सम्भवतः स्थूल विश्व का भी एक आरम्भ है।

(मौन)

यदि तुम इस ढंग से देखो तो, विश्व के लिए, चमत्कार का अर्थ होगा किसी दूसरे विश्व से किसी चीज का सहसा प्रवेश। और पृथ्वी के लिए, यह बात समस्या को छोटा करके अधिक समझने योग्य बना देती है, चमत्कार का अर्थ है किसी ऐसी चीज का, जो पृथ्वी की नहीं थी, एकाएक पृथ्वी में प्रवेश। पृथ्वी में एक ऐसे तत्त्व का प्रवेश जो मौलिक रूप से इस भौतिक जगत् का (पृथ्वी यही तो है) नहीं है, एक मौलिक और तात्कालिक परिवर्तन ले आता है।

परन्तु यहां भी, यह कहा गया है कि प्रत्येक तत्त्व के ठीक केन्द्र में तत्त्वरूप में सब कुछ है इसलिए उस तरह के चमत्कार का होना सम्भव नहीं है।

यह कहा जा सकता है कि चमत्कार का भाव केवल एक सीमित जगत् का, एक सीमित चेतना और एक सीमित परिकल्पना का भाव है। यह किसी ऐसी चीज का आकस्मिक और बिना किसी तैयारी के घुस आना है—प्रविष्ट होना, हस्तक्षेप करना है जो इस भौतिक जगत् में विद्यमान नहीं थी। अतएव, स्पष्ट ही यदि कोई ऐसी संकल्प-शक्ति या चेतना अभिव्यक्त हो जाये जो पृथ्वी की अपेक्षा कहीं अधिक असीम और अधिक शाश्वत जगत् की हो तो अवश्य ही पृथ्वी पर उसे चमत्कार कहा जायेगा। परन्तु यदि कोई सीमित जगत् से बाहर आ जाये, ससीम जगत् के बोध से बाहर आ जाये तो उसके लिए चमत्कार का कोई अस्तित्व नहीं रहता। परम प्रभु को इसी में मजा आये तो वे लीलावश चमत्कार कर सकते हैं, परन्तु

चमत्कार नाम की कोई वस्तु नहीं है—वे सबके साथ सभी सम्भव खेल खेलते हैं!

तुम उन्हें तभी समझना आरम्भ करते हो जब तुम इस तरह *अनुभव* करो, यह अनुभव करो कि वे सभी सम्भव खेल खेलते हैं, और "सम्भव" का अर्थ मानवीय कल्पना के अनुसार सम्भव नहीं, उनकी निजी धारणा के अनुसार सम्भव है!

और वहां, चमत्कार के लिए कोई स्थान नहीं—सिवाय इसके कि वह चमत्कार जैसा दिखायी पड़ जाये।

(मौन)

यदि धीमे क्रमविकास के स्थान पर हठात् कोई ऐसी चीज प्रकट हो जाये जो अतिमानसिक जगत् की हो तो मनोमय जीव, मनुष्य उसे चमत्कार कह सकता है, क्योंकि वह एक ऐसी चीज का हस्तक्षेप होगा जिसे वह अपने अन्दर ज्ञानपूर्वक धारण नहीं करता और जो उसके सचेतन जीवन में हस्तक्षेप करती है। और यथार्थ में, चमत्कारों के प्रति जो यह रुझान है, जो बहुत प्रबल है—जो लोग मानसिक रूप में बहुत विकसित हैं उनकी अपेक्षा बच्चों में तथा बच्चों जैसा हृदय रखने वालों में बहुत अधिक प्रबल है—उसकी ओर यदि तुम दृष्टिपात करो तो तुम्हें पता चलेगा कि यह 'परम अद्भुत'—सामान्य जीवन में प्राप्त होने योग्य किसी भी चीज से बहुत अधिक ऊंची किसी चीज—की अभीप्सा की सिद्धि में विश्वास है।

वास्तव में, शिक्षा में हमें सर्वदा दो समानान्तर प्रवृत्तियों को प्रोत्साहित करना चाहिये। पहली है, 'परमाश्चर्यमय' के लिए तरसने की प्रवृत्ति, उस चीज की प्यास जो अप्राप्य प्रतीत होती है, जो तुम्हें दिव्यत्व की भावना से भर देती है। परन्तु इसके साथ-ही-साथ, जब हम संसार की ओर, जैसा कि यह है, देखें तो हमें यथार्थ शुद्ध, सच्चे निरीक्षण को उत्साहित करना चाहिये, पूरे ब्योरे की यथार्थता के लिए समस्त कल्पनाओं को दूर करने, निरन्तर संयम रखने, एक अत्यन्त व्यावहारिक, अत्यन्त सतर्क विवेकशीलता पर जोर देना चाहिये। ये दोनों बातें समानान्तर चलनी चाहियें। सामान्यतया, तुम इस विचार से एक को मार देते हो कि यह दूसरे को

बढ़ाने के लिए आवश्यक है। परन्तु यह एकदम गलत है। ये दोनों साथ-साथ रह सकती हैं और एक ऐसा क्षण भी है जब मनुष्य को यह देखने का पर्याप्त ज्ञान रहता है कि ये दोनों एक ही वस्तु के दो पक्ष हैं और वही है दिव्य दृष्टि, उच्चतर विवेक। उस समय एक सीमित दर्शन और दिव्य दृष्टि के स्थान पर हमारा विवेक एकदम सच्चा, शुद्ध, यथातथ्य बन जाता है। पर यह विशाल होता है और अपने अन्दर एक ऐसे समूचे क्षेत्र को लिए रहता है जो अभी तक ठोस अभिव्यक्ति का अंग नहीं है।

शिक्षा के दृष्टिकोण से यह बात बहुत महत्त्वपूर्ण होगी। संसार जैसा है उसे ठीक-ठीक वैसा ही स्थूल रूप में, अत्यन्त पार्थिव और ठोस ढंग से देखना तथा जैसा वह हो सकता है उसे एक अत्यन्त मुक्त, अत्यन्त ऊंची, अत्यधिक आशा और अभीप्सा और अद्‌भुत निश्चयता से भरी हुई सूक्ष्म-दृष्टि से देखना—ये दोनों विवेकशक्ति के दो ध्रुव हैं।

हम अत्यन्त महान्, अत्यन्त अद्‌भुत, अत्यन्त सशक्त, अत्यन्त अर्थपूर्ण और अत्यन्त सम्पूर्ण के रूप में जिसकी कल्पना कर सकते हैं वह उसके मुकाबले कुछ नहीं है जो यह हो सकता है और इसके साथ-ही-साथ ब्योरे में जो हमारी छोटी-से-छोटी यथार्थता होगी वह कभी पर्याप्त यथार्थ नहीं होगी। और ये दोनों एक साथ रहने चाहियें। जब मनुष्य इसे (नीचे की ओर संकेत) जानता है और जब उसे (ऊपर की ओर संकेत) जानता है तब वह दोनों को साथ रखने में समर्थ होता है।

और चमत्कारों की आवश्यकता का सबसे बढ़िया सम्भव उपयोग यही है। चमत्कारों की आवश्यकता अज्ञान की एक भंगिमा है : "ओह ! मैं चाहूंगा कि यह ऐसा हो !" यह अज्ञान और असमर्थता की एक भंगिमा है। और जो लोग कहते हैं : "तुम चमत्कारों में निवास करते हो", वे केवल अन्त को देखते हैं जो नीचे होता है—फिर भी वे उसे केवल अपूर्ण रूप में जानते हैं—और किसी दूसरे के साथ उनका कोई सम्पर्क नहीं होता।

चमत्कार की यह आवश्यकता बदल कर उस वस्तु के लिए एक सज्ञान अभीप्सा बन जानी चाहिये (जो पहले से ही मौजूद है, जो विद्यमान है), और इन सब अभीप्साओं की *सहायता से* प्रकट होगी—ये सब अभीप्साएं आवश्यक हैं या, यदि कोई उनकी ओर एक अधिक सच्चे तरीके से देखे तो, शाश्वत अभिव्यक्ति में सहायक—सुन्दर सहायक हैं।

निस्सन्देह, बहुत कठोर युक्ति-तर्कवाले लोग तुमसे कहते हैं: "तुम प्रार्थना क्यों करते हो? तुम अभीप्सा क्यों करते हो? तुम मांगते क्यों हो? भगवान् जो चाहते हैं वही करते हैं और वही करेंगे जो वे चाहते हैं।" अवश्य ही बात ठीक है, यह कहने की कोई आवश्यकता नहीं, परन्तु यह उत्कण्ठा कि: "हे भगवान्! तू प्रकट हो!" उनकी अभिव्यक्ति को एक अधिक तीव्र स्पन्दन प्रदान करती है।

अन्यथा, उन्होंने, इस जगत् को वैसा न बनाया होता जैसा कि यह है—संसार जो कुछ है वही फिर से बन जाने की उसकी अभीप्सा की तीव्रता में एक विशिष्ट शक्ति, एक विशिष्ट आनन्द, एक विशिष्ट स्पन्दन है।

और इसीलिए—अंशतः, खण्डशः—क्रमविकास है।

शाश्वत रूप से पूर्ण, शाश्वत परिपूर्णता को शाश्वत रूप से अभिव्यक्त करने वाला विश्व प्रगति का आनन्द न पा सकेगा।

६.३.१९६३

८८—इस जगत् को मृत्यु ने रचा था ताकि जी सके। क्या तू मृत्यु को मिटा देगा? तब जीवन भी समाप्त हो जायेगा। तू मृत्यु को मिटा नहीं सकता, किन्तु उसे महत्तर जीवन में रूपान्तरित कर सकता है।

८९—इस जगत् को क्रूरता ने बनाया था ताकि वह प्रेम कर सके। क्या तू क्रूरता को विनष्ट कर देगा? तब तो प्रेम भी नष्ट हो जायेगा। तू क्रूरता को नष्ट नहीं कर सकता, परन्तु उसे उसके विरोधी तत्त्व, तीक्ष्ण प्रेम और आनन्दोल्लास में परिवर्तित कर सकता है।

९०—इस जगत् को अज्ञान तथा भूल-भ्रान्ति ने गढ़ा था ताकि वे जान सकें। क्या तू अज्ञान और भूल-भ्रान्ति को दूर कर देगा? तब तो ज्ञान भी विलीन हो जायेगा। तू अज्ञान और भूल-भ्रान्ति को दूर नहीं कर सकता, परन्तु उन्हें तर्कातीत विशुद्ध और प्रोज्ज्वल ज्ञान में परिणत कर सकता है।

९१—यदि केवल जीवन ही होता और मृत्यु न होती तो फिर अमरत्व नाम की कोई चीज ही न होती; यदि केवल प्रेम ही होता और क्रूरता न होती तो फिर आनन्द केवल एक प्रकार का मंदा और क्षणस्थायी उल्लास ही रह जाता; यदि केवल ज्ञान ही होता और अज्ञान न होता तो हमारी अधिक-से-अधिक पहुंच एक सीमित तर्क-शक्ति और इहलौकिक विज्ञता तक ही होती, उससे परे हम जा ही न पाते।

९२—मृत्यु रूपान्तरित होकर जीवन बन जाती है और वही है अमरत्व; क्रूरता परिवर्तित होकर प्रेम बन जाती है और वही है असह्य आनन्दातिरेक; अज्ञान बदलकर प्रकाश बन जाता है जो ज्ञान और प्रज्ञा के भी परे जा पहुंचता है।

यह ठीक वही भावना है, अर्थात्, विरोध और विपरीतता प्रगति के लिए एक प्रकार के उत्तेजक तत्त्व हैं। क्योंकि, यह कहना कि क्रूरता के बिना प्रेम कुनकुना या शिथिल होगा...। दिव्य प्रेम का तत्त्व अभिव्यक्त और अनभिव्यक्त के परे है, उसका शिथिलता या क्रूरता के साथ कोई सम्बन्ध नहीं है; केवल, श्रीअरविन्द का विचार ऐसा प्रतीत होता है, कि विरोधी चीजें जड़-तत्त्व को इस तरह गढ़ने के लिए कि उसकी अभिव्यक्ति अधिक तीव्र हो सके, सबसे अधिक तेज और प्रभावकारी साधन हैं।

एक अनुभव के रूप में यह बात बिलकुल ठीक है, इस अर्थ में ठीक है कि सबसे पहले, जब मनुष्य शाश्वत प्रेम, परात्पर प्रेम के संस्पर्श में आता है तो तुरत उसे... (किन शब्दों में कहा जाये?) एक बोध, एक अनुभव होता है—यह एक प्रकार की समझ नहीं है बल्कि बहुत ठोस चीज है—कि भौतिक चेतना चाहे जितनी भी आलोकित क्यों न हो, चाहे जितने अच्छे ढंग से क्यों न ढली हो, चाहे जितने अच्छे रूप में क्यों न तैयार की गयी हो, उस प्रेम को अभिव्यक्त करने में *असमर्थ* है! पहली धारणा इस प्रकार की अक्षमता की होती है। फिर आता है एक अनुभव, ठीक ऐसी चीज आती है जो उसका एक रूप प्रकट करती है जिसे हम ठीक "क्रूरता" तो नहीं कह सकते, क्योंकि यह वैसी क्रूरता नहीं है जैसी

हम जानते हैं, बल्कि यों कहें कि सारी परिस्थितियों के बीच एक स्पन्दन होता है जिसमे प्रेम को, जैसा कि वह यहां अभिव्यक्त है, अस्वीकार करने का एक प्रकार का तीव्र भाव होता है। हां, वह यही है, भौतिक जगत् की कोई चीज जो प्रेम की, जैसा कि अभी वह विद्यमान है, अभिव्यक्ति को अस्वीकार करती है। मैं यहां साधारण जगत् की बात नहीं कहती, बल्कि वर्तमान चेतना की उच्चतम अवस्था की बात कहती हूं। यह एक अनुभव है, मैं एक ऐसी चीज की बात कह रही हूं जो हो चुकी है। अतएव, चेतना का वह अंश जो इस विरोध से स्पृष्ट हुआ है, प्रेम के मूल की ओर एक सीधी पुकार भेजता है, उस पुकार में *एक ऐसी तीव्रता होती है जो अस्वीकृति के इस अनुभव के बिना कदापि उत्पन्न न हुई होती।* सीमाएं भंग हो जाती हैं और एक बाढ़ नीचे आ जाती है जो पहले अभिव्यक्त *न हो पाती* और एक ऐसी चीज प्रकट हो जाती है जो पहले प्रकट नहीं हुई थी।

इस दृष्टि से देखें तो जिन्हें हम जीवन और मृत्यु कहते हैं उनके विषय में स्पष्ट ही एक अनुरूप अनुभव विद्यमान है। यह अनुभव है इस प्रकार मृत्यु की उपस्थिति का "ऊपर छाये रहना" या निरन्तर बने रहना और मृत्यु की सम्भावना का होना, जिसका वर्णन 'सावित्री' में इस प्रकार किया गया है : बचपन के पालने से लेकर कब्र तक तुम्हारी पूरी यात्रा में निरन्तर तुम्हारे साथ, मृत्यु की विभीषिका या उपस्थिति अनवरत रूप से साथी बनी रहती है। और साथ-ही-साथ कोषों में विद्यमान है नित्यता की शक्ति के लिए एक तीव्र पुकार जो इस सतत विभीषिका के कारण है, अन्यथा कभी न होती । इस तरह हम समझ पाते हैं, बिलकुल ठोस रूप में यह अनुभव करना आरम्भ करते हैं कि ये सब चीजें 'अभिव्यक्ति' को तीव्र बनाने के तरीके हैं, उसकी प्रगति कराने के, उसे अधिकाधिक पूर्ण बनाने के मार्ग हैं। और यदि ये मार्ग भद्दे हैं तो इसका कारण यह है कि स्वयं यह 'अभिव्यक्ति' बहुत भद्दी, अपरिपक्व है। और जैसे-जैसे यह अपने को पूर्ण बनायेगी, जैसे-जैसे यह उस चीज को अभिव्यक्त करने के योग्य बन जायेगी जो *शाश्वत रूप से प्रगतिशील* है, वैसे-वैसे भद्दे साधन पीछे छूटते जायेंगे और उनके स्थान पर सूक्ष्मतर साधन आते जायेंगे और ऐसे क्रूर विरोधों की आवश्यकता के बिना संसार आगे बढ़ता जायेगा। यह केवल इसलिए ऐसा है कि संसार अभी अपने शैशवकाल में है और मानव

चेतना भी एकदम शैशवकाल की अवस्था में है।

यह बहुत ही ठोस अनुभव है।

अतएव, जब प्रगति करने के लिए पृथ्वी को मरने की आवश्यकता नहीं होगी तब मृत्यु भी न रहेगी। जब प्रगति करने के लिए पृथ्वी को दुःख-कष्ट उठाने की आवश्यकता न रहेगी तब दुःख-कष्ट भी न रहेगा। और जब प्रेम करने के लिए पृथ्वी को घृणा करने की आवश्यकता नहीं रह जायेगी तो फिर घृणा भी न रहेगी।

(मौन)

सृष्टि को उसके तमस् से बाहर निकाल लाने और उसकी उन्नति के शिखर तक आगे बढ़ा ले जाने का यह बहुत ही तेज और बहुत ही फलदायी साधन है।

(दीर्घ मौन)

सृष्टि का एक विशेष पक्ष है (जो शायद बहुत आधुनिक पक्ष है)— वह है अव्यवस्था और अस्तव्यस्तता से, अस्तव्यस्तता और असमञ्जसता से बाहर निकल आने की आवश्यकता। यह अस्तव्यस्तता, यह अव्यवस्था सब प्रकार के रूप ग्रहण करती है, यह संघर्ष में, निरर्थक प्रयास में, अपव्यय में परिवर्तित हो जाती है। यह निर्भर है उस स्तर पर जिसमें तुम हो, परन्तु भौतिक स्तर पर, कार्य में इसका मतलब होता है व्यर्थ की जटिलता, शक्ति और सामग्री का अपव्यय, समय की हानि, नासमझी, गलतफहमी, अव्यवस्था, गड़बड़झाला। यही वह चीज है जिसे पुरातन काल में वेदों में कहा गया था वक्रता (एक ऐसी चीज जो मुड़ी है, जो सीधे लक्ष्य की ओर जाने के बदले व्यर्थ ही टेढ़ा-मेढ़ा और नुकीला रास्ता पकड़ लेती है)। यह एक ऐसी चीज है जो विशुद्ध दिव्य कर्म की सुसमञ्जसता के एकदम विपरीत है; दिव्य कर्म कितना सरलतापूर्ण होता है। ...वह बालसुलभ प्रतीत होता है, बेढंगे और पूरे निरर्थक चक्करों के स्थान पर सीधा, बिलकुल सीधा! परन्तु यह स्पष्ट है कि यह (अस्तव्यस्तता) भी वही चीज है; अस्तव्यस्तता विशुद्ध और दिव्य सरलता की आवश्यकता को उद्दीप्त करने का एक तरीका है।

शरीर बहुत, बहुत अधिक अनुभव करता है कि प्रत्येक चीज सरल, एकदम सरल होती!

और सत्ता को—इस प्रकार के व्यक्तिगत पिण्ड को—रूपान्तरित करने योग्य बनाने के लिए बस एक ही चीज की आवश्यकता है, अपने-आपको सरल बनाने की, सरल बनाने की, सरल बनाने की। प्रकृति की ये सब जटिलताएं, जिन्हें आजकल लोग समझने लगे हैं और जिनका अध्ययन करने लगे हैं, जो मामूली-से-मामूली बात के लिए इतनी जटिल हैं (हमारी मामूली-से-मामूली क्रिया एक ऐसे जटिल संगठन का परिणाम होती है जो प्रायः अचिन्त्य है—निःसन्देह, इन सब चीजों को पहले से देख लेना और उन्हें संयुक्त करना मानव विचारशक्ति के लिए असम्भव ही होता), आजकल विज्ञान इनका आविष्कार कर रहा है। और हम बहुत स्पष्ट रूप में देखते हैं कि यदि इस क्रिया को दिव्य होना हो, अर्थात्, यदि इस अव्यवस्था और अस्तव्यस्तता से त्राण पाना हो तो इसे सरल, बिलकुल सीधा-सादा, सरल रूप लेना होगा।

(दीर्घ मौन)

कहने का मतलब, प्रकृति में, अथवा यों कहें कि, स्वयं प्रकृति आत्माभिव्यक्ति के अपने प्रयास में एक अविश्वसनीय, लगभग अनन्त-असीम जटिलता का आश्रय लेने के लिए बाध्य हुई ताकि वह मूल 'सरलता को' पुनः प्रकट कर सके।

और तुम फिर उसी बात पर वापस आ जाते हो। जटिलता की अधिकता में से ही ऐसी सरलता की सम्भावना आती है जो खाली नहीं बल्कि भरी होगी। एक ऐसी सरलता होगी जिसमें सब कुछ होगा; जब कि इन जटिलताओं के बिना सरलता एक खोखली चीज होगी।

लोग ऐसी खोजें करने के पथ पर हैं। उदाहरणार्थ, शरीर-रचनाशास्त्र में, वे शल्य-चिकित्सा के लिए ऐसे उपकरणों का अविष्कार कर रहे हैं जो अविश्वसनीयरूप से जटिल हैं! यह प्रायः 'जड़ पदार्थ' के तत्त्वों के विभाजन के जैसा है—कितनी भयंकर जटिलता है! और इन सबका लक्ष्य है, इन सबका प्रयास है एकत्व को अभिव्यक्त करना, एकमात्र सरलता

को—भागवत स्थिति को—प्रकट करना।

(*मौन*)

सम्भवतः यह शीघ्रता से होगा...। परन्तु प्रश्न घटकर यह रूप ले लेता है—उस सद्वस्तु को आकर्षित करने की एक *पर्याप्त*, तीव्र और फलदायी अभीप्सा जो रूपान्तर कर सकती है, जटिलता को 'सरलता' में, क्रूरता को 'प्रेम' में रूपान्तरित कर सकती है, इसी तरह और भी...।

यह शिकायत करने और कहने से कोई लाभ नहीं कि यह कितनी दयनीय स्थिति है। क्योंकि यह ऐसी ही है। यह ऐसी क्यों है?... सम्भवतः, यह जब ऐसी न रहेगी तब हम जानेंगे। यही बात दूसरे ढंग से कही जा सकती है, यदि हम जान जायें तो फिर यह ऐसी न रहेगी।

फिर यह कल्पना-जल्पना : "यदि यह ऐसी न होती तो कहीं अच्छा होता," आदि-आदि, यह सब व्यावहारिक नहीं है, इससे कोई काम नहीं बनता, यह निरर्थक है।

जो कुछ आवश्यक है उसे करने की शीघ्रता करनी चाहिये ताकि वह ऐसी न रहे; बस, यही है एकमात्र व्यावहारिक चीज।

शरीर के लिए यह बहुत मजेदार बात है। पर यह एक पर्वत है, अनुभूतियों का पर्वत जो देखने में बहुत छोटी हैं पर बहुलता के कारण इनका अपना स्थान है।[१]

१५.५.१९६३

९३—दुःख-दर्द हमारी दिव्य जननी का स्पर्श है जो हमें यह सिखाती है कि किस तरह सहन किया जाता और आनन्द में वर्द्धित हुआ जाता है। उस माता की शिक्षा के तीन स्तर हैं—

[१] जब यह व्याख्या छपने के लिए जा रही थी तब माताजी ने यह टिप्पणी की : "वैज्ञानिक इसे अस्वीकार करेंगे, वे कहेंगे कि ये सब फालतू बातें हैं; परन्तु इसका कारण यह है कि मैं उनके शब्दों का व्यवहार नहीं कर रही हूं, यह सिर्फ शब्दों का हेरफेर है।"

सबसे पहले सहनशीलता, फिर अन्तरात्मा की समता और अन्त में परमानन्द।

जहां तक नैतिक बातों का सम्बन्ध है, यह बिलकुल स्पष्ट है, इसमें तर्क करने की गुंजायश नहीं—सभी नैतिक कष्ट तुम्हारे चरित्र को बनाते हैं और तुम्हें सीधे आनन्द तक ले जाते हैं, बशर्ते कि तुम यह जानो कि उन्हें कैसे लिया जाये। परन्तु जब वे शरीर को छूते हैं...।

यह सच है कि डाक्टरों ने कहा है कि यदि तुम शरीर को यह सिखाओ कि दर्द को कैसे सहा जाता है तो शरीर अधिकाधिक सहनशील बन जाता है और शीघ्रता से उसके भंग होने की सम्भावना कम हो जाती है—यह एक परिणाम है। जो लोग यह जानते हैं कि कहीं कोई दर्द होने पर एकदम विचलित हुए बिना कैसे रहा जाता है, जो चुपचाप बर्दाश्त कर सकते हैं, अपनी मानसिक समतोलता बनाये रखते हैं, ऐसा लगता है कि उनमें किसी प्रकार की अस्तव्यस्तता के बिना व्याधि सहने की शारीरिक क्षमता बढ़ जाती है। यह एक बहुत बड़ी चीज है। मैंने स्वयं अपने सामने एक प्रश्न रखा, विशुद्ध व्यावहारिक, बाह्य दृष्टि से रखा, और ऐसा लगा कि बात ऐसी ही है। आन्तरिक रूप से यह बात मुझसे बहुत बार कही गयी थी—कही गयी और छोटे-छोटे अनुभवों द्वारा दिखायी गयी—कि शरीर के विषय में जितना माना जाता है वह उससे बहुत अधिक सह सकता है बशर्ते कि दुःख-दर्द के साथ भय और दुश्चिन्ता को न जोड़ दिया जाये। यदि इस मानसिक क्रिया को हटा दिया जाये, शरीर को अकेला छोड़ दिया जाये, उसे इस बात का कोई डर या आशंका या दुश्चिन्ता न हो कि क्या होने जा रहा है—कोई क्लेश-सन्ताप न हो—तो शरीर बहुत अधिक सह सकता है।

दूसरा कदम है, जब शरीर ने सहने का निर्णय कर लिया है (हां, जब वह सहन करने का निश्चय कर लेता है), तब तुरत तीक्ष्णता, दर्द के अन्दर जो कुछ उग्र है वह विलीन हो जाता है। मैं एकदम भौतिक बात कह रही हूं।

और यदि तुम शान्त-स्थिर बने रहो (यहां एक आन्तरिक शान्ति की आवश्यकता आ जाती है जो दूसरा विशिष्ट तत्त्व है), यदि तुम्हारे अन्दर आन्तरिक शान्ति विद्यमान हो तो दर्द लगभग एक सुखदायी संवेदन के रूप

में बदल जाता है—"सुखदायी" उस अर्थ में नहीं जिस अर्थ में साधारणतया लोग इस शब्द को लेते हैं, बल्कि एक प्रकार के आराम का बोध होता है। मैं यहां फिर एक विशुद्ध भौतिक, स्थूल चीज की बात कह रही हूं।

और अन्तिम स्तर है, जब शरीर के कोषाणुओं में भागवत उपस्थिति और सर्वोच्च भागवत संकल्प पर श्रद्धा-विश्वास उत्पन्न हो जाता है, जब उन्हें इस बात का भरोसा हो जाता है कि सब कुछ भले के लिए है, तब आता है महान् आनन्दानुभव—कोष खुल जाते हैं, इस ढंग से, और ज्योतिर्मय तथा आनन्दविभोर बन जाते हैं।

यह हो जाती है चौथी अवस्था (यहां प्रश्न केवल तीन ही अवस्थाओं का है)।

अन्तिम अवस्था सम्भवतः प्रत्येक व्यक्ति की पहुंच के अन्दर नहीं है, परन्तु पहली तीनों अवस्थाएं बिलकुल स्पष्ट हैं—मैं *जानती हूं* कि वे स्पष्ट हैं। परन्तु मेरे सामने जो प्रश्न था वह केवल यह था कि यह कोई शुद्ध मानसिक अनुभव तो नहीं है, केवल इसी कारण कि वेदना को सहन किया गया है शरीर में कुछ घिसाई और टूट-फूट तो नहीं होती? परन्तु मैंने डाक्टरों से पूछा और उन्होंने मुझे बताया कि यदि बचपन में ही शरीर को कष्ट सहना सिखाया जाये तो सहने की शक्ति इतनी अधिक बढ़ जाती है कि वह वास्तव में रोगों को रोक सकती है, अर्थात्, रोग अपनी धारा का अनुसरण नहीं करते, उनकी क्रिया रुक जाती है। यह एक बहुमूल्य चीज है।

१०.८.१९६३

९४—सभी त्याग एक ऐसे महत्तर आनन्द के लिए किये जाते हैं जिसे अभी तक हमने हस्तगत नहीं किया है। कुछ लोग कर्तव्य पूरा करने के आनन्द के लिए त्याग करते हैं, कुछ शान्ति के आनन्द के लिए, कुछ भगवान् के आनन्द के लिए और कुछ आत्मपीड़न का आनन्द पाने के लिए त्याग करते हैं। परन्तु इससे कहीं अच्छा यह है कि तुम विश्वातीत स्वतन्त्रता तथा अक्षुब्ध परमानन्द तक पहुंचने के लिए त्याग करो।

मुझे त्याग का बहुत अधिक अनुभव नहीं है—क्योंकि त्याग की भावना होने के लिए यह आवश्यक है कि मनुष्य चीजों से चिपका हो, और बराबर ही और आगे जाने की, और भी ऊंचे उठने की, और भी अधिक अच्छा, बहुत अच्छा करने की, और अच्छा होने की प्यास हो, आवश्यकता महसूस हो। त्याग की भावना का अनुभव करने के बदले तुम एक अच्छे छुटकारे का अनुभव करते हो—तुम किसी चीज से छुट्टी पा जाते हो, ऐसी चीज से छुटकारा पा जाते हो जो तुम पर बोझ बनी थी, जो तुम्हें नीचे दबाये थी, तुम्हारी अग्रगति को रोक रही थी। यही बात मैंने उस दिन कही थी: हम अभी वही चीज हैं जो हम होना नहीं चाहते और वह (भगवान्) वह सब है जो हम बनना चाहते हैं—अपनी अहंकारजन्य मूर्खता के साथ जिसे हम, अपना "हम" कहते हैं वह ठीक वही चीज है जो हम अब नहीं रहना चाहते, और हम उसे झाड़ फेंकने पर, उससे मुक्त हो जाने पर कितने प्रसन्न होंगे, क्योंकि फिर हम वह हो सकेंगे जो कि होना चाहते हैं।

यह एक बहुत ही सजीव अनुभव है।

एकमात्र क्रिया जिसे मैं जानती थी और जो मेरे जीवन में कई बार दोहरायी गयी है वह है भूल का त्याग। कोई चीज होती है जिसे तुम सत्य मानते हो—जो किसी समय शायद सत्य थी भी—जिसके ऊपर तुम अंशतः अपने कार्य को आधारित करते हो, जो वास्तव में केवल एक राय थी। तुमने समझा था कि वह चीज एक सच्चा अनुमान था और उसके साथ सभी युक्तिसंगत तर्क संलग्न थे, और तुम्हारा कार्य (कार्य का एक अंश) उस पर आधारित था और उसके साथ सम्बन्धित सभी बातों का क्रम स्वाभाविक था। और एकाएक, एक अनुभव, एक वातावरण या एक अन्तःप्रेरणा तुम्हें सावधान करती है कि तुम्हारा निर्णय उतना सत्य नहीं है जितना प्रतीत होता है। फिर एक समूचा निरीक्षण या अध्ययन-काल आता है (अथवा कभी-कभी बात एक अन्तःप्रकाश के रूप में, एक महान् प्रमाण के रूप में आती है), और तब केवल भावना या मिथ्या ज्ञान ही नहीं बल्कि समस्त निष्कर्ष को बदल देना पड़ता है, शायद किसी बिन्दु पर सम्पूर्ण क्रिया-पद्धति ही बदलनी पड़ती है। उस समय एक प्रकार का संवेदन होता है, एक ऐसी चीज होती है जो त्याग के संवेदन से मिलती-जुलती

है—यानी, उस समय तुम्हें उन सारी चीजों को रद्द कर देना पड़ता है जिन्हें तुमने बनाया था—कभी-कभी यह कार्य काफी बड़ा होता है और कभी-कभी बहुत छोटा, पर अनुभव एक जैसा ही होता है। यह एक बल की क्रिया, शक्ति की क्रिया होती है जो भंग करती है। और जो कुछ भंग किया जाता है उससे, सभी पुरानी आदतों से एक बाधा उठती है; यह भंग होने और साथ-साथ लगी बाधा की क्रिया ही साधारण मानव चेतना में त्याग की भावना के रूप में प्रकट होती है।

मैंने इसे अभी हाल में ही देखा है; यह नगण्य है; वे सब ऐसी परिस्थितियां हैं जिनका अपने-आपमें कोई महत्त्व नहीं। जब उन सबका एक साथ अध्ययन किया जाता है तभी ये मजेदार बन जाती हैं और केवल यही क्रिया है जो मेरे जीवन में कई बार हुई है और इसलिए मैं इसे भली-भांति जानती हूं। जैसे ही सत्ता आगे बढ़ती है विघटन की शक्ति भी बढ़ती है, अधिकाधिक प्रत्यक्ष बन जाती है और प्रतिरोध कम होने लगता है। परन्तु मुझे एक ऐसे समय की याद है जब अधिक-से-अधिक प्रतिरोध था (इस बात को आधी शताब्दी बीत चुकी है), और उस समय इसके अतिरिक्त और कुछ भी न था, यह हमेशा मेरे बाहर की चीज होती थी—मेरी चेतना से बाहर नहीं बल्कि मेरे संकल्प के बाहर की—कोई ऐसी चीज थी जो मेरे संकल्प का विरोध करती थी। मुझे कभी यह नहीं लगा कि मैंने किसी चीज का त्याग किया हो, मुझे हमेशा यही धारणा हुई कि मैं वस्तुओं के विलीन होने के लिए उन पर दबाव डालती रही हूं। पर अब, अधिकाधिक दबाव भी अगोचर होता जा रहा है; वह तुरत-फुरत कार्य करता है, जैसे ही वस्तुओं के समूह को भंग करने वाली शक्ति प्रकट होती है सब कुछ विलीन हो जाता है, कोई प्रतिरोध नहीं होता। दूसरी ओर, मुक्ति का भाव भी मुश्किल से आता है—फिर भी एक चीज होती है जो मजा लेती और कहती है : "ओह! अभी और भी है! कितनी बार मनुष्य स्वयं अपने-आपको सीमित कर देता है... !" कितनी बार तुम समझते हो कि तुम आगे बढ़ रहे हो, निरन्तर बढ़ रहे हो, बिना किसी बाधा के, बिना रुके हुए और कितनी बार तुम अपने आगे एक छोटी-सी सीमा खड़ी कर लेते हो! यह कोई बड़ी सीमा नहीं होती क्योंकि यह एक विशाल समग्र के अन्दर एक बहुत छोटी चीज होती है पर यह

तुम्हारे कार्य के सामने एक छोटी-सी सीमा बन जाती है। और जब शक्ति उस सीमा को भंग करने के लिए कार्य करती है तब तुम आरम्भ में अपने को मुक्त अनुभव करते हो, तुम्हें प्रसन्नता होती है; परन्तु अब, उतना भी नहीं रहता, बस एक मुस्कान होती है। क्योंकि यह मुक्ति का बोध नहीं होता, बस ऐसा प्रतीत होता है मानों रास्ते पर से एक पत्थर हट गया है ताकि हम आगे बढ़ सकें।

यह त्याग की भावना एक अहंकेन्द्रित चेतना में ही आ सकती है। स्वभावतः लोग (जिन्हें मैं एकदम आदिम कहती हूं) चीजों से चिपक जाते हैं—जब उनके पास कोई चीज होती है तो वे उसे छोड़ना नहीं चाहते! यह चीज मुझे कितनी बचकानी लगती है। जब कभी इन्हें, इन लोगों को, कुछ देना पड़ता है तो इन्हें कष्ट होता है! क्योंकि इनके पास जो चीज होती है उसके साथ ये एकात्म हो जाते हैं। परन्तु यह बचपना है। सच्ची प्रक्रिया जो पीछे की ओर है वह है वस्तुओं में विद्यमान बाधा की मात्रा जो एक विशेष ज्ञान के आधार पर निर्मित है—जो एक विशेष समय में ज्ञान था और जो दूसरे समय में नहीं—एक आंशिक ज्ञान था, जो क्षणिक तो नहीं पर स्थायी भी नहीं था। इसी ज्ञान पर वस्तुओं की सम्पूर्ण रचना हुई है जो यह कहने वाली शक्ति का विरोध करता है : "नहीं, यह सत्य नहीं है (हंसती हैं), तुम्हारा आधार सच्चा नहीं रहा, वह हटा दिया गया है।" और फिर आह! वह दुःखदायी होता है—यही वह चीज है जिसे लोग त्याग के रूप में अनुभव करते हैं।

वास्तव में त्याग करना कठिन नहीं होता बल्कि स्वीकार करना कठिन होता है (माताजी मुस्कराती हैं), जब मनुष्य जीवन को उस रूप में देखता है जैसा कि अभी वह है...। परन्तु फिर यदि मनुष्य स्वीकार करता है तो उस सबके बीच कैसे रहा जाये और कैसे यह अक्षर आनन्द पाया जाये—अक्षर आनन्द वहां नहीं बल्कि यहां?

मेरे लिए सप्ताहों तक यह समस्या रही है।

मैं इस निर्णय पर पहुंची हूं : तत्त्वतः, चेतना और भगवान् के साथ एकत्व ही वह चीज है जो आनन्द प्रदान करती है—यह सिद्धान्त है—,

अतएव, चेतना और भगवान् के साथ एकत्व, चाहे यह इस जगत् में हो जैसा कि यह है, अथवा भावी जगत् के निर्माण के अन्दर हो, एक ही होना चाहिये—तत्त्व रूप में। मैं अपने-आपसे सब समय यही कहती हूं : "यह क्या बात है कि तुम्हें यह आनन्द नहीं प्राप्त होता?"

मुझे यह प्राप्त है—जब समूची चेतना एकत्व में एकाग्र हो जाती है; किसी भी क्षण, किसी भी चीज के बीच, चेतना के एकत्व पर एकाग्र होने की यह क्रिया होते ही आनन्द आ जाता है। परन्तु मुझे यह कहना ही पड़ेगा कि ज्यों ही मैं कार्यरत होती हूं त्यों ही वह विलीन हो जाता है...। यह एक जगत् है पर बहुत ही अस्तव्यस्त जगत्, श्रम का जगत् है जहां मैं अपने चारों ओर के लोगों और वस्तुओं पर कार्य करती हूं। अतएव, आवश्यक रूप से मैं उन सबको एक प्रकार से ग्रहण करने के लिए बाध्य होती हूं जो मुझे घेरे होते हैं ताकि मैं उन पर कार्य कर सकूं। मैं उस अवस्था को पहुंच गयी हूं जिसमें सभी प्रकार के संस्पर्श, यहां तक कि अत्यन्त दुःखदायी समझे जाने वाले संस्पर्श भी, मुझे पूर्णतः शान्त और उदासीन छोड़ देते हैं —"उदासीन" पर निष्क्रिय उदासीन नहीं : उस समय किसी प्रकार की कोई कष्टदायी प्रतिक्रिया नहीं होती, पूर्ण तटस्थता बनी रहती है (शाश्वत की ओर इशारा करती हुई भंगिमा), पूर्ण समता की स्थिति विद्यमान रहती है। परन्तु इस समता में इस बात का सुनिश्चित ज्ञान होता है कि क्या करना चाहिये, क्या कहना चाहिये, क्या लिखना चाहिये, क्या निश्चय करना चाहिये, वास्तव में प्रत्येक चीज का ज्ञान रहता है जो कर्म को अन्तर्भूत करता है। वह सब पूर्ण तटस्थता की स्थिति में होता है और साथ-ही-साथ शक्ति का बोध भी बना रहता है : शक्ति निर्णय करती है, शक्ति कार्य करती है, और तटस्थता बनी रहती है—परन्तु कोई आनन्द नहीं रहता। मुझमें उत्साह नहीं होता, आनन्द और कार्य का पूर्णत्व नहीं होता।

मुझे यहां यह भी कह देना चाहिये कि संसार की वर्तमान अवस्था में इस आनन्द की चेतना की स्थिति खतरनाक होगी। क्योंकि इसकी ऐसी प्रतिक्रियाएं होती हैं जो करीब-करीब निरपेक्ष होती हैं—मैं देखती हूं कि आनन्द की इस स्थिति में एक *प्रचण्ड* शक्ति होती है। परन्तु मैं "प्रचण्ड" शब्द पर जोर दे रही हूं, इस अर्थ में प्रचण्ड कि वह असहिष्णु या असह्य होती है—बल्कि असह्य होती है—उन सबके लिए जो अनुरूप नहीं होते।

जो चीज परात्पर दिव्य प्रेम है ठीक वही चीज या लगभग वही चीज (एकदम वही नहीं पर लगभग) यह भी है; इस आनन्द या परम सुख का स्पन्दन दिव्य प्रेम के स्पन्दन का ठीक एक छोटा-सा प्रारम्भिक रूप है, और यह पूर्ण रूप से—हां, इसके लिए कोई दूसरा शब्द नहीं है—असहिष्णु है, इस अर्थ में कि यह किसी ऐसी चीज का प्रवेश नहीं होने देता जो इसके विपरीत हो।

ऐसी हालत में सामान्य चेतना के लिए स्वभावतः ही उसके परिणाम भयावह होंगे, है न? इसे मैं बिलकुल अच्छी तरह देखती हूं, क्योंकि कभी-कभी यह शक्ति आती है—यह शक्ति आती है और तब तुम्हें ऐसा लगता है कि हर चीज फट जायेगी। क्योंकि यह एकत्व के सिवा और किसी चीज को सहन नहीं कर सकती, यह स्वीकार करने वाले प्रत्युत्तर के अतिरिक्त और किसी चीज को बर्दाश्त नहीं कर सकती, ग्रहण करने और स्वीकार करने वाली चीज को छोड़कर कुछ नहीं सह सकती। और यह कोई मनमानी इच्छा नहीं है, बल्कि इसकी सत्ता का तथ्य अपने-आपमें सर्वशक्तिमान् है, उस अर्थ में, "सर्वशक्तिमान्" नहीं जिस अर्थ में लोग सर्वशक्तिमान् समझते हैं, बल्कि एक सच्ची सर्वशक्ति के रूप में। यानी, वह शक्ति सम्पूर्ण रूप से, सर्वांगीण रूप से, ऐकान्तिक भाव से विद्यमान रहती है। वह सबको धारण करती है, पर जो कुछ उसके प्रकम्पन के विपरीत होता है वह, स्वभावतः ही, परिवर्तित होने के लिए बाधित होता है, क्योंकि कोई चीज विलीन तो हो नहीं सकती। और यह तुरत-फुरत होनेवाला, नृशंस, निरंकुश परिवर्तन, इस जगत् में जैसा कि यह है, बड़ा अनर्थकारी होता है।

यही वह उत्तर है जो मुझे अपनी समस्या के लिए प्राप्त हुआ।

चूंकि यह ऐसा था इसलिए मैंने अपने-आपसे कहा : "क्यों? मैं जो हूं..." किसी भी क्षण मुझे सिर्फ यह करना है (ऊपर की ओर इशारा) और यह है... सिवा परम प्रभु के और कुछ नहीं है, सब कुछ 'वही' है —पर एक ढंग से इतना निरपेक्ष कि जो कुछ 'वह' नहीं है वह सब विलीन हो जाता है! लेकिन अभी अनुपात ऐसा है (हंसती हैं), कि ऐसी बहुत अधिक चीजें होंगी जिन्हें विलीन होना होगा!

मैं इसे समझ गयी।

२४.८.१९६३

९५—कामना के पूर्ण त्याग से या कामना की पूर्ण सन्तुष्टि से ही भगवान् के साथ पूर्ण मिलन की अनुभूति हो सकती है, क्योंकि इन दोनों तरीकों से आवश्यक शर्त पूरी हो जाती है—कामना का नाश हो जाता है।

इच्छा या कामना को पूर्ण रूप से सन्तुष्ट करना असम्भव है, यह एकदम असम्भव कार्य है, और ऐसे ही इच्छा का त्याग करना भी। तुम एक इच्छा का त्याग करते हो और दूसरी पैदा हो जाती है। अतएव, दोनों कार्य अपेक्षाकृत रूप में असम्भव हैं। सम्भव है केवल ऐसी अवस्था को प्राप्त करना जिसमें इच्छा हो ही नहीं।

(लम्बा मौन)

यह खेद का विषय है कि मैं आती हुई सब अनुभूतियों को लेखबद्ध नहीं कर सकती। कारण, ठीक इन्हीं दिनों और इस पूरे काल में यहां उस सच्ची क्रिया का एक बहुत स्पष्ट बोध विद्यमान था जो कि सर्वोच्च इच्छा की अभिव्यक्ति है, यह सर्वोच्च इच्छा व्यक्ति-रूपी उपकरण के द्वारा सहज, स्वाभाविक रूप में अनायास ही अनूदित हो जाती है, यह भी कहा जा सकता है कि शरीर के द्वारा अनूदित होती है—(क्योंकि मन शान्त होता है और शान्त बना रहता है)। उस क्षण का एक और भी बोध है जब कि भागवत संकल्प की यह अभिव्यक्ति कामना के हस्तक्षेप और उसके एक ऐसे विशेष स्पन्दन के कारण आच्छादित और विकृत हो जाती है जिसका अपना एक विशिष्ट गुण होता है और अनेक प्रत्यक्ष कारण होते हैं। यह केवल किसी वस्तु की प्यास, किसी वस्तु की आवश्यकता या किसी वस्तु से आसक्ति नहीं होती। उदाहरणार्थ, इस स्पन्दन की शुरुआत ऐसे भी हो सकती है कि व्यक्त संकल्प सर्वोच्च संकल्प की अभिव्यक्ति प्रतीत होता हो या हर हालत में उसे सर्वोच्च संकल्प की अभिव्यक्ति माना गया हो, किन्तु उस तात्कालिक क्रिया के, जो स्पष्ट ही सर्वोच्च संकल्प की अभिव्यक्ति थी, और उसका परिणाम, जो कि आना चाहिये था, उसके बीच कुछ गड़बड़ी पैदा हो गयी—यह एक ऐसी भूल है जिसे व्यक्ति प्रायः ही करता

है। तुम्हें ऐसा सोचने का अभ्यास है कि जब तुम कुछ चाहते हो तो तुम्हें 'वह' मिलना चाहिये, कारण, तुम्हारी दृष्टि बहुत संकुचित है—बहुत संकुचित और बहुत सीमित—जब कि वस्तुतः 'समग्र' को देख सकना चाहिये जो तुम्हें यह बताता है कि यह स्पन्दन कुछ अन्य स्पन्दनों को आरम्भ करने के लिए आवश्यक है और सबको अपने अन्दर समाविष्ट करने वाला *समग्र* ही किसी परिणाम को उत्पन्न करेगा—यह परिणाम वर्तमान स्पन्दन का तात्कालिक फल नहीं है। मुझे पता नहीं यह बात तुम्हारे सामने स्पष्ट हुई या नहीं, पर यह एक सतत अनुभूति है।

और ठीक इसी काल में, मैंने इस तथ्य का अध्ययन और निरीक्षण किया है कि किस प्रकार प्रतिदिन के छोटे-छोटे कामों में कामना का यह स्पन्दन सर्वोच्च सत्ता द्वारा उत्पादित संकल्प के स्पन्दन के साथ जोड़ा गया है और ऊपर की दृष्टि के द्वारा (हां, यदि व्यक्ति इस ऊपर की दृष्टि के प्रति सचेतन होने का ध्यान रखे) व्यक्ति देखता है कि किस प्रकार यह स्पन्दन ठीक वही था जिसे सर्वोच्च सत्ता ने उत्पन्न किया है, किन्तु सतही स्थूल चेतना द्वारा प्रतीक्षित तात्कालिक परिणाम को पाने के स्थान पर, उसका कार्य सभी स्पन्दनों को आरम्भ करना और एक अन्य अधिक सुदूर और पूर्ण परिणाम को प्राप्त करना था। मैं कोई बहुत बड़ी वस्तुओं की बात नहीं कह रही और न ही वैश्व पैमाने पर होने वाले कार्यों की; मैं तो जीवन की छोटी-छोटी क्रियाओं की चर्चा कर रही हूं : उदाहरणार्थ, मैं किसी से कहती हूं : "मेरे लिए वह लाओ", और वह बिना समझे उस वस्तु को लाने के स्थान पर दूसरी वस्तु ले आता है। तब यदि व्यक्ति 'समग्र' की दृष्टि रखने की परवाह न करे, तो एक विशेष स्पन्दन उत्पन्न हो सकता है, इसे अधैर्य अथवा सन्तोष के अभाव का स्पन्दन कह सकते हैं। साथ ही यह भी आभास मिलता है कि भगवान् के स्पन्दन को न किसी ने समझा है और न ग्रहण किया है। हां, तो इसके अतिरिक्त छोटे-से स्पन्दन में जो कि या तो अधैर्य का होता है या फिर जो कुछ होता है उसके प्रति अज्ञान का, ग्रहणशीलता या प्रत्युत्तर के अभाव का होता है, कामना के ही गुण होते हैं—इसे इच्छा नहीं कह सकते पर यह है उसी प्रकार का स्पन्दन—यही वस्तुओं को जटिल बनाने के लिए आता है। यदि व्यक्ति की दृष्टि पूर्ण और यथार्थ हो, तो वह जानता है कि ये शब्द

"मुझे वह दो" तात्कालिक परिणाम को नहीं, बल्कि एक अन्य वस्तु को उत्पन्न करेंगे और यह अन्य वस्तु फिर एक और ही वस्तु को ले आयेगी और अब यह वस्तु ठीक वही होगी जो होनी चाहिये। मैं नहीं जानती, मेरी यह बात तुम्हारे सामने स्पष्ट हुई है या नहीं क्योंकि यह जरा जटिल है। किन्तु इसने ही मुझे सर्वोच्च संकल्प के स्पन्दन और कामना के स्पन्दन के बीच के अन्तर की कुंजी प्रदान की थी, इसके साथ ही एक अधिक विशाल और सर्वांगीण दृष्टि के द्वारा कामना के स्पन्दन को निकाल देने की सम्भावना भी मेरे सामने आयी—यह दृष्टि अधिक विशाल, अधिक समग्र और अधिक सुदूर की वस्तु थी, दूसरे शब्दों में, यह एक विशालतर समष्टि की दृष्टि थी।

मैं इस बात पर आग्रह करती हूं, क्योंकि यह समस्त नैतिक तत्त्वों को दूर कर देती है। कामना के निन्दात्मक विचार को दूर कर देती है। यह दृष्टि भले और बुरे के, शुभ और अशुभ के, उच्च और निम्न आदि के सभी विचारों को भी अधिकाधिक दूर कर देती है। तब वहां रह जाती है केवल एक वस्तु जिसे स्पन्दनशील गुण का अन्तर कह सकते हैं—"गुण" फिर भी उच्चतर या निम्नतर का आभास देता है, यह गुण नहीं होता और न ही तीव्रता होती है। मुझे पता नहीं एक स्पन्दन को दूसरे स्पन्दन से अलग करने के लिए कौन-से वैज्ञानिक शब्द का प्रयोग किया जाता है, पर है यह वही।

और तब देखने योग्य बात यह है कि वह स्पन्दन, जिसे भगवान् द्वारा उद्भूत स्पन्दन का गुण भी कह सकते हैं, रचनात्मक होता है—वह निर्माण करता है, वह शान्त और प्रकाशपूर्ण होता है, जब कि दूसरा स्पन्दन, जो कामना आदि का होता है, वस्तुओं को जटिल और अस्तव्यस्त बना देता है, उन्हें नष्ट कर देता और तोड़-मरोड़ देता है, उन्हें अस्तव्यस्त करता, उन्हें विकृत एवं टेढ़ा कर देता है। और यह बात प्रकाश को वहां से हटा कर एक ऐसी धूसरता उत्पन्न कर देती है जो बाद में उग्र क्रियाओं द्वारा अधिक तीव्र होकर बहुत गहरे रंग की काली छाया बन जाती है। किन्तु वहां भी जहां आवेश नहीं होता या आवेश हस्तक्षेप नहीं करता, वहां भी ऐसा ही होता है। भौतिक अस्तित्व स्पन्दनों का एक क्षेत्रमात्र बन गया है, ऐसे स्पन्दनों का जो आपस में घुलमिल जाते हैं और दुर्भाग्यवश, संघर्ष में

आकर परस्पर टकराते हैं और यह संघर्ष एवं टक्कर कुछ स्पन्दनों द्वारा उत्पन्न इस प्रकार की अव्यवस्था, उपद्रव और अस्तव्यस्तता के आकस्मिक आक्रमण होते हैं, वस्तुतः ये स्पन्दन अपने मूल रूप में केवल अज्ञान के स्पन्दन होते हैं—यह इसलिए होता है कि व्यक्ति इसे जानता नहीं। ये अज्ञान के स्पन्दन तो होते ही हैं, साथ ही बहुत तुच्छ, बहुत संकीर्ण और बहुत सीमित भी होते हैं—बहुत ही अल्पकालिक। अब यह ऐसी समस्या नहीं रहती जो मनोवैज्ञानिक दृष्टि से देखी जा सके। यह केवल स्पन्दन-रूप ही रह जाती है।

यदि तुम इसे मनोवैज्ञानिक दृष्टिकोण से देखो... मानसिक स्तर पर, तो यह बात सरल हो जाती है। प्राणिक स्तर पर भी यह कठिन नहीं होती। भौतिक स्तर पर यह जरा अधिक भारी पड़ती है, क्योंकि यह "आवश्यकताओं" का रूप धारण कर लेती है। किन्तु यहां भी इन दिनों बहुत-से अनुभव प्राप्त किये जा चुके हैं : शरीर-निर्माण और उसकी आवश्यकताओं के, उसके लिए क्या भला है और क्या बुरा, इसके विषय में चिकित्सा-सम्बन्धी और वैज्ञानिक विचारों का अध्ययन; और इसे यदि इसके मूल-स्रोत तक ले जाया जाये तो बात फिर स्पन्दनों के प्रश्न पर आ जाती है। यह सब बड़ा मनोरंजक था : ऊपर से ऐसा प्रतीत हुआ (कारण, सामान्य चेतना द्वारा देखी जाने वाली सभी वस्तुएं विशुद्ध रूप में बाह्य ही होती हैं), हां, तो ऐसा प्रतीत हुआ कि भोजन द्वारा किसी के अन्दर विष चला गया है, और अब यह विशेष अध्ययन की वस्तु बन गया कि अन्दर विष जाने की यह क्रिया पूर्ण है या सापेक्ष, दूसरे शब्दों में, क्या यह अज्ञान और बुरी प्रतिक्रिया पर एवं सच्चे स्पन्दन की अनुपस्थिति पर आधारित थी। इसका निष्कर्ष यह निकला कि यह भगवान् के स्पन्दनों की संख्या और कुल योग और उन स्पन्दनों के बीच के अनुपातों का प्रश्न है जो अभी भी अज्ञान की वस्तुएं हैं। और इस अनुपात के अनुसार ही यह एक मूर्त और वास्तविक वस्तु का या फिर उस वस्तु का रूप ले लेती है जिसे वहां से हटाया जा सकता है, दूसरे शब्दों में, जो सत्य के स्पन्दनों के प्रभाव का विरोध नहीं करती। बहुत मनोरंजक था यह सब! कारण, ज्यों ही चेतना को शारीरिक क्रिया में होने वाले कष्टकर कारण का पता लगा (चेतना ने यह देख लिया कि वह कहां से आया और क्या

था), त्यों ही इस विचार के साथ कि : "देखें, क्या हो रहा है", निरीक्षण आरम्भ हो गया। सबसे पहले, शरीर को पूर्ण विश्राम की अवस्था में लिटा दिया और उसे यह निश्चय दिलाया, जो कि वहां सदा ही होता है, कि भगवान् की इच्छा के बिना कुछ नहीं होता, फल भी उन्हीं के हाथ में है, और सब परिणाम भी उन्हीं की इच्छा पर निर्भर हैं, इसलिए व्यक्ति को पूर्णतया शान्त रहना चाहिये। और तब शरीर भी पूर्णतया शान्त हो जाता है, वह चंचल नहीं होता, वह उत्तेजित नहीं होता, वह स्पन्दनशील नहीं होता, कुछ भी नहीं—वह बड़ा शान्त रहता है। इसके बाद, परिणाम किस हद तक अनिवार्य होंगे? क्योंकि कुछ ऐसा पदार्थ जिसमें शरीर के तत्त्वों तथा उसके जीवन के प्रतिकूल कोई तत्त्व सम्मिलित है उसके अन्दर चला गया है, तब अनुकूल और प्रतिकूल तत्त्वों अथवा अनुकूल और प्रतिकूल स्पन्दनों के बीच का अनुपात क्या हुआ? तब मैंने बड़े स्पष्ट रूप में देखा कि अनुपात शरीर के उन अणुओं की संख्या के अनुसार जो सीधे भागवत सत्ता के प्रभाव में होते हैं और केवल सर्वोच्च स्पन्दन को ही प्रत्युत्तर देते हैं तथा दूसरे जो अभी भी स्पन्दन के सामान्य ढंग को ही अपनाते हैं, भिन्न होता है। यह बहुत स्पष्ट था, क्योंकि वहां सभी सम्भावनाएं देखी जा सकती थीं—सामान्य संघात से लेकर, जो इस हस्तक्षेप से बिलकुल अस्तव्यस्त हो जाता है और जहां व्यक्ति को अवांछित तत्त्व से मुक्त होने के लिए सभी सामान्य साधनों को लेकर अपने-आपसे युद्ध करना पड़ता है, उस स्थिति तक जब कि सब-के-सब अणु सर्वोच्च शक्ति को उत्तर देते हैं जिससे कि दूसरी वस्तु का कोई प्रभाव नहीं पड़ सकता। किन्तु यह अभी आने वाले कल का स्वप्न है—हां, हम इस रास्ते पर चल अवश्य रहे हैं। और तत्त्वों का अनुपात भी काफी अनुकूल हो गया है—मैं इसे सर्वशक्तिशाली तो नहीं कहती, क्योंकि इससे अभी यह बहुत दूर है, पर काफी अनुकूल अवश्य कहती हूं, जिसका अर्थ यह हुआ कि बीमारी के परिणाम बहुत समय तक नहीं टिके और जो नुकसान हुआ भी, वह भी कम-से-कम।

किन्तु इस क्षण की, एक-के-बाद-एक, सभी अनुभूतियां, समस्त भौतिक अनुभूतियां, शरीर की अनुभूतियां एक ही निष्कर्ष पर पहुंचती हैं : सब कुछ उन तत्त्वों के जो केवल सर्वोच्च सत्ता को ही प्रत्युत्तर देते हैं, जो

रूपान्तर के रास्ते पर तो हैं पर आधे इधर और आधे उधर हैं तथा उन तत्त्वों के जो अभी भी जड़पदार्थ के स्पन्दन की पुरानी प्रक्रिया में से गुजर रहे हैं, इन दोनों के बीच के अनुपात पर निर्भर करता है। इन पिछले तत्त्वों की संख्या कम प्रतीत हो रही है, काफी कम होती प्रतीत हो रही है, किन्तु अभी भी अप्रीतिकर प्रभाव अथवा प्रतिक्रियाएं उत्पन्न करने के लिए बहुत-सी वस्तुएं मौजूद हैं, ऐसी वस्तुएं जिनका रूपान्तर अभी नहीं हुआ है और जो अभी भी सामान्य जीवन की वस्तुएं हैं। किन्तु सब समस्याएं, चाहे वे मनोवैज्ञानिक समस्याएं हो या विशुद्ध भौतिक समस्याएं, रासायनिक समस्याएं—समस्या मात्र का अन्तिम रूप यही होता है—स्पन्दन की ही समस्याएं हैं। यहां एक तो स्पन्दनों की समग्रता का बोध होता है और दूसरा उस अन्तर का बोध जिसे—यदि स्थूल और निकटतम ढंग से कहा जाये तो—रचनात्मक और विनाशात्मक स्पन्दनों का अन्तर कहा जा सकता है। हम कह सकते हैं—यह केवल कहने का एक ढंग है—कि जो स्पन्दन एकमेव से आते हैं तथा 'एकत्व' को अभिव्यक्त करते हैं वे रचनात्मक होते हैं, और सामान्य एवं विभाजक चेतना की सभी जटिलताएं विनाश की ओर ले जाती हैं।

(लम्बा मौन)

लोग हमेशा कहते हैं कि कामना ही कठिनाइयों को उत्पन्न करती है और यह है भी सच। कामना केवल एक ऐसी वस्तु हो सकती है जो संकल्प के स्पन्दन के साथ जोड़ दी जाती है। 'संकल्प'—जब कि वह एकमात्र संकल्प, अपने को अभिव्यक्त करने वाला सर्वोच्च 'संकल्प' होता है—तो वह सीधा और तात्कालिक होता है, वहां किसी भी बाधा की सम्भावना नहीं रहती। अतएव जो भी कार्य में विलम्ब करे, बाधा पहुंचाये और उसे जटिल बना दे, बल्कि असफल भी कर दे, उसमें *अवश्य ही* कामना का मिश्रण होता है।

व्यक्ति उसे हर वस्तु में देखता है। उदाहरणार्थ, बाह्य कर्म के क्षेत्र का उदाहरण लें, बाह्य जगत् का, बाह्य वस्तुओं का (स्वभावतया यह कहना कि यह "बाह्य" है अपने-आपको केवल एक मिथ्या स्थिति में रखना है),

किन्तु, हम एक उदाहरण लेते हैं : एक व्यक्ति चेतना की उच्चतम अवस्था में, सत्य की चेतना की अवस्था में किसी से कहता है : "जाओ (यहां मैं हजारों में से एक उदाहरण दे रही हूं), जाओ, अमुक व्यक्ति से मिलो और उससे यह वस्तु प्राप्त करने के लिए यह कहो।" यदि वह व्यक्ति ग्रहणशील है, आन्तरिक रूप में अचंचल और समर्पित है तो वह जाकर उस व्यक्ति से मिलता है। उससे "वह सब" कहता है और काम हो जाता है, बिना किसी प्रकार की उलझन के, यों ही। किन्तु यदि उसकी मानसिक चेतना सक्रिय है, यदि उसमें पूरी श्रद्धा नहीं है और उसमें अहंभाव और अज्ञान का समस्त मिश्रण मौजूद है तो उसे कठिनाइयां दीखने लगती हैं, और वह समाधान के लिए सब समस्याएं देखता है, वह सब प्रकार की उलझनें देखता है—स्वभावतया ऐसा ही होता है। और तब अनुपात के अनुसार (सब कुछ सदा ही अनुपात का प्रश्न होता है), उलझनें पैदा होती हैं, समय लगता है और कार्यों में देर हो जाती है, पर इससे भी अधिक बुरा यह होता है कि चीज विकृत हो जाती है, ठीक वैसी नहीं होती जैसी होनी चाहिये, वह बदल जाती है, क्षीण हो जाती है, उसका स्वरूप बिगड़ जाता है अथवा अन्त में वह बिलकुल ही नहीं होती—इसमें कई, कई स्तर होते हैं, पर यह सब उलझनों (मानसिक उलझनों) और कामना के क्षेत्र की वस्तु है। जब कि दूसरा रास्ता तत्काल फल दिखाता है। ऐसे अनगिनत दृष्टान्त और भी हैं, (सभी तरह के दृष्टान्त) और तात्कालिक दृष्टान्त भी। तब लोग तुमसे कहते हैं : "ओह! तुमने एक चमत्कार किया है"—चमत्कार कुछ नहीं हुआ : यह सदा इसी ढंग से किया जाना चाहिये। यह इसलिए कि किसी मध्यवर्ती वस्तु ने कार्य में हस्तक्षेप नहीं किया है।

मैं नहीं जानती यह स्पष्ट हुआ कि नहीं, परन्तु आखिर...।

अतएव, ऐसा छोटी-से-छोटी वस्तु से लेकर बड़े-से-बड़े पार्थिव पैमाने के कार्य तक के साथ हो सकता है। पार्थिव कार्य में ऐसी वस्तुओं के उदाहरण हमारे सामने हैं जो इसी प्रकार सम्पन्न हुई हैं—पर तभी, यदि कोई अच्छा मध्यवर्ती मिल जाये। किसी को यह समझ में नहीं आया कि यह कैसे हुआ या क्यों हुआ—इस प्रकार, सरलता से बड़े सीधे ढंग से सब कुछ सम्पन्न हो गया। जब कि कुछ अन्य उदाहरणों में केवल एक वीज़ा या परमिट पाने के लिए पहाड़ उठाना पड़ता है। अतएव, अत्यधिक

छोटी वस्तु से, अति मामूली शारीरिक व्याधि से लेकर एक अत्यधिक सार्वभौम कार्य तक एक ही सिद्धान्त काम करता है। प्रत्येक वस्तु इस एक ही सिद्धान्त के अन्तर्गत आ जाती है।

४.११.१९६३

९६—शास्त्र के सत्य को अपनी आत्मा के अन्दर अनुभव कर; फिर यदि तू चाहे तो, बुद्धि द्वारा अनुभव की परीक्षा कर और उसका वर्णन कर, उसके बाद अपने वर्णन पर अविश्वास भी कर, पर अपने अनुभव पर कभी नहीं।

इसकी व्याख्या की आवश्यकता नहीं है।

दूसरे शब्दों में, बच्चों के लिए इसकी व्याख्या यों करनी चाहिये कि सूत्र *जो भी हों*, धर्मग्रन्थ *जो भी हों*, वे सदा ही अनुभूति के क्षुद्र आकार होते हैं, उससे निम्न कोटि के होते हैं।

शायद कुछ ऐसे लोग भी हैं जिन्हें इस बात को जानने की आवश्यकता है।

९७—जब तू अपने आत्मिक अनुभव को प्रस्थापित करे और दूसरों के भिन्न आत्मिक अनुभव को अमान्य करे तब जान ले कि भगवान् तुझे मूर्ख बना रहे हैं। क्या तू अपनी आत्मा के पर्दे के पीछे उनका आत्मानन्दपूर्ण हास्य नहीं सुनता?

ओह, कितना सुन्दर!

व्यक्ति केवल मुस्करा सकता और कह सकता है: अपने अनुभव पर शंका मत करो; कारण, तुम्हारा अनुभव तुम्हारी सत्ता का सत्य है। किन्तु यह मत सोचो कि यह वैश्व सत्य है। और इस सत्य के आधार पर दूसरों के सत्य का विरोध कभी मत करो, क्योंकि प्रत्येक के लिए उसका अनुभव उसकी सत्ता का सत्य है। और एक समग्र सत्य इन सब वैयक्तिक सत्यों का केवल जोड़ मात्र है... और इसके साथ स्वयं प्रभु का अनुभव भी जुड़ा है।

९८—सत्यदर्शन प्रत्यक्ष दर्शन, प्रत्यक्ष श्रवण या सत्य की अनुप्रेरित स्मृति, अर्थात् 'दृष्टि', 'श्रुति', 'स्मृति' है; यह उच्चतम अनुभूति है और नये सिरे से किये जाने वाले अनुभव द्वारा सर्वदा प्राप्य है। शास्त्रों का वचन इस कारण सर्वोत्तम प्रमाण नहीं है कि उसे भगवान् ने कहा था, बल्कि इसलिए है कि उसे अन्तरात्मा ने देखा था।

मेरा ख्याल है कि यह "भगवान् के आदेश" में बाइबल के विश्वास का उत्तर है, ये आदेश मूसा को प्राप्त हुए और स्वयं भगवान् ने कहे और मूसा ने सुने। यह इस बात को घुमा-फिराकर कहने का एक ढंग है कि ऐसा सम्भव नहीं है (माताजी हंसती हैं)।

"परम प्रामाणिक क्योंकि आत्मा ने इसे देख लिया है", किन्तु यह परम प्रमाण केवल उस आत्मा के लिए है जिसने उसे देखा है, सब आत्माओं के लिए नहीं। जिस आत्मा को यह अनुभूति हुई और जिसने उसे देखा केवल उसी के लिए यह सर्वोच्च प्रामाणिकता रखती है, दूसरों के लिए नहीं।

यह एक ऐसी वस्तु थी जो मुझे बचपन से ही सोचने को विवश करती थी—ये दस 'आदेश' जो असाधारण रूप से सामान्य हैं : "अपने पिता और माता से प्रेम करो... किसी को मारो मत... " ये बड़े अरुचिकर ढंग की तुच्छ-सी बातें हैं। और मूसा इन्हें सुनने को 'सिनाई पर्वत' पर चढ़े थे...।

अब मुझे यह नहीं पता कि श्रीअरविन्द उस समय भारत के धर्मग्रन्थों की बात सोच रहे थे... चीन के धर्मग्रन्थ भी हैं।

(मौन)

मेरा अनुभव अधिकाधिक यह है कि अन्तःप्रकाश (वह आता है, है न?), अन्तःप्रकाश समस्त विश्व पर लागू हो सकता है, किन्तु अपने स्वरूप में यह सदा ही व्यक्तिगत होता है, सदा ही व्यक्तिगत।

यह मानों ऐसा हुआ कि एक व्यक्ति को सत्य का एक *दृष्टिकोण* प्राप्त

हुआ, यह निश्चित रूप में, निश्चित रूप में एक दृष्टिकोण ही है, उसी क्षण से जब कि उसे शब्दों का बाना पहनाया जाता है।

तुम्हें एक शब्दविहीन और विचारहीन अनुभूति होती है, एक प्रकार का स्पन्दन होता है जो तुम्हें पूर्ण सत्य का वेदन प्रदान करता है और तब यदि तुम बिलकुल निश्चल बने रहो, कुछ जानने की चेष्टा न करो, तो कुछ समय के बाद तुम्हें ऐसा प्रतीत होगा कि कोई वस्तु छारण-यन्त्र से गुजरती हुई अपने-आपको एक प्रकार के विचार के रूप में अनूदित करती है। तब यह विचार, यह अभी तक एक विचार ही है, एक तरल-सा, अर्थात्, बड़ा सामान्य-सा विचार,—परन्तु यदि तुम तब भी अत्यधिक निश्चल, सतर्क एवं नीरव रहो तो, यह एक दूसरे छारणयन्त्र से गुजरता है और फिर एक प्रगाढ़ता प्राप्त कर लेता है—बूंदों की तरह जो फिर शब्द बन जाती हैं।

किन्तु तब, जब तुम्हें पूरी तरह सच्चाई से यह अनुभव प्राप्त हो जाता है (जब तुम अपनी आंखों में धूल नहीं झोंकते), यह आवश्यक रूप में बात को कहने का एक दृष्टिकोण, *एक ढंग* होता है, बस इतना ही। और यह इससे ज्यादा नहीं हो सकता। इसके अतिरिक्त, एक वस्तु और भी है जो स्पष्ट देखी जाती है। जब तुम किसी विशेष भाषा के अभ्यस्त होते हो तो बात तुम्हारे सामने उसी भाषा में आती है। मेरे लिए यह सदा अंग्रेजी या फ्रांसीसी में आती है, चीनी में नही आती, जापानी में नहीं आती। शब्द अनिवार्य रूप में अंग्रेजी या फ्रांसीसी होते हैं। कभी-कभी कोई शब्द संस्कृत का भी आता है (क्योंकि भौतिक रूप में मैंने एक बार संस्कृत सीखी थी)। ऐसा भी हुआ है कि मैंने किसी और के द्वारा उच्चरित संस्कृत के शब्द सुने हैं (स्थूल रूप में नहीं) पर वे मेरे आगे स्पष्ट नहीं हुए, वे धुंधले-से बने रहे, और जब मैं बिलकुल भौतिक चेतना में आ जाती हूं, मेरी स्मृति में केवल अस्पष्ट-सी आवाज रह जाती है, परन्तु सुस्पष्ट शब्द नहीं। अतएव, ज्यों ही शब्दों का जामा पहनाया जाता है, वह *सदा* एक वैयक्तिक दृष्टिकोण ही होता है।

तुममें एक प्रकार की, *बहुत ही गम्भीर* सच्चाई होनी चाहिये। एक उत्साह तुम पर छा जाता है, क्योंकि अनुभूति अपने साथ एक असाधारण शक्ति लाती है; शक्ति वहां होती है—वह शब्दों के आने से पहले ही रहती

है, शब्दों के साथ वह कम हो जाती है—किन्तु शक्ति वहां होती अवश्य है, और इस शक्ति के साथ तुम अपने-आपको विश्वमय अनुभव करते हो, तुम्हें ऐसा आभास होता है : "यह एक वैश्व साक्षात्कार है"—हां, यह वैश्व साक्षात्कार है, किन्तु जब तुम इस बात को शब्दों में कहते हो, तो यह वैश्व नहीं रह जाती; वह केवल उन मस्तिष्कों पर लागू होती है जो उस प्रकार के कथन को समझने के लिए ही बने हैं; शक्ति पीछे विद्यमान है, किन्तु तुम्हें शब्दों के परे जाना चाहिये।

(मौन)

ऐसी वस्तुएं मेरी अनुभूति में अधिकाधिक आ रही हैं और मैं उन्हें कागज के टुकड़े पर अंकित कर लेती हूं, प्रक्रिया सदा यही होती है, सर्वदा। सबसे पहले, एक प्रकार का विस्फोट होता है, मानों सत्य की शक्ति का विस्फोट—यह आतिशबाजी का जो कि पूरी श्वेत होती है, एक बड़ा विस्फोट होता है;... (माताजी मुस्कराती हैं) आतिशबाजी के खेल से कहीं अधिक। और यह गोल-गोल घूमता जाता है (अपने सिर से ऊपर की ओर संकेत करती हैं), वह मथता जाता है; तब एक विचार का आभास होता है—किन्तु विचार नीचे के स्तर पर होता है, विचार एक आवरण की भांति होता है, विचार में अपना वेदन होता है, वह वेदन की ओर ले भी जाता है—वेदन वहां पहले से था, पर विचार से रहित, इसलिए वेदन की परिभाषा नहीं की जा सकती। वहां वस्तु केवल एक ही है, सदा प्रकाशपूर्ण शक्ति का विस्फोट। और तब बाद में यदि तुम उसकी ओर देखते हो और बिलकुल शान्त बने रहते हो,—विशेषतया मस्तिष्क नीरव रहना चाहिये—सब कुछ नीरव हो जाता है (माताजी निश्चलता का संकेत ऊपर की ओर करती हैं), तब, अचानक, कोई मस्तिष्क में कह उठता है—हां, कोई बोलता है। और यह बोलने वाला विस्फोट ही होता है। तब मैं एक कागज और पेन्सिल लेकर लिखने बैठ जाती हूं! किन्तु बोलने वाले और लिखने वाले के बीच एक छोटा-सा फ़ासला रह जाता है पार करने के लिए। इस कारण, जब वह लिखा जा रहा होता है, वहां ऊपर की कोई सत्ता उससे सन्तुष्ट नहीं होती। तब भी मैं शान्त बनी

रहती हूं : “नहीं, यह शब्द नहीं, वह शब्द”—कभी-कभी वस्तु को निश्चयात्मक बनाने में दो दिन लग जाते हैं। किन्तु जो लोग अनुभव की शक्ति से सन्तुष्ट हो जाते हैं, वे काम को छोटा कर देते हैं और उन सनसनीपूर्ण अनुभूतियों को जगत् में फैला देते हैं जो सत्य की विकृतियां मात्र होती हैं।

व्यक्ति को बड़ा स्थिर, बहुत शान्त और वहुत विवेचक होना चाहिये —विशेष रूप से शान्त, नीरव, नीरव, नीरव; अनुभूति को पकड़ने के लिए जरा भी चेष्टा नहीं करनी चाहिये : “ओह! यह क्या है, यह क्या है?” ऐसा करने से सारी बात बिगड़ जाती है। किन्तु, देखो—सावधानीपूर्वक देखो। शब्दों में कुछ शेष रह जाता है, एक ऐसी वस्तु जिसे पहला स्पन्दन अपने पीछे छोड़ गया है—बहुत छोटी-सी!—किन्तु एक ऐसी वस्तु अवश्य होती है जो तुम्हारे मुंह पर मुस्कराहट ले आती है, जो सुखद है, जो फेनिल शराब के समान चमकती है और तब यहां (माताजी काल्पनिक ढंग से एक शब्द, एक स्थल दर्शाती हैं) सब कुछ नीरस बन जाता है। तब व्यक्ति अपने भाषा-ज्ञान के साथ, या शब्दों की लय-ताल की भावना के साथ देखता है : “वह रहा रोड़ा”। तुम्हें इस रोड़े को हटाकर प्रतीक्षा करनी होगी, और फिर अचानक ही वह आ जाता है; ओह! वह ठीक स्थान पर आकर पड़ता है : उपयुक्त शब्द! यदि तुममें धैर्य है, तो एक या दो दिन के बाद वह बिलकुल ही यथार्थ बन जाता है।

५.२.१९६४

९९—शास्त्र के वचन निर्भ्रान्त हैं; शास्त्र की जो व्याख्या हृदय और बुद्धि करती है बस उसी में भूल-भ्रान्ति को अपना स्थान प्राप्त होता है।

मुझे इस बात का पूरा निश्चय नहीं कि यह उक्ति व्यंगात्मक नहीं है...। जो लोग कहते हैं कि “धर्मग्रन्थ अचूक हैं!” उन्हें वे उत्तर देते हैं : “हां, हां, यह तो मानी हुई बात है, धर्मग्रन्थ अचूक हैं, किन्तु अपनी समझ से सावधान रहना।”

किन्तु सत्य-वचन यह है :

१००—अपने धार्मिक विचार और अनुभव में से सब प्रकार की नीचता, संकीर्णता और छिछलेपन को निकाल फेंक। विशालतम क्षितिजों से भी कहीं अधिक विशाल बन, उच्चतम कंचनजंगा से भी कहीं अधिक उच्च, गभीरतम सागरों से भी कहीं अधिक गभीर बन।

५.२.१९६४

१०१—भगवान् की दृष्टि में समीप या दूर नहीं है, वर्तमान, भूत या भविष्य नहीं है। ये चीजें तो महज उनके जगच्चित्र के लिए एक सुविधाजनक परिप्रेक्ष हैं।

१०२—इन्द्रियों के लिए यह सदा ही सत्य है कि सूर्य पृथ्वी के चारों ओर घूमता है; यह बुद्धि के लिए मिथ्या है। बुद्धि के लिए यह सर्वदा सत्य है कि पृथ्वी सूर्य के चारों ओर घूमती है; यह सर्वोच्च दृष्टि के लिए मिथ्या है। न तो पृथ्वी घूमती है न सूर्य; बस, सूर्य-चेतना तथा पृथ्वी-चेतना के सम्बन्ध में एक परिवर्तन होता है।

(एक लम्बा मौन)

असम्भव, मैं कुछ नहीं कह सकती।

इसका अर्थ यह होगा कि भौतिक जगत्-सम्बन्धी हमारा सामान्य बोध एक मिथ्या बोध है।

हां, स्वभावतया।

किन्तु तब सच्चा बोध किसके जैसा होगा?

हां तो, बात यही है, लो!

...भौतिक जगत् का सच्चा बोध—वृक्ष, व्यक्ति, पत्थर—ये सब अतिमानसिक दृष्टि को किस तरह दीखेंगे?

यही वह बात है जिसके विषय में व्यक्ति कुछ नहीं कह सकता! जब तुम्हें सत्य के विधान की अनुभूति और चेतना होती है, अथवा उसकी जो सत्य का प्रत्यक्ष अनुभव, उसकी *प्रत्यक्ष* अभिव्यक्ति है, तो तुम्हें तत्काल किसी अवर्णनीय वस्तु का आभास मिलता है, क्योंकि समस्त शब्द एक और ही क्षेत्र की वस्तुएं हैं : समस्त बिम्ब, तुलनाएं और अभिव्यक्तियां उसी क्षेत्र की हैं।

मुझे ठीक यही बड़ी कठिनाई हुई थी—२९ फरवरी का दिन था। सारे समय जब मैं सत्य की *प्रत्यक्ष* अभिव्यक्ति की चेतना में रही, मैं अपनी अनुभूति को तथा उसको जो मैं देख रही थी सूत्रबद्ध करने की चेष्टा करती रही—यह सब असम्भव था। वहां शब्द नहीं थे। वहां तुरन्त स्वयं सूत्रबद्धता ही हमें तत्काल दूसरी चेतना में ला गिराती है।

उस अवसर पर सूर्य और पृथ्वी-सम्बन्धी सूत्र की स्मृति मुझे हो आयी ... इसे "चेतना का परिवर्तन" भी कह सकते हैं—चेतना का परिवर्तन, यह भी एक क्रिया है।

मेरा ख्याल है कि कोई कुछ भी नहीं कह सकता। मैं भी अपने-आपको कुछ कहने योग्य नहीं पाती। कारण, जो भी कहा जाये उसका अर्थ केवल अनुमानित वर्णन ही होता है जो कि बहुत रोचक नहीं होता।

किन्तु जब आप इस सत्य-चेतना में होती हैं तो क्या यह आत्मनिष्ठ अनुभव होता है या स्वयं जड़ पदार्थ ही अपना रूप परिवर्तित कर लेता है?

हां, सब कुछ—समस्त जगत् ही भिन्न हो जाता है। प्रत्येक वस्तु भिन्न हो जाती है। और मेरे अनुभव ने मुझे एक बात का विश्वास दिला दिया है, जिसे मैं अभी तक जब-तब अनुभव करती रहती हूं : वह यह कि ये दो

अवस्थाएं (सत्य और मिथ्यात्व) एक ही समय और साथ-साथ रहती हैं और यह केवल... हां, यह वही है जिसे वे "चेतना का परिवर्तन" कहते हैं; दूसरे शब्दों में, चाहे व्यक्ति इस चेतना में रहे या दूसरी चेतना में रहे, किन्तु वह किसी भी वस्तु के लिए कोई गति नहीं करता।

हमें उन शब्दों का प्रयोग करना पड़ता है जो गतिशील हैं, क्योंकि हमारे लिए सभी वस्तुएं गतिशील हैं, किन्तु चेतना का यह परिवर्तन एक गति नहीं है—यह गति बिलकुल भी नहीं है। तो हम उसके विषय में कुछ कैसे कह सकते हैं, कैसे उसका वर्णन कर सकते हैं?...

यदि हम यह कहें भी : "यहां एक अवस्था दूसरी अवस्था का स्थान ले लेती है", "स्थान ले लेती है" के साथ तत्काल ही हम वहां गति को साथ ले आते हैं...। हमारे सभी शब्द ऐसे होते हैं, हम क्या कह सकते हैं?

अभी कल ही यह अनुभूति बिलकुल ठोस और सबल थी और इसलिए किसी को अपने-आपको या किसी और वस्तु को स्थानच्युत करने की आवश्यकता नहीं है ताकि सत्य-चेतना विकृति और विरूपता की चेतना का स्थान ले सके। दूसरे शब्दों में, जीवित रहने और यह सच्चा स्पन्दन —आवश्यक और सच्चा स्पन्दन—बन जाने की क्षमता में यह शक्ति प्रतीत होती है कि यह 'मिथ्यात्व' और 'विकृति' के स्पन्दन का इस हद तक स्थान ले सकता है...। उदाहरणार्थ, विकृति या विकृति के स्पन्दन का परिणाम स्वभावतया कोई दुर्घटना या विपत्ति होगा, किन्तु यदि इन स्पन्दनों के केन्द्र में एक ऐसी चेतना हो जो सत्य के स्पन्दन के प्रति सचेतन रह सकती हो और फलतः सत्य के स्पन्दन की अभिव्यक्ति भी कर सकती हो, तो वह दूसरे स्पन्दन को नष्ट कर सकती है, उसे नष्ट कर देना भी चाहिये। बाह्य रूप में इसे विपत्ति को रोकने वाला हस्तक्षेप कहा जायेगा।

इस बात का आभास अधिकाधिक बढ़ता जा रहा है कि केवल 'सत्य' ही एकमात्र उपाय है जिससे जगत् बदला जा सकता है, धीमे रूपान्तर की अन्य सभी प्रक्रियाएं स्पर्श रेखा पर ही पहुंचती हैं (तुम अधिकाधिक आगे बढ़ते रहते हो पर मिलते कभी नहीं), और अन्तिम पग यही होना चाहिये, सच्चे स्पन्दन की स्थापना।

व्यक्ति को आंशिक प्रमाण मिलते हैं। किन्तु, क्योंकि ये आंशिक हैं, ये वस्तु को प्रमाणित नहीं कर सकते। कारण, सामान्य दृष्टि और बोध सदा

ही कोई-न-कोई व्याख्या दे सकते हैं—यह कहकर कि दुर्घटना को 'घटना ही था' और इसका पूर्वाभास भी 'दैवनिर्दिष्ट' था, इसका पूर्वाभास हस्तक्षेप द्वारा बिलकुल नहीं हुआ बल्कि 'दैव' द्वारा हुआ जिसने ऐसा करने का निर्णय ले लिया था। अब इसे प्रमाणित कैसे किया जाये? अपने-आपको भी व्यक्ति कैसे विश्वास दिलाये कि ऐसा नहीं है। असम्भव है यह।

ज्यों ही तुम इसे अभिव्यक्त करने लगते हो, तुम मन में प्रवेश कर जाते हो और ज्यों ही तुम मन में प्रवेश करते हो त्यों ही तुम उक्त प्रकार का तर्क करने लगते हो जो कि एक भयानक वस्तु है, क्योंकि यह सर्वशक्तिमान् है : यदि सब वस्तुओं का पहले से अस्तित्व है और अनन्त काल से वे साथ-साथ रहती हैं, तो तुम एक वस्तु को दूसरी वस्तु में कैसे बदल सकते हो?... कोई भी वस्तु कैसे बदल सकती है?

यह कहा जाता है (श्रीअरविन्द स्वयं भी यहां यही कहते हैं) कि परम सत्ता की चेतना के लिए न भूत है, न कोई काल और न कोई क्रिया है, कुछ भी नहीं है—सब वर्तमान है। जब हम अपनी भाषा में ऐसा कहते हैं कि "अनन्त काल से" ऐसा हो रहा है, तो यह मूर्खता है, क्योंकि वास्तव में सब कुछ वर्तमान में "है"। अतएव प्रत्येक वस्तु "है" (माताजी अपनी बांहों को एक-दूसरे पर आड़ा रखती हैं) और फिर यही बात अन्तिम है, यहां कुछ भी किया नहीं जा सकता। तब यह विचार, बल्कि कहने का यह ढंग (क्योंकि यह केवल कहने का ढंग है), उन्नति के भाव को समाप्त कर देता है, विकासक्रम को समाप्त कर देता है, हां, सचमुच समाप्त कर देता है... और तुम्हें बताया जाता है : "यह नियतिवाद का एक भाग है कि तुम्हें उन्नति के लिए प्रयत्न करना चाहिये"—हां, यह सब एक खोखली बात है।

और यह भी ध्यान में रखो कि कहने का यह ढंग केवल एक क्षणिक अनुभूति है, समस्त अनुभूति नहीं। एक ऐसा क्षण होता है जब व्यक्ति ऐसा *अनुभव* करता है, किन्तु यह अनुभव समग्र नहीं होता, यह आंशिक होता है। यह अनुभव करने का केवल *एक ढंग* है, सब कुछ नहीं। सनातन चेतना में इससे कहीं अधिक गहन, कहीं अधिक अनिर्वचनीय वस्तु है—कहीं अधिक। यही वह पहली व्याकुलता और विस्मय है जो व्यक्ति को तब होता है जब वह अपनी सामान्य चेतना से बाहर निकलता है, किन्तु

यही सब कुछ नहीं है। यह पूरी चीज नहीं है। जब इन दिनों इस सूत्र की स्मृति मुझे आयी तो ऐसा लगा कि यह केवल एक ऐसी झलक मात्र है जो व्यक्ति को अचानक मिल जाती है और दो अवस्थाओं के बीच के विरोध का वेदन है, किन्तु यह समग्र वस्तु नहीं है, पूरी वस्तु नहीं है—इसके अतिरिक्त कोई अन्य वस्तु भी नहीं है।

कोई और वस्तु है, जो हम समझते हैं उससे बिलकुल भिन्न, *किन्तु यह उस रूप में अनूदित होती है जैसा हम समझते हैं।*

और वह, उसके विषय में कुछ नहीं कहा जा सकता, कहा इसलिए नहीं जा सकता क्योंकि वह अवर्णनीय है, अवर्णनीय।

इसमें व्यक्ति यह अनुभव करता है कि जो कुछ भी हमारी सामान्य चेतना में मिथ्या, असत्य, विकृत और कुटिल हो जाता है, वह 'सत्य-चेतना' के लिए मूलतः सच्चा होता है। किन्तु सच्चा किस ढंग से? ठीक यही वह बात है जो शब्दों द्वारा नहीं कही जा सकती, क्योंकि शब्द 'मिथ्या' जगत् की वस्तुएं हैं।

दूसरे शब्दों में, क्या जगत् की भौतिकता को यह 'चेतना' नष्ट नहीं कर देगी, क्या उसका रूपान्तर हो जायेगा... या फिर वह जगत् ही दूसरा होगा?

(मौन)

इसे समझना होगा... मेरा ख्याल है कि जिसे हम जड़ पदार्थ कहते हैं वह सचमुच जगत् का मिथ्या रूप ही नहीं है।

इससे *मिलती-जुलती* कोई और वस्तु भी है। किन्तु...

उदाहरणार्थ, यह सूत्र एक पूर्ण व्यक्तिपरक अनुभव में समाप्त होगा। और एक पूर्ण व्यक्तिपरक अनुभव ही सच्चा हो, यह बात ठीक नहीं है। कारण, यह प्रलय है, निर्वाण है। किन्तु वहां केवल निर्वाण ही नहीं है, एक ऐसी व्यक्ति-निरपेक्ष सत्ता है जो वास्तविक है, जो मिथ्या नहीं है—किन्तु यह कैसे कहा जाये?... इस वस्तु को मैंने बहुत बार अनुभव किया है—बहुत बार, केवल एक झलक के रूप में ही नहीं—वास्तविकता

के रूप में भी... पर इसे कैसे व्यक्त किया जाये? अपने शब्द भी सदा धोखा देते हैं... 'एकत्व' के पूर्ण अर्थ में, 'एकत्व' की चेतना में व्यक्तिनिरपेक्ष वस्तु के लिए, व्यक्तिनिरपेक्ष अवस्था के लिए स्थान है—एक वस्तु दूसरी को नष्ट नहीं करती, बिलकुल भी नहीं। तुम्हें भेद का संवेदन हो सकता है। इसका यह अर्थ नहीं कि यह वही सत्ता नहीं है, किन्तु यह उसका एक भिन्न अन्तर्दर्शन है। मैं तुम्हें कह चुकी हूं कि व्यक्ति जो कुछ भी कहे उसका कुछ अर्थ नहीं है। वह मूर्खता है, क्योंकि यहां शब्दों से असत्य जगत् को व्यक्त करने का काम लिया जाता है, किन्तु... हां, शायद इसी को श्रीअरविन्द "एकता में बहुविधता" का भाव कहते है। यह शायद उससे थोड़ा मिलता-जुलता है, उसी तरह जैसे कि व्यक्ति अपनी सत्ता की आन्तरिक बहुविधता को अनुभव कर लेता है, यह कुछ-कुछ ऐसा ही है... मुझे पृथक् 'मैं' का कोई वेदन नहीं है, जरा भी नहीं, बिलकुल भी नहीं, शरीर में भी नहीं, और यह मुझे बहिर्गत सम्बन्ध की अमुक भावना को रखने से नहीं रोकता... हां, यह "सूर्य और पृथ्वी की चेतना के पारस्परिक सम्बन्ध पर" ले आता है, जो कि बदल जाता है (माताजी हंसती हैं)। यह ठीक है कि शायद कहने का यह सबसे अच्छा ढंग है। यह चेतना का सम्बन्ध है। यह अपने-आपका और "दूसरों" का सम्बन्ध बिलकुल नहीं है—बिलकुल नहीं, वह पूरा नष्ट हो गया है—किन्तु यह व्यक्ति की सत्ता के विभिन्न भागों की चेतना के पारस्परिक सम्बन्ध जैसा हो सकता है। और यह स्पष्ट ही इन विभिन्न भागों को एक बाह्यता प्रदान करता है।

(लम्बा मौन)

हम अब दुर्घटना की विफलता के उस दृष्टान्त पर आते हैं जो सरलता से समझ में आ सकता है। यह हम भली-भांति सोच सकते हैं कि "सत्य-चेतना" का हस्तक्षेप पहले से "शाश्वत काल" से निश्चित था और इसमें कोई "नया" तत्त्व नहीं है, किन्तु यह बात इस तथ्य को नहीं काटती कि इस हस्तक्षेप ने ही दुर्घटना को रोक दिया था (और यह उस शक्तिपूर्ण प्रभाव की एक यथार्थ प्रतिमूर्ति है जो इस सच्ची चेतना का दूसरी चेतना पर पड़ता है)। यदि व्यक्ति भगवान् पर अपनी सत्ता की प्रणाली प्रक्षिप्त

करे तो यह सोचा जा सकता है कि उन्हें सब तरह के प्रयोग करने में मजा आता है, वे यह देखना चाहते हैं कि यह सब खेल में कैसे जमता है। यह और बात है, यह इस बात को नहीं रोकती कि वहां एक "सर्व-चेतना" है जो शाश्वत काल से सब वस्तुओं को जानती है—यह सब कुछ पूर्णतया अनुपयुक्त शब्दों में कहा गया है। किन्तु जब व्यक्ति कार्य की पद्धति की ओर देखता है तो यह इस बात को अप्रमाणित नहीं करता कि हस्तक्षेप ही दुर्घटना को रोक सका है। सत्य-चेतना ने असत्य चेतना का स्थान लेकर असत्य चेतना की प्रक्रिया को रोक दिया।

और मुझे लगता है कि ऐसा प्रायः ही होता है—जितना कि तुम सोचते हो उससे कहीं अधिक। उदाहरणार्थ, प्रत्येक बार जब कोई रोग दूर हो जाता है, प्रत्येक बार जब कोई दुर्घटना रुक जाती है, प्रत्येक बार जब कोई विपत्ति, पार्थिव विपत्ति भी टल जाती है तो इस सबका अर्थ सदा यह होता है कि समस्वरता के स्पन्दन ने अव्यवस्था के स्पन्दन में हस्तक्षेप करके अव्यवस्था को समाप्त कर दिया है।

अतएव, श्रद्धालु लोग जो सदा यह कहते हैं : "भगवान् की कृपा से यह सब हुआ है", बिलकुल असत्य नहीं कहते।

मैं केवल यह तथ्य बता रही हूं कि व्यवस्था और समस्वरता का यह स्पन्दन ही हस्तक्षेप करता है (उसके हस्तक्षेप के कारण से हमारा कुछ मतलब नहीं है, यह केवल एक वैज्ञानिक तथ्य का प्रतिपादन है), और इस विषय में मुझे बहुत-से अनुभव हो चुके हैं।

तब क्या यही जगत् के रूपान्तर की प्रक्रिया होगी?

हां।

व्यवस्था के इस स्पन्दन का अधिकाधिक सतत रूप में आविर्भूत होना।

हां, ठीक यही। बिलकुल यही। बिलकुल यही।

और इस दृष्टिकोण से भी मैं देख चुकी हूं...। यह सामान्य विचार

मुझे बिलकुल गौण और व्यर्थ प्रतीत होता है कि इस तथ्य (रूपान्तर के तथ्य) को पहले-पहल शरीर में ही लक्षित होना चाहिये, जिसमें चेतना अत्यधिक ठोस ढंग से अभिव्यक्त होती है। इसके विपरीत, यह जहां कहीं सबसे सरल और समग्र रूप में हो सके, एक ही समय होता है और यह आवश्यक नहीं है कि कोषाणुओं का यह समूह (*माताजी अपने शरीर की ओर इशारा करती हैं*) इस क्रिया के लिए सबसे अधिक तैयार हो। अतएव, यह बाह्य रूप से बहुत लम्बे समय तक ऐसा ही बना रह सकता है, तब भी, जब उसमें विशेष बुद्धि और ग्रहणशीलता हो। मेरा मतलब यह है कि चेतना, इस शरीर का चेतन बोध, उस बोध से असीम रूप में उच्च है जो उन सब व्यक्तियों को, जिनके साथ वह सम्पर्क में आ गयी है प्राप्त हो सकता है, उन क्षणों को छोड़कर,—क्षणों को—जब अन्य शरीर भगवत्कृपा के द्वारा इस 'बोध' को प्राप्त कर लेते हैं; जब कि इस देह में यह एक स्वाभाविक एवं स्थायी अवस्था है। यह इस तथ्य का प्रभावशाली परिणाम है कि यह 'सत्य चेतना' अणुओं के इस समूह पर दूसरों की अपेक्षा अधिक सतत रूप में केन्द्रित है—अधिक प्रत्यक्ष रूप में। किन्तु परिस्थितियों में, कार्य में, पदार्थों में एक स्पन्दन दूसरे का स्थान उस स्थल पर लेता है जहां वह परिणामों के दृष्टिकोण से अत्यन्त विशिष्ट और प्रभावशाली होता है।

यह ऐसी चीज है जिसे मैंने बहुत, बहुत स्पष्ट रूप से अनुभव किया है और इसे कोई तब तक अनुभव नहीं कर सकता जब तक भौतिक अहं बना रहे, क्योंकि भौतिक अहं में अपने महत्त्व का भाव होता है और यह भाव भौतिक अहं के साथ ही समाप्त होता है। और जब यह समाप्त हो जाता है तो व्यक्ति को यथार्थतः यह पता लग जाता है कि सच्चे स्पन्दन का हस्तक्षेप या उसकी अभिव्यक्ति अहंभावों या व्यक्तित्त्वों पर नहीं निर्भर करती (मानव व्यक्तित्वों या राष्ट्रीय व्यक्तित्वों या प्राकृतिक व्यक्तित्वों पर भी—पशु, वनस्पति आदि...), यह कोषाणुओं और जड़ पदार्थ—जिनमें ऐसे समुदाय होते हैं जो रूपान्तर लाने के लिए विशेष उपयुक्त होते हैं—की एक प्रकार की क्रीड़ा पर निर्भर करता है—"रूपान्तर" नहीं, बल्कि यथार्थ रूप में कहें तो प्रतिस्थापन, मिथ्यात्व के स्पन्दन के स्थान पर सत्य के स्पन्दन का प्रतिस्थापन। और यह सिलसिला वर्गों और व्यक्तित्वों से

बिलकुल स्वतन्त्र रह सकता है (कुछ अंश यहां और कुछ अंश वहां हो सकता है, एक वस्तु यहां तो दूसरी वहां हो सकती है); यह स्पन्दन के किसी गुण के साथ सदा मेल खाता है जो एक प्रकार की स्फीति—एक ग्रहणशील स्फीति—पैदा कर देता है, तब वह तथ्य वहां घट सकता है।

दुर्भाग्य से, जैसा कि मैंने शुरू में ही कहा था, सभी शब्द बाहरी प्रतीतियों के जगत् के हैं।

(*मौन*)

और यह मेरा सदा का अनुभव रहा है, इस विषय का मुझे अन्तर्ज्ञान और विश्वास भी सदा रहा है (यह विश्वास अनुभव पर आधारित है); ये दो स्पन्दन ऐसे हैं जो (माताजी एक को दूसरे पर चिपकाने और अन्तःस्रवण की क्रियाओं का संकेत करती हैं), सदा ऐसे रहते हैं, सदा, सर्वदा।

शायद यह तब एक अद्भुत वस्तु बन जाती है जब कि छनकर आने वाला स्पन्दन इतना बड़ा होता है कि वह देखा जा सके। किन्तु मुझे ऐसा लगता है—यह एक बहुत तीव्र आभास है—कि यह सिलसिला सदा होता रहता है, सदा, सर्वत्र, सूक्ष्म ढंग से (यहां वे अन्तःस्रवण के बिन्दुओं का संकेत करती हैं), सूक्ष्मातिसूक्ष्म ढंग में, और किन्हीं परिस्थितियों में, किन्हीं दिशाओं में जो कि देखी जा सकती हैं, जिन्हें वह दृष्टि देख सकती है (यह एक प्रकार की प्रकाशमय स्फीति होती है, मैं इसकी व्याख्या नहीं कर सकती), वहां, छानने की क्रिया का परिमाण चमत्कार का आभास देने के लिए काफी है। वरना यह एक ऐसा क्रम है जो जगत् में सब समय, बिना रुके होता रहता है (बिन्दुओं का वही संकेत), मिथ्यात्व के एक बहुत छोटे कण का स्थान प्रकाश ले लेता है, हां, मिथ्यात्व का स्थान प्रकाश ले लेता है... लगातार।

और यह स्पन्दन (जिसे मैं अनुभव करती हूं, देखती हूं) अग्नि का आभास देता है, इसी को वैदिक ऋषि मानव चेतना में, मनुष्य में, जड़ पदार्थ में "ज्वाला" का नाम देते होंगे; वे सदा किसी "ज्वाला" की बात किया करते थे। यह सचमुच में एक उच्चतर अग्नि की तीव्रता लिये एक स्पन्दन है।

कई बार, विशेषतया तब जब कि कार्य बड़ा एकाग्र और घनीभूत होता था, शरीर को भी यह अनुभव ज्वर के अनुभव जैसा लगा।

दो या तीन रात पहले, कुछ ऐसा ही अनुभव हुआ था। 'शक्ति' का अवरोहण हुआ, इस 'सत्य-शक्ति' का विशेष तीव्रता के साथ अवरोहण हुआ...। हां, यही अब हो रहा है, यही हो रहा है सर्वत्र, सब समय। यदि ऐसा एक काफी बड़े समुदाय में हो तो यह एक चमत्कार-सा लगता है—किन्तु यह *समस्त पृथ्वी का* चमत्कार है।

व्यक्ति को दृढ़ता से डटे रहना चाहिये, क्योंकि इसके कुछ परिणाम होते हैं, यह 'शक्ति' का वेदन लाती है और बहुत कम लोग इसे कम या अधिक रूप में अपना सन्तुलन बिगाड़े बिना अनुभव कर सकते हैं। कारण, उनके पास पर्याप्त शान्ति का, एक विशाल और अत्यधिक नीरव शान्ति का आधार नहीं होता। मैं कई बार कह चुकी हूं : "केवल एक उत्तर है, एक ही उत्तर, व्यक्ति को शान्त, शान्त, और अधिक शान्त, अधिकाधिक शान्त होना चाहिये और यह कि अपने मस्तिष्क की सहायता से समाधान कभी मत ढूंढो, क्योंकि मस्तिष्क समाधान नहीं ढूंढ सकता। केवल शान्त रहना चाहिये, शान्त, शान्त, स्थिर रूप में शान्त रहना चाहिये। अचञ्चलता और शान्ति, अचञ्चलता और शान्ति—केवल *यही* उत्तर है।"

मैं यह नहीं कहती कि यह कोई इलाज है, किन्तु उत्तर केवल यही है : अचञ्चलता और शान्ति के साथ डटे रहो। अचञ्चलता और शान्ति के साथ डटे रहो...।

२५.३.१९६४

१०३—विवेकानन्द ने, संन्यास का गुणगान करते हुए कहा है कि सारे भारतीय इतिहास में केवल एक ही जनक हुए हैं। पर बात ऐसी नहीं है, क्योंकि जनक किसी एक व्यक्ति का नाम नहीं है, बल्कि आत्म-शासक राजाओं के वंश का नाम है तथा एक आदर्श का विजय-निनाद है।

१०४—लाखों गैरिकधारी संन्यासियों में कितने सिद्ध हैं? कुछ

थोड़े-से सिद्ध तथा सिद्धि के समीप पहुंचने वाले अनेक लोग ही किसी आदर्श को न्यायसंगत सिद्ध करते हैं।

१०५—सैकड़ों ही सिद्ध संन्यासी हुए हैं, क्योंकि संन्यास का बहुत अधिक प्रचार किया गया है और असंख्य लोगों ने इसका अभ्यास किया है; बस, यही बात जीवनमुक्ति के आदर्श पर भी लागू कर दी जाये तो हमें सैकड़ों जनक प्राप्त हो जायेंगे।

१०६—संन्यास की अपनी विशिष्ट वेश-भूषा और बाह्य चिह्न होते हैं; अतएव लोग समझते हैं कि वे उसे आसानी से पहचान सकते हैं, परन्तु किसी जनक की आन्तरिक मुक्तावस्था अपना डंका नहीं पीटती और वह सांसारिक पहनावा ही पहनती है; उसके सामने तो नारद भी विभ्रान्त हो गये थे।

१०७—मुक्त होकर संसार में रहना और फिर भी साधारण मनुष्यों का जीवन यापन करना बहुत कठिन है; परन्तु यह कठिन है इसी कारण इसके लिए प्रयास करना और इसे सिद्ध करना चाहिये।

कितना स्पष्ट प्रतीत होता है यह!

स्पष्ट तो यह है, पर कठिन भी है।

समस्त आसक्ति से दूर रहने का अर्थ आसक्ति के अवसरों से भाग जाना नहीं है, क्या यह ठीक नहीं? वे सब लोग जो अपने-आपको तपस्वी कहते हैं केवल स्वयं ही आसक्ति से नहीं भागते वरन् दूसरों से भी कहते हैं कि वे संसार में जीवन-यापन का प्रयत्न न करें।

मुझे यह बड़ा स्पष्ट प्रतीत होता है। जब तुम्हें एक वस्तु को न अनुभव करने के लिए उससे भाग जाने की आवश्यकता होती है तो इसका यह अर्थ है कि तुम अभी भी उसी स्तर पर हो, उससे ऊपर नहीं।

वह सब जो दबाता है, पंगु एवं क्षीण बना देता है तुम्हें स्वतन्त्र नहीं

बनाता। जीवन की समग्रता में, उसके संवेदनों में व्यक्ति को स्वतन्त्रता की अनुभूति होनी चाहिये।

वस्तुतः शुद्ध रूप से भौतिक स्तर पर मैंने इस विषय का विशद अध्ययन किया है...। सब प्रकार की सम्भव भ्रान्तियों से बचने के लिए व्यक्ति की प्रवृत्ति भ्रान्तियों के सभी अवसरों को हटाने की होती है। उदाहरणार्थ, यदि तुम व्यर्थ के शब्द नहीं कहना चाहते, तो तुम बोलना बन्द कर देते हो; जो लोग मौनव्रत लेते हैं वे सोचते हैं कि यह वाणी का संयम है, यह सच नहीं है। यह केवल बोलने के अवसर का हटाना और परिणामस्वरूप बेकार बातों को रोकना हुआ। भोजन के साथ भी यही बात है : वही भोजन खाना जो आवश्यक हो। हम आजकल जिस संक्रमण काल की अवस्था में हैं उसमें हम पूर्णतया पशु जीवन में नहीं बने रहना चाहते जो स्थूल आदान-प्रदान और भोजन पर ही आधारित है। किन्तु यह मानना मूर्खतापूर्ण होगा कि व्यक्ति एक ऐसी अवस्था पर पहुंच गया है जहां शरीर भोजन के बिना टिक सकता है—फिर भी, इसमें एक बड़ा अन्तर आ गया है। क्योंकि वस्तुओं के पोषण-तत्त्व का विवेचन करने का प्रयत्न किया जा रहा है जिससे कि उसके परिमाण को घटाया जा सके। किन्तु लोगों की स्वाभाविक प्रवृत्ति उपवास की होती है—यह एक भ्रान्ति है!

कहीं हम अपने कार्यों में कोई भूल न कर बैठें, इस भय से कार्य करना बिल्कुल छोड़ देते हैं। बोलने में कोई भूल न हो, इस डर से बोलना बन्द कर देते हैं; हम खाने के आनन्द के लिए न खायें, इस डर से खाना बन्द कर देते हैं—यह स्वतन्त्रता नहीं यह केवल बाह्य अभिव्यक्ति को कम-से-कम करना है, और इस सबका प्राकृतिक अन्त निर्वाण होता है। किन्तु यदि भगवान् केवल निर्वाण ही चाहते तो यहां केवल निर्वाण ही होता, और कुछ नहीं! यह स्पष्ट है कि वे समस्त विरोधों के सह-अस्तित्व का विचार रखते हैं और उनके लिए यह सब एक समग्रता का आरम्भ है। तब प्रत्यक्षतः यदि व्यक्ति यह समझे कि वह इसी के लिए बना है तो वह 'उनकी' अभिव्यक्तियों में से केवल एक अभिव्यक्ति को चुन सकेगा, जिसका अर्थ है अभिव्यक्ति का अभाव। किन्तु यह भी एक सीमा है। और यह उनकी प्राप्ति का एकमात्र मार्ग नहीं है, कोसों दूर है यह!

यह एक बड़ी प्रचलित प्रवृत्ति है और सम्भवतया बहुत प्राचीन सुझाव

से या शायद गरीबी से अथवा अयोग्यता से उत्पन्न हुई है कि अपनी आवश्यकताओं को कम, कम, बहुत ही कम करते जाना, अपनी गतिविधियों को कम करना, अपने शब्दों को कम करना, भोजन कम करना, सक्रिय जीवन कम करना, और तब सब कुछ बड़ा संकुचित हो जाता है। कोई भी गलती न करने की अभीप्सा में, व्यक्ति उसे करने के सभी अवसरों का सफ़ाया कर देता है, यह कोई इलाज नहीं है।

किन्तु दूसरा रास्ता बहुत, बहुत अधिक कठिन है।

(मौन)

नहीं, समाधान केवल भागवत प्रेरणा के अनुसार कार्य करने में है, भागवत प्रेरणा के अनुसार ही बोलना, भागवत प्रेरणा के अनुसार ही खाना। यही कार्य कठिन है, क्योंकि स्वभावतः भागवत प्रेरणा के साथ तत्काल व्यक्ति के अपने आवेग जुड़ जाते हैं।

मेरे विचार में संन्यास के सभी प्रचारकों का विचार यह था कि जो कुछ बाहर से या नीचे से आये उसका सफाया कर दिया जाये ताकि यदि ऊपर की कोई वस्तु अभिव्यक्त हो तो व्यक्ति उसे ग्रहण करने की अवस्था में रह सके। किन्तु सामूहिक दृष्टिकोण से यह एक ऐसी प्रक्रिया है जो हजारों वर्ष ले सकती है। पर व्यक्तिगत दृष्टिकोण से यह सम्भव है; किन्तु तब व्यक्ति को सच्ची प्रेरणा ग्रहण करने की अभीप्सा को अविकल रूप में बनाये रखना चाहिये—पूर्ण "मुक्ति" की अभीप्सा को नहीं, बल्कि भगवान् के साथ "सक्रिय" तादात्म्य की अभीप्सा को, दूसरे शब्दों में, जो वे चाहें वही चाहना, वे जो चाहें वही करना, केवल उन्हीं के द्वारा, उन्हीं में अपना अस्तित्व रखना। तब व्यक्ति संन्यास की विधि का प्रयोग कर सकता है, किन्तु यह उस व्यक्ति की विधि है जो दूसरों से अपना सम्बन्ध विच्छेद करना चाहता है। क्या इस दशा में कोई समग्रता रह सकती है?... मुझे यह असम्भव प्रतीत होता है।

व्यक्ति जो करना चाहता है उसकी सार्वजनिक रूप में घोषणा करने से उसे काफी सहायता मिलती है। यह बात कई विरोधों को, घृणा और संघर्षों को उत्पन्न कर सकती है, किन्तु इसकी क्षति बहुत हद तक, यदि

ऐसा कहा जा सकता है, सार्वजनिक प्रत्याशा से पूर्ण हो जाती है क्योंकि दूसरे लोग तुमसे कुछ आशा रखते हैं। निश्चित रूप में यही उन वेशों का कारण है, अर्थात्, लोगों को सूचना देना। स्पष्ट ही यह बात तुम्हें कुछ लोगों की घृणा एवं दुर्भावना का पात्र बना सकती है किन्तु ऐसे लोग भी हैं जो यह अनुभव करते हैं कि इसके पास नहीं जाना चाहिये, इसकी ओर अधिक ध्यान नहीं देना चाहिये, क्योंकि इससे उनका कुछ मतलब नहीं है।

पता नहीं क्यों, यह मुझे सदा दिखावा ही प्रतीत हुआ है—दिखावा नहीं भी हो सकता और कुछ लोगों में ऐसा नहीं होता, किन्तु फिर भी लोगों से यह कहने का एक तरीका है : "जरा देखो, मैं क्या हूं।" और मैं कहती हूं कि इससे सहायता मिल सकती है। पर इसकी अपनी खामियां भी हैं।

यह एक और बचपना है।

ये सब साधन हैं, अवस्थाएं और सोपान हैं, किन्तु... सच्ची स्वतन्त्रता का अर्थ है समस्त वस्तुओं से मुक्ति—सब साधनों से भी मुक्ति।

(मौन)

यह एक प्रतिबन्ध है, एक संकीर्णता है, जब कि 'सत्य वस्तु' है उन्मुक्तता, विस्तार और सबके साथ तादात्म्य।

जब तुम अपने-आपको घटाते हो, घटाते हो, घटाते ही चले जाते हो तो तुम्हें यह अनुभव नहीं होता कि तुम अपने-आपको खो रहे हो, बल्कि तुम्हें यह भय ही नहीं रहता कि तुम अपने-आपको खो भी सकते हो—तुम एक ठोस और गठित वस्तु बन जाते हो। किन्तु यदि तुम विस्तार का ढंग चुनो—अधिक-से-अधिक विस्तार का—तो तुम्हें अपने-आपको खो देने का भय नहीं होना चाहिये।

ऐसा करना कहीं अधिक कठिन है।

पर इस बाह्य जगत् में जो प्रतिक्षण हमें उलझाये रखता है यह सब कैसे सम्भव है? उदाहरणार्थ, मैं उन लोगों के विषय में सोच रहा हूं जो पश्चिम में रहते हैं; काम, लोगों से मिलना-जुलना, टेलिफोन आदि उन्हें हरदम खाये डालते हैं, उन्हें एक मिनट का भी समय नहीं मिलता

कि वे अपने ऊपर अनवरत गिरती हुई चीज को साफ कर सकें और पुनः स्वस्थ हो सकें। ऐसी अवस्था में यह सब कैसे सम्भव है?

ओह, तुम्हें जानना होगा कि तुम्हें क्या स्वीकारना है और क्या छोड़ना है!

यह एक दूसरी परले दर्जे की अति है... । निश्चय ही मठ, एकान्त स्थान, जंगलों या गुफाओं में पलायन, आधुनिक समय के अतिव्यस्त जीवन के प्रतिकार के लिए आवश्यक हैं पर एक-दो हजार साल पहले की अपेक्षा अब लोग ऐसा कम करते हैं। किन्तु मुझे यह सब समझ का अभाव प्रतीत होता है—यह टिका नहीं।

स्पष्ट ही, अत्यधिक कर्म अत्यधिक निश्चलता की ओर ले जाता है।

किन्तु सामान्य अवस्थाओं में व्यक्ति को जो कुछ बनना चाहिये वह बनने का ढंग कैसे जाना जाये?

व्यक्ति एक या दूसरी अति में न गिरे इसका क्या उपाय है?

हां, वह सामान्य जीवन व्यतीत करे और फिर भी मुक्त रहे।

मेरे बच्चे, इसीलिए तो आश्रम बनाया गया था! इसके पीछे यही विचार था। कारण, जब मैं फ्रांस में थी मैं सदा अपने-आपसे यही प्रश्न पूछा करती थी : "अपने-आपको पाने के लिए व्यक्ति को समय कैसे मिल सकता है? अपने-आपको मुक्त करने के उपाय को समझने के लिए भी व्यक्ति को समय कैसे मिले?" तब मैंने सोचा : एक ऐसा स्थान होना चाहिये जहां सब भौतिक आवश्यकताएं पर्याप्त मात्रा में पूरी हो जायें, ताकि यदि कोई सचमुच अपने-आपको मुक्त करना चाहे तो मुक्त हो सके। और इसी विचार को आधार मानकर—किसी और विचार को नहीं—आश्रम की स्थापना हुई थी—ऐसा स्थान, जहां लोगों को जीवन की सभी आवश्यकताएं उपलब्ध हों ताकि उनके पास 'सच्ची वस्तु के' विषय में सोचने के लिए समय रहे।

(माताजी मुस्कुराती हैं) मानव प्रकृति ही ऐसी है कि अभीप्सा का

स्थान अब आलस्य ने ले लिया है (सबके लिए यद्यपि यह सत्य नहीं है, पर कुल मिलाकर सामान्य स्थिति ऐसी ही है), और स्वतन्त्रता का स्थान उच्छृंखलता ने या स्वेच्छाचारिता ने ले लिया है। यह इस बात को प्रमाणित करने के बराबर है कि मनुष्य जाति को अधिक सच्चाई के साथ दासता से कर्मठता में आने के लिए तैयार होने से पहले क्रूरतापूर्ण व्यवहार में से गुजरना पड़ेगा।

पहली क्रिया बिलकुल इस प्रकार की है : "आखिर एक ऐसा स्थान ढूंढना चाहिये जहां व्यक्ति एकाग्र हो सके, अपने-आपको पा सके, भौतिक वस्तुओं में व्यस्त हुए बिना सच्चे रूप में जी सके"; यह पहली अभीप्सा है (इसी आधार पर—कम-से-कम शुरू में—साधकों का चुनाव हुआ था), किन्तु यह बात बहुत दिन चलती नहीं! वस्तुस्थिति बाद में सरल हो जाती है और व्यक्ति बहक जाता है। क्योंकि यहां कोई नैतिक बन्धन नहीं है, इसलिए मूर्खतापूर्ण कार्य किये जाते हैं।

तब भी यह नहीं कहा जा सकता कि साधकों के चुनाव में गलती हुई है—यद्यपि ऐसा सोचने के लिए व्यक्ति प्रेरित होता है पर यह सत्य नहीं है। कारण, चुनाव एक यथार्थ और बहुत स्पष्ट आन्तरिक संकेत के अनुसार हुआ था... शायद कठिनाई यहां यह है कि आन्तरिक वृत्ति को बिना मिलावट के बनाये रखना कठिन हो जाता है। ठीक यही श्रीअरविन्द चाहते थे, इसी के लिए उन्होंने प्रयत्न भी किया था; वे कहते थे: "यदि मुझे सौ व्यक्ति भी मिल जायें तो वे मेरे लिए काफी हैं।" किन्तु बहुत दिनों तक सौ नहीं रहे, और मुझे यह कह देना चाहिये कि सौ होते-न-होते उनमें भी मिलावट आ गयी थी।

कई आये, सच्ची वस्तु से प्रेरित होकर ही, किन्तु... आदमी अपने-आपको बाद में ढीला छोड़ देता है। दूसरे शब्दों में, सच्ची अवस्था में दृढ़तापूर्वक टिके रहना उसके लिये असम्भव हो जाता है।

हां, मैंने यह देखा कि जगत् की बाह्य अवस्थाएं जब अत्यधिक कठिन हो जाती हैं, तो अभीप्सा भी काफी अधिक तीव्र हो जाती है।

हां, यह तो है ही।

यह बहुत अधिक तीव्र हो जाती है, यह प्रायः जीवन-मरण का प्रश्न बन जाता है।

हां, बात यही है। दूसरे शब्दों में मनुष्य अभी भी इतना अपरिपक्व है कि उसे अतियों की आवश्यकता पड़ती है। श्रीअरविन्द ने यही कहा था: प्रेम को सच्चा होने के लिए घृणा की आवश्यकता पड़ी; सच्चा प्रेम घृणा के दबाव के नीचे ही उत्पन्न हो सका।[१] बात यही है। व्यक्ति को वस्तुएं उसी रूप में स्वीकार करनी चाहियें जैसी कि वे हैं और फिर आगे बढ़ने का प्रयत्न करना चाहिये। बस, इतना ही।

इसीलिए शायद इतनी सारी कठिनाइयां हैं—कठिनाइयां यहां जमा हो जाती हैं: चरित्र की कठिनाइयां, स्वास्थ्य-सम्बन्धी कठिनाइयां, और परिस्थितियों की कठिनाइयां—और यह इसलिए कि चेतना कठिनाइयों के दबाव से जाग्रत् होती है। यदि सब कुछ सरल और शान्तिमय हो जाये तो व्यक्ति सो जाता है।

इसी प्रकार श्रीअरविन्द ने युद्ध की आवश्यकताओं की व्याख्या की थी। शान्तिकाल में तुम ढीले पड़ जाते हो।

कैसी दयनीय अवस्था है यह!

मैं यह नहीं कह सकती कि यह सब मुझे अच्छा लगता है, किन्तु है यह ऐसा ही।

मूलतः, यह बात वही है जो श्रीअरविन्द ने 'भागवत मुहूर्त' में कही है: यदि तुममें शक्ति और ज्ञान है और तुम उस अवसर का दुरुपयोग करते हो तो तुम्हें धिक्कार है।

यह बदला नहीं है, यह दण्ड नहीं है, बिलकुल नहीं, किन्तु तुम अपने ऊपर एक आवश्यकता को, उग्रता के विरुद्ध प्रतिक्रिया करने के लिए एक उग्रतापूर्ण आवश्यकता को, खींच लेते हो।

(मौन)

यह अनुभूति मुझे अधिकाधिक हो रही है: इस सच्चे भागवत प्रेम के

[१] देखें सूत्र ८८ से ९२ तक।

साथ हमारा सम्पर्क अपने-आपको अभिव्यक्त कर सके, दूसरे शब्दों में, वह स्वतन्त्रतापूर्वक प्रकाश में आ सके इसके लिए प्राणियों और वस्तुओं, दोनों में एक असाधारण शक्ति की आवश्यकता है, पर वह अभी तक पैदा नहीं हुई है। यह नहीं है अतः सब कुछ तितर-बितर हो जाता है।

कई बहुत विश्वासप्रद बारीकियां हैं, किन्तु स्वभावतया क्योंकि वे "बारीकियां" हैं या बहुत व्यक्तिगत बातें हैं उनकी चर्चा नहीं की जा सकती। किन्तु बारम्बार के अनुभवों के प्रमाणों के आधार पर मुझे यह कहना पड़ रहा है : जब *विशुद्ध* प्रेम की यह शक्ति—अद्‌भुत शक्ति है यह, जो समस्त अभिव्यक्तियों से आगे निकल जाती है,—प्रचुर मात्रा में और मुक्त रूप से अभिव्यक्त होनी शुरू होती है तो ऐसा लगता है मानों बहुत-सी वस्तुएं एकदम ही भरभराकर नीचे गिर पड़ी हैं। वे अब वहां नहीं टिक पातीं। वे वहां नहीं टिक पातीं, वे घुल गयी हैं। तब... तब सब कुछ रुक जाता है। और यह रुकना जिसे तुम अपमानजनक मान सकते हो वास्तव में उससे विपरीत है, वस्तुतः यह असीम भागवत कृपा है।

केवल एक बोध, जिस स्पन्दन में व्यक्ति सामान्यतया और प्रायः सदा ही निवास करता है उसके और दूसरे स्पन्दन के बीच के अन्तर का एक ठोस और प्रत्यक्ष बोध, इस दुर्बलता की—जिसे मैं उकता देने वाली कहती हूं और जो सचमुच ही तुममें मतली पैदा करती है—स्वीकृति सबको रोक देने के लिए काफी है।

अभी कल ही और आज प्रातः भी बड़े लम्बे समय तक यह शक्ति अभिव्यक्त होती रही, तब अचानक ही, प्रज्ञा, एक अपरिमित प्रज्ञा सामने आयी जिसने सब कुछ को एक पूर्ण शान्ति में बदल दिया : जो होना चाहिये वह होगा। उसके होने में उतना समय लगेगा जितना कि लगना चाहिये। और तब सब कुछ ठीक हो जाता है। इस प्रकार तत्काल ही सब कुछ ठीक हो जाता है, किन्तु दीप्ति मद्धिम पड़ जाती है।

केवल धैर्य रखने की आवश्यकता है।

श्रीअरविन्द ने यह भी लिखा है : तीव्र रूप से अभीप्सा करो, किन्तु अधैर्य के बिना...। तीव्रता और अधैर्य के बीच का अन्तर बड़ा सूक्ष्म है —यह अन्तर केवल स्पन्दन का है। यह सूक्ष्म है, किन्तु सारा अन्तर इसी में है।

तीव्रता के साथ, किन्तु अधैर्य के बिना! ठीक यही। ऐसी अवस्था में ही व्यक्ति को होना चाहिये।

और फिर बहुत लम्बे समय तक, बहुत लम्बे समय तक आन्तरिक परिणामों से, अर्थात्, निजी और व्यक्तिगत प्रतिक्रियाओं के तथा शेष जगत् के साथ आन्तरिक सम्बन्धों के परिणामों से सन्तुष्ट रहना चाहिये। यह आशा या इच्छा नहीं करनी चाहिये कि वस्तुएं शीघ्र चरितार्थ हों। कारण, जब व्यक्ति जल्दबाजी करता है तो कार्य में देर लगा देता है।

यदि ऐसा है, तो ऐसा ही है।

हम, मेरा मतलब मनुष्यों से है, उत्पीड़ित-से जीते हैं, यह जीवन की लघुता के सम्बन्ध में एक प्रकार की अर्ध-चेतन अनुभूति है। मनुष्य इसके बारे में सोचते नहीं, पर इसे एक अर्ध-चेतन ढंग से अनुभव अवश्य करते हैं। अतः वे सदा सब काम जल्दी, जल्दी, और जल्दी करना चाहते हैं, एक वस्तु से दूसरी वस्तु की ओर भागते हैं, एक कार्य को शीघ्र समाप्त करके दूसरे को हाथ में ले लेना चाहते हैं, जब कि करना यह चाहिये कि वे प्रत्येक वस्तु को अपनी सनातनता में निवास करने दें। वे सदा ही आगे, आगे, आगे जाना चाहते हैं... और कार्य को बिगाड़ देते हैं।

इसीलिए कुछ लोगों ने यह उपदेश दिया है : महत्त्वपूर्ण क्षण केवल वर्तमान है। व्यावहारिक रूप में यह सच नहीं है, किन्तु मनोवैज्ञानिक रूप से इसे सत्य होना चाहिये। दूसरे शब्दों में, व्यक्ति अगली वस्तु को पहले से ही देखे या चाहे या प्रतीक्षा किये बिना या उसके लिए तैयारी किये बिना अपनी अधिकतम शक्यता में प्रतिक्षण जीये। कारण, तुम हर समय जल्दी, जल्दी, जल्दी में होते हो... और तुम कुछ भी अच्छी तरह नहीं कर सकते। तुम एक आन्तरिक तनाव की अवस्था में होते हो जो कि मिथ्या, बिलकुल मिथ्या होती है।

जिन लोगों ने बुद्धिमान् बनने के लिए प्रयत्न किया है उन सबने सदा यह कहा है—चीनियों ने इसका प्रचार किया है, और भारतीयों ने इसका प्रचार किया है—सनातनता की भावना में जीओ। यूरोप में भी यह किसी ने कहा था कि व्यक्ति को आकाश और नक्षत्रों के बारे में चिन्तन करना चाहिये और इस प्रकार उनकी असीमता के साथ एकाकार होना चाहिये, उन सबके विषय में चिन्तन करना चाहिये जो तुम्हें विशाल बनाता हो,

तुम्हें शान्ति प्रदान करता हो।

ये हैं साधन ही, पर हैं अनिवार्य।

और यही मैंने शरीर के कोषाणुओं में भी देखा है। यह कहा जा सकता है कि वे भी उस कार्य में जो उन्हें करना है सदा जल्दी मचाते हैं, वे सोचते हैं शायद उसे करने के लिए बाद में उनके पास समय न रहे। अतएव वे कोई भी कार्य ठीक ढंग से नहीं करते। कुछ ऐसे अस्तव्यस्त व्यक्ति होते हैं जो सब कुछ उलट-पलट देते हैं, उनकी हरकतें झटका देने वाली और भ्रमित होती हैं। ऐसे लोगों में ही इस प्रकार की जल्दबाजी अधिक होती है : जल्दी करो, जल्दी करो, जल्दी करो...। अभी कल ही एक व्यक्ति जोड़ों के दर्द की शिकायत कर रहा था; वह कह रहा था : "ओह! इससे मेरा कितना समय नष्ट हो रहा है, मैं कितने धीरे-धीरे कार्य करता हूं।" मैंने कहा : (माताजी हंसती हैं)... "तो क्या हुआ!" पर उसे सन्तोष नहीं हुआ। बीमार होने पर शिकायत करने का अर्थ है कि तुम भीतर से बड़े पोले हो, बस इतना ही, किन्तु यह कहना : "मैं इतना समय बर्बाद कर रहा हूं, मैं कार्य धीरे-धीरे करता हूं," उस जल्दबाजी का एक प्रत्यक्ष चित्र है जिसमें लोग रहते हैं—तुम जीवन में से एक धूमकेतु के समान गुजरते हो... कहां जाने के लिए?... अन्त में टूटने और नष्ट होने के लिए ही न!

इस सबका क्या लाभ?

(मौन)

मूलतः इन सूत्रों से यह शिक्षा मिलती है कि व्यक्ति के लिए दिखायी देने की अपेक्षा होना अधिक आवश्यक है। उसे जीना चाहिये न कि दिखावा करना, दूसरों को यह दिखाने की अपेक्षा कि वह कुछ चरितार्थ कर रहा है, यह कहीं अधिक महत्त्वपूर्ण है कि वह वस्तु को उसके समग्र और पूर्ण रूप में सच्चाई के साथ चरितार्थ करे!

यहां भी वही बात है : जब व्यक्ति जो कुछ कर रहा है उसे बताने की आवश्यकता अनुभव करता है; तो वह अपने आधे कर्म को नष्ट कर डालता है।

पर साथ ही यह तुम्हें यह देखने और जानने में सहायता प्रदान करता है कि तुम ठीक-ठीक किस बिन्दु पर हो।

यह बुद्ध की बुद्धिमत्ता थी जब उन्होंने कहा था : "मध्यम मार्ग," न बहुत अधिक यह, न बहुत अधिक वह। न इसमें गिरो न उसमें गिरो—प्रत्येक वस्तु का थोड़ा-थोड़ा और एक सन्तुलित मार्ग... किन्तु "विशुद्ध"। विशुद्धता और सत्यनिष्ठा एक ही हैं।

१६.९.१९६४

१०८—जब नारद ने जनक के कार्यों का निरीक्षण किया तो उन देवर्षि ने भी उन्हें एक भोगपरायण, संसारासक्त और लम्पट प्राणी समझा। जब तक तू अन्तरात्मा को नहीं देख पाता तब तक तू यह कैसे कह सकता है कि यह मनुष्य मुक्त है या बद्ध?

यह सब प्रकार के प्रश्नों को खड़ा कर देता है। उदाहरणार्थ, यह कैसे हुआ कि नारद आत्मा को न देख पाये?

मेरे लिए यह बड़ी सरल-सी बात है। नारद अर्ध-देवता थे, वे अधिमानस जगत् के थे और उनके लिए अपने-आपको मूर्त रूप में प्रकट करना सम्भव था, लेकिन इन सत्ताओं में अन्तरात्मा नहीं होती। देवताओं के अन्दर वह दिव्य चिनगारी नहीं होती जो अन्तरात्मा का केन्द्र-बिन्दु है, चूंकि केवल पृथ्वी पर ही (मैं भौतिक जगत् तक की बात नहीं कह रही), हां, तो केवल पृथ्वी पर ही प्रेम का अवतरण हुआ जो जड़तत्त्व के केन्द्र में स्थित भागवत उपस्थिति का मूलस्रोत था। और स्वभावतया, चूंकि उनमें आन्तरात्मिक सत्ता नहीं है, वे आन्तरात्मिक सत्ता को पहचानते भी नहीं। इनमें से कुछ ऐसी सत्ताएं भी हैं जिन्होंने भौतिक शरीर इसलिए धारण करना चाहा कि वे आन्तरात्मिक सत्ता का अनुभव प्राप्त कर सकें—पर ऐसी सत्ताएं बहुत नहीं हैं।

सामान्यतया, उन्होंने यह विभूति के रूप में, आंशिक रूप में ही किया है, पूरे का पूरा अवतार लेकर नहीं। उदाहरणार्थ, कहा जाता है कि विवेकानन्द शिव की एक विभूति थे। किन्तु स्वयं शिव ने स्पष्ट रूप में

यह इच्छा व्यक्त की थी कि वे अतिमानसिक जगत् के साथ ही पृथ्वी पर जन्म लेंगे। जब पृथ्वी अतिमानसिक जीवन के लिए तैयार हो जायेगी, वे आयेंगे। प्रायः ये सभी सत्ताएं तभी प्रकट होंगी—वे उस क्षण की प्रतीक्षा कर रही हैं। वे आज के संघर्ष और अन्धकार का कुछ भी नहीं चाहतीं।

निश्चय ही, नारद भी उनमें से एक थे जो यहां आये...। वस्तुतः वे विनोद भाव से आये थे। वे परिस्थितियों के साथ खेलना बहुत पसन्द करते थे। किन्तु उन्हें आन्तरात्मिक सत्ता का ज्ञान नहीं था और इसी कारण जहां आन्तरात्मिक सत्ता थी, वे उसे पहचान न पाये।

किन्तु इन सब वस्तुओं की व्याख्या नहीं की जा सकती : ये व्यक्तिगत धारणाएं और अनुभव हैं, यह पर्याप्त बाह्य ढंग का ज्ञान नहीं है जो सिखाया जा सके। उस विषय के बारे में कुछ नहीं कहा जा सकता जो व्यक्तिगत अनुभव पर निर्भर हो और जिसका महत्त्व केवल उसी के लिए हो जिसे उसका अनुभव हो चुका हो।

जो श्रीअरविन्द ने कहा है वह भारतीय परम्परा के अध्ययन पर आधारित है और उन्होंने वही कहा है जो उनके अनुभव के साथ मेल खाता है।

तो "आत्मा" को देखने के लिए, क्या व्यक्ति को पहले अपनी आत्मा को जानना चाहिये?

हां, आत्मा के साथ, दूसरे शब्दों में, आन्तरात्मिक सत्ता के साथ सम्बन्ध बनाने के लिए, पहले व्यक्ति के अपने अन्दर अन्तरात्मा होनी चाहिये, और केवल मनुष्यों में ही—विकासक्रम के मनुष्यों के पास, जो पार्थिव सृष्टि की रचना हैं—आन्तरात्मिक सत्ता है।

इन सभी देवताओं में किसी के भी पास आन्तरात्मिक सत्ता नहीं है। केवल नीचे उतरकर, मनुष्य की आन्तरात्मिक सत्ता के साथ संयुक्त होने से वे इसे पा सकते है, किन्तु स्वयं उनमें यह नहीं है।

१२.१.१९६५

१०९—मनुष्य जिस स्तर तक पहुंच चुका है उससे ऊपर की सभी चीजें उसे कठिन प्रतीत होती हैं और उसके अपने सहायता-

शून्य प्रयास के लिए कठिन हैं भी; परन्तु मनुष्य के अन्दर विद्यमान भगवान् जब ठेका ले लेते हैं तब वे सभी चीजें तुरत सरल और आसान बन जाती हैं।

बिलकुल ठीक।

अभी दो या तीन दिन हुए मैंने एक प्रश्न के उत्तर में कुछ लिखा है, और मैंने कुछ ऐसा कहा है : श्रीअरविन्द प्रभु हैं, किन्तु प्रभु का एक भाग, समग्र प्रभु नहीं। कारण, प्रभु सब कुछ हैं—वह सब जो अभिव्यक्त हो चुका है और वह सब भी जो अभिव्यक्त नहीं हुआ। मैंने आगे कहा : ऐसी कोई वस्तु नहीं है जो प्रभु न हो, कोई भी नहीं, हां, ऐसा कुछ नहीं है जो प्रभु न हो, किन्तु ऐसे लोग बिरले हैं, जो प्रभु के प्रति *सचेतन* हों। और सृष्टि की यह निश्चेतना ही मिथ्यात्व बनाती है।

यह एकदम कितना स्पष्ट था : "यही तो है, यही तो है"। लेकिन आखिर यह मिथ्यात्व आया कैसे? परन्तु यह ऐसा ही है, सृष्टि की निश्चेतना में ही सृष्टि का मिथ्यात्व निहित है। ज्यों ही सृष्टि भगवान् की सत्ता के प्रति सचेतन हो जायेगी, मिथ्यात्व समाप्त हो जायेगा।

बात ऐसी ही है, यही है न? सब कुछ कठिन है, श्रमसाध्य, कठोर और कष्टपूर्ण है क्योंकि सब कुछ भगवान् की चेतना के बाहर किया गया है। किन्तु जब वे अपने राज्य को पुनः अधिकृत कर लेंगे (बल्कि जब लोग उन्हें अपने राज्य को फिर से अधिकृत करने देंगे), और जब वस्तुएं उनकी चेतना के अन्दर, उनकी चेतना के साथ सम्पन्न की जायेंगी तो सब कुछ केवल सरल ही नहीं वरन् एक अवर्णनीय आनन्द में आश्चर्यजनक और वैभवपूर्ण भी हो जायेगा।

यह एक प्रमाण के रूप में आया है। कहा जाता है : "यह क्या है, मिथ्यात्व किसे कहते हैं? सृष्टि मिथ्या क्यों है?" यह इस अर्थ में भ्रान्ति नहीं है कि उसका अस्तित्व नहीं है—उसका पूरा-पूरा अस्तित्व है, किन्तु... किन्तु वह जो वास्तव में है उसके प्रति सचेतन नहीं है। केवल यही नहीं कि वह अपने मूलस्रोत के प्रति सचेतन नहीं है बल्कि वह अपने सारतत्त्व, अपने सत्य के प्रति भी चेतन नहीं है। वह अपने सत्य के प्रति सचेतन नहीं है। इसी कारण वह मिथ्यात्व में निवास करती है।

यह सूत्र बहुत सुन्दर है। अब कुछ और कहने को बाकी नहीं रहा, यह स्वयं ही सब कुछ कह देता है।

३.३.१९६५

११०—सूर्य की बनावट या मंगल की रूप-रेखा को देखना निस्सन्देह एक बहुत बड़ी उपलब्धि है; परन्तु जब तेरे पास वह यन्त्र होगा जो मनुष्य की आत्मा को वैसे ही दिखा देगा जैसे तू कोई चित्र देखता है, तब तू भौतिक विज्ञान के आश्चर्यजनक कार्यों को बच्चों के खिलौने समझकर उन पर हंसेगा।

यह उसी बात का विस्तार है जो हम उन लोगों के विषय में कह रहे थे जो "देखना" चाहते हैं। सुना है कि रामकृष्ण ने विवेकानन्द से कहा था : "तुम भगवान् को उसी भांति देख सकते हो जैसे तुम मुझे देखते हो, और उसी प्रकार उनकी आवाज सुन सकते हो जैसे मेरी आवाज सुनते हो।" कुछ ऐसे लोग हैं जो इसे घोषणा के रूप में लेते हैं कि भगवान् सशरीर पृथ्वी पर मौजूद थे। मैंने कहा : (मुस्कुराते हुए) "नहीं, ऐसा नहीं है। उनका मतलब यह था कि यदि तुम सच्ची चेतना में जाओ तो उनकी आवाज सुन सकते हो—मैं कहती हूं कि भौतिक रूप में सुनने की अपेक्षा ज्यादा अच्छी तरह सुन सकते हो और भौतिक रूप में देखने की अपेक्षा इसे कहीं अधिक स्पष्ट रूप में देख सकते हो।"—"ओह! किन्तु..." ज्यों ही तुम अपनी आंखें खोल लेते हो, यह सब अवास्तविक हो जाता है।

क्या भौतिक विज्ञान के चमत्कारों पर आपको हंसी आती है?

"चमत्कार"! यह सब ठीक है, यह उन लोगों का काम है। किन्तु उनका अपरिमित आश्वासन मुझे हंसने को प्रेरित अवश्य करता है। वे सोचते हैं कि वे जानते हैं। वे कल्पना करते हैं कि उन्हें कुंजी मिल गयी है, इसी बात पर हंसी आती है। उनका विचार है कि जो कुछ उन्होंने सीखा है उसके द्वारा वे प्रकृति के स्वामी बन गये हैं—यह बचपना है। जब तक

कि वे सर्जनकारी शक्ति और सर्जनकारी संकल्प के सम्पर्क में नहीं आते, कोई-न-कोई वस्तु सदा उनसे बच निकलेगी।

यह एक ऐसा प्रयोग है जिसे व्यक्ति सरलता से कर सकता है। एक वैज्ञानिक समस्त दृश्य तथ्यों की व्याख्या कर सकता है, वह भौतिक शक्तियों का प्रयोग भी कर सकता है, उनसे मनचाहा कार्य करवा सकता है। और वे स्थूल भौतिक दृष्टिकोण से अत्यधिक आश्चर्यजनक परिणामों पर पहुंच भी गये हैं, किन्तु तुम उनसे केवल यह प्रश्न पूछो, यह सरल-सा प्रश्न पूछो : "मृत्यु क्या है?" वस्तुतः वे इस विषय में कुछ भी नहीं जानते। वे इस तथ्य का, जैसा कि वह भौतिक रूप में व्यक्त होता है, वर्णन अवश्य कर देते हैं किन्तु यदि वे सच्चे होंगे तो उन्हें यही कहना पड़ेगा कि यह वर्णन कुछ भी स्पष्ट नहीं करता।

एक क्षण सदा ऐसा होता है जब वह कुछ भी नहीं बताता। कारण, जानना... हां, जानने का अर्थ है सक्षम होना।

(मौन)

जो भी हो, जड़वादी विचार को, वैज्ञानिक विचार को अधिक-से-अधिक इतना ही पता लग सकता है कि वह आगे की बात नहीं देख सकता। अवश्य ही वे कई बातें जान लेते हैं, किन्तु पार्थिव घटनाओं का उन्मीलन उनकी भविष्यदृष्टि से परे की वस्तु है। मेरे विचार में वे केवल इसी बात को स्वीकार कर सकते हैं कि कुछ समस्या का पुट होता है, संयोगों का एक क्षेत्र होता है जो उनकी समस्त गणना से बच निकलता है। एक आधुनिक वैज्ञानिक से, जिसे आधुनिकतम ज्ञान प्राप्त है, मेरी कभी बातचीत नहीं हुई है, इसलिए मुझे इस बात का पूरा विश्वास नहीं है, मैं नहीं जानती कि वे कहां तक उन तथ्यों को स्वीकार करते हैं जो पहले से देखे नहीं जा सकते या जिनका हिसाब-किताब नहीं किया जा सकता।

मेरे विचार में श्रीअरविन्द का इससे यह तात्पर्य है कि जब व्यक्ति आत्मा के सम्पर्क में आता है और उसे आत्मा का ज्ञान प्राप्त हो जाता है, तो यह इतना अद्भुत ज्ञान होता है, भौतिक वस्तुओं के ज्ञान से इतना अधिक अद्भुत कि तब अवहेलनाभरी हंसी आ जाती है। मेरे विचार में

उनका यह तात्पर्य नहीं था कि आत्मा का ज्ञान तुम्हें भौतिक जीवन की उन वस्तुओं का ज्ञान प्रदान करता है जिन्हें तुम विज्ञान की सहायता से नहीं सीखते।

केवल एक ही बात है (मुझे पता नहीं विज्ञान यहां तक पहुंचा है या नहीं), और वह है भविष्य को पहले से देखने की असम्भवता। किन्तु वे शायद यह कहते हैं कि वे शायद इसका कारण यह बतायें कि अभी तक वे अपने यन्त्रों और प्रणालियों की पूर्णता तक नहीं पहुंच सके हैं। उदाहरणार्थ, वे शायद सोचते हैं कि जिस समय पृथ्वी पर मनुष्य प्रकट हुआ था, उस समय यदि उनके पास वे यन्त्र होते जो अब हैं तो वे पशु के मनुष्य में रूपान्तर को या पशु के अन्दर की किसी वस्तु के परिणामस्वरूप मनुष्य के प्रादुर्भाव को पहले से जान लेते। मैं उनकी अति आधुनिक स्थापनाओं के विषय में कुछ नहीं जानती। (माताजी मुस्कुराती हैं) ऐसी अवस्था में उन्हें वातावरण के उस अन्तर को जान सकना और माप सकना चाहिये जो किसी ऐसी वस्तु के आने से हो गया है जो उसमें पहले नहीं थी, क्योंकि यह अभी तक भौतिक क्षेत्र की वस्तु है।[1] किन्तु मेरे ख्याल में श्रीअरविन्द का तात्पर्य यह नहीं था, वे यह कहना चाहते थे कि आत्मा का जगत् और आन्तरिक सत्य भौतिक रूप की अपेक्षा इतने अधिक अद्‌भुत हैं कि समस्त भौतिक "आश्चर्य" तुम्हें हंसने को प्रेरित करते हैं —यही अर्थ ठीक जान पड़ता है।

किन्तु जिस कुंजी की आप चर्चा कर रही हैं और जो उनके पास नहीं

[1] एक साधक ने माताजी से पूछा कि क्या यह "कोई वस्तु" अतिमानसिक शक्ति ही नहीं थी? माताजी ने उत्तर में कहा: "मैं इसे कोई नाम न देना चाहूंगी। कारण, लोग इसे एक मत बना लेंगे। यही बात तब हुई ती जब १९५६ में वह घटना घटी जिसे हम "पहली अतिमानसिक अभिव्यक्ति" कहते हैं। मैंने इसे धार्मिक सिद्धान्त बनने से रोकने के लिए भरसक कोशिश की। किन्तु यदि मैं कहूं कि अमुक दिन अमुक घटना घटी, तो वह बड़े-बड़े अक्षरों में लिख दी जायेगी, और तब यदि किसी ने इससे कुछ भिन्न बात कही तो उससे कहा जायेगा: "तुम नास्तिक हो।" मैं यह नहीं चाहती। तथापि यह निर्विवाद है कि अब वातावरण बदल गया है, वातावरण में नवीन वस्तु प्रवेश कर गयी है—"इसे अतिमानसिक सत्य का अवरोहण" कहा जा सकता है,

है, क्या वह आत्मा ही नहीं है? क्या वह आत्मा की शक्ति ही नहीं है जो जड़-पदार्थ पर उसे बदलने के लिए कार्य कर रही है और भौतिक चमत्कार करने के लिए भी? क्या आत्मा में वह शक्ति नहीं होती?

उसके पास यह शक्ति है और वह लगातार इसका प्रयोग भी कर रही है, किन्तु मानव चेतना इसके प्रति सचेतन नहीं है, और एक बड़ा अन्तर यह है कि वह चेतन हो जाती है, किन्तु यह एक ऐसी वस्तु के प्रति चेतन होती है जो "सदा वहां" मौजूद रहती है। दूसरे व्यक्ति इसे अस्वीकार कर देते हैं, क्योंकि वे उसे देखते नहीं।

उदाहरणार्थ, मुझे इसका अध्ययन करने का अवसर मिला था। मेरे लिए, परिस्थितियां, व्यक्तित्व, सब घटनाएं, सब सत्ताएं, सब किन्हीं नियमों के अनुसार चलती हैं, यदि इन्हें नियम कहा जा सके तो; ये नियम कठोर नहीं होते हैं किन्तु जो मैं देख सकती हूं और जो मुझे देखने में समर्थ बनाते हैं वह यह है : एक बात मुझे दूसरी बात की ओर ले जायेगी, फिर वह उससे आगे ले जायेगी, और यह भी कि चूंकि वह व्यक्ति ऐसा है, उसके साथ यह घटेगा। यह अधिकाधिक यथार्थ होता है। इससे मैं आवश्यकता पड़ने पर भविष्यवाणी भी कर सकती हूं। किन्तु उस क्षेत्र में कारण और परिणाम का यह सम्बन्ध मेरे लिए बिलकुल स्पष्ट है और तथ्यों द्वारा अनुमोदित है—पर, जैसा कि श्रीअरविन्द कहते हैं, जिन लोगों में यह दृष्टि और आत्मा की यह चेतना नहीं है, उनमें परिस्थितियां अन्य नियमों के अनुसार कार्य करती हैं जो कि ऊपरी होते हैं, इन्हें वे वस्तुओं के स्वाभाविक परिणाम समझते हैं। ये नियम बिलकुल ऊपरी होते हैं; ये गहन विश्लेषण के आगे नहीं टिक सकते किन्तु व्यक्तियों में आन्तरिक योग्यता नहीं होती, इसलिए उन्हें इससे कष्ट नहीं होता, यह बात उन्हें स्पष्ट प्रतीत होती है।

क्योंकि हमारे लिए इस शब्द का एक अर्थ है। किन्तु मैं इसकी घोषणा नहीं करना चाहती, क्योंकि मैं यह नहीं चाहती कि यह उस घटना को वर्णित करने वाला एक शास्त्रीय या "सच्चा" ढंग हो। इसीलिए मैं जान-बूझकर अपने वाक्य को अस्पष्ट छोड़ देती हूं।"

मेरे कहने का मतलब यह है कि इस आन्तरिक ज्ञान में विश्वास दिलाने की शक्ति नहीं होती। इसीलिए जब किसी घटना के विषय में मैं देखती हूं : "ओह! यह (मेरे लिए) बिलकुल स्पष्ट है; मैंने भगवान् की शक्तियों को वहां कार्य करते देखा है, मैंने अमुक-अमुक परिणाम उत्पन्न होते *देखे* हैं और स्वभावतः यही कुछ होने वाला है।" मेरे लिए यह बिलकुल स्पष्ट है, किन्तु जो मैं जानती हूं वह नहीं कहती क्योंकि वह उनके अनुभव की किसी भी वस्तु से मेल नहीं खाता। वह उन्हें इधर-उधर की बातें और पाखण्ड भरे दावे प्रतीत होंगे। दूसरे शब्दों में, जब तुम्हें स्वयं वह अनुभूति नहीं हुई है तो दूसरे की अनुभूति तुम्हें विश्वासोत्पादक नहीं लगती, तुम्हें वह विश्वास दिला नहीं सकती।

यह शक्ति उतनी जड़-पदार्थ पर कार्य करने वाली शक्ति नहीं है—यह बात तो लगातार होती ही रहती है—जब तक सम्मोहक उपाय ही न प्रयुक्त किये जायें (जिनका कुछ मूल्य नहीं है, और जिनका कुछ फल भी नहीं निकलता), यह बुद्धि को खोलने वाली है (कपाल के ऊपर भेदने की मुद्रा); यही बात बहुत कठिन है... जो वस्तु अनुभव में नहीं आयी उसका अस्तित्व ही नहीं होता।

किन्तु यदि उनकी आंखों के सामने कोई चमत्कार हो भी जाये तो वे उसकी भौतिक व्याख्या उपस्थित करेंगे। उनके लिए यह स्थूल शक्तियों से भिन्न किसी अन्य शक्ति के हस्तक्षेप के अर्थ में चमत्कार नहीं होगा। उनके पास अपने लिए अपनी भौतिक व्याख्या होगी, उनके लिए वह विश्वास उत्पन्न करने वाली नहीं होगी।

तुम इसे केवल तभी समझ सकते हो जब स्वयं तुमने अपनी अनुभूति में इस क्षेत्र का स्पर्श कर लिया हो।

अतएव, तुम देखते हो और भली प्रकार देखते हो कि कोई वस्तु तुम्हारे अन्दर जितनी जाग्रत् होती है उतनी ही तुम्हारी समझने की सम्भावना अधिक होती है। यही व्यक्ति का सहारा है, यही आधार है।

जड़-पदार्थ का रूपान्तर शायद उतनी महत्त्वपूर्ण बात नहीं है जितनी कि सच्ची क्रिया के प्रति चेतन होना है।

ठीक यही अभिप्राय है मेरा। व्यक्ति का उसके प्रति सचेतन हुए बिना भी एक विशेष बिन्दु तक रूपान्तर हो सकता है।

यह कहा जाता है कि इस बात में बहुत अन्तर है : जब आदमी आया तो पशु के पास इसे जानने का कोई साधन न था। हां, तो मैं कहती हूं यहां भी ठीक यही बात है : मनुष्य ने जो कुछ प्राप्त किया है उस सबके होते हुए भी उसके पास साधन नहीं हैं। कुछ चीजें घट सकती हैं और उसे इसका ज्ञान बहुत बाद में, तब प्राप्त होगा जब उसके अन्दर की "कोई वस्तु" इतनी विकसित हो जायेगी जो उसे देखने योग्य बनायेगी।

वैज्ञानिक प्रगति भी जब अपनी चरम सीमा पर पहुंच जाती है, जहां व्यक्ति को ऐसा आभास मिलता है कि यहां वस्तुओं में प्रायः कोई भेद नहीं रहा है, उदाहरणार्थ, जब वे तत्त्व के एक उस एकत्व पर पहुंच जाते हैं, जब ऐसा प्रतीत होता है कि यह केवल एक संक्रमण से बढ़कर कुछ नहीं है और वह भी प्रायः एक अवस्था और दूसरी अवस्था (भौतिक और आध्यात्मिक) के बीच अगोचर और अगम्य बन गया है : नहीं, बात ऐसी नहीं है, बिलकुल नहीं। उस प्रकार के एकत्व को जानने के लिए व्यक्ति के अपने अन्दर *उस दूसरी वस्तु* की अनुभूति होनी चाहिये, अन्यथा वह उसे नहीं जान सकता।

क्योंकि उन्होंने व्याख्या करने की योग्यता प्राप्त कर ली है, इसीलिए वे अपने लिए बाह्य तत्त्वों की इस प्रकार व्याख्या कर लेते हैं कि वे आन्तरिक तथ्यों की वास्तविकता के निषेध में ही फंस जाते हैं—वे कहते हैं कि ये उस वस्तु के आगे की कड़ी हैं जिसका उन्होंने अध्ययन किया है।

बात यह है कि उनकी अपनी रचना के कारण—क्योंकि यह कहा जा सकता है कि कोई ऐसी मानवी सत्ता नहीं है जिसके पास इतनी सूक्ष्म सत्ता, आन्तरिक सत्ता, अर्थात्, आत्मा के साथ सम्बन्ध का कम-से-कम एक विचार या छाया या आरम्भ न हो—इसी कारण इसके निषेध में सदा ही एक दरार होती है, किन्तु उसे वे दुर्बलता समझते हैं,—यही उनकी एकमात्र शक्ति है।

(*मौन*)

सच ही, जब व्यक्ति को अनुभूति हो जाती है, जब उसे उच्चतर शक्तियों का अनुभव और ज्ञान तथा उनके साथ तादात्म्य प्राप्त हो जाता है, केवल तभी वह समस्त बाह्य ज्ञान की सापेक्षता को देखता है; किन्तु तब तक नहीं, तब तक यह नहीं हो सकता जब तक वह अन्य सत्यों को अस्वीकार ही करता है।

मेरे विचार में श्रीअरविन्द यही कहना चाहते थे; जब दूसरी चेतना विकसित होगी केवल तभी वैज्ञानिक मुस्कुराकर कहेगा: "हां, वह सब ठीक था, किन्तु..."

वस्तुतः यह एक वस्तु दूसरी तक नहीं पहुंचा सकती—भगवत्कृपा हो तो और बात है। यदि वैज्ञानिक के अन्दर पूर्ण सच्चाई है, जो उसे उस बिन्दु को, जहां से कोई वस्तु उसकी बुद्धि से बच निकलती है, देखने, उसका पूर्व ज्ञान और बोध प्राप्त करने में समर्थ बनाती है, तब यह सच्चाई उसे चेतना की दूसरी अवस्था तक ले जा सकती है, किन्तु यह प्रक्रियाओं के द्वारा *नहीं* हो सकता। नये तरीकों को, नये बोधों को, नये स्पन्दन और आत्मा की नयी अवस्था को स्वीकार करने के लिए किसी वस्तु को अपना स्थान छोड़ना ही होगा।

यह एक व्यक्तिगत प्रश्न है, किसी वर्ग या श्रेणी का नहीं—प्रश्न है कि क्या एक वैज्ञानिक "कुछ और"... बनने के लिए तैयार है या नहीं।

(*मौन*)

केवल एक बात दृढ़तापूर्वक कही जा सकती है: तुम जो कुछ जानते हो, चाहे वह कितना भी सुन्दर क्यों न हो, उसकी तुलना में कुछ नहीं है जो तब जान सकोगे जब अन्य प्रणालियों का उपयोग कर सकोगे।

(*मौन*)

अभी पिछले दिनों मेरे कार्य का समस्त उद्देश्य यही था: जानने की इस अनिच्छा पर कैसे कार्य किया जाये? यह बहुत लम्बे समय से चला आ रहा है, यह उसके आगे का अंश है जो श्रीअरविन्द ने अपने एक पत्र

में कहा था: उन्होंने कहा था कि भारत ने अपनी प्रणालियों के द्वारा आध्यात्मिक जीवन के लिए उससे कहीं अधिक कार्य किया है जितना कि यूरोप ने अपने संशयों और प्रश्नों के साथ किया है। बात ठीक यही है। यह उस ज्ञान की, उस विशेष प्रणाली की जो कि विशुद्ध भौतिक प्रणाली नहीं है, अस्वीकृति है, यह अनुभव का, अनुभव की वास्तविकता का निषेध है—इसका उन्हें कैसे विश्वास दिलाया जाये?... और फिर काली की अपनी प्रणाली होती है, मार लगाने की। किन्तु मेरे अनुसार इसका अर्थ है अत्यधिक अपव्यय और थोड़ा-सा फल।

यह एक और बड़ी समस्या है।

मेरे विचार में समस्त प्रतिरोध पर विजय पाने में जो एकमात्र विधि समर्थ हो सकती है वह है 'प्रेम' की विधि; किन्तु विरोधी शक्तियों ने इसे इतना विकृत कर दिया है कि सच्चे लोगों की, सच्चे जिज्ञासुओं की एक बड़ी संख्या इस विधि से, इसके विकृत होने के कारण, बचती है। कठिनाई यहीं है। इसीलिए इसमें समय लग रहा है। फिर भी...।

२९.५.१९६५

१११—अपनी सारी प्राप्तियों के बावजूद ज्ञान एक शिशु के समान हैं; क्योंकि जब वह कोई चीज खोज निकालता है तब चिल्लाता और शोर मचाता हुआ सड़कों पर इधर-उधर दौड़ता है; प्रज्ञा अपने कार्यों को बहुत दीर्घकाल तक एक विचारपूर्ण और शक्तिशाली मौन के अन्दर छिपाये रखती है।

११२—भौतिक विज्ञान बकवास करता है और इस तरह आचरण करता है मानों उसने समस्त ज्ञान अधिकृत कर लिया हो। प्रज्ञा, जब चलती है तो, अपने एकाकी पदक्षेप को अपरिमेय महासागरों के तट पर प्रतिध्वनित होते हुए सुनती है।

मौन... ओह! इसके बारे में कुछ कहने की अपेक्षा इसका अभ्यास करना अधिक अच्छा है।

यह एक अनुभव है जो मुझे बहुत समय पहले यहां हुआ था : जो कुछ व्यक्ति ने सीखा है उसका तत्काल ही प्रचार और उपयोग करने की इच्छा और उस उच्चतर ज्ञान के साथ सम्पर्क के बीच का भेद, जहां व्यक्ति यथासम्भव शान्त रहता है ताकि वह रूपान्तर के लिए प्रभाव उत्पन्न कर सके। मुझे एक सजीव अनुभूति हुई थी—यह सजीव अनुभूति आधे दिन तक रही—किन्तु अब वह मुझे पुरानी, बहुत पुरानी और बहुत पीछे की प्रतीत होती है।

इस मौन की शक्ति क्या है? जब व्यक्ति ऊपर की ओर उठता है तो वह एक प्रकार की विशाल नीरवता में प्रवेश करता है जो कि जम गयी है, जो सर्वत्र विद्यमान है, किन्तु इस नीरवता की शक्ति कौन-सी है? क्या यह कुछ करती है?

पहले जब लोग जीवन से पलायन करना चाहते थे तो वे इसी वस्तु की खोज करते थे। वे समाधिस्थ हो जाते थे, वे अपने शरीर को निश्चल छोड़ देते थे और अन्तर में प्रवेश कर जाते थे; और तब वे पूर्णतया प्रसन्न होते थे। जो संन्यासी जीवित ही भूमिगत हो जाते थे वे इसी प्रकार के थे। वे कहते थे: "अब मैंने अपना कार्य पूरा कर लिया है (वे बड़े सुन्दर वाक्यों का प्रयोग करते थे), मैंने अपना काम समाप्त कर लिया है, मैं अब समाधि में जाता हूं।" और वे जीवित अवस्था में ही जमीन के अन्दर खुद ही समाधि ले लेते थे। वे किसी कमरे या किसी भी स्थान में प्रवेश करते थे और उसे बन्द कर दिया जाता था और बस फिर सब कुछ समाप्त! तब होता यह था : वे समाधि में चले जाते और उनका शरीर कुछ समय बाद स्वभावतः ही विघटित हो जाता, और वे स्वयं शान्ति में निवास करते थे।

किन्तु श्रीअरविन्द कहते हैं कि यह 'नीरवता' शक्तिशाली है।

शक्तिशाली, हां।

हां, तो मैं यह जानना चाहता हूं कि यह ठीक किस रूप में शक्तिशाली

है? कारण, व्यक्ति को ऐसा प्रतीत होता है कि वह एक सनातन काल तक वहां रह सकता है।

एक सनातन काल तक नहीं—'सनातन' काल तक।

... बिना इसके कि वह किसी वस्तु को बदले।

न, क्योंकि इसकी अभिव्यक्ति नहीं हुई है, यह अभिव्यक्ति से बाहर की वस्तु है। किन्तु श्रीअरविन्द यह चाहते हैं कि व्यक्ति उसे यहां, नीचे उतारे। बस यही है बात, कठिनाई यही है। और उसे दुर्बलता को, तथा जो हमें मूढ़ता प्रतीत होती है उसको भी, बल्कि सब कुछ को स्वीकार करना चाहिये। और ऐसा व्यक्ति लाखों में एक भी नहीं होता जिसमें यह सब करने का साहस हो।

पलायन करने के लाखों तरीके हैं। टिके रहने का केवल एक तरीका है, और वह है समस्त दुर्बलताओं के आभास को, असहायता के आभास और अबोध के आभास को, हां, 'सत्य' के निषेध के आभास तक को सचमुच स्वीकारने का साहस और सहनशीलता। पर यदि तुम इसे स्वीकार नहीं करते तो यह कभी नहीं बदलेगा। जो लोग महान्, प्रबुद्ध, बलवान् और शक्तिशाली और ऐसे सब कुछ बने रहना चाहते हैं, उन्हे वहीं टिके रहने दो, वे पृथ्वी के लिए कुछ नहीं कर सकते।

और बोध का यह अभाव एक छोटी-सी वस्तु है (एक बहुत ही छोटी वस्तु, क्योंकि चेतना ऐसी होती है कि वह इससे जरा भी प्रभावित नहीं होती), किन्तु यह न समझने की क्रिया पूरी-पूरी एवं सर्वांगीण है। अर्थात्, जो तुम करते हो उसके कारण तुम अपमान, घृणा का व्यवहार आदि सब स्वीकार कर लेते हो क्योंकि उनके अनुसार (पृथ्वी के "महान् विद्वानों" के अनुसार) तुमने अपनी दिव्यता छोड़ दी है। वे बिलकुल ऐसा तो नहीं कहते; वे कहते हैं : "क्या? तुम कहते हो तुम्हारे पास दिव्य चेतना है, और फिर"... और ऐसा सब लोगों में, सब परिस्थितियों में देखने में आता है। कभी-कभी, एक क्षण के लिए, किसी को एक झलक मिल सकती है, किन्तु ऐसा अपवाद रूप ही होता है, जब कि सब यही कहते

हैं : "ठीक है, अपनी शक्ति दिखाओ।" सर्वत्र ऐसा ही है।

उनके लिए, स्पष्ट ही, पृथ्वी पर दिव्य सत्ता को सर्वशक्तिमान् होना ही चाहिये।

यही बात है : "अपनी शक्ति दिखाओ, संसार को बदलो। और आरम्भ के लिए : जो मैं चाहता हूं वह करो। पहली और सबसे महत्त्वपूर्ण वस्तु है : जो मैं चाहता हूं वह करो, अपनी शक्ति दिखाओ।" हां, तो यही बात वे सदा कहते रहते हैं।

२५.९.१९६५

११३—घृणा एक गुप्त आकर्षण का चिह्न है जो अपने-आपसे दूर भागने के लिए उत्सुक तथा स्वयं अपने ही अस्तित्व को अस्वीकार करने के लिए पागल रहता है। वह भी भगवान् के जीव के अन्दर उनकी ही एक लीला है।

११४—स्वार्थपरायणता ही एकमात्र पाप, नीचता ही एकमात्र अधर्म और घृणा ही एकमात्र अपराध है। अन्य सभी चीजें आसानी से शुभ वस्तुओं में पलटी जा सकती हैं, पर ये तीनों बड़े हठ के साथ देवत्व का विरोध करती हैं।

यह एक प्रकार के स्पन्दन के समान है—उन लोगों से प्राप्त स्पन्दन जो घृणा करते हैं। यह कहा जा सकता है कि यह एक ऐसा स्पन्दन है जो अपने मूल रूप में प्रेम के स्पन्दन के समान ही है। इसकी गहराई में वही वेदन विद्यमान है। यद्यपि ऊपरी तल पर यह उसका विरोधी है, पर इसका आधार वही स्पन्दन है। और यह भी कहा जा सकता है कि तुम उस वस्तु के उतने ही दास हो जिससे घृणा करते हो जितना कि उस वस्तु के जिससे तुम प्रेम करते हो, बल्कि उससे भी अधिक। यह ऐसी वस्तु है जो तुम्हें पकड़ लेती है, तुम्हारे पीछे पड़ जाती है और तुम इसे पोसते रहते

हो, यह एक वेदन है जो तुम्हें प्रिय है, क्योंकि इसकी उग्रता के नीचे आकर्षण की एक ऐसी उष्णता है जो उतनी ही बड़ी है जितनी कि तुम अपने प्रेमपात्र के लिए अनुभव करते हो। और ऐसा प्रतीत होता है कि बाह्य प्रतीति की इस विकृति का कारण केवल अभिव्यक्ति की क्रिया में है अर्थात् बिल्कुल उपरितल पर।

जिससे तुम घृणा करते हो वह तुम्हारे विचारों में, उसकी अपेक्षा जिससे तुम प्रेम करते हो, अधिक रहता है और यह विचार में अधिक रहना इसी आन्तरिक स्पन्दन के कारण होता है।

इन सब "वेदनों" (इन्हें क्या कहा जाये?) में एक प्रकार का स्पन्दन होता है जिसके केन्द्र में एक बड़ी मूलभूत वस्तु होती है, जिस पर मानों तहों-पर-तहें चढ़ी हुई हैं जो उसे छुपाये हुए हैं। उसके ठीक केन्द्र में जो स्पन्दन होता है वह बिलकुल यही होता है और ज्यों ही वह अपनी अभिव्यक्ति के लिए फूल उठता है, त्यों ही वह विकृत हो जाता है। प्रेम के लिए यह बात बिलकुल स्पष्ट है। अधिकतर व्यक्तियों में यह बाहरी हो जाता है, ऐसा जिसका स्वभाव आन्तरिक स्पन्दन से काफी भिन्न होता है, कारण, यह एक ऐसी वस्तु है जो वापिस अपने में सिमट जाती है, कठोर हो जाती है और अधिकार की अहंकारपूर्ण क्रिया के वशीभूत होकर प्रेमपात्र को अपनी ओर खींचना चाहती है। तुम प्रेम पाना *चाहते हो*। तुम कहते हो : "मैं उस व्यक्ति से प्रेम करता हूं," किन्तु साथ ही वह वस्तु जो तुम चाहते हो, वह भावना जिसमें तुम निवास करते हो, यह होती है : "मैं चाहता हूं कि वह भी मुझसे प्रेम करे।" अतः यह एक ऐसी विकृति है जो लगभग उतनी ही बड़ी है जितनी कि घृणा की है, जिसका अर्थ है कि व्यक्ति अपनी प्रेमपात्र वस्तु को नष्ट करना चाहता है जिससे कि वह स्वयं उससे बंधा न रहे। कारण, जो तुम चाहते हो वह तुम्हें अपने प्रेमपात्र से नहीं मिलता तो तुम उसे नष्ट करना चाहते हो ताकि तुम स्वतन्त्र हो जाओ। दूसरी दशा में तुम एक प्रकार के आन्तरिक क्रोध के अधीन होकर अपने-आपको कठोर बना लेते हो, क्योंकि तुम अपने प्रेमपात्र को नहीं पा सकते, उसे आत्मसात् नहीं कर सकते। और सच्ची बात तो यह है कि (माताजी हंसती हैं) गहनतर सत्य के दृष्टिकोण से इनके रूपों में अधिक भेद नहीं है।

केवल तभी जब केन्द्रीय स्पन्दन विशुद्ध रहता है और अपनी प्रारम्भिक विशुद्धता में अपने-आपको अभिव्यक्त करता है, जो तह खुलने जैसा होता है (इसे क्या कहा जाये?... यह एक ऐसी वस्तु है जो अपने-आपको विकीर्ण करती है, एक स्पन्दन है जो गरिमापूर्ण ढंग से विस्तारित होता है; जो पुष्प के समान खिलता है, हां, उज्ज्वल रूप में खिलता है) वह सच्चा रहता है। भौतिक रूप में यह अनूदित होता है आत्म-दान में, आत्म-विस्मृति में, आत्मा की उदारता में। और यही सच्ची क्रिया है। किन्तु जिसे साधारणतया "प्रेम" कहा जाता है वह सच्चे 'प्रेम' के केन्द्रीय स्पन्दन से उतनी ही दूर है जितनी कि घृणा; अन्तर केवल इतना है कि एक सिकुड़ता है, कठोर और ठोस बन जाता है और दूसरा प्रहार करता है। बस इसी से सारा अन्तर होता है।

यह बात विचारों में देखने में नहीं आती, केवल स्पन्दनों में ही देखी जाती है। यह बहुत मनोरंजक है।

अभी पिछले दिनों मैंने इसका कोई कम अध्ययन नहीं किया है। मुझे इन स्पन्दनों को देखने का अवसर प्राप्त हुआ है। बाह्य परिणाम खेदजनक हो सकते हैं, व्यावहारिक दृष्टिकोण से भयावह हो सकते हैं, अर्थात् इस प्रकार का स्पन्दन हानि पहुंचाने और विनाश करने की प्रवृत्ति को उत्साहित करता है; किन्तु गहनतर सत्य के दृष्टिकोण से यह एक ऐसी विकृति नहीं है जो दूसरे से बहुत अधिक बड़ी हो, यह केवल अधिक आक्रामक है—तो भी...

यदि तुम इस अनुभूति का और अधिक, गहनतर अध्ययन करते हो, यदि तुम इस स्पन्दन पर अपने-आपको एकाग्र करते हो तो तुम देखते हो कि यह सृष्टि का आरम्भिक स्पन्दन है, वह स्पन्दन जो विद्यमान वस्तुओं में परिवर्तित और विकृत हुआ है। और तब वहां एक प्रकार की सर्वालिंगी उष्णता भी है (इसे ठीक मधुरता नहीं कहा जा सकता, किन्तु यह होगी एक उग्र प्रकार की मधुरता), एक सर्वालिंगी उष्णता जिसमें मुस्कुराहट भी उतनी ही है जितना कि विषाद—मुस्कुराहट विषाद से कहीं अधिक है...

यह बात विकृति का औचित्य सिद्ध नहीं करती किन्तु सबसे अधिक यह उस चुनाव के विरुद्ध एक प्रतिक्रिया है जिसे मानव मन ने (विशेषतया मानव नैतिकता ने) एक प्रकार की विकृति और एक दूसरे प्रकार की

विकृति के बीच किया है। विकृतियों की एक प्रकार की शृंखला है जिन्हें लोग "बुरा" कहते हैं और एक अन्य शृंखला भी है जिसमें लोग रस लेते हैं, या जिसे लगभग सराहते हैं। पर फिर भी यदि सारतत्त्व की दृष्टि से देखा जाये तो ये विकृतियां दूसरी विकृतियों से कुछ अधिक अच्छी नहीं हैं—यह केवल चुनाव का प्रश्न है।

मूलतः व्यक्ति को पहले केन्द्रीय स्पन्दन को देखना चाहिये और तब उस *अद्वितीय* और अद्‌भुत गुण की प्रशंसा करनी चाहिये ताकि अनायास और सहज भाव में समस्त विकृतियों से दूर रहा जा सके, चाहे जो भी हो, अच्छी विकृतियों से और साथ ही दुष्ट विकृतियों से भी।

हम सदा उसी वस्तु पर आ जाते हैं, समस्या का समाधान एक ही है; वस्तुओं के सत्य को जानना और उससे चिपके रहना,—इस मूलभूत सत्य को, मूलभूत प्रेम के सत्य को प्राप्त करना और उसी से चिपटे रहना।

२५.१२.१९६५

११५—जगत् एक दीर्घ आवर्त्त-दशमलव है और उसका पूर्णांक है ब्रह्म। आवृत्तिकाल प्रारम्भ और समाप्त होता हुआ प्रतीत होता है, पर भग्नांश अनन्त होता है; इसका कभी अन्त नहीं होगा और वास्तव में इसका कोई प्रारम्भ भी नहीं था।

११६—वस्तुओं का 'आदि और अन्त' हमारी अनुभूति को व्यक्त करने वाले लौकिक शब्द हैं; अपने यथार्थ स्वरूप में इन शब्दों में कोई सत्य नहीं है, न तो कहीं आदि है और न कहीं अन्त।

केवल पिछले सप्ताह ही इस अनुभूति का पूरा विकास हुआ।

अपने मूल रूप में यह बात जगतों के लिए वैसी ही है जैसी व्यक्तियों के लिए, जैसी विश्वों के लिए वैसी ही जगतों के लिए। केवल अवधि में अन्तर होता है—एक व्यक्ति, वह छोटा-सा है; एक जगत्, वह जरा बड़ा है; और एक विश्व, वह जरा और अधिक बड़ा है! किन्तु जो कुछ आरम्भ होता है उसका अन्त भी होता है।

फिर भी श्रीअरविन्द कहते हैं कि "न आदि है, न अन्त"।

हमें शब्दों का प्रयोग तो करना ही पड़ता है, किन्तु वास्तविक "वस्तु" छूट जाती है। जो हमारे सामने "सनातन तत्त्व", "सर्वोच्च सत्ता", "भगवान्" के नाम से अनूदित किया गया है उसका न आदि है, न अन्त (हमें यह कहना पड़ता है कि "वह है", किन्तु बात ऐसी नहीं है, क्योंकि यह 'अनभिव्यक्त' और 'अभिव्यक्त' दोनों से ऊपर है; यह एक ऐसी वस्तु है जिसे व्यक्ति 'अभिव्यक्ति' में समझ या देख सकने में असमर्थ है), और इसका न आदि है, न अन्त। किन्तु सतत और सनातन रूप में यह एक ऐसी वस्तु में व्यक्त होता है जिसका आरम्भ भी होता है और अन्त भी। केवल, 'अन्त' होने के दो तरीके हैं, एक विनाश और पूर्ण विलय प्रतीत होता है और दूसरा है रूपान्तर। ऐसा प्रतीत होता है कि जैसे-जैसे 'अभिव्यक्ति' पूर्णातिपूर्ण होती जायेगी, वैसे-वैसे विनाश की आवश्यकता कम होती जायेगी और फिर एक ऐसा क्षण आयेगा जब वह लुप्त हो जायेगी और उसका स्थान विकसनशील रूपान्तर की प्रक्रिया ले लेगी। किन्तु कहने का यह तरीका बिलकुल मानवी और बाह्य है।

मैं शब्दों की अपर्याप्तता को पूरी तरह जानती हूं, किन्तु शब्दों के द्वारा ही तुम्हें वास्तविक वस्तु को पकड़ना है...। मानव-विचार की (और अभिव्यक्ति की तो और भी अधिक) कठिनाई यह है कि शब्दों में आरम्भ की भावना सदा रहती है।

(मौन)

मुझे ऐसी अभिव्यक्ति की अनुभूति हो चुकी है—ऐसा कहा जा सकता है कि एक 'स्पन्दनशील' अभिव्यक्ति की जो फैलती है और सिकुड़ती है, फैलती और सिकुड़ती है... एक ऐसा समय आता है जब यह फैलाव ऐसा होता है, तरलता और नमनीयता एवं परिवर्तन की क्षमता ऐसी होती है कि पुनर्निर्माण के लिए पुनः विलय होने की आवश्यकता नहीं पड़ती; यह एक विकसनशील अभिव्यक्ति होगी। मैं एक गुह्यवेत्ता को जानती थी। वह कहा करता था कि यह विश्व की सातवीं सृष्टि है, छः बार पहले

प्रलय हो चुकी है और यह सृष्टि सातवीं है, किन्तु यह अपना पुनः विलय किये बिना ही अपना रूपान्तर साधित कर सकेगी—पर इस बात का कुछ भी महत्त्व नहीं है, क्योंकि जब व्यक्ति के पास सनातन चेतना होती है तो उसके लिए इस बात का कोई महत्त्व नहीं रहता कि यह ऐसा हो सकता है या वह वैसा हो सकता है। केवल सीमित मानव चेतना में ही, एक अन्तहीन वस्तु के लिए इस प्रकार की महत्त्वाकांक्षा या आवश्यकता होती है, क्योंकि व्यक्ति के अन्दर एक ऐसी वस्तु है जिसे "सनातनता की स्मृति" कहा जा सकता है और सनातनता की यह स्मृति इस बात की अभीप्सा करती है कि अभिव्यक्ति इस सनातनता में भाग ले। किन्तु यदि सनातनता की यह भावना सक्रिय होती है एवं विद्यमान रहती है तो व्यक्ति को खेद नहीं होता; मैले-कुचैले कपड़ों को त्याग देने में उसे खेद नहीं होता—उसे वे कपड़े पसन्द हो सकते हैं, पर वह उनके लिए रोता-धोता नहीं! यहां भी यही बात है। यदि एक विश्व लुप्त हो जाये तो इसका अर्थ यह होगा कि वह अपना कार्य पूरी तरह पूरा कर चुका है, वह अपनी सम्भावनाओं के अन्तिम छोर तक पहुंच गया है और अब उसके स्थान पर दूसरे को आना चाहिये।

मैंने पूरे मोड़ का अनुसरण किया है। जब तुम अपनी चेतना और विकास में बच्चे होते हो, तुम्हें इस बात की अत्यधिक आवश्यकता अनुभव होती है कि पृथ्वी को लुप्त नहीं होना चाहिये, उसे सदा बने रहना चाहिये (जितना भी हो सके रूपान्तर अवश्य हो, किन्तु पृथ्वी सदा बनी रहे)। कुछ समय बाद जब व्यक्ति जरा परिपक्व अवस्था को प्राप्त कर लेता है, तब वह इसे बहुत कम महत्त्व देता है। और जब वह सनातनता की भावना के साथ सतत सम्पर्क प्राप्त कर लेता है, तो केवल चुनाव का प्रश्न बाकी रह जाता है। वह अब आवश्यकता नहीं रहती, क्योंकि यह एक ऐसी वस्तु है जो सक्रिय चेतना पर कोई प्रभाव नहीं डालती। कुछ दिन पहले (मुझे याद नहीं कब, पर अभी हाल में ही), पूरी सवेरे मैं इसी 'चेतना' में बनी रही और मैंने सत्ता के विकास के मोड़ पर देखा कि इस प्रकार की आवश्यकता ने (जो बहुत गहरे पैठी आवश्यकता प्रतीत होती थी), पृथ्वी के जीवन को लम्बा करने की आवश्यकता ने—पृथ्वी के जीवन को असीम रूप से लम्बा करने की आवश्यकता ने—मूर्त रूप

धारण कर लिया है। अब वह इतनी गहरे पैठी नहीं रही; यह मानों ऐसा हुआ कि व्यक्ति किसी दृश्य को देखकर अपना निर्णय देता है कि इसे ऐसा होना चाहिये या वैसा होना चाहिये...। दृष्टिकोण के परिवर्तन के रूप में यह बात मनोरंजक है।

यह एक कलाकार के समान है, किन्तु एक ऐसा कलाकार जो अपना निर्माण कर रहा था और जो, एक प्रयोग, दो प्रयोग, तीन प्रयोग बल्कि जितने प्रयोगों की आवश्यकता पड़ी उतने प्रयोग कर रहा था, तब वह एक ऐसी वस्तु पर पहुंचा जो अपने-आपमें पर्याप्त रूप में पूर्ण होने के साथ-साथ इतनी ग्रहणशील भी है कि अपने-आपको नयी अभिव्यक्तियों तथा इन नयी अभिव्यक्तियों की आवश्यकताओं के अनुकूल इस ढंग से बना सके कि प्रत्येक वस्तु को पीछे हटाना, फिर मिला-जुला देना और पुनः उत्पन्न करना आवश्यक नहीं होगा। किन्तु यह बात बस इतनी ही है और जैसा कि मैंने कहा है, यह प्रश्न चुनाव का है। अभिव्यक्ति बाह्यीकरण के आनन्द के लिए की गयी है, है न?—आनन्द या रुचि या... जो कुछ भी हो... और जब निर्मित वस्तु पर्याप्त रूप में नमनीय, पर्याप्त रूप में ग्रहणशील, पर्याप्त रूप में लचीली और पर्याप्त रूप में व्यापक होती है ताकि उसमें इतनी क्षमता हो कि अभिव्यक्त होती हुई नयी शक्तियां उसे सदा ढालती रहें, तब प्रत्येक वस्तु का पुनः निर्माण करने के लिए प्रत्येक वस्तु को नष्ट करने की आवश्यकता नहीं होगी।

यह मोड़ एक पुरानी कहावत के साथ सामने आया था : "जो आरम्भ होता है उसका अन्त भी होगा"—यह मुझे मनुष्य की उन मानसिक रचनाओं में से एक रचना प्रतीत होती है जो आवश्यक रूप से सच्ची नहीं होती किन्तु आन्तरिक रूप से मनोरंजक बात यह है कि ज्यों ही तुम इसे एक उच्चतर दृष्टिकोण से (अथवा सच पूछो तो, एक अधिक केन्द्रीय दृष्टिकोण से) देखते हो तो इस समस्या की तीक्ष्णता समाप्त हो जाती है।

ऐसा प्रतीत होता है कि यह वही... सिद्धान्त नहीं, क्योंकि यह सिद्धान्त नहीं है—एक नियम है जो व्यक्ति पर भी लागू होता है जैसे जगतों एवं विश्वों पर लागू होता है।

(लम्बा मौन)

ज्यों ही तुम व्यक्त करने की चेष्टा करते हो (माताजी विपर्यय का संकेत करती हैं) सब कुछ मिथ्या हो जाता है... मैं चेतना के साथ, 'सर्व' के साथ सम्बन्ध के अनुभव को देख रही थी; 'सर्व' के साथ मानव सत्ता के सम्बन्ध के; 'सर्व' के साथ पृथ्वी के (पृथ्वी की चेतना के) सम्बन्ध के; 'सर्व' के साथ अभिव्यक्त विश्व की चेतना के सम्बन्ध के; 'सर्व' के साथ उस चेतना के सम्बन्ध के जो विश्व पर—समस्त विश्वों पर—आधिपत्य रखती है; और यह अवर्णनीय तथ्य कि चेतना का प्रत्येक बिन्दु (एक ऐसा बिन्दु जो स्थान नहीं घेरता), चेतना का प्रत्येक ऐसा बिन्दु *समस्त* को अनुभव कर सकता है... यह कहना बहुत कठिन है।

यह कहा जा सकता है कि केवल सीमाएं ही भेदों को उत्पन्न करती हैं—काल के भेद, देश के भेद, आयाम के भेद, सामर्थ्य के भेद। केवल सीमाएं ही ऐसा करती हैं। ज्यों ही चेतना अभिव्यक्ति के किसी स्थल पर अपनी सीमाओं का त्याग कर देती है, अभिव्यक्ति का आयाम कुछ भी हो (हां, अभिव्यक्ति के आयाम का बिलकुल महत्त्व नहीं), अभिव्यक्ति के किसी भी स्थल पर, यदि व्यक्ति सीमाओं के बाहर आ जाता है, तो "वही" एक चेतना होती है।

इस दृष्टिकोण से देखने के बाद यह कहा जा सकता है कि सीमाओं की स्वीकृति ने ही अभिव्यक्ति को सम्भव बनाया है। अभिव्यक्ति की सम्भावना सीमा की भावना को स्वीकार करने के साथ आयी... इसे व्यक्त कर सकना असम्भव है। ज्यों ही व्यक्ति बात करना आरम्भ करता है, उसे सदा एक ऐसी वस्तु का भान होता है जो ऐसा करती है (विपर्यय का वही संकेत), एक प्रकार का झुकाव, और तब यह समाप्त हो जाता है, मूल वस्तु चली जाती है। तब दार्शनिक भाव आगे आकर कहता है: "तुम ऐसा कह सकते हो, वैसा कह सकते हो...!" यदि शब्दों का प्रयोग किया जाये तो प्रत्येक बिन्दु में 'असीम' और 'सनातन' की चेतना निहित है (ये शब्द हैं, मात्र शब्द)। किन्तु अनुभूति की सम्भावना वहां होती है। यह एक प्रकार से देश की सीमा से बाहर निकल आना है...। यह कहना मजेदार हो सकता है कि पत्थर में भी, बल्कि... हां, निश्चय ही जल में भी, और आग में भी अवश्य ही *उसी* चेतना की शक्ति विद्यमान है—हां, चेतना (जो भी शब्द हम प्रयुक्त करते हैं वे मूर्खतापूर्ण हैं!) मूल, सार,

आद्य (इस सबका कुछ अर्थ नहीं है), सनातन, असीम...। इसका कुछ अर्थ नहीं है, यह मुझे उस धूल का आभास देता है जो कांच पर इसलिए डाल दी जाती है जिससे वह पारदर्शक न रहे।... अन्त में, निष्कर्ष के रूप में, उस अनुभूति में निवास कर चुकने के बाद (उन दिनों यह अनुभव मुझे बार-बार हुआ था, वहां यह सर्वोच्च स्थिति पर रहा, सब वस्तुओं, कार्यों, क्रियाओं आदि के होते हुए भी इसी का वहां सब पर आधिपत्य रहा), किसी भी विधि के प्रति समस्त आसक्ति, उन विधियों के प्रति जिन्होंने युगों से लोगों को चलाया है, मुझे एक बचकानापन लगता है। और फिर भी, यह केवल एक चुनाव ही तो है : तुम यह चुन सकते हो कि यह ऐसा हो या वैसा हो, या वैसा हो; तुम यह या यह या वह कह सकते हो—मेरे बच्चो, अपना मनोरंजन करो... यदि इससे तुम्हारा मनोरंजन होता हो तो।

किन्तु यह निश्चित है—सर्वसामान्य के काम में आने वाला अवलोकन है यह—यह निश्चित है कि मानव मन को कार्य करने की प्रेरणा पाने के लिए एक घर बनाने की आवश्यकता है—थोड़ा-बहुत बड़ा, थोड़ा-बहुत पूर्ण, थोड़ा-बहुत नमनीय—किन्तु उसे एक निवास स्थान की आवश्यकता है। केवल (माताजी हंसती हैं) बात यही नहीं है! यह सब कुछ को मिथ्या बना देता है!

और अनोखी बात यह है—हां, अनोखी बात यह है—कि बाह्य रूप से व्यक्ति यन्त्रवत् जीवन के कुछ ढर्रों के अनुसार रहता चला जाता है, जो अब तुम्हें आवश्यक प्रतीत नहीं होते, न ही जिनमें आदत तक की शक्ति रहती है, और जिन्हें तुमने प्रायः यन्त्रवत् ही स्वीकार कर लिया है एवं जीवन में उतार लिया है और इसके साथ यह भावना रहती है—एक प्रकार की भावना, अथवा वेदन, किन्तु यह न भावना है, न वेदन, यह एक प्रकार का बहुत सूक्ष्म बोध है—कि 'कोई वस्तु' जो अवर्णनीय रूप से विशाल है उसे चाहती है। मैं कहती हूं उसे "चाहती है" या मैं कहती हूं उसे "चुनती है", किन्तु वस्तुतः यह उसके लिए "संकल्प करती है"। यह एक ऐसा संकल्प है जो मानव-संकल्प के अनुसार कार्य नहीं करता, बल्कि जो उसके लिए संकल्प करता है—जो उसे चाहता है, या उसे देखता है या उसके बारे में निश्चय करता है। और प्रत्येक वस्तु में यह

प्रकाशमय, स्वर्णिम और अनिवार्य स्पन्दन विद्यमान है... जो आवश्यक रूप में सर्वशक्तिमान् है। और यह 'निश्चय' के पूर्ण सुख की पृष्ठभूमि प्रदान करता है जो एक सदय और विनोदपूर्ण मुस्कराहट के द्वारा चेतना में जरा और नीचे अपने-आपको अनूदित करता है।

आगे जाकर श्रीअरविन्द उन जगतों की चर्चा करते हैं जिनका न आदि है, न अन्त, और वे कहते हैं कि उनकी उत्पत्ति और उनका नाश "हमारी बाह्य चेतना के साथ आंख-मिचौली का खेल है"...[1]

यह निश्चय ही उस वस्तु को कहने का, जिसे मैंने अभी कहा है, एक बहुत सुन्दर ढंग है।

मैं पूछना यह चाहता था कि क्या "दूसरे पार्श्व" से स्थूल जगत् को स्पष्ट रूप से देखा जाता है या वह सब वाष्प बनकर उड़ जाता है?

यह भी इन पिछले दिनों का एक अनुभव है। यह मुझे एक सुनिश्चित और पूर्ण ढंग से प्राप्त हुआ था (यद्यपि, इसे व्यक्त करना बहुत कठिन है) कि भौतिक जगत् की, जैसा कि वह आज है, यह तथाकथित "भ्रान्ति" अनिवार्य थी; अर्थात् देखने के, वस्तुओं के प्रति सचेतन होने के स्थूल ढंग या स्थूल विधि पर इस सृष्टि की "भ्रान्ति" ने विजय प्राप्त कर ली और उसके बिना इसका अस्तित्व न होता। और न ही यह एक ऐसी वस्तु है जो सच्ची चेतना की प्राप्ति के बाद असत् में विलीन हो जायेगी—यह वह वस्तु है जो एक विशेष ढंग से आकर *जुड़ जाती* है, और यह पहले अनुभव की गयी थी और हम इसी वस्तु में उस समय अपनी मूल चेतना में निवास कर चुके थे।

[१] सूत्र संख्या ११७—"न तो यह ठीक है कि मैं पहले कभी नहीं था या तू नहीं था या ये राजा नहीं थे और न ऐसा ही है कि हम सब इसके बाद नहीं रहेंगे।" केवल ब्रह्म ही नहीं, वरन् ब्रह्म में विद्यमान सभी जीव और वस्तुएं नित्य है; उनका सृजन और संहार तो हमारी बाहरी चेतना के साथ खेला जाने वाला आंख-मिचौली का खेल है।

यह मानों इस सृष्टि का औचित्य सिद्ध करना हुआ जिसने एक विशेष प्रकार के बोध को सम्भव बना दिया है—जिसके लिए बाह्यीकरण में ये शब्द—"स्पष्टता", "यथार्थता" प्रयुक्त हो सकते हैं—जिसका इसके बिना अस्तित्व ही न होता। कारण, उस समय जब यह 'चेतना'—पूर्ण 'चेतना', सच्ची 'चेतना', *एकमात्र* 'चेतना'—वहां वर्तमान थी, केवल वही वहां थी, बस वही विद्यमान थी, और कुछ नहीं था, तब यह कहा जा सकता है कि एक प्रकार के स्पन्दन के रूप में वहां एक वस्तु थी, एक ऐसा स्पन्दन जिसमें स्पष्टता एवं बाह्य यथार्थता थी, जिसका अस्तित्व इस सृष्टि के बाह्य रूप के बिना नहीं टिका रह सकता था...। हां, तो यह बड़ा-सा "क्यों?" वहां सदा उपस्थित रहा है—यह बड़ा "ऐसा क्यों, यह सब क्यों?", जिसका परिणाम होता है वह सब जो मानव चेतना में दुःख-कष्ट, बेबसी, और सामान्य चेतना की सभी भयंकरताओं के रूपों में व्यक्त होता है—क्यों? यह क्यों? और तब इसका उत्तर यों था: सच्ची चेतना में एक प्रकार का स्पन्दन होता है जो बाह्यीकरण में स्पष्ट, यथार्थ एवं प्रत्यक्ष होता है, जो उसके बिना अपना अस्तित्व नहीं रख सकता, जिसे अपने-आपको अभिव्यक्त करने का अवसर ही न मिलता। यह निश्चित है। यही उत्तर है—"क्यों" को दिया गया सबसे अधिक शक्तिशाली उत्तर।

यह स्पष्ट है—बिलकुल स्पष्ट है—कि जो कुछ हमारे लिए विकास, एक विकसनशील अभिव्यक्ति के रूप में अनूदित होता है वह हमारी परिचित स्थूल अभिव्यक्ति का नियम मात्र नहीं है, वरन् सनातन 'अभिव्यक्ति' का मूल सिद्धान्त है। यदि तुम नीचे, पार्थिव विचार के स्तर तक फिर से उतरना चाहते हो तो कह सकते हो कि बिना विकास के अभिव्यक्ति ही नहीं होती। किन्तु *हम* जिसे 'विकास' कहते हैं, जो हमारी चेतना के लिए "विकास" है, वह वहां ऊपर है... यह कुछ भी हो सकता है, एक आवश्यकता, जो भी उसे कहना चाहो—यह एक प्रकार का पूर्ण तत्त्व है जिसे हम नहीं समझते, सत्ता का पूर्ण तत्त्व: यह 'ऐसा' है, क्योंकि यह 'ऐसा' है। बस यही। किन्तु हमारी चेतना के लिए, यह अधिकाधिक, और अच्छे-से-अच्छा होता है (ये शब्द मूर्खतापूर्ण हैं), हमें इसका अधिकाधिक पूर्ण और अच्छे रूप में आभास मिलता है। यही अभिव्यक्ति का मूल सिद्धान्त है।

मुझे एक ऐसी अनुभूति भी हुई जो आयी तो क्षणिक रूप में थी पर

इतनी यथार्थ थी कि मैं कह सकती हूं (बहुत बुरे ढंग से)—मैं 'अनभिव्यक्ति' के "रस" के विषय में कहने लगी थी—कि 'अभिव्यक्ति' के कारण अनभिव्यक्ति में एक विशेष रस होता है।

ये सब शब्द मात्र हैं, किन्तु हमारे पास भी तो यही कुछ है। शायद एक दिन हमारे पास कुछ ऐसे शब्द और एक ऐसी भाषा होगी जो इन वस्तुओं को ठीक ढंग से व्यक्त कर *सकेगी*, यह सम्भव है, किन्तु यह होगा सदा एक अनुवाद ही।

यहां एक स्तर है (छाती जितनी ऊंचाई की ओर संकेत करती हैं), जहां कोई वस्तु शब्दों, प्रतीकों, वाक्यों के साथ इस प्रकार (झिलमिलाने और लहराने की भंगिमा) खेल करती है और यह सुन्दर प्रतिमूर्तियां गढ़ती है। यह परम वस्तु के साथ सम्पर्क स्थापित करने की शक्ति रखती है। शायद अधिक बड़ी (कम-से-कम इतनी बड़ी या शायद इससे बड़ी) यहां से (माथे जितनी ऊंचाई का संकेत करती हैं) अधिक बड़ी दार्शनिक अभिव्यक्ति ("दार्शनिक" शब्द का प्रयोग, बात कहने का एक ढंग है) : प्रतिमूर्तियां। दूसरे शब्दों में, कविता। यहां इस अवर्णनीय स्पन्दन के प्रति प्राय: अधिक सीधी पहुंच होती है। यहां मैं श्रीअरविन्द की भावाभिव्यक्ति को उसके कवितामय रूप में देखती हूं, इसका एक अपना आकर्षण है, सरलता है—सरलता और मधुरता और पैठ जाने वाला आकर्षण—जो तुम्हें मस्तिष्क की सभी वस्तुओं की अपेक्षा अधिक घनिष्ठ रूप में सीधे सम्पर्क में ले आता है।

> *जब व्यक्ति इस सनातन चेतना में निवास करता है, तब शरीर का होना या न होना, इससे कुछ अधिक अन्तर नहीं पड़ता, किन्तु जब व्यक्ति तथाकथित रूप में "मर" जाता है, तो क्या भौतिक जगत् का बोध स्पष्ट और यथार्थ रहता है या वह वैसा ही अस्पष्ट और अयथार्थ हो जाता है जैसा कि दूसरे जगतों की चेतना तब हो सकती है जब कि वह इस ओर, अर्थात्, इस लोक में होता है? श्रीअरविन्द आंख-मिचौली के खेल की चर्चा करते हैं। किन्तु आंख-मिचौली का खेल मनोरंजक तब होता है यदि सत्ता की एक अवस्था दूसरी अवस्थाओं की चेतना को दूर न हटा दे।*

कल या परसों, सारे दिन ही, प्रातःकाल से सांयकाल तक कोई वस्तु मुझसे कहती रही : "मैं हूं, मैं पृथ्वी पर मृत्यु की चेतना हूं, या वह चेतना मेरे पास है।" मैं इसे शब्दों में अनूदित करती हूं किन्तु मानों मुझसे ऐसा कहा गया था : "पृथ्वी और भौतिक वस्तुओं के सम्बन्ध में मृत व्यक्ति की यही चेतना होती है...। मैं वह मृत व्यक्ति हूं जो पृथ्वी पर रहता है।" चेतना की स्थिति के अनुसार (क्योंकि चेतना अपनी स्थिति सदा बदलती रहती है), चेतना की स्थिति के अनुसार यह बात यों थी : "इसी प्रकार मृत व्यक्तियों का पृथ्वी के साथ सम्बन्ध है।" फिर : "मैं पूर्णतया उस मृत व्यक्ति के समान हूं जिसका पृथ्वी के साथ सम्बन्ध है।" फिर : "मैं एक मृत व्यक्ति के समान रहती हूं जो पृथ्वी की चेतना में रहता है।" और फिर : "मैं एकदम उस मृत व्यक्ति के समान हूं जो पृथ्वी पर रहता है"... आदि-आदि। मैं अपना काम करती रही, सदा की भांति बोलती और कार्य करती रही। किन्तु बहुत दिनों से ऐसा चल रहा है, बहुत समय से, दो वर्ष से अधिक समय से मैं जगत् को इस प्रकार देख रही थी (ऊपर की ओर संकेत, एक स्तर से दूसरे स्तर की ओर), और अब मैं इसे इस प्रकार देखती हूं (नीचे की ओर संकेत)। मैं नहीं जानती कि इसे कैसे समझाऊं, क्योंकि इसमें मन की कोई चीज नहीं है, और मानस भाव से रहित वेदनों में कोई ऐसी अस्पष्ट-सी वस्तु होती है जिसकी परिभाषा करना कठिन है। किन्तु शब्द और विचार कुछ दूरी पर थे (मस्तिष्क के चारों ओर संकेत करती हैं), एक ऐसी वस्तु के समान जो देखती है और परखती है, अर्थात्, जो वही कहती है जो वह देखती है—वह वस्तु जो आस-पास होती है। और मुझे आज दो-तीन बार यह अनुभूति बड़े सबल रूप में हुई (मेरा मतलब यह है कि यह अवस्था समूची चेतना पर छायी रही—यह एक आभास था या वेदन का बोध—किन्तु यह ऐसा कुछ है नहीं) : मैं एक मृत व्यक्ति हूं जो पृथ्वी पर रहता है।

इसकी व्याख्या कैसे की जाये?

और इसीलिए, उदाहरणार्थ, जहां तक दृष्टि का सवाल है, बाह्य यथार्थता का वहां अभाव होता है (माताजी आंखों से न देखने का संकेत करती हैं)। मैं चेतना से होकर और उसके द्वारा देखती हूं। सुनने का भी मेरा ढंग बिलकुल दूसरा है। यहां एक प्रकार की "विभेद की क्रिया" होती है

(यह "विवेक" नहीं होता), एक ऐसी वस्तु जो बोध में चुनाव करती है, ऐसी वस्तु जो निर्णय करती है (निर्णय करती है, किन्तु यन्त्रवत् नहीं) कि क्या सुना गया है और क्या नहीं सुना गया, क्या देखा गया है और क्या नहीं देखा गया। देखने में तो यह पहले से ही है पर सुनने में यह और भी सबल होती है: किन्हीं वस्तुओं के लिए व्यक्ति केवल एक लगातार होती हुई भनभनाहट ही सुनता है, जब कि कुछ वस्तुओं को वह स्फटिक के समान स्पष्ट रूप में सुनता है; कुछ बड़ी अस्पष्ट-सी होती हैं, मुश्किल से ही सुनायी देती हैं। देखने के साथ भी यही है; मानों सब कुछ एक चमकदार कोहरे के पीछे स्थित हो (अत्यन्त चमकदार, किन्तु है वह एक कोहरा ही, दूसरे शब्दों में, वहां यथार्थता का अभाव है), और फिर अचानक ही एक पूर्णतया यथार्थ एवं स्पष्ट वस्तु सामने आ जाती है, छोटी-छोटी बारीकियों का भी असाधारण रूप से यथार्थ ज्ञान प्राप्त हो जाता है। सामान्यतया, यह अन्तर्दर्शन वस्तुओं में स्थित चेतना की अभिव्यक्ति होता है, अर्थात्, प्रत्येक वस्तु अधिकाधिक अन्तरीय प्रतीत होने लगती है, और कम-से-कम बाह्य...। और ये वे अन्तर्दर्शन नहीं होते जो दृष्टि पर थोपे जाते हैं, न ही वह शोरगुल होता है जो सुनने की क्रिया पर लादा जाता है, यह चेतना की एक प्रकार की क्रिया होती है जो किन्हीं वस्तुओं को देखने योग्य बना देती है और किन्हीं वस्तुओं से एक अतीव धुंधली पृष्ठभूमि का काम लेती है।

चेतना वही चुनती है जिसे वह देखना चाहती है।

यहां व्यक्तिगत कुछ नहीं है—कोई भी वस्तु व्यक्तिगत नहीं। स्पष्ट ही, यहां चुनाव एवं निर्णय की भावना विद्यमान है, किन्तु व्यक्तिगत चुनाव एवं निर्णय का आभास यहां नहीं मिलता—इसके अतिरिक्त, "व्यक्तिगत" वस्तु एक ऐसी आवश्यकता का रूप धारण कर लेती है जो इसे (माताजी अपने हाथों को छूती हैं) हस्तक्षेप करने के लिए प्रेरित करती है। अब खाने की क्रिया को लो, यह एक बड़ी अजीब क्रिया है—बहुत ही अजीब...। यहां ऐसा होता है मानों कोई शरीर की सहायता कर रहा हो (जो कि एक बड़ी यथार्थ और सुनिश्चित वस्तु भी नहीं है, बल्कि कई वस्तुओं से बनाया

गया एक संघात है जो संघटित हो गया है), और तब जो घटता है... उसकी वह सहायता करता है! नहीं, सचमुच यह एक बड़ी अजीब-सी स्थिति है। आज यह बड़ी शक्तिशाली थी, पूरी चेतना पर इसका आधिपत्य था। साथ ही कुछ ऐसे क्षण होते हैं जब कि व्यक्ति को यह अनुभव होता है कि एक बड़ी तुच्छ-सी बात सम्पर्क को छिन्न-भिन्न कर देती है (गांठ खोलने का संकेत, मानों शरीर के साथ का बन्धन टूट गया हो), और जब व्यक्ति अत्यधिक अविचल और अत्यधिक उदासीन—हां, उदासीन—रहे तभी यह सम्बन्ध बना रह सकता है।

इन अनुभूतियों के पहले सदा व्यक्ति को भागवत उपस्थिति के साथ एक बड़ी अन्तरंग और अन्तर्मुखी निकटता का अनुभव होता है, इस सुझाव के सहित : "क्या तुम किसी भी बात के लिए तैयार हो?" स्वभावतया मैं कहती हूं : "किसी भी बात के लिए।" और वह 'उपस्थिति' इतने चमत्कारिक रूप से तीव्र हो जाती है कि समूची सत्ता में एक प्रकार की प्यास-सी जाग उठती है, कि वह सदा उपस्थित रहे! तब केवल उसी का अस्तित्व रहता है, केवल उसी वस्तु के अस्तित्व का हेतु है। इस सबके दौरान सुझाव आता है : "क्या तुम किसी भी बात के लिए तैयार हो?"

मैं शरीर की बात कर रही हूं। यहां आन्तरिक सत्ताओं का प्रश्न नहीं है, प्रश्न है शरीर का।

और शरीर सदा 'हां' कहता है, वह ऐसा करता है (आत्मदान का संकेत) : न यहां चुनाव होता है, न कोई पसन्द, अभीप्सा भी नहीं, एक पूर्ण, पूर्ण आत्मदान। और तब मुझे इन वस्तुओं की अनुभूति होती है; कल सारा दिन ऐसा अनुभव हुआ : "एक मृत व्यक्ति पृथ्वी पर रह रहा है।" इसके साथ एक बोध था (जो बहुत सशक्त तो नहीं, पर पर्याप्त मात्रा में स्पष्ट अवश्य था), यह जीवन के ढंग-सम्बन्धी उस बड़े अन्तर को दर्शाता था जो मेरे और दूसरों, सभी दूसरों के बीच था। यह अभी बहुत अधिक सुनियत नहीं है, न ही सुनिश्चित एवं यथार्थ है, किन्तु यह बहुत स्पष्ट है—बहुत अधिक स्पष्ट, इसे बड़ी स्पष्टता से देखा जा सकता है। यह जीवन को जीने का एक अन्य ढंग है।

किसी में यह कहने की प्रवृत्ति हो सकती है कि चेतना के दृष्टिकोण

से यह कोई प्राप्ति नहीं है, क्योंकि वस्तुएं लुप्त हो जाती हैं। मुझे पता नहीं, क्या यह एक प्राप्ति है?

यह केवल एक संक्रमण-काल ही हो सकता है। यह संक्रमणकालीन अवस्था है।

चेतना के दृष्टिकोण से यह एक बहुत भारी प्राप्ति है! कारण, बाह्य वस्तुओं की समस्त दासता, उनके साथ समस्त बन्धन समाप्त हो जाते हैं, बिलकुल छूट जाते हैं—हां, बिलकुल छूट जाते हैं और पूर्ण स्वतन्त्रता प्राप्त हो जाती है। दूसरे शब्दों में, केवल 'वे' ही रह जाते हैं, सर्वोच्च स्वामी, जो प्रभु हैं। इस दृष्टिकोण से यह प्राप्ति के सिवाय और कुछ नहीं हो सकता। यह एक इतनी मौलिक उपलब्धि है...। यह स्वतन्त्रता की चरम पूर्णता प्रतीत होती है, एक ऐसी वस्तु जिसे चरितार्थ करना व्यक्ति के लिए पृथ्वी पर सामान्य जीवन व्यतीत करते हुए असम्भव माना जाता है।

यह पूर्ण स्वतन्त्रता की अनुभूति के समान है जिसे व्यक्ति तब अपनी सत्ता के उच्चतर भागों में प्राप्त करता है जब वह शरीर पर निर्भर नहीं होता। किन्तु जो बात विशेष महत्त्वपूर्ण है, वह यह है (मैं इस पर जोर दे रही हूं), यह शरीर की चेतना है जो इन अनुभवों को प्राप्त करती है, और यह एक शरीर ही है जो अभी तक दृश्य रूप में यहां है।

स्पष्ट ही, यहां वैसा और कुछ नहीं है जो मानवी सत्ताओं को "जीवन में भरोसा प्रदान करता है। ऐसा प्रतीत होता है कि बाह्य जगत् से कोई भी सहारा नहीं रहा, कुछ भी नहीं... सिवा सर्वोच्च 'संकल्प' के। यदि इसे सामान्य शब्दों में अनूदित किया जाये तो, हां, तो शरीर में जीवित होने की भावना सिर्फ इसलिए होती है क्योंकि सर्वोच्च प्रभु चाहते हैं कि वह जीवित रहे, अन्यथा वह जीवित नहीं रह सकता था।

हां, किन्तु मुझे ऐसा प्रतीत होता है कि पूर्णता की अवस्था के अन्तर्गत सब कुछ आ जाना चाहिये, अर्थात्, व्यक्ति सर्वोच्च अवस्था में निवास कर सकता है और यह सत्ता भौतिक अवस्था को समाप्त नहीं कर देती।

किन्तु वह उसे समाप्त नहीं करती!

किन्तु आप फिर भी कहती हैं कि यह "दूर" है, यह "पर्दे के पीछे" है, कि इसमें इस दूसरी अवस्था की यथार्थता और स्पष्टता का अभाव है।

यह, यह विशुद्ध रूप से एक मानवी और ऊपरी बोध है। मुझमें यह भावना जरा भी नहीं है कि मैंने कुछ खो दिया है, इसके विपरीत, मैं यह समझती हूं कि यह अवस्था उस अवस्था से अधिक ऊंची है जिसमें मैं पहले थी।

भौतिक दृष्टिकोण से भी?

जो कुछ प्रभु चाहते हैं वही होता है—बस, इतना ही; बात यहीं आरम्भ होती है और यहीं समाप्त हो जाती है।

यदि उन्होंने मुझसे कहा...। जो कुछ वे चाहते हैं कि शरीर को करना है वह कर सकता है, वह अब और भौतिक नियमों पर निर्भर नहीं करता।

जो कुछ 'वे' देखना चाहते हैं वही देखते हैं, जो कुछ 'वे' सुनना चाहते हैं वही सुनते हैं।

निःसन्देह।

और जब 'वे' भौतिक रूप में देखना या सुनना चाहते हैं, तो 'वे' पूर्ण रूप से देखते और सुनते हैं।

हां, पूर्णरूप से। ऐसे क्षण भी होते हैं जब दृष्टि इतनी यथार्थ होती है जितनी कि वह पहले कभी नहीं थी। किन्तु यह क्षणिक होता है; आता है, चला जाता है। कारण, यह शायद केवल उस बात के आश्वासन के समान होती है जो आगे आनेवाली है। किन्तु उदाहरणार्थ, लोगों के आन्तरिक सत्य का बोध (वह नहीं जिसके अस्तित्व पर वे विश्वास करते हैं, न ही

वह जो वह होने का दावा करते हैं या जो वे प्रतीत होते हैं—यह सब समाप्त हो जाता है), किन्तु उनके आन्तरिक सत्य का बोध असीम रूप से पहले से अधिक यथार्थ होता है। उदाहरणार्थ, मैं एक छायाचित्र देखती हूं। यहां किसी वस्तु के "माध्यम" से देखने का प्रश्न नहीं होता; मैं प्रायः एकमात्र वही देखती हूं जो कि यह व्यक्ति है। "माध्यम" इस हद तक क्षीण हो जाता है कि कभी-कभी उसका अस्तित्व ही नहीं रहता।

स्वभावतया, यदि मानव संकल्प इस शरीर पर अपना प्रभाव जताना चाहे, यदि मानव संकल्प यह कहे : "माताजी को यह करना चाहिये, या माताजी को वह करना चाहिये या उन्हें यह कर सकना चाहिये, उन्हें वह कर सकना चाहिये..." तो उसे पूरी तरह निराशा मिलेगी। वह कहेगा : "वे अब किसी काम की नहीं," क्योंकि शरीर उनकी आज्ञा नहीं मानेगा...। और मनुष्य लगातार अपनी इच्छाएं एक-दूसरे के ऊपर लादते रहते हैं, या मनुष्य स्वयं ऐसे सुझाव ग्रहण करता है और उन्हें अपनी इच्छाओं के रूप में व्यक्त करता है, बिना यह देखे कि यह सब बाह्य 'मिथ्यात्व' है।

(मौन)

शरीर में एक प्रकार की निश्चयता है कि चाहे कुछ सेकेण्डों के लिए ही यदि मैं सर्वोच्च सत्ता के साथ अपने सम्पर्क को खो दूं ('मैं' का अर्थ यहां शरीर है) तो वह तत्काल मर जायेगा। केवल सर्वोच्च सत्ता ही इसे जीवित रखती है। ऐसा ही है। तो, स्वभावतया, मनुष्यों की अज्ञानमयी और मूर्खतापूर्ण चेतना के लिए यह एक बड़ी दयनीय अवस्था है—मेरे लिए यही सच्ची अवस्था है! कारण, उनके लिए सहज और स्वाभाविक रूप में, बल्कि यूं कहना चाहिये, एक पूर्ण रूप में, पूर्णता का चिह्न जीवन की शक्ति है, सामान्य जीवन की,... हां, तो वह अब है ही नहीं—वह पूर्णतया लुप्त हो गयी है।

हां, कई बार, अनेक बार शरीर ने यह प्रश्न किया है : "मैं 'तुम्हारी शक्ति' और 'तुम्हारा बल' अपने अन्दर क्यों नहीं अनुभव करता?" और उत्तर, सदा मुस्कुराहट से भरा उत्तर यह होता था (यह शब्दों की सहायता से अनूदित किया जाता है किन्तु वह शब्दों के रूप में प्राप्त नहीं होता),

उत्तर सदा यह होता है : "धीरज रखो, धीरज, ऐसा होने के लिए तुम्हें "तैयार" होना होगा।"

४ और ९ मार्च, १९६६

११७—"न तो यह ठीक है कि मैं पहले कभी नहीं था या तू नहीं था या ये राजा नहीं थे और न ऐसा ही है कि हम सब इसके बाद नहीं रहेंगे।" केवल ब्रह्म ही नहीं, वरन् ब्रह्म में विद्यमान सभी जीव और वस्तुएं नित्य हैं। उनका सृजन और संहार तो हमारी बाहरी चेतना के साथ खेला जानेवाला आंख-मिचौली का खेल है।

११८—एकान्तवास का प्रेम इस बात का लक्षण है कि तुममें ज्ञान की ओर प्रवृत्ति है; परन्तु स्वयं ज्ञान तभी प्राप्त होता है जब हम भीड़-भाड़ के अन्दर, संग्राम और हाट-बाजार के अन्दर एकान्तता का स्थायी बोध प्राप्त कर लेते हैं।

११९—महान् कार्य करते हुए और विराट् परिणामों को लाते हुए यदि तुम यह अनुभव कर सको कि तुम कुछ नहीं कर रहे हो तो जान लो कि भगवान् ने तुम्हारी आंखों पर से अपना पर्दा हटा लिया है।

१२०—जब तुम पर्वत की चोटी पर एकाकी, स्थिर और मौन बैठते हो तब यदि तुम उन क्रान्तियों को देख सको जिन्हें तुम परिचालित कर रहे हो तो यह कहा जा सकता है कि तुम्हें दिव्यदृष्टि प्राप्त है और तुम नाम-रूप से मुक्त हो गये हो।

१२१—अकर्म से प्रेम करना मूर्खता है और अकर्म से घृणा करना भी मूर्खता है; अकर्म नाम की कोई चीज ही नहीं है। बालुका पर पड़ा हुआ पत्थर भी जिसे लोग यों ही बेकार ठुकरा दिया करते

हैं, विश्व-ब्रह्माण्ड पर अपना प्रभाव उत्पन्न करता रहता है।

यह वह अनुभव है जो मुझे इन दिनों हुआ है, यह कल या परसों हुआ था। एक अदम्य शक्ति की भावना, जो सब पर शासन करती है : जगत् पर, वस्तुओं पर, लोगों पर, सब पर, सब पर शासन करती है। भौतिक रूप में हिलने-डुलने की जरा भी आवश्यकता नहीं और यह भौतिक स्थूल हलचल केवल उस झाग के समान है जो पानी के अत्यन्त वेगपूर्ण प्रवाह में बन जाती है—ऊपरी तल की झाग—किन्तु 'शक्ति' एक सर्वशक्तिसम्पन्न धारा के समान इसके नीचे बहती रहती है।

और कहने को कुछ नहीं है।

तुम सदा वहीं लौट आते हो : जानना, यह ठीक है; कहना, यह भी अच्छा है; करना, यह बहुत ही अच्छा है; किन्तु *होना,* यही वह एकमात्र वस्तु है जिसमें कोई शक्ति है।

हां, तो, लोग चंचल हो उठते हैं, क्योंकि वस्तुएं "शीघ्रता से आगे नहीं बढ़तीं"; तब मैंने अन्तर्दर्शन में रचना को, उस दिव्य सृष्टि को देखा जिसका निर्माण हो रहा था, जो नीचे इन सब वस्तुओं के होते हुए, बाहरी हलचल के होते हुए भी सर्वशक्तिसम्पन्न और अदम्य रूप में विद्यमान थी।

किन्तु शक्ति की इस विराट् धारा को क्या अपनी अभिव्यक्ति के लिए साधनों की आवश्यकता है?

एक मस्तिष्क की।

किन्तु वास्तव में केवल मस्तिष्क की ही नहीं। यह शक्ति अपने-आपको अभिव्यक्त कर सकती है, जैसा कि पहले यह मानसिक या अधिमानसिक ढंग से किया करती थी। यह बल के द्वारा प्राणिक रूप में अपने-आपको अभिव्यक्त कर सकती है। यह मांसपेशियों के द्वारा भी अपनी अभिव्यक्ति कर सकती है, किन्तु यह शारीरिक रूप में, विशुद्ध और प्रत्यक्ष रूप में अपने-आपको कैसे अभिव्यक्त कर सकती है (क्योंकि आप "भौतिक शक्ति" के विषय में प्रायः ही चर्चा करती

हैं)? ऊपर के 'कर्म' और यहां के सच्चे 'कर्म' में क्या अन्तर है?

प्रत्येक बार जब मैं इस 'शक्ति' के प्रति सचेतन हुई, मुझे वही अनुभूति हुई। ऊपर का 'संकल्प' एक स्पन्दन द्वारा अपने-आपको अनूदित करता है जो निश्चित ही प्राणिक शक्ति से आच्छादित होता है, किन्तु सूक्ष्म-भौतिक में कार्य करता है। तुम एक विशेष प्रकार के स्पन्दन को देखते हो जिसका वर्णन करना कठिन होता है पर जो किसी घनीभूत वस्तु के समान प्रतीत होता है, टुकड़ों में नहीं, कोई ऐसी वस्तु जो हवा से अधिक घनी प्रतीत होती है, किन्तु अत्यधिक एकसार है, उसमें एक स्वर्णिम प्रकाश है, अत्यधिक प्रेरक शक्ति है, जो एक संकल्प को व्यक्त करती है (वह मानव संकल्प के जैसी प्रकृति का नहीं होता, वह विचार की अपेक्षा अन्तर्दर्शन की प्रकृति का होता है; यह एक अन्तर्दर्शन के समान होता है जो चरितार्थ होने पर आग्रह करता है), एक ऐसे क्षेत्र में, जो स्थूल जड़-पदार्थ के बड़ा निकट होता है, किन्तु यह अन्तर्दर्शन के बिना दिखायी नहीं देता। और वह, वह 'स्पन्दन' लोगों पर, वस्तुओं और परिस्थितियों पर एक दबाव डालता है, क्योंकि वह उन्हें अपने अन्तर्दर्शन के अनुसार ढालना चाहता है। वह अदम्य होता है। वे लोग भी जो इससे उल्टा सोचते हैं, इससे उल्टा चाहते हैं, न चाहते हुए भी करते वही हैं जो वह चाहता है; वे वस्तुएं भी जिनका स्वभाव ही विरोध करना है—वे सब भी बदल जाती हैं।

राष्ट्रों की घटनाओं के लिए, राष्ट्रों के बीच के सम्बन्धों के लिए, वैश्व परिस्थितियों के लिए भी यह इसी प्रकार कार्य करता है, एक प्रबल 'शक्ति' के समान निरन्तर, निरन्तर कार्य करता है। और तब यदि स्वयं व्यक्ति भागवत संकल्प के साथ तादात्म्य की अवस्था में हो तो वह विचार के, किसी भी धारणा या भाव के हस्तक्षेप के बिना इस बात को समझ लेता है, देखता और जानता है।[१]

[१] यहां यह जानना मनोरंजक होगा कि इस वार्ता से जरा पहले माताजी से यह प्रश्न पूछा गया था : "क्या वियतनाम में अमरीकियों की उपस्थिति या उनका हस्तक्षेप उचित है ?" इसका माताजी ने यह उत्तर दिया : "तुम किस दृष्टिकोण से यह प्रश्न पूछ रहे हो ?"

प्रत्येक की चेतना में और जड़-पदार्थ में, तमस् का प्रतिरोध यह परिणाम उत्पन्न करता है कि यह कार्य सीधा और पूर्णतया सामञ्जस्यपूर्ण होने के स्थान पर अस्त-व्यस्त हो जाता है। उसमें विरोध, अव्यवस्था और संघर्ष पैदा हो जाते हैं। बल्कि सब कुछ को "सामान्य रूप में", बिना संघर्ष के (जैसा कि होना चाहिये), व्यवस्थित होने के स्थान पर, यह समस्त तमस् जो विरोध और प्रतिरोध करता है उस सब कुछ को एक ऐसी अस्त-व्यस्त क्रिया बना देता है जिसमें सब धक्का-मुक्की करते हैं और तब वहां अव्यवस्था और विनाश का साम्राज्य स्थापित हो जाता है, और यह सब आवश्यक होता है केवल प्रतिरोध के कारण, किन्तु यह *अनिवार्य* नहीं होता, अनिवार्य हो भी नहीं सकता, वस्तुतः इसे अनिवार्य होना चाहिये भी नहीं था। कारण, यह 'संकल्प', यह 'शक्ति' पूर्ण सामञ्जस्य की 'शक्ति' है जिससे प्रत्येक वस्तु अपने स्थान पर है और जो अद्‌भुत ढंग से व्यवस्था लाती है। यह एक अतीव प्रकाशमयी एवं पूर्ण व्यवस्था के रूप में आती है जिसे व्यक्ति अन्तर्दर्शन में देख सकता है, किन्तु जब वह नीचे आकर जड़-पदार्थ पर दबाव डालती है तो सब कुछ सिर उठाता है और प्रतिरोध करना आरम्भ कर देता है। अतएव, इस अवस्था और अस्त-व्यस्तता और विनाश के लिए भागवत कार्य और भागवत शक्ति को दोषी ठहराना भी एक और मानव मूर्खता है। बल्कि तमस् (बुरी भावना की बात तो छोड़ो), हां, तमस् ही विपत्ति को *उत्पन्न* करता है। यह नहीं कि विपत्ति को बुलाने की इच्छा की गयी थी, यह भी नहीं कि इसे पहले से देख लिया गया था, बल्कि यह प्रतिरोध से *उत्पन्न* हुई।

और तब इसके साथ भागवत कृपा के कार्य को जोड़ दिया जाता है

"यदि तुम्हारा दृष्टिकोण राजनीतिक है—राजनीति झूठ से ओत-प्रोत है और मेरा इससे कोई सम्बन्ध नहीं।

"यदि दृष्टिकोण नैतिक है—नैतिकता वह ढाल है जिसका सामान्यजन सत्य से अपनी रक्षा करने के लिए प्रयोग करते हैं।

"यदि तुम इसे आध्यात्मिक दृष्टिकोण से पूछ रहे हो—केवल भगवद् 'इच्छा' ही असंदिग्ध है और इसे मनुष्य अपने सब कार्यों में विकृत एवं मिथ्या रूप दे देता है।"

जो आकर, जहां कहीं सम्भव हो, वहां, दूसरे शब्दों में, जहां कहीं वह स्वीकार कर लिया जाता है, परिणाम को कम कर देता है। यही इस बात की व्याख्या करता है कि पार्थिव एवं मानव तत्त्व की अभीप्सा, श्रद्धा और पूर्ण विश्वास में व्यवस्था की शक्ति होती है, क्योंकि ये भागवत कृपा को आने एवं अन्ध प्रतिरोध के परिणामों को सुधारने की अनुमति देते हैं।

यह एक स्पष्ट, हां, बहुत स्पष्ट, बल्कि ब्योरे में भी स्पष्ट अन्तर्दर्शन है।

यदि व्यक्ति चाहे तो वह भविष्यवाणी भी कर सकता है और जो उसने देखा है कह सकता है। किन्तु एक प्रकार की अति करुणा होती है जो इस भविष्यवाणी को करने से रोकती है, क्योंकि 'सत्य की वाणी' में अभिव्यक्ति की एक शक्ति होती है और प्रतिरोध के परिणामों को बता देना अवस्था को ठोस रूप देता है और भागवतकृपा की क्रिया को घटा देता है। इसीलिए देखकर भी व्यक्ति उसे कह नहीं सकता, *कहना चाहिये भी नहीं*।

किन्तु, निश्चित रूप से, श्रीअरविन्द यह कहना चाहते थे कि यही सामर्थ्य, यही शक्ति सब कुछ करती है—सब कुछ कर सकती है। जब व्यक्ति उसे देख लेता है या उसके साथ एक हो जाता है उसी समय वह उसे जान लेता है, और वह यह जानता है कि सचमुच 'यही' वह एकमात्र वस्तु है जो कार्य करती है और सृष्ट करती है; शेष सब उस क्षेत्र का, या उस जगत् का या जड़-पदार्थ का या मूल-तत्त्व का परिणाम है जिसमें वह कार्य करती है—यह उस प्रतिरोध का परिणाम है, किन्तु यह वह *क्रिया* नहीं है। और '*उसके*' साथ एकत्व स्थापित करने का अर्थ है उस 'क्रिया' के साथ एकत्व स्थापित करना। और नीचे की वस्तु के साथ एकत्व स्थापित करने का अर्थ है प्रतिरोध के साथ एकत्व स्थापित करना।

तब क्योंकि यह बेचैन हो उठती है, इधर-उधर घूमती है, चंचल हो उठती है, यह चाहती है, सोचती है, योजनाएं बनाती है... यह कल्पना करती है कि यह कुछ कर रही है—यह प्रतिरोध करती है।

बाद में (थोड़े-से समय के बाद) मैं छोटी-छोटी वस्तुओं के उदाहरण दे सकूंगी, तुम्हें यह दिखलाने के लिए कि 'शक्ति' कैसे कार्य करती है, और उसमें कौन-सी वस्तु हस्तक्षेप करती है, और कौन-सी घुल-मिल

जाती है, अथवा कौन-सी वस्तु इसकी 'शक्ति' द्वारा चालित होती है और कौन-सी इस गति को विकृत करती है और इसका परिणाम भी, अर्थात्, भौतिक बाह्य रूप जैसा कि हम उसे देखते हैं। एक बहुत छोटी-सी वस्तु का, जिसका संसार में कुछ भी महत्त्व नहीं है, उदाहरण इस ढंग की स्पष्ट व्याख्या को हमारे सामने रखता है जिसमें प्रत्येक वस्तु घटित होती है और फिर यहां विकृत हो जाती है।

और ऐसा सब वस्तुओं के साथ, सबके साथ, सदा-सर्वदा, सदा-सर्वदा होता है। और जब व्यक्ति कोषाणुओं का योग करता है, तब भी वही बात देखता है : 'शक्ति' कार्य करती है और तब (माताजी हंसती हैं) शरीर इस 'क्रिया' का क्या उपयोग करता है!...

(मौन)

तत्काल ही तब क्यों और कैसे का प्रश्न सामने आ जाता है। किन्तु यह क्षेत्र मानसिक जिज्ञासा का है, क्योंकि महत्त्वपूर्ण बात है प्रतिरोध को समाप्त करना। यही महत्त्वपूर्ण चीज है, प्रतिरोध को समाप्त करना, ताकि विश्व वही बन जाये जो कि उसे बनना चाहिये, अर्थात्, एक सामञ्जस्य और प्रकाशपूर्ण एवं अद्‌भुत शक्ति की और एक अद्वितीय सौन्दर्य की अभिव्यक्ति। बाद में, जब प्रतिरोध समाप्त हो गया हो, यदि व्यक्ति उत्सुकतावश यह जानना चाहेगा कि ऐसे क्यों हुआ है... इसका कुछ महत्त्व नहीं रहेगा। किन्तु अब, 'क्यों' को खोज़ने से नहीं वरन् सच्ची वृत्ति बनाने से उपाय की प्राप्ति होगी। बस, यही वस्तु महत्त्वपूर्ण है।

सभी कोषाणुओं में पूर्ण समर्पण, पूर्ण आत्म-निवेदन द्वारा प्रतिरोध को समाप्त करना, यदि व्यक्ति ऐसा कर सकता हो तो।

वे इस तीव्र आनन्द का अनुभव पाना आरम्भ करते हैं जिसमें व्यक्ति केवल भगवान् के द्वारा, भगवान् के लिए, भगवान् में अपना अस्तित्व रखता है।

जब यह स्थिति सर्वत्र स्थापित हो जायेगी, तब सब कुछ ठीक हो जायेगा।

६.७.१९६६

१२२—यदि तू 'धारणा' द्वारा मूर्ख न बनना चाहे तो सबसे पहले यह देख कि किस दृष्टि से तेरा विचार सत्य है, फिर इस बात पर विचार कर कि किस दृष्टि से उससे उलटा तथा उसका विरोधी विचार भी सत्य है; अन्त में, इन विभेदों का कारण तथा भगवान् के सामञ्जस्य की कुंजी ढूंढ निकाल।

१२३—कोई धारणा न तो सत्य होती है न मिथ्या, केवल जीवन के लिए उपयोगी या अनुपयोगी होती है; क्योंकि वह 'काल' की सृष्टि होती है और काल के साथ ही वह अपना प्रभाव और मूल्य खो देती है। तू धारणा से ऊपर उठ और चिरस्थायी प्रज्ञा की खोज कर।

१२४—जीवन के लिए धारणा का व्यवहार कर; परन्तु उसे अपनी आत्मा को उसकी जंजीरों से बांधने मत दे।

(थोड़ी देर के मौन के बाद)

मैं यह जानने का प्रयत्न कर रही थी कि धारणाएं किस प्रकार उपयोगी हो सकती हैं...। श्रीअरविन्द कहते हैं कि ये "उपयोगी या अनुपयोगी" होती हैं—धारणा किस तरह से उपयोगी हो सकती है?

ये कुछ समय के लिए, काम करने में सहायक होती हैं?

नहीं, ठीक इसी बात का मुझे खेद है। लोग अपनी धारणा के अनुसार कार्य करते हैं और उसका कोई मूल्य नहीं होता। मुझे लगातार ऐसे लोगों के पत्र मिलते हैं जो किसी कार्य को करना चाहते हैं या नहीं करना चाहते; वे मुझसे कहते हैं : "यह मेरी धारणा है, यह बात सच्ची है, वह सच्ची नहीं है," और सदा ९९ प्रतिशत से अधिक उनका कहना गलत होता है, यह एक मूर्खता है।

तुम बड़े स्पष्ट रूप में देखते हो—हां, यह देखा जा सकता है—कि

उससे उलटे मत का भी उतना ही मूल्य है, कि प्रश्न केवल वृत्ति का है, बस इतना ही। और स्वभावतया, अहंभाव की अभिरुचियां उसके साथ मिली रहती हैं: व्यक्ति उसे अधिक पसन्द करता है जो उसे पसन्द हो, इसलिए उसकी धारणा भी वही होती है कि यह ऐसा है।

किन्तु जब तक मनुष्य के पास कार्य करने के लिए उच्चतर प्रकाश नहीं होता तब तक उसे अपनी धारणाओं का ही प्रयोग करना पड़ता है।

धारणा की अपेक्षा बुद्धिमत्ता का होना अधिक अच्छा है, दूसरे शब्दों में, समस्त सम्भावनाओं पर, प्रश्न के सभी पक्षों के बारे में सोच लो और तब यथासम्भव कम-से-कम स्वार्थी होने का यत्न करते हुए देखो, उदाहरणार्थ, कि कौन-सा कार्य अधिक-से-अधिक लोगों के लिए उपयोगी हो सकता है या कौन-सा कम-से-कम वस्तुओं को नष्ट करता है, अर्थात्, कौन-सा कार्य अधिक-से-अधिक रचनात्मक है। जो हो, ऐसा दृष्टिकोण रखते हुए भी, जो आध्यात्मिक नहीं, केवल उपयोगी और निःस्वार्थ है, अपनी धारणा की अपेक्षा बुद्धिमत्ता के अनुसार कार्य करना अधिक अच्छा है।

हां, किन्तु जब व्यक्ति के पास प्रकाश न हो, तो अपनी धारणा या अहंभाव को बीच में मिलाये बिना कार्य करने का ठीक ढंग क्या होगा?

मेरी समझ में समस्या के सभी पक्षों पर विचार किया जाये और उन्हें जहां तक सम्भव हो निःस्वार्थ भाव से अपनी चेतना के समक्ष रखा जाये और फिर देखा जाये कि क्या सर्वश्रेष्ठ है (यदि यह सम्भव हो तो), अथवा यदि बुरे परिणाम पैदा करता है तो उसे, जो कम-से-कम बुरा हो।

मैं यह पूछना चाहता था कि सबसे अच्छी वृत्ति कौन-सी है? हस्तक्षेप की वृत्ति या उदासीनता की? इनमें से कौन-सी अच्छी है?

हां, ठीक यही बात है; हस्तक्षेप करने के लिए व्यक्ति को इस बात का निश्चय होना चाहिये कि वह स्वयं ठीक है। तुम्हें इस बात का निश्चय होना चाहिये कि वस्तु-सम्बन्धी तुम्हारा दृष्टिकोण दूसरे या दूसरों के दृष्टिकोणों या अनुभवों से अधिक उच्च, श्रेष्ठ और सच्चा है। हां, तो हस्तक्षेप न करना सदा ही अधिक बुद्धिमानी की बात है—लोग बिना किसी तुक या मतलब के हस्तक्षेप करते हैं, केवल इसलिए कि दूसरों को सलाह देने की उनकी आदत है।

तुम्हें चाहे सच्ची वस्तु की अन्तरानुभूति हो, तो भी हस्तक्षेप करना *बिरले* ही बुद्धिमत्तापूर्ण कहा जायेगा। ऐसा करना अनिवार्य केवल तब होता है जब कोई किसी ऐसे काम को करना चाहे जिसका अन्त आवश्यक रूप में किसी विपत्ति में हो। तब भी हस्तक्षेप (माताजी मुस्कुराती हैं) सदा फलप्रद नहीं होता।

वास्तव में, हस्तक्षेप करना केवल तभी ठीक होता है जब कि व्यक्ति को यह पूर्ण निश्चय हो जाये कि उसने सत्य को देख लिया है। केवल इतना ही नहीं, उसे परिणामों का स्पष्ट दर्शन भी हो जाये। दूसरों के कार्यों में हस्तक्षेप करने के लिए व्यक्ति को मसीहा होना होगा—हां, मसीहा, एक ऐसा मसीहा जिसमें बस हितैषिता और करुणा हो। तुम्हें उन परिणामों की अन्तरानुभति भी होनी चाहिये जिनका प्रभाव तुम्हारे हस्तक्षेप के द्वारा दूसरे के भाग्य पर होगा। लोग सदा सलाह देने को उत्सुक रहते हैं : "यह करो, वह मत करो", मैं यह देख रही हूं; उन्हें इस बात की कल्पना भी नहीं है कि किस हद तक वे गड़बड़ी पैदा कर रहे हैं। वे गड़बड़ी को, अव्यवस्था को बढ़ा रहे हैं। और कभी-कभी वे व्यक्ति के स्वाभाविक विकास को भी हानि पहुंचाते हैं।

मैं सलाहों को सदा ही खतरनाक समझती हूं और प्रायः ही बिलकुल निरर्थक।

तुम्हें दूसरों की बातों में टांग नहीं अड़ानी चाहिये, जब तक कि, सबसे पहले, तुम दूसरे से असीम रूप में अधिक बुद्धिमान् न होओ (स्वभावतया, व्यक्ति हमेशा अपने-आपको अधिक बुद्धिमान् मानता है!), किन्तु मेरा मतलब यहां निष्पक्ष रूप से है, अपने मत से नहीं, जब तक कि तुम उससे अधिक अच्छी तरह वस्तुओं को देख नहीं सकते, जब तक

तुम स्वयं आवेगों, इच्छाओं, अन्ध प्रतिक्रियाओं से ऊपर नही होते। तुम्हें स्वयं इन सभी वस्तुओं से ऊपर उठना होगा, केवल तभी तुम्हें दूसरे के जीवन में हस्तक्षेप करने का अधिकार हो सकता है—भले ही वह तुमसे इसकी मांग करे। और जब वह तुमसे इसकी मांग ही नहीं करता तो यह केवल एक ऐसी वस्तु में टांग अड़ाने के समान हुआ जिससे तुम्हारा कोई सम्बन्ध नहीं है।

(माताजी एक लम्बे चिन्तन में निमग्न हो जाती हैं और फिर आगे कहती हैं):

मैंने अभी एक बड़ा विचित्र-सा चित्र देखा! यह कुछ-कुछ पर्वत की ढलान के समान था जो एकदम खड़ी ढलान थी और कोई व्यक्ति (मनुष्य के प्रतीक के रूप में) उसके ऊपर चढ़ रहा था। एक सत्ता को...। यह बड़ी अजीब-सी बात है, मैंने इसको कई बार देखा, ऐसी सत्ताओं को जो बिना वस्त्रों के थीं, पर फिर भी नंगी नहीं थीं। दूसरे शब्दों में उन्होंने एक प्रकार के प्रकाश के वस्त्र पहन रखे थे। किन्तु यह एक ऐसे प्रकाश का आभास नहीं देता जो विकीर्ण होता है, ऐसा कुछ भी नहीं। वह एक वायुमण्डल की भांति है, बल्कि एक प्रभामण्डल, ऐसा प्रभामण्डल जो दिखायी देता है। और यह पारदर्शिता आकृति को ढकती नहीं और साथ ही आकृति नंगी भी नहीं रहती...। और तब आकाश से—वहां एक विस्तृत आकाश था जो नीचे से लेकर ऊपर तक व्याप्त था, यह एक चित्र के समान था, अत्यन्त स्वच्छ, अत्यन्त प्रकाशमय विशुद्ध आकाश—वहां अनगिनत... सैकड़ों वस्तुएं थीं जो पक्षियों के समान उस सत्ता की ओर उड़ रही थीं और वह एक संकेत से उन्हें अपनी ओर बुला रहा था। अधिकतर चित्र हल्का नीला, श्वेत था; बीच-बीच में एक पंख का ऊपर का सिरा या कलगी का ऊपरी भाग जो कि कुछ गहरे रंग का था, प्रतीत होता था, किन्तु यह एक आकस्मिक घटना थी। वे पक्षी आये, वे सैकड़ों की संख्या में आये और उसने उन्हें एक संकेत के द्वारा इकट्ठा कर लिया। तब उसने उन्हें पृथ्वी पर भेज दिया (वह मनुष्य एक सीधी ढलान पर खड़ा था), उसने उन्हें नीचे घाटी में भेज दिया। और तब वे वहां...

(माताजी हंसी) धारणाएं या राय बन गये! वे धारणाएं या राय बन गये! उनमें से कुछ गहरे रंग के थे, कुछ हल्के रंग के, कुछ भूरे, कुछ नीले...

वे पक्षियों के समान थे जो इस ढंग से पृथ्वी की ओर आ रहे थे। किन्तु यह एक चित्र था, और चित्र नहीं भी था, क्योंकि यह हिल-डुल रहा था। बड़ा मनोरंजक था यह!

और उसने कहा: "देखो, इस ढंग से धारणाएं बनती है।"... वे आकाश से आये थे, विस्तृत आकाश से, विस्तृत और प्रकाशपूर्ण और स्वच्छ; जो न नीला था न श्वेत, न गुलाबी न... वह चमकीला था, केवल चमकीला; और इस आकाश में से, वह था... मैंने कहा था कि वे सैकड़ों की संख्या में आये किन्तु वे हजारों की संख्या में थे, और वह मनुष्य भी वहां था, उसने उन्हें अपने पास बुलाया, और तब अपने हाथों से संकेत किया और उन्हें पृथ्वी पर भेज दिया, और... वे धारणाएं बन गये! मेरा ख्याल है मैं तब हंसने लगी, मेरा इससे बड़ा मनोरंजन हुआ।

बड़ी विचित्र बात है यह।

और वे सब नीचे चले आये, हां, नीचे चले आये—तल दिखायी नहीं दिया—वे नीचे जाते रहे।

हां, तो, मत-धारणाएं भी प्रकाश के आकाश से आ सकती हैं! (माताजी हंसती हैं)।

वस्तुतः, चित्र शब्दों से कहीं अधिक अभिव्यञ्जक होते हैं।

१४.९.१९६६

१२५—प्रत्येक विधान चाहे जितना सर्वग्राही या स्वैराचारी क्यों न हो, कहीं-न-कहीं किसी ऐसे विरोधी विधान के सामने आ जाता है जिससे उसका कार्य रोका जा सकता है, बदला जा सकता है, नष्ट किया जा सकता है या टाला जा सकता है।

१२६—प्रकृति का सबसे अधिक बाध्यकारी विधान केवल एक सुनिश्चित पद्धति है जिसे प्रकृति के अधीश्वर ने रचा है और जिसका वे निरन्तर उपयोग करते हैं; परमात्मा ने उसे बनाया था

और परमात्मा उसको अतिक्रम भी कर सकते हैं, पर सर्वप्रथम हमें अपने कारागृह के द्वारों को खोलना होगा तथा परमात्मा की अपेक्षा प्रकृति में कम जीवन यापन करना सीखना होगा।

प्रकृति का ऐसा कोई विधान नहीं है जिसका अतिक्रम न किया जा सके या ज़िसे बदला न जा सके, केवल हममें यह विश्वास होना चाहिये कि भगवान् ही सब पर शासन करते हैं और यदि, हम अपने सहस्त्रों वर्षों के पुराने अभ्यासों के बन्दीगृह से निकलना और अपने-आपको उनकी इच्छा पर पूर्ण रूप से छोड़ना सीख सकें तो हमारा उनके साथ सीधा सम्पर्क स्थापित हो सकता है।

सच पूछो तो कोई भी वस्तु नियत नहीं है, सब कुछ सदा बदलता रहता है; और यह आरोहणकारी रूपान्तर ही एक-एक पग करके इस निश्चेतन और मर्त्य सृष्टि को प्रभु की शाश्वत और सर्वशक्तिमान् चेतना की ओर ले जायेगा।

३.८.१९६९

१२७—विधान एक प्रक्रिया अथवा एक सूत्र है; परन्तु आत्मा प्रक्रियाओं का प्रयोग करती और सूत्रों के परे चली जाती है।

'प्रकृति' के नियम भौतिक प्रकृति के लिए तब तक आवश्यक होते हैं जब तक यह आन्तरात्मिक सत्ता (आत्मा) के प्रभाव के तले नहीं होती, क्योंकि आन्तरात्मिक सत्ता के पास ही दिव्य शक्ति होती है जो अपने उद्देश्यों की पूर्ति के लिए सभी प्रक्रियाओं और सूत्रों का प्रयोग कर सकती है तथा उसे अपनी इच्छानुसार परिवर्तित कर सकती है।

५.८.१९६९

१२८—'प्रकृति' के अनुरूप जीवन यापन करो—यही है पश्चिम का सिद्धान्त; पर किस प्रकृति के अनुरूप, शरीर की प्रकृति के

अनुरूप या उस प्रकृति के अनुरूप जो शरीर को अतिक्रम करती है? सबसे पहले इसी का निर्णय करना होगा।

१२९—हे अमृत-पुत्र! तू 'प्रकृति' के अनुरूप नहीं, भगवान् के अनुरूप जी; और प्रकृति को भी अपने अन्तःस्थित देवता के अनुरूप जीवन यापन करने के लिए विवश कर।

मां, यहां "शरीर का अतिक्रम करने वाली प्रकृति" से श्रीअरविन्द का क्या मतलब है?

जो प्रकृति शरीर का अतिक्रम करती है वह वह प्रकृति है जो शरीर के नष्ट होने पर भी बनी रहती है, यह आन्तरात्मिक प्रकृति है जो अमर है और दिव्य सारतत्त्व से बनी है। अन्तरात्मा अपने केन्द्रस्थ भगवान् के प्रति सचेतन हो सकती है और उसे ऐसा होना चाहिये और उसे चेतन रूप में उनके साथ संयुक्त होना चाहिये।

७.८.१९६९

१३०—भाग्य उन सब चीजों का देश और काल के बाहर भगवान् का पूर्वज्ञान है जो देश और काल में घटित होंगी; जो कुछ उन्होंने पहले से देखा है उसे ही शक्तियों के संघर्ष के द्वारा 'शक्ति' और 'प्रयोजन' कार्यान्वित करते हैं।

मां, यदि सब कुछ पूर्वदृष्ट है तो फिर अभीप्सा और मानव प्रयत्न का स्थान क्या हुआ?

प्रत्येक क्षेत्र में (भौतिक, प्राणिक और मानसिक) सब कुछ पूर्वदृष्ट है, किन्तु उच्चतर क्षेत्र (अधिमानस और उससे ऊपर) का हस्तक्षेप घटनाओं में एक और नियतिवाद ले आता है और वस्तुओं की दिशा को बदल सकता है। यह कार्य अभीप्सा ही कर सकती है।

जहां तक मानव प्रयत्न का प्रश्न है, यह पूर्वनिश्चित घटनाओं का एक अंग है और इसकी भूमिका शक्तियों की क्रीड़ा के कुलयोग में पहले से देखी जाती है।

९.८.१९६९

१३१—चूंकि भगवान् ने प्रत्येक वस्तु को पहले से जाना और उसके लिए संकल्प किया है, इसलिए तुझे निष्क्रिय बनकर बैठ नहीं जाना चाहिये और उनके विधान की प्रतीक्षा नहीं करनी चाहिये, क्योंकि तेरा कार्य भी उनकी एक प्रधान कार्यकारिणी शक्ति है। अतएव, उठ और कार्य में लग जा, पर अहमन्यता के साथ नहीं, बल्कि उस घटना की परिस्थिति, यन्त्र तथा बाह्य कारण के रूप में जिसे भगवान् ने पहले से ही निर्धारित कर रखा है।

१३२—जब मैं कुछ नहीं जानता था, तब मैं अपराधी, पापी और अपवित्र लोगों से घृणा करता था, क्योंकि मैं स्वयं अपराध, पाप और अशुद्धि से भरा था; परन्तु, जब मैं शुद्ध पवित्र हो गया और मेरी आंखें खुल गयीं तब मैं अपने अन्तर में चोर और हत्यारे के सामने नतमस्तक हो गया तथा वार-वनिता के चरणों की पूजा की; क्योंकि मैंने देखा कि इन आत्माओं ने पाप के प्रचण्ड बोझ को स्वीकार किया है तथा विश्व-सागर से मथित विष के सर्वाधिक अंश का हम सबके लिए पान कर लिया है।

जिसने यह भली-भांति समझ लिया है कि जगत् केवल एक सर्वोच्च सत्ता की अपनी अभिव्यक्ति के सिवाय और कुछ नहीं है, उसके लिए सभी मानवीय नैतिक विचार निश्चित रूप से लुप्त हो जाते हैं और उसके स्थान पर उनके अन्दर समग्र की एक दिव्य दृष्टि प्रकट हो जाती है जिसमें सब वस्तुओं के मूल्य बदल जाते हैं—कितने अधिक बदल जाते हैं!

१४.८.१९६९

१३३—असुर देवताओं से भी अधिक बलशाली होते हैं, क्योंकि उन्होंने भगवान् के कोप और शत्रु-भाव का बोझ वहन करना और उनका सामना करना स्वीकार किया है। देवगण केवल भगवान् के प्रेम तथा सुखद आनन्द के मधुर भार को ही स्वीकार करने में समर्थ हुए।

श्रीअरविन्द सचमुच जो कुछ कहना चाहते हैं उसे समझने के लिए उनकी चिन्तन-शैली में अद्‌भुत विनोद-वृत्ति को जानना जरूरी है।

तो देवता कायर हैं! फिर उनकी महानता और उनका वैभव कहां है? हम निम्न सत्ताओं की पूजा क्यों करते हैं? और तब तो दानव प्रभु के सर्वाधिक प्रिय पुत्र होने चाहियें?

श्रीअरविन्द ने यहां जो लिखा है वह, जरा सोयी हुई सत्ताओं को जगाने के लिए एक विरोधोक्ति है। लेकिन उनके वाक्यों में छिपे सारे व्यंग्य को समझना चाहिये और सबसे बढ़कर, उस तात्पर्य को समझना चाहिये जो उन्होंने शब्दों के पीछे रखा था। इसके अलावा, चाहे वे कायर हों या न हों, मैं कोई आवश्यकता नही देखती कि हम इन महान् या छोटे देवताओं की पूजा करें। हमारी पूजा केवल 'परम प्रभु' की ओर जानी चाहिये जो सब वस्तुओं और जीवों में हैं।

१६.८.१९६९

१३४—जब तुम यह देखने में समर्थ होते हो कि किस तरह चरम आनन्द पाने के लिए दुःख-कष्ट आवश्यक होते हैं, एकान्त सफलता के लिए विफलता और चूड़ान्त क्षिप्रता के लिए विलम्ब का होना आवश्यक होता है, तब तुम भगवान् की क्रिया का कुछ अंश, चाहे कितने ही धीमे और अस्पष्ट रूप में क्यों न हो, समझना आरम्भ कर सकते हो।

१३५—प्रत्येक रोग स्वस्थता के किसी नवीन आनन्द की ओर जाने का एक पथ है, प्रत्येक अमंगल और दुःख-ताप 'प्रकृति' का किसी अधिक तीव्र आनन्द और मंगल के लिए स्वर मिलाना है, प्रत्येक मृत्यु विशालतम अमरत्व की ओर उद्‌घाटन है। यह क्यों और कैसे हो सकता है—यह भगवान् का गुप्त रहस्य है जिसकी तह में केवल अहंकार-विमुक्त आत्मा ही पैठ सकती है।

१३६—तेरा मन या तेरा शरीर क्यों यन्त्रणा भोग रहा है? क्योंकि पर्दे के पीछे विद्यमान तेरी अन्तरात्मा उस यन्त्रणा की इच्छा करती है या उसमें आनन्द मानती है; यदि तू चाहे—और अपने संकल्प पर डटा रहे—तो आत्मा के शुद्ध आनन्द का विधान तू अपने निम्नतर अंगों पर लाद सकता है।

व्यक्ति को केवल इस अनुभूति के लिए प्रयत्न करना है और फिर उस प्रयत्न में लगे रहना है, तभी उसे पता लगेगा कि जो कुछ यहां कहा गया है वह बिलकुल सत्य है।

१९.८.१९६९

१३७—ऐसा कोई लौह-कठोर या अलंघ्य विधान नहीं है कि कोई विशिष्ट संस्पर्श दुःख या सुख उत्पन्न करेगा; सच पूछा जाये तो तेरे अंगों के बाहर से ब्रह्म का जो धक्का या दबाव उनके ऊपर आता है उसका मुकाबला तेरी आत्मा जिस तरीके से करती है, वह तरीका ही इन दोनों प्रतिक्रियाओं को उत्पन्न करता है।

स्पष्ट ही एक घटना या एक ही सम्पर्क एक व्यक्ति में आनन्द की भावना और दूसरे में कष्ट की भावना उत्पन्न करता है और यह प्रत्येक की अपनी आन्तरिक वृत्ति पर निर्भर करता है।

और यह बोध तुम्हें महान् उपलब्धि के मार्ग की ओर ले जाता है; क्योंकि जब तुम यह केवल समझ ही नहीं, अनुभव भी कर लेते हो कि

सर्वोच्च प्रभु ही समस्त वस्तुओं के रचयिता हैं और जब तुम उनके सतत सम्पर्क में आ जाते हो, तो सब कुछ उनकी कृपा का परिणाम हो जाता है और एक उज्ज्वल और शान्त आनन्द में परिणत हो जाता है।

२१.८.१९६९

१३८—तेरे अन्दर की आत्म-शक्ति जब बाहर से आने वाली वैसी ही शक्ति के संस्पर्श में आती है तब वह मानसिक अनुभव तथा शारीरिक अनुभव के मूल्यों के अनुरूप उस संस्पर्श की मात्राओं को सुसमंजस नहीं कर पाती; इसी कारण तुझे दुःख, शोक या अशान्ति होती है। विश्व-शक्ति के प्रश्नों का जो उत्तर तेरे अन्दर की शक्ति प्रदान करती है उसे यदि तू उपयुक्त रूप में व्यवस्थित करना सीख जाये तो तू देखेगा कि दुःख सुखदायी बन रहा है अथवा विशुद्ध आनन्द में परिवर्तित हो रहा है। यथोचित सम्बन्ध ही आनन्दमय होने की शर्त है, ऋतम् ही आनन्द की कुंजी है।

मनुष्य की दूसरों के साथ अपने सम्बन्ध को शारीरिक, प्राणिक या मानसिक सम्पर्कों पर आधारित करने की आदत है, इसी कारण, वहां प्रायः सदा ही असामञ्जस्य और कष्ट रहता है। इसके विपरीत, यदि उन्होंने अपने सम्बन्धों को आन्तरात्मिक सम्पर्कों (आत्मा का आत्मा के साथ) पर आधारित किया होता तो वे देखते कि विक्षुब्ध बाह्य प्रतीतियों के पीछे, एक गहन और स्थायी समस्वरता विद्यमान है जो जीवन की सभी गतिविधियों में व्यक्त हो सकती है और इस समस्वरता के कारण ही यह अव्यवस्था और कष्ट शान्ति और आनन्द में परिवर्तित हो जायेंगे।

२८.८.१९६९

१३९—अतिमानव कौन है? वह जो इस जड़ाभिमुखी भग्न मनोमय मानव सत्ता से ऊपर उठ सके तथा एक दिव्य शक्ति, एक दिव्य

प्रेम और आनन्द एवं एक दिव्य ज्ञान के अन्दर पहुंचकर अपने-आपको विश्व-भावापन्न और दिव्य-भावापन्न बना सके।

अतिमानव का अब निर्माण हो रहा है और एक नयी चेतना इस निर्माण को पूर्ण बनाने के लिए अभी हाल में ही पृथ्वी पर अभिव्यक्त हुई है।

किन्तु शायद एक भी मानव इस अन्तिम परिणति पर नहीं पहुंचा है, यह इसलिए और भी कम सम्भव है कि इसके साथ-साथ शरीर का भी रूपान्तर होना चाहिये जो अभी तक नहीं हुआ है।

३०.८.१९६९

१४०—यदि तू इस संकीर्ण मानवीय अहंभाव को बनाये रखे और अपने को अतिमानव समझे तो तू अपनी ही अहंता के फेर में पड़ा हुआ मूढ़ है, अपनी निजी शक्ति के हाथों का खिलौना और अपनी निजी भूल-भ्रान्तियों की कठपुतली है।

स्वभावतया, इससे यह निष्कर्ष निकलता है कि वे सब महत्त्वाकांक्षी लोग जो इस समय अपने-आपको अतिमानव होने की घोषणा करते हैं ढोंगी हैं या फिर वे अभिमानी हैं जो अपने-आपको तो धोखा देते ही हैं, दूसरों को भी धोखा देने का यत्न करते हैं।

३०.८.१९६९

१४१—नीत्शे ने अतिमानव को इस रूप में देखा मानों ऊंट की स्थिति से बाहर निकलती हुई कोई सिंह-आत्मा हो, पर अतिमानव का सच्चा आभिजातिक चिह्न और लक्षण तो यह है कि सिंह कामधेनु के ऊपर खड़े हुए ऊंट की पीठ पर अवस्थित हो। यदि तू समस्त मानवजाति का दास न बन सके तो तू उसका स्वामी बनने के योग्य नहीं है, और यदि तू अपने स्वभाव को वसिष्ठ की कामधेनु न बना सके जिसके थन से सारी मनुष्यजाति अपनी

अभीप्सित वस्तु ले सके तो भला तेरे सिंह-सरीखे अतिमानवत्व का क्या लाभ?

समस्त मानवजाति का दास बनने का अर्थ उसकी सेवा के लिए तत्पर रहना है, और कामधेनु बनने का अर्थ है शक्ति, प्रकाश और सामर्थ्य को इतनी प्रचुर मात्रा में दे सकना जितनी से मनुष्यजाति अपने अज्ञान और अपनी अक्षमता से बाहर निकल सके : यदि ऐसा न हो तो अतिमानव पृथ्वी के लिए एक सहायक नहीं बल्कि एक बोझ बन जायेगा।

३१.८.१९६९

१४२—संसार के सम्मुख निर्भयता और प्रभुता में सिंह बनो; धैर्य और उपयोगिता में ऊंट बनो; अचंचलता, सहनशीलता और मातृसुलभ उपकारिता में गाय बनो। भगवान् के दिये सभी सुखों पर टूट पड़ो जैसे सिंह अपने शिकार पर टूट पड़ता है, परन्तु आनन्द-विलास के उस अनन्त क्षेत्र में लोट-पोट करने और चरने के लिए समस्त मनुष्यजाति को भी ले आओ।

सत्ता के विकास के लिए इन गुणों की तब तक आवश्यकता रहती है जब तक वह दिव्य नहीं बन जाती; यह हमें इस बात की भी याद दिलाती है कि जब तक मानवजाति ऊपर नहीं उठेगी तब तक रूपान्तर पूर्ण नहीं हो सकता।

१.९.१९६९

१४३—यदि कला का कार्य प्रकृति का अनुकरण करना ही हो, तो सभी चित्रशालाओं को जला डालो और उनके बदले छायाचित्र (फोटोग्राफी) बनाने के लिए स्टुडियो खोल दो। चूंकि 'कला' उस चीज को प्रकट करती है जिसे प्रकृति छिपाये रखती है, इसी कारण एक छोटे-से चित्र का मूल्य लखपतियों के समस्त जवाहरात

और राजाओं के खजाने से भी कहीं अधिक होता है।

१४४—यदि तुम केवल दृश्य-प्रकृति का ही अनुकरण करो तो तुम या तो किसी शव का चित्र या कोई निर्जीव खाका अथवा कोई दानवाकृति ही आंक डालोगे; सत्य तो उस वस्तु में रहता है जो दृश्य और इन्द्रियगोचर वस्तुओं के पीछे और परे रहती है।

यह कहा जाता है कि फोटोग्राफी आधुनिक कला का माध्यम है। इस विषय में आपकी क्या राय है?

सब कुछ फोटोग्राफी के प्रयोग पर निर्भर करता है। अपनी स्वाभाविक प्रकृति और प्रचलित उपयोग के अनुसार यह वास्तविक वस्तु का यथार्थ चित्रण होती है, जितनी अधिक यह यथार्थ और वास्तविक होती है, उतनी अधिक यह उपयोगी भी होती है।

किन्तु इस बात का खण्डन नहीं किया जा सकता कि कुछ कलाकार फोटोग्राफी को अपनी अभिव्यक्ति के साधन के रूप में प्रयोग करते हैं। किन्तु तब जो वे करते हैं वह 'प्रकृति' की ठीक नकल नहीं होती, वह केवल आकारों और रंगों की एक विशेष व्यवस्था होती है जो किसी अन्य वस्तु को अभिव्यक्त करने के लिए की जाती है, उस वस्तु को जो साधारणतया भौतिक रूपों के द्वारा आवृत होती है।

४.९.१९६९

१४५—ऐ कवि! ऐ कलाकार! यदि तू बस प्रकृति के सामने दर्पण पकड़े रखे तो क्या तू समझता है कि प्रकृति तेरे कार्य में आनन्द लेगी? वह तो अपना मुंह ही फेर लेगी। किस चीज के लिए भला तू उसके सामने दर्पण पकड़े रखता है? स्वयं उसके लिए? नहीं, बल्कि एक जीवनहीन रेखाचित्र और प्रतिबिम्ब के लिए, एक छायामय अनुकरण के लिए। सच पूछो तो तुझे 'प्रकृति' की गुप्त अन्तरात्मा को पकड़ना होगा, तुझे चिर दिन प्रतीक में

विद्यमान सत्य का पीछा करना होगा, और उसे कोई दर्पण तेरे लिए पकड़ न सकेगा, उस प्रकृति के लिए भी नहीं जिसे तू खोजता है।

प्रकृति का वह "शाश्वत प्रतीक" क्या है जिसकी चर्चा श्रीअरविन्द यहां करते हैं?

यह 'प्रकृति' की वह गुप्त आत्मा है जो एक शाश्वत प्रतीक है और इस आत्मा के इस सत्य को ही कवि और कलाकार को खोजना एवं अभिव्यक्त करना चाहिये।

७.९.१९६९

१४६—मैं यूनानियों की अपेक्षा शेक्सपीयर के अन्दर अधिक महान् और अधिक सुसमञ्जस सार्वभौम कलाकार पाता हूं। लैंसलाट गोब्बो[1] और उसके कुत्ते से लेकर लियर[1] और हेमलेट[1] तक उसकी सभी सृष्टियां सार्वभौम हैं।

१४७—यूनानियों ने व्यक्ति के समस्त सूक्ष्मतर मनोभावों की उपेक्षा करके सार्वभौमता की खोज की; शेक्सपीयर ने व्यक्तिगत स्वभाव के अत्यन्त विरल ब्यौरों को विश्वजनीन बनाकर कहीं अधिक सफलता के साथ सार्वभौमता की खोज की। जिस चीज का व्यवहार प्रकृति हमसे अनन्त को छिपाने के लिए करती है उसी का उपयोग शेक्सपीयर ने मानवता की आंखों के सम्मुख मनुष्य में विद्यमान 'अनन्त-गुण' को प्रकट करने के लिए किया।

१४८—शेक्सपीयर ने ही प्रकृति के सामने दर्पण पकड़ रखने के रूप का आविष्कार किया था, पर वही एकमात्र कवि भी था जो कभी प्रतिलिपि, छायाचित्र या प्रतिकृति उतारने के लिए राजी

[1] शेक्सपीयर के नाटकों के पात्र।

नहीं हुआ। जो पाठक फालस्टाफ[१], मैकबेथ[१], लियर[१] या हेमलेट[१] में प्रकृति के अनुकरण देखता है उसे या तो अन्तरात्मा की आन्तरिक आंख प्राप्त नहीं है अथवा वह किसी प्रचलित सूत्र द्वारा विमोहित हो गया है।

१४९—भला तू भौतिक 'प्रकृति' के अन्दर कहां फालस्टाफ, मैकबेथ या लियर को पायेगा? उसके पास उसकी छायाएं और संकेत तो हैं, पर स्वयं वे तो उस (प्रकृति) से बहुत ऊंचे हैं।

१५०—केवल दो के लिए आशा है, एक तो, उस व्यक्ति के लिए जिसने भगवान् का स्पर्श अनुभव किया है और उसकी ओर आकर्षित हुआ है तथा दूसरे, उसके लिए जो सन्देहवादी जिज्ञासु तथा अपने मत से सन्तुष्ट नास्तिक है; परन्तु सभी धर्मों के कर्मकांडियों तथा स्वतन्त्र चिन्तन की रट लगाने वाले शुक पक्षियों का जहां तक प्रश्न है, वे तो ऐसी मृतात्माएं हैं जो उस मृत्यु का अनुसरण करती हैं जिसे वे जीवंत कहते हैं।

धर्मों को सूत्रबद्ध करने वाले लोग भगवान् की प्रतिमा बनाकर क्या साधारण जनता की सहायता नहीं करते? क्या आप इस बात पर विश्वास नहीं करतीं कि धर्म सामान्य लोगों को सहायता पहुंचाता है?

जो कुछ होता है वह सब सर्वोच्च प्रभु की इच्छा से होता है, जिससे कि समूची सृष्टि प्रभु के विषय में ज्ञान प्राप्त कर सके।

किन्तु कार्य का अधिकांश भाग विपरीत विचार और निषेध के द्वारा सम्पन्न होता है। इसी ढंग से धर्म इन तथाकथित धर्मावलम्बियों के एक ऐसे बड़े भाग के लिए कार्य करते हैं जो बिना श्रद्धा-विश्वास के, बल्कि कम अनुभव के साथ धर्म का अनुसरण करते हैं।

१४.९.१९६९

[१] शेक्सपीयर के नाटकों के पात्र।

१५१—एक मनुष्य एक वैज्ञानिक के पास आया और उसने उससे शिक्षा लेनी चाही; उस शिक्षक ने उसे सूक्ष्मदर्शक तथा दूरदर्शक यन्त्रों में दिखायी देने वाली चीजों को दिखाया, पर उस आदमी ने हंसते हुए कहा : "यह तो स्पष्ट ही है कि जिस शीशे का व्यवहार आप माध्यम के रूप में कर रहे हैं उसी शीशे ने आंखों के सामने यह सब इन्द्रजाल फैला दिया है; मैं तब तक विश्वास नहीं कर सकता जब तक आप मेरी नग्न-दृष्टि के सामने इन सब आश्चर्यों को न दिखा दें।" तब वैज्ञानिक ने उसके सामने बहुतेरे आनुषंगिक तथ्यों तथा प्रयोगों के द्वारा यह सिद्ध किया कि उसका ज्ञान विश्वसनीय है, लेकिन वह आदमी दुबारा मुस्कराया और बोला, "जिसे आप प्रमाण कहते हैं उसे मैं संयोग कहता हूं, संयोगों की संख्या प्रमाण का निर्माण नहीं करती; और आपके प्रयोगों का जहां तक प्रश्न है वे तो स्पष्ट ही असामान्य परिस्थितियों से प्रभावित हैं और वे 'प्रकृति' के एक प्रकार के पागलपन के अंग हैं।" जब उसके सामने गणित के परिणामों को रखा गया तब तो वह क्रोधित होकर चिल्ला उठा : "निस्सन्देह यह सब धोखा-धड़ी, प्रलाप और कुसंस्कार हैं; क्या आप मुझे यह विश्वास करा देने की कोशिश करेंगे कि ये निरर्थक दुर्बोध संख्याएं सच्ची शक्ति और अर्थ रखती हैं?" तब वैज्ञानिक ने उसे एकदम निकम्मा, मूढ़ समझकर बाहर निकाल दिया; क्योंकि उसने स्वयं अपनी अस्वीकृति की पद्धति तथा स्वयं अपनी नकारात्मक तर्क-प्रणाली को ही नहीं समझा। अगर हम किसी निष्पक्ष और उदार मन की खोज को अस्वीकार करना चाहें तो हम अपनी अस्वीकृति को छिपाने के लिए सदा ही अत्यन्त आदरणीय लम्बे-लम्बे शब्द पा सकते हैं तथा ऐसे परीक्षण एवं शर्तें लाद सकते हैं जो खोज को असत्य सिद्ध कर दें।

वैज्ञानिक जो अधिकतर जड़वादी होते हैं गुह्य और आध्यात्मिक ज्ञान का निषेध करने के लिए उसी प्रणाली को अपनाते हैं, जिसका प्रयोग अज्ञानी और मूर्ख विज्ञान का निषेध करने के लिए करते हैं।

क्योंकि एक सद्भावना वाले व्यक्ति को जो प्रत्यक्ष प्रमाण प्रतीत होता है वह कुछ सीखने के अनिच्छुक को पाखण्ड लगता है।

१७.९.१९६९

१५२—जब हमारा मन जड़तत्त्व में सन्निहित होता है तब हम समझते हैं कि केवल जड़तत्त्व ही सत्य है; जब हम जड़ातीत चेतना में पीछे हट आते हैं तब हम जड़तत्त्व को एक छद्मवेश के रूप में देखते तथा यह अनुभव करते हैं कि केवल चेतना के अन्दर ही जीवन को सद्वस्तु का स्पर्श प्राप्त है। तब भला इन दोनों में से कौन सत्य है? मालूम नहीं, भगवान् जानें। परन्तु जिस मनुष्य को दोनों अनुभव हो चुके हों वह आसानी से कह सकता है कि कौन-सी अवस्था अधिक ज्ञानदायी, अधिक सामर्थ्यपूर्ण तथा अधिक आनन्दमयी है।

१५३—मैं विश्वास करता हूं कि अभौतिक चेतना भौतिक चेतना की अपेक्षा कहीं अधिक सत्य है। क्योंकि मैं पहली में यह जानता हूं कि दूसरी में मुझसे क्या छिपा हुआ है तथा साथ ही जड़तत्त्व में मन जो कुछ जानता है उसे भी मैं अधिकृत कर सकता हूं।

हम सदा ही अभौतिक चेतना में कैसे निवास कर सकते हैं?

तुम ऐसा नहीं कर सकते और यह ठीक भी नहीं होगा।

श्रीअरविन्द जिस भौतिक चेतना और अभौतिक चेतना की चर्चा कर रहे हैं उससे अधिक उच्च चेतना के विषय में यहां उन्होंने कुछ नहीं कहा है;—दूसरे शब्दों में, वे उस अतिमानसिक चेतना के विषय में कुछ नहीं कह रहे जो अन्य समस्त चेतनाओं को अपने अन्दर धारण करती है तथा इस प्रकार सत्ता के सभी स्तरों का ज्ञान प्राप्त कर सकती है। इसी चेतना के लिए व्यक्ति को अभीप्सा करनी चाहिये, केवल यही हमें समग्र सत्य का ज्ञान प्रदान कर सकती है।

१८.९.१९६९

१५४—स्वर्ग और नरक केवल आत्मा की चेतना में अस्तित्व रखते हैं। ठीक है, पर उसी तरह यह पृथ्वी और उसके भू-खण्ड, समुद्र और खेत, रेगिस्तान, पहाड़ और नदियां भी अस्तित्व रखते हैं। समूचा जगत् ही परमात्मा के दर्शन के प्रबन्ध के अतिरिक्त और कुछ नहीं है।

१५५—मात्र एक ही आत्मा है और एक ही सत् है; अतएव, हम सब एक ही विषय-वस्तु को देखते हैं; परन्तु एक आत्मसत्ता के अन्दर मन और अहंकार की बहुतेरी गांठें हैं, अतएव हम एक ही 'विषय-वस्तु' को विभिन्न प्रकार के आलोक और छायाओं में देखते हैं।

१५६—आदर्शवादी भूल करता है; सच पूछो तो 'मन' ने इन सब जगतों की सृष्टि नहीं की थी, बल्कि जिसने मन की सृष्टि की थी उसी ने उनकी भी सृष्टि की। मन केवल गलत रूप में देखता है, क्योंकि जो कुछ सृष्ट हुआ है उसे वह आंशिक रूप में तथा एक-एक ब्योरे को देकर देखता है।

यहां, हमारे जीवन में, आदर्शवाद हमें किस ढंग से सहायता पहुंचा सकता है?

ऐसा प्रतीत होता है कि श्रीअरविन्द यहां दर्शन की उस पद्धति की चर्चा करते लगते हैं जो यह घोषणा करती है कि 'विचार' ने ही जगतों का निर्माण किया है। स्वभावतया, यह बात गलत है।

जो आदर्शवादी जड़पदार्थ के दास बनने से इन्कार करते हैं उन्हें इस दर्शन का अनुसरण करने की आवश्यकता नहीं है, वे अपने आदर्शवाद के द्वारा दूसरों को भौतिक इच्छाओं के दास न बने रहने में सहायता कर सकते हैं।

२२.९.१९६९

१५७—रामकृष्ण ने यह कहा था और विवेकानन्द ने यह कहा था। हां, परन्तु मुझे उन सत्यों को भी जान लेने दो जिन्हें अवतार ने वाणीबद्ध नहीं किया और पैगम्बर ने अपनी शिक्षाओं में प्रकट नहीं किया। मनुष्य के विचार ने हमेशा जो कुछ चिन्तन किया है और मनुष्य की जिह्वा ने जो कुछ कभी उच्चारित किया है भगवान् में उससे बहुत अधिक सर्वदा बना रहेगा।

१५८—रामकृष्ण क्या थे? मानव-शरीर में अभिव्यक्त भगवान्; परन्तु पीछे की ओर अपनी अनन्त निर्वैयक्तिकता तथा अपने विश्वमय व्यक्तित्व के साथ स्वयं भगवान् विराजमान रहते हैं। और विवेकानन्द क्या थे? शिव के नेत्र के एक उज्जवल कटाक्ष; परन्तु उनके पीछे विद्यमान है वह भागवत दृष्टि जिससे वे उत्पन्न हुए और स्वयं शंकर उत्पन्न हुए और ब्रह्मा, विष्णु तथा सर्वातीत ॐ प्रकट हुए।

जब एक बार अतिमानसिक चेतना दृढ़तापूर्वक स्थापित हो जायेगी तो क्या तब भी अवतारों को पृथ्वी पर जन्म लेने की आवश्यकता पड़ेगी?

इस प्रश्न का उत्तर देना तब अधिक सरल होगा जब अतिमानस सजीव सत्ताओं के द्वारा पृथ्वी पर अभिव्यक्त होगा।

मैंने सदा लोगों को यह कहते सुना है कि श्रीअरविन्द "अन्तिम अवतार" थे; किन्तु शायद वे मनुष्य शरीर में अन्तिम अवतार हैं—बाद की बात किसी को नहीं पता...।

२३.९.१९६९

१५९—जो कृष्ण को, नर में अवस्थित नारायण को नहीं पहचानता वह भगवान् को सम्पूर्णतः नहीं जानता; जो केवल कृष्ण को जानता है वह कृष्ण को भी नहीं जानता; फिर यह विपरीत सत्य भी पूर्णतः सत्य है कि यदि तू एक नन्हें मुरझाये हुए, कुरूप और सुगन्धहीन पुष्प में सम्पूर्ण भगवान् को देख सके तो तूने उनके

परम सत्य को आयत्त कर लिया है।

एक बार जब किसी ने श्रीअरविन्द का योगमार्ग पकड़ लिया है, तो क्या उसे अन्य सब देवी-देवताओं की पूजा को छोड़ नहीं देना चाहिये?

जो व्यक्ति सच्चे रूप से श्रीअरविन्द के मार्ग का अनुसरण करता है, जैसे ही उसे इस मार्ग का अनुभव प्राप्त होना शुरू होगा, उसके लिए अपनी चेतना को किसी भी देवी और देवता की पूजा में या उन सबकी सम्मिलित पूजा में लगाना असम्भव हो जायेगा।

२६.९.१९६९

१६०—निःसार दार्शनिक ज्ञान के व्यर्थ जालों तथा अनुर्वर बौद्धिकता की सूखी धूल को त्याग दो। केवल वही ज्ञान पाने योग्य है जिसका उपयोग जीवन्त आनन्द प्राप्त करने के लिए किया जा सके और जिसे स्वभाव, कर्म, रचना और सत्ता में व्यक्त किया जा सके।

१६१—जो ज्ञान तुझे प्राप्त है बस वैसा ही बन और उसी को जीवन में उतार; तभी तेरा ज्ञान तेरे अन्दर विद्यमान जीवन्त भगवान् होगा।

किस हद तक "बौद्धिक शिक्षण" हमारे मार्ग में सहायता पहुंचा सकता है?

यदि बौद्धिक शिक्षण को उसकी चरम सीमा तक ले जाया जाये तो वह मन को इस असन्तोषजनक निष्कर्ष तक ले जाता है कि वह 'सत्य' को जानने में असमर्थ है और उन लोगों को, जिनकी अभीप्सा सच्ची है, यह (बौद्धिक शिक्षण) निश्चल रहने की और उस निश्चलता में उच्चतर स्तरों की ओर खुलने की आवश्यकता की ओर ले जाता है जिनसे ज्ञान प्राप्त हो सकता है।

२७.९.१९६९

१६२—क्रमविकास अभी समाप्त नहीं हुआ है; तर्कबुद्धि प्रकृति का अन्तिम तत्त्व नहीं है, न चिन्तनशील पशु ही उसकी सर्वोच्च रचना है। जैसे मनुष्य पशु में से आविर्भूत हुआ, वैसे ही मनुष्य में से अतिमनुष्य आविर्भूत हो रहा है।

मैं इस सूत्र को अंग्रेजी में देखना चाहूंगी कि श्रीअरविन्द ने "आविर्भूत होना" क्रिया को किस काल में प्रयुक्त किया है, वर्तमान काल में या भविष्य में।

यदि यह भविष्यत् काल में प्रयुक्त हुई है तो यह एक आश्वासन है जिसे हम सब जानते हैं और जिसकी संसिद्धि के लिए हम कार्य कर रहे हैं। और यदि वर्तमान काल में... तो मुझे और कुछ नहीं कहना है।

२९.९.१९६९

१६३—कठोरतापूर्वक नियम पालन करने की शक्ति ही स्वाधीनता की भित्ति है; इसी कारण अधिकांश साधनाओं में जीव को अपने दिव्य स्वरूप की पूर्ण स्वाधीनता में ऊपर उठ जाने से पहले अपने निम्नतर अंगों में विधि-विधान के अधीन रहना पड़ता तथा उसे जीवन में संसिद्ध करना पड़ता है। जो साधनाएं स्वाधीनता से आरम्भ होती हैं वे केवल उन शक्तिधर मनुष्यों के लिए हैं जो स्वभावतः मुक्त हैं अथवा अपने पूर्व जन्मों में अपनी स्वतन्त्रता स्थापित कर चुके हैं।

१६४—जो स्वेच्छा-स्वीकृत विधान को स्वतन्त्रतापूर्वक तथा पूर्णता और समझदारी के साथ पालन करने में पीछे रह जाते हैं, उन्हें दूसरों की इच्छा के अधीन रखना चाहिये। राष्ट्रों की पराधीनता का यह एक प्रधान कारण है। जब किसी शासक के पैरों तले उनका ऊधमी अहंकार कुचला जा चुकता है, तब उन्हें स्वतन्त्रता द्वारा स्वतन्त्रता प्राप्त करने के योग्य बनने का एक नवीन अवसर प्रदान किया जाता है अथवा, यदि उनमें शक्ति होती है तो वे इसे

स्वयं आयत्त कर लेते हैं।

वे कौन-सी साधनाएं हैं जो "स्वाधीनता से आरम्भ होती हैं", जिनकी यहां श्रीअरविन्द ने चर्चा की है?

मैं सोचती हूं कि इससे श्रीअरविन्द का अभिप्राय प्रारम्भिक दीक्षा-सम्बन्धी उन विभिन्न अनुशासनों से है जिनका ऐसे दीक्षागृहों में उन दिनों अभ्यास किया जाता था जब कि इनका अपना कुछ महत्त्व और अपनी सत्ता होती थी।

हमारा युग बहुत भौतिकतावादी बन गया है; वह अब ऐसे दीक्षागृहों को वही महत्त्व या वही अधिकार नहीं देता।

३०.९.१९६९

१६५—हमारी असंस्कृत स्थिति में स्वतन्त्रता का अर्थ है दूसरों के विधान को नहीं, वरन् स्वयं अपने लादे हुए विधान को मानना। मात्र भगवान् के अन्दर तथा आत्मा की प्रभुता के द्वारा ही हम पूर्ण स्वतन्त्रता का उपभोग कर सकते हैं।

सच्ची स्वाधीनता का अर्थ है भगवान् के साथ सतत रूप में एक होकर रहना और केवल वही करना जो भगवान् हमसे कराते हैं।

किन्तु तब तक दूसरे व्यक्तियों के नियम और सामाजिक एवं नैतिक परिपाटियों को मानने की अपेक्षा अपने ऊपर एक कर्म और व्यवहार-सम्बन्धी उच्चतर नियम लागू करना तथा सावधानी से उसका पालन करना अधिक अच्छा है।

१.१०.१९६९

जब व्यक्ति समाज में रहता है, तो क्या उसके लिए अक्सर अपनी इच्छा द्वारा प्रयुक्त नियमों को मानने के स्थान पर दूसरों द्वारा लागू नियमों को मानना आवश्यक नहीं हो जाता?

स्पष्ट ही, यदि व्यक्ति समाज में रहना चाहे या रहने को सम्मत हो तो उसे समाज के नियम मानने ही होंगे, अन्यथा व्यक्ति अव्यवस्था और गड़बड़ी का कारण बन जाता है।

किन्तु जो अनुशासन स्वेच्छा से स्वीकार किया जाता है वह उच्चतर चेतना के आन्तरिक विकास और प्रगति के लिए हानिकारक नहीं हो सकता।

३.१०.१९६९

१६६—पाप और पुण्य का दोहरा विधान हमारे ऊपर इस कारण लाद दिया गया है कि अभी हमें वह आदर्श जीवन और आन्तरिक ज्ञान नहीं प्राप्त है जो आत्मा को सहज-स्वाभाविक तथा अभ्रान्त रूप से उसकी आत्मपरिपूर्णता की ओर ले जाता है। पाप-पुण्य का विधान हमारे लिए समाप्त हो जाता है जब भगवान् का सूर्य अपनी अनावृत गरिमा के साथ सत्य एवं प्रेम में स्थित अन्तरात्मा के ऊपर चमकता है। उस समय मूसा का स्थान ईसा, शास्त्र का स्थान वेद[1] ले लेता है।

क्या आपके ख्याल में पाप और पुण्य के इस विचार ने मानव जाति का कुछ हित किया है?

जैसा कि श्रीअरविन्द ने कहा है, पाप और पुण्य का नियम उस समय जब कि हजारों वर्ष पहले यह मानव जाति पर लागू किया गया था, निश्चय ही उसके विकास के लिए आवश्यक था। किन्तु आज इसका न कोई अर्थ रह गया है न कोई उपयोगिता। और, अब इसकी ओर ध्यान देने की आवश्यकता नहीं।

यह अतीत का वह अंग है जिसका अधिकार अब और नहीं माना जाना चाहिये।

[1] शास्त्र—ग्रन्थ; वेद—ज्ञान।

किन्तु ऐसा करने के लिए, इसका स्थान एक अधिक आलोकित और सच्चे नियम को लेना होगा, अव्यवस्था और भ्रष्टता को नहीं।

४.१०.१९६९

और यह अधिक आलोकित नियम[1] कौन-सा है?

भागवत आदेश के प्रति पूर्ण और सहज आज्ञाकारिता। इसी आदेश को समस्त नियमों का स्थान लेना चाहिये।

२६.९.१९६९

क्या सभी सामाजिक और नैतिक प्रथाओं को तोड़ना अच्छा है, जैसा कि नयी पीढ़ी कर रही है? क्या इन चीजों का कुछ मूल्य नहीं है?

जिस चीज का एक युग में मूल्य होता है उसका दूसरे युग में कोई मूल्य नहीं रह जाता, क्योंकि मानव-चेतना विकास करती रहती है। किन्तु तुम्हें एक बात पर विशेष ध्यान देना होगा कि जिस नियम को मानना बन्द किया जाये उसके स्थान पर एक ऐसे अधिक ऊंचे और अधिक सच्चे नियम को रखा जाये जो आने वाली संसिद्धि को पाने में सहायता कर सके।

तुम्हें किसी कानून को तोड़ने का अधिकार तब तक नहीं है जब तक कि तुम उससे ऊंचे और अच्छे नियम को जान न लो और उसका पालन न कर सको।

५.१०.१९६९

उच्चतर नियम[2] का कैसे पालन किया जाये?

प्रत्येक क्षण वही करो जो भगवान् तुमसे चाहते हैं।

२६.९.१९६९

[1] यह प्रश्न तब पूछा गया था जब ये टीकाएं १९७० में पहली बार प्रकाशित हुई थीं।

[2] यह प्रश्न तब पूछा गया था जब ये टीकाएं १९७० में पहली बार प्रकाशित हुई थीं।

१६७—जब हम अज्ञान के बन्धनों में जकड़े रहते हैं तब भी अन्तरस्थ भगवान् हमें सर्वदा ठीक-ठीक पथ से ले चलते हैं; परन्तु उस हालत में, यद्यपि लक्ष्य सुनिश्चित होता है, हम उसे चक्कर काटते हुए तथा गलत रास्ते में भटकते हुए प्राप्त करते हैं।

भगवान् के द्वारा पूर्वदृष्ट लक्ष्य सदा प्राप्त होता है, किन्तु केवल वही लोग उसे सीधे और चेतन रूप में प्राप्त कर सकते हैं जिनकी चेतना भागवत चेतना के साथ एक हो गयी है। अन्य लोग—उनकी एक बड़ी संख्या जो केवल अपनी बाह्य सत्ता के प्रति सचेतन है—बहुत-से चक्कर काटकर ही लक्ष्य को प्राप्त करते हैं, और इसमें कभी-कभी ऐसा भी प्रतीत होता है कि वे अपने लक्ष्य से विमुख हो गये हैं।

६.१०.१९६९

१६८—योग में 'क्रॉस' (+) सूचित करता है उस अन्तरात्मा और प्रकृति को जो अपने प्रगाढ़ तथा पूर्ण एकत्व को प्राप्त कर चुके हैं; परन्तु अज्ञान की गन्दगियों के अन्दर हमारा पतन हो जाने के कारण यह दुःख-भोग और पवित्रीकरण का प्रतीक बन गया है।

१६९—ईसामसीह पवित्र बनाने के लिए जगत् में आये, पूर्ण बनाने के लिए नहीं। स्वयं उनको यह भविष्य-ज्ञान प्राप्त था कि उनका जीवन-कार्य असफल हो जायेगा तथा उन्हें फिर से भगवान् की तलवार लेकर उसी जगत् में वापस आने की आवश्यकता होगी जिसने उनको अस्वीकार कर दिया था।

इस सूत्र में "भगवान् की तलवार" का क्या अर्थ है?

भगवान् की तलवार वह शक्ति है जिसका सामना कोई नहीं कर सकता।

७.१०.१९६९

१७०—मुहम्मद का मिशन आवश्यक था, अन्यथा हम आत्मशुद्धि के प्रयास की अतिरंजना के कारण इस विचार के साथ ही इतिश्री कर देते कि पृथ्वी केवल साधु-संन्यासियों के लिए ही अभिप्रेत है तथा नगरों का निर्माण रेगिस्तान की ड्योढ़ी के रूप में ही हुआ था।

१७१—जब सब कुछ कहा जा चुका हो तो अन्ततः प्रेम और शक्ति एक साथ मिलकर ही जगत् की रक्षा कर सकते हैं, केवल प्रेम या केवल शक्ति नहीं। इसी कारण ईसा को एक दूसरे आविर्भाव की प्रतीक्षा करनी पड़ी तथा मुहम्मद का धर्म, जहां वह रुक नहीं गया है, इमामों के द्वारा किसी मेहदी की प्रतीक्षा करता है।

अकेला प्रेम, जिसका प्रचार ईसा ने किया था, मनुष्यों को बदल नहीं सका। अकेली शक्ति भी, जिसकी शिक्षा मुहम्मद ने दी, मनुष्यों को परिवर्तित नहीं कर सकी, कोसों दूर रही।

इसीलिए जो चेतना आज मनुष्य के रूपान्तर के लिए कार्य कर रही है उसने शक्ति और प्रेम को संयुक्त कर दिया है और जिसने इस रूपान्तर को साधित करना है वह भागवत प्रेम की शक्ति के साथ ही पृथ्वी पर अवतरित होगा।

१०.१०.१९६९

१७२—नियम-कानून जगत् की रक्षा नहीं कर सकता, इसीलिए मूसा के अध्यादेश मानवता के लिए मर गये हैं तथा ब्राह्मणों के शास्त्र भ्रष्ट और म्रियमाण हैं। जो विधान स्वतन्त्रता के अन्दर मुक्त कर दिया जाता है वही मुक्तिदाता बनता है। पण्डित नहीं योगी; संन्यास नहीं, कामना, अज्ञान तथा अहंभाव का आन्तरिक परित्याग आवश्यक है।

यह एक निर्विवाद स्पष्टीकरण है, और हम ठीक यही करने का प्रयत्न

कर रहे हैं। किन्तु मानव प्रकृति विद्रोही होती है, उसे कामना, अज्ञान और अहंभाव के त्याग के मूल्य पर स्वाधीनता प्राप्त करना कठिन लगता है।

अधिकतर लोग कामना, अज्ञान और अहंभाव से रहित मुक्ति की अपेक्षा उनकी दासता अधिक पसन्द करते हैं।

१३.१०.१९६९

१७३—एक बार विवेकानन्द ने भी भावावेश में आकर इस मिथ्या सिद्धान्त को स्वीकार कर लिया था कि साकार भगवान् इतने अधिक अनैतिक होंगे कि उन्हें सहा नहीं जा सकता और सभी भले आदमियों का यह कर्तव्य है कि उन (भगवान्) का विरोध करें। परन्तु कोई सर्वशक्तिमान् अतिनैतिक संकल्प-शक्ति और बुद्धि यदि जगत् का संचालन करती हो तो निश्चय ही उसका विरोध करना असम्भव है; हमारा विरोध केवल उन्हीं के उद्देश्यों को पूरा करेगा और वास्तव में वह उन्हीं के द्वारा निर्देशित होगा। अतएव, उन्हें तिरस्कृत या अस्वीकृत करने के बदले क्या उनकी खोज करना और उन्हें जानना कहीं अधिक अच्छा नहीं है?

१७४—अगर हम भगवान् को जानना चाहें तो हमें अपने अहंकारपूर्ण तथा अज्ञानमय मानवीय मानदण्डों का त्याग करना होगा अथवा उन्हें उन्नत और सार्वभौम बनाना होगा।

मानव बुद्धि के अनुसार संसार भयंकर रूप से अनैतिक है, दुःख और कुरूपता से भरा हुआ है, विशेषतया मनुष्य जाति के आविर्भाव के बाद से। इसलिए मानव चेतना के लिए यह स्वीकार करना कठिन है कि यह संसार भगवान् की अपनी कृति है। कारण, यह मनुष्य को एक सर्वशक्तिमान् दैत्य का कार्य प्रतीत होता है।

किन्तु श्रीअरविन्द यह भी कहते हैं कि बुरा-भला कहने के स्थान पर समझने का प्रयत्न करना अधिक अच्छा है।

और निस्सन्देह, समझने का सर्वश्रेष्ठ ढंग यही है कि अपने-आपको इस सर्वोच्च चेतना के साथ संयुक्त करें ताकि हम उसी प्रकार देखें जैसे वह देखती है और उसी प्रकार समझें जैसे वह समझती है? निश्चय ही यही एकमात्र सच्ची बुद्धिमत्ता है।

और योग ही सर्वोच्च सत्ता के साथ संयुक्त होने का सच्चा पथ है।

१५.१०.१९६९

१७५—चूंकि एक भला मनुष्य मर जाता या असफल होता है और बुरे लोग जीते रहते और विजयी होते हैं, इसलिए क्या भगवान् बुरे हैं? इसमें मुझे कोई तर्क नहीं दीखता। सबसे पहले तो मुझे यह प्रतीति हो जानी चाहिये कि मृत्यु और असफलता अशुभ हैं; मैं कभी-कभी सोचता हूं कि जब वे आती हैं तब, उस समय, हमारे लिए क्षणिक परम शुभ होती हैं। परन्तु हम अपने हृदयों और स्नायुओं के धोखे में रहते हैं और यह तर्क करते हैं कि जिस वस्तु को वे पसन्द नहीं करते या नहीं चाहते वह निस्सन्देह बुरी होगी।

किन्तु उन लोगों के बारे में क्या कहा जाये जो अभागे हैं और जो कुछ हाथ में लेते हैं उसमें असफल होते हैं?

सबसे पहले, और सदा के लिए यह जान लेना चाहिये कि नसीब जैसी कोई चीज नहीं है, न अच्छी, न बुरी।

जो वस्तु हमारे अज्ञान को नसीब प्रतीत होती है, वह बस उन कारणों का फल है जिनके बारे में हम कुछ नहीं जानते।

यह निश्चित है कि जिसमें इच्छाएं है और जिसकी इच्छाएं पूरी नहीं होतीं उसके लिए यह उस बात का चिह्न है कि भागवत कृपा उसके साथ है और वह उसे अनुभव के द्वारा द्रुत वेग से प्रगति के पथ पर चलाना चाहती है और उसे यह सिखाती है कि भगवदिच्छा के प्रति सहज और स्वेच्छापूर्वक किया गया समर्पण किसी भी इच्छा की तुष्टि से निश्चित

रूप में कहीं अधिक प्रसन्नता प्रदान करता है, एक ऐसी प्रसन्नता जो शान्ति और प्रकाश से युक्त होती है।

१७.१०.१९६९

१७६—जब मैं अपने विगत जीवन का सिंहावलोकन करता हूं तो देखता हूं कि यदि मैं असफल न हुआ होता और कष्ट न भोगता तो अपने जीवन के चरम वरदानों को ही खो देता; फिर भी पीड़ा और विफलता के समय में दुर्भाग्य का अनुभव करके विकल हो गया था। चूंकि हम अपनी नाक के नीचे घटित एक घटना के अतिरिक्त और कोई चीज नहीं देख पाते इसीलिए हम इस तरह रोते-धोते और हो-हल्ला मचाते हैं। शान्त हो जाओ, ऐ मूर्ख हृदयो! अहंभाव का वध कर डालो, विशालता तथा सार्वभौमता की दृष्टि से देखना और अनुभव करना सीखो।

१७७—पूर्ण विश्वव्यापक दृष्टि तथा विश्वमय भाव समस्त भूल-भ्रान्ति तथा दुःख-कष्ट की दवा हैं; परन्तु अधिकांश व्यक्ति केवल अपनी अहंता के क्षेत्र को ही विस्तारित करने में सफल होते हैं।

"विश्वव्यापक दृष्टि और विश्वमय भाव" क्या हैं और इन्हें कैसे प्राप्त किया जा सकता है?

इसका अर्थ बस यही है, एक ही साथ समग्र पृथ्वी का दर्शन और उस समय दर्शन के परिणामस्वरूप पैदा होने वाली भावना। इस सबमें *एक साथ* सब कुछ विद्यमान होता है, प्रकाश और अन्धकार, कष्ट और आनन्द, सुख और .दु:ख, और यह सब फिर भगवान् के प्रति पूजा-भाव का एक स्पन्दन उत्पन्न कर देता है, ठीक उसी प्रकार जिस प्रकार सभी ध्वनियां एक साथ सुनी जाने पर परम आवाहन की एक ही ध्वनि ॐ बन जाती हैं।

१८.१०.१९६९

१७८—मनुष्य कहते हैं और सोचते हैं : "अपने देश के लिए!" "मनुष्यजाति के लिए!" "जगत् भर के लिए!" परन्तु सच पूछो तो उनका मतलब होता है : "अपने देश के अन्दर दृष्ट स्वयं अपने स्व के लिए!", "मनुष्यजाति में दृष्ट अपने स्व के लिए!", "अपने ख्याल के अनुसार संसार के रूप में कल्पित अपने स्व के लिए!" वह एक प्रकार की विस्तृति हो सकती है, पर वह मुक्ति नहीं है। विशालता में निर्बन्ध होकर रहना और एक विशाल कारागार में बद्ध रहना—ये दोनों स्वतन्त्रता की एक जैसी अवस्थाएं नहीं हैं।

स्वतन्त्र होने के लिए, कारागार में से निकलना ही होगा। और यह कारागार अहं है—पृथक् व्यक्तित्व की यह भावना। मुक्त होने के लिए व्यक्ति को चेतन और समग्र रूप में सर्वोच्च सत्ता के साथ तादात्म्य स्थापित करना होगा, और इस तादात्म्य के द्वारा अपने अहं की सीमाओं को तोड़ना होगा और अपने-आपको जगत् जितना विशाल बनाकर अहं के अस्तित्व को ही समाप्त कर देना होगा, चाहे चेतना का व्यष्टि रूप बना भी रहे।

१९.१०.१९६९

१७९—अपने पड़ोसी के अन्दर विद्यमान भगवान् के लिए, स्वयं अपने अन्दर विद्यमान भगवान् के लिए, अपने देश में तथा अपने शत्रु के देश में विद्यमान भगवान् के लिए, मनुष्य जाति में विद्यमान भगवान् के लिए, वृक्ष, पत्थर और पशु में विद्यमान भगवान् के लिए, जगत् में और जगत् से बाहर विद्यमान भगवान् के लिए जीवन धारण करो और तब समझो कि तुम स्वतन्त्रता के सीधे पथ पर हो।

इसके साथ कुछ और जोड़ने को नहीं है। यह सत्य है—बहुत स्पष्ट रूप से सत्य—और निश्चयता प्राप्त करने के लिए व्यक्ति को यह अनुभूति प्राप्त करनी होगी, क्योंकि केवल अनुभूति ही पूरी तरह विश्वास दिलाती है।

२१.१०.१९६९

१८०—न्यूनतर और बृहत्तर दोनों प्रकार की शाश्वतताएं हैं; क्योंकि शाश्वतता आत्मा से सम्बन्धित एक शब्द है और वह काल के अन्दर भी विद्यमान रह सकती है तथा साथ ही काल का अतिक्रमण भी कर सकती है। जब शास्त्र "शाश्वतीः समाः" कहते हैं तब उनका मतलब काल के एक दीर्घ प्रसार और स्थायित्व से या प्रायः एक अपरिमेय कल्प से होता है; एकमात्र 'पूर्ण भगवान्' में ही पूर्ण शाश्वतता है। फिर भी जब कोई भीतर प्रवेश करता है तब देखता है कि यथार्थ में सभी वस्तुएं शाश्वत हैं; कहीं अन्त नहीं है और न कभी कोई आरम्भ ही था।

शाश्वतता की अनुभूति कैसे प्राप्त की जाये?

शाश्वत, अर्थात्, भगवान् के साथ अपने-आपको संयुक्त करके।

२३.१०.१९६९

१८१—जब तुम किसी दूसरे को मूर्ख कहते हो, जैसा कि तुम कभी-कभी करते ही हो, तब उसके साथ यह भी मत भूलो कि तुम स्वयं भी सारी मनुष्यजाति में सबसे बड़े मूर्ख रहे हो।

१८२—भगवान् मौके पर मूर्ख बनना पसन्द करते हैं; मनुष्य मौके-बेमौके मूर्ख बनता है। अन्तर बस इतना ही है।

कुछ वर्षों से हम देख रहे हैं कि प्रायः हमारे सभी बच्चे, बड़े या छोटे, अपनी नित्यप्रति की भाषा में असभ्य शब्दों का व्यवहार करने लगे हैं। उदाहरणार्थ, प्रत्येक वाक्य के बीच में वे "मूर्ख", "बेवकूफ" आदि,... तथा इसी प्रकार की अन्य भारतीय भाषाओं की गालियां प्रयुक्त करते हैं, यद्यपि उसमें उनका कोई बुरा भाव नहीं होता। उनकी इस बुरी आदत को, जो अब काफी बढ़ चुकी है, कैसे दूर किया जाये?

इसका एकमात्र उपाय है उन्हें यह सिखाना कि बोलने से पहले सोच लें तथा केवल वही शब्द मुंह से निकालें जो विचार को प्रकट करने के लिए अति अनिवार्य हों।

जितना कम बोला जाये, उतना ही अच्छा। और यदि किसी दूसरे को कुछ बताना अनिवार्य हो तो बुद्धिमत्ता इसी में है कि अनिवार्य शब्द ही बोले जायें, उससे अधिक कुछ नहीं।

२४.१०.१९६९

१८३—बौद्धों की दृष्टि में एक चींटी को डूबने से बचा लेना एक साम्राज्य स्थापित करने से भी अधिक बड़ा कार्य है। इस विचार में एक सत्य है, पर एक ऐसा सत्य जिसे आसानी से अतिरंजित किया जा सकता है।

१८४—एक गुण को,—करुणा तक को,—अनुचित रूप में सभी गुणों से ऊंचा उठा देने का तात्पर्य है अपने ही हाथों से प्रज्ञा की आंखों को बंद कर देना। भगवान् निरन्तर एक सामञ्जस्य की ओर अग्रसर होते हैं।

सभी अतिशयोक्तियों, सभी पृथक्करणों का अर्थ है सन्तुलन का अभाव और सामञ्जस्य में दरार, अतएव, यह सब उस व्यक्ति के लिए एक भूल होती है जो कि पूर्णता की खोज करता है। कारण, पूर्णता केवल सर्वोच्च समस्वरता में ही निवास कर सकती है।

२८.१०.१९६९

१८५—जब तक तेरी आत्मा भेद-भाव करती है तब तक तू दुःखी पशुओं के प्रति दया-भाव बनाये रख सकता है; परन्तु मानवता तुझसे कोई और महत्तर वस्तु पाने की अधिकारिणी है, वह तुझसे प्रेम की, सहानुभूति की, बन्धुत्व की, समान व्यक्ति

तथा भाई से प्राप्त होने वाली सहायता की मांग करती है।

१८६—संसार के कल्याण में अशुभ के योगदान से तथा कभी-कभी पुण्यात्माओं से पहुंचने वाली हानि से कल्याणकामी अन्तरात्मा को कष्ट पहुंचता है। फिर भी न तो दुःखी होओ न विभ्रान्त, बल्कि मानवता के साथ भगवान् जिन तरीकों से व्यवहार करते हैं उनकी खोज करो तथा उन्हें शान्तिपूर्वक समझो।

श्रीअरविन्द यहां यह कहना चाहते हैं कि चेतना की एक ऊंचाई है जहां शुभ और अशुभ की सामान्य धारणाएं अपना समस्त मूल्य खो देती हैं।

वे हमें अपनी चेतना में ऊपर उठने की, पृथ्वी पर जिस प्रकार वस्तुएं घटती हैं उससे प्रभावित होने के स्थान पर भगवान् के साथ संयुक्त होने की सलाह देते हैं। तभी हम समझ सकेंगे कि चीजें ऐसी क्यों हैं।

२९.१०.१९६९

१८७—भगवान् के विधान में अशुभ नाम की कोई चीज नहीं है, है केवल शुभ या उसके लिए तैयारी।

१८८—पुण्य और पाप इसलिए बनाये गये थे कि तेरी आत्मा संघर्ष और प्रगति करे; परन्तु जहां तक परिणाम का सम्बन्ध है वे भगवान् के हाथों में हैं, जो पाप और पुण्य से परे रहकर अपने-आपको चरितार्थ करते हैं।

पाप और पुण्य विकास और प्रगति की आवश्यकता की पूर्ति के लिए मानव मन के आविष्कार हैं—किन्तु दिव्य चेतना में पाप और पुण्य का अस्तित्व नहीं है।

समूचा विश्व ही 'उस' वस्तु की ओर एक धीमी आरोहणशील विकास-क्रिया है जिसे उसे अभिव्यक्त करना है।

३०.१०.१९६९

१८९—अन्तर में निवास करो; बाह्य घटनाओं से विचलित मत होओ।

१९०—दानशीलता के दिखावे के लिए अपने दानों को सर्वत्र न बिखेरो; तुम जिसकी सहायता करते हो उसे समझो और उससे प्रेम करो। अपने अन्दर अपनी आत्मा को वर्द्धित होने दो।

१९१—जब तुम्हारे संग गरीब हों तो गरीबों की सहायता करो; परन्तु एक बात का भी ख्याल रखो और प्रयास करो कि तुम्हारी सहायता पाने के लिए कोई गरीब ही न बना रहे।

भगवान् के लिए सतत अभीप्सा करते हुए अपने अन्दर निवास करना ही हमें जीवन की ओर एक मुस्कराहट के साथ देखने तथा शान्तिपूर्वक रहने के योग्य बनाता है, बाह्य परिस्थितियां कैसी भी क्यों न हों।

गरीबों के बारे में श्रीअरविन्द कहते हैं कि गरीबों की सहायता करना अच्छा है बशर्ते कि यह दान का एक व्यर्थ दिखावा न हो। किन्तु गरीबी का निवारण ढूंढ़ना कहीं अधिक बड़ा कार्य है, जिससे कि पृथ्वी पर कोई गरीब ही न रहे।

३१.१०.१९६९

१९२—भारत का प्राचीन सामाजिक आदर्श यह मांग करता था कि पुरोहित स्वेच्छापूर्वक सादा जीवन यापन करे, पवित्रता और विद्वत्ता से परिपूर्ण हो तथा समाज को निःशुल्क शिक्षा प्रदान करे; राजा युद्ध करे, शासन करे, दुर्बलों की रक्षा करे एवं युद्धक्षेत्र में अपना जीवन अर्पित कर दे; वैश्य व्यापार करे, उपार्जन करे तथा अपना उपार्जित धन मुक्तहस्त होकर समाज को वापिस लौटा दे, और शूद्र शेष समाज के लिए एवं भौतिक वस्तुओं की प्राप्ति के लिए परिश्रम करे। शूद्र के दासत्व की क्षतिपूर्ति के लिए उसने

उसे आत्म-त्याग के कर, रक्त के कर तथा धन-सम्पत्ति के कर से मुक्त कर दिया था।

आरम्भ में, कोई छः हजार वर्ष पहले, यह बिलकुल ठीक था, और प्रत्येक का *उसकी प्रकृति के अनुसार* वर्गीकरण किया जाता था। बाद में यह एक कठोर सामाजिक प्रथा बन गयी, अर्थात्, जन्म के अनुसार वर्गीकरण होने लगा और अन्त में यह इतना मनमाना हो गया कि इसमें व्यक्ति के सच्चे गुण-स्वभाव की बिलकुल ही उपेक्षा कर दी गयी। तब यह विचार ही गलत हो गया और इसे समाप्त हो जाना पड़ा।

किन्तु ज्यों-ज्यों मनुष्य विकसित होता जा रहा है, त्यों-त्यों उसके व्यवसाय उसकी अधिकाधिक प्रकृति और योग्यता के अनुसार वर्गीकृत हो रहे हैं, उनमें कठोरता कम है और वे अधिकाधिक सच्चे बनते जा रहे हैं।

७.११.१९६९

१९३—दरिद्रता का होना एक अन्यायपूर्ण तथा कुव्यवस्थित समाज का प्रमाण है, और हमारी सार्वजनिक दानशीलता एक डाकू के विवेक का प्रथम और धीमा जागरण है।

१९४—हमारे प्राचीन महाकाव्य के रचयिता, वाल्मीकि, एक न्यायपरायण और प्रबुद्ध सामाजिक स्थिति के लक्षणों में केवल सार्वजनीन शिक्षा, नैतिकता तथा आध्यात्मिकता को ही नहीं, वरन् इस बात को भी गिनाते हैं कि ऐसा एक भी आदमी नहीं रह जाना चाहिये जो मोटा अन्न खाने के लिए बाध्य हो, ऐसा कोई भी व्यक्ति नहीं होना चाहिये जो मुकुटहीन और राजतिलक-विहीन हो, अथवा जो भोग-विलास का एक तुच्छ और हीन दास बनकर जीवन यापन करता हो।

१९५—श्रेणीगत या व्यक्तिगत रूप से दरिद्रता का वरण करना

महान् और उपकारी कार्य है, पर इसे यदि विकृत रूप से सर्व-सामान्य या राष्ट्रीय आदर्श के रूप में स्थापित किया जाये तो यह संहारक बन जाता है तथा जीवन से उसकी समृद्धि और प्रसारता को छीनकर उसे निःस्व बना देता है।

१९६—नैसर्गिक शरीर के लिए जैसे रोग आवश्यक नहीं है वैसे ही सामाजिक जीवन के लिए दरिद्रता की कोई आवश्यकता नहीं है; जीवन की अनुचित आदतें तथा समाज-सम्बन्धी समुचित संगठन के विषय में हमारा अज्ञान ही इन दोनों क्षेत्रों में परिहार्य विशृंखलता का भ्रमपूर्ण कारण है।

क्या ऐसा दिन आयेगा जब कोई गरीब नहीं रहेगा, न ही संसार में कोई दुःख रहेगा?

यह उन लोगों के लिए, जो श्रीअरविन्द की शिक्षा को समझते हैं एवं उसमें श्रद्धा रखते हैं, बिलकुल निश्चित है।

क्योंकि हम एक ऐसा स्थान बनाना चाहते हैं जहां ऐसा हो सके, इसीलिए हम ओरोवील की स्थापना करना चाहते हैं।

किन्तु हममें से प्रत्येक को अपना रूपान्तर करने का प्रयत्न करना चाहिये जिससे कि यह उपलब्धि सम्भव हो सके। कारण, मनुष्यों के कष्ट का एक अधिक बड़ा भाग उसकी अपनी भूलों—भौतिक और नैतिक दोनों—का परिणाम है।

८.११.१९६९

यह आप कैसे कहती हैं कि ओरोवील में कोई दुःख या कष्ट नहीं होगा, जब कि जो लोग ओरोवील में रहने के लिए आयेंगे वे इसी संसार के हैं, और इन्हीं दुर्बलताओं और इन्हीं दोषों के साथ पैदा हुए हैं?

मैंने यह कभी नहीं सोचा कि ओरोवील में कभी दुःख-कष्ट नहीं होगा,

क्योंकि मनुष्यों की वर्तमान स्थिति यह है कि वे कष्ट को पसन्द करते हैं और उसे बुरा-भला कहते समय भी उसे पुकारते रहते हैं।

किन्तु हम उन्हें शान्ति के साथ सचमुच प्रेम करने तथा आत्मा की समता को बनाये रखने की शिक्षा देने का प्रयत्न करेंगे।

मैं उस गरीबी और भिखारीपन की बात कहना चाहती थी जो लाचारी से हमें स्वीकार करने पड़ते हैं।

ओरोवील में जीवन की व्यवस्था इस प्रकार की जायेगी कि गरीबी वहां रहेगी ही नहीं—और यदि भिखारी बाहर से आयें भी, तो या तो उन्हें वहां से चले जाना पड़ेगा या उन्हें आश्रय देकर काम का आनन्द लेना सिखाया जायेगा।

९.११.१९६९

आश्रम और ओरोवील के आदर्श में मूल अन्तर क्या है?

भविष्य के प्रति और भगवान् की सेवा के प्रति अपनायी गयी वृत्ति के विषय में कोई मूल अन्तर नहीं है।

किन्तु आश्रम के निवासियों के विषय में यह समझा जाता है कि उन्होंने अपना जीवन योग के प्रति समर्पित किया है (विद्यार्थियों को छोड़कर जो यहां केवल अध्ययन के लिए आये हैं और जिनसे यह आशा नहीं की जाती कि वे जीवन में अपना चुनाव करके आये हैं)।

जब कि ओरोवील में प्रवेश पाने के लिए मानवजाति के विकास के लिए एक सामूहिक प्रयोग करना तथा इस प्रयोग के लिए केवल सद्भावना का होना ही पर्याप्त है।

१०.११.१९६९

१९७—स्पार्टा नहीं वरन् एथेंस मानवजाति के लिए विकास का आदर्श नमूना है। प्राचीन भारत अपनी विशाल धन-सम्पत्ति और विशाल उपभोग के आदर्श के साथ सबसे अधिक महान् था। आधुनिक भारत, जिसकी प्रवृत्ति राष्ट्रव्यापी तापस जीवन की है,

अपने जीवन में दुर्बलता एवं अवनति को प्राप्त हो गया है।

१९८—यह स्वप्न मत देखो कि जब तुम भौतिक दरिद्रता से मुक्त हो जाओगे तो मानवजाति प्रसन्न और सन्तुष्ट हो जायेगी अथवा समाज की सब बुराइयां, दुःख-दारिद्र्य तथा समस्याएं दूर हो जायेंगी। यह तो केवल पहली और निम्नतम आवश्यकता है। जब तक अन्तरस्थित आत्मा की व्यवस्था दोषपूर्ण रहेगी, तब तक बाह्य अशान्ति, अव्यवस्था और विप्लव की अवस्था हमेशा बनी रहेगी।

यह बिलकुल स्पष्ट है; और हम यही बात लोगों को समझाने की चेष्टा कर रहे हैं। एक सुरक्षित और शान्त जीवन लोगों को सुखी बनाने के लिए काफी नहीं है। एक आन्तरिक विकास आवश्यक है और एक ऐसी शान्ति भी जो भगवान् के साथ चेतन सम्पर्क से आती है।

१३.११.१९६९

१९९—यदि आत्मा में दोष हुआ तो शरीर को रोग दुबारा घेरेगा ही; क्योंकि मन के पाप शरीर के पापों के गुप्त कारण होते हैं। इसी प्रकार गरीबी और कष्ट भी तब तक मनुष्य पर आते ही रहेंगे जब तक कि मानवजाति का मन अहंभाव के अधीन रहेगा।

२००—धर्म और दर्शन मनुष्य को उसके अहंभाव से मुक्त करने में सबसे अधिक सहायक होते हैं। तब अन्तरस्थित स्वर्ग का राज्य सहज रूप में एक बाह्य दिव्य नगर में प्रतिबिम्बित हो उठेगा।

श्रीअरविन्द 'दर्शन' और 'धर्म' शब्द का प्रयोग करते हैं ताकि सब समझ सकें। किन्तु वे यह अच्छी तरह जानते थे कि मानव अहंभाव का फलप्रद इलाज धर्म और दर्शन से परे, सच्चे आध्यात्मिक जीवन में है, एक ऐसे

जीवन में जिसे स्वयं भौतिक चेतना ने पृथ्वी पर स्वीकार कर लिया है और जिया है—यह एक ऐसी वस्तु है जो अन्ततः उसे अहंकार से मुक्त होने की सामर्थ्य प्रदान करेगी।

१५.११.१९६९

२०१—मध्ययुग के ईसाई धर्म ने मनुष्यजाति से कहा : "मनुष्य, तू अपने पार्थिव जीवन में एक बुरी वस्तु है और भगवान् के सामने एक कीटमात्र; तो अपने अहंभाव का त्याग कर दे, भविष्य के राज्य के लिए जीवन धारण कर और अपने-आपको भगवान् और उसके पुरोहित के अधीन कर दे।" इसके परिणाम मनुष्य जाति के लिए कोई अधिक अच्छे नहीं निकले। आधुनिक ज्ञान मनुष्यजाति से कहता है : "मनुष्य, तू एक क्षणभंगुर जीव है और जीव प्रकृति के सामने एक चींटी या केंचुए से अधिक नहीं है, विश्व में एक क्षणिक बिन्दु है। अतएव, राज्य के लिए जीवन धारण कर और चींटी के समान ही अपने प्रशिक्षित शासक और विज्ञान-विशारद के अधीन होकर रह।" क्या यह शिक्षा पहली से कुछ अधिक सफल होगी?

२०२—उधर वेदान्त कहता है : "मनुष्य, तू भगवान् के तत्त्व और स्वभाव से ही बना है, अन्य मनुष्यों के साथ एकात्म है। जाग, और अपनी चरम दिव्यता के प्रति अग्रसर हो, अपने अन्दर और दूसरों के अन्दर भगवान् के लिए जीवन धारण कर।" यह उपदेश जो केवल कुछ ही लोगों को दिया गया था अब समूची मानवजाति को उसकी मुक्ति के लिए दिया जाना चाहिये।

इसमें जोड़ने के लिए कुछ नहीं है। श्रीअरविन्द ने बड़ी स्पष्टता और निपुणतापूर्वक पहले अशुभ की व्याख्या की है और फिर उसका इलाज बताया है। जो कुछ उन्होंने हमें सिखाया है उसे व्यवहार में लाने के सिवाय और अब कुछ नहीं करना है।

१६.११.१९६९

२०३—मानवजाति सदा ही सबसे अधिक विकास तब करती है जब वह प्रकृति के सामने अपने महत्त्व की, अपनी स्वतन्त्रता और वैश्य-भाव की पुष्टि करती है।

२०४—पशु-रूपी मानव एक अन्धकारमय आरम्भिक बिन्दु है, वर्तमान प्राकृतिक मानव बहुरंगी और उलझा हुआ और बीच का रास्ता है, किन्तु अलौकिक मानव हमारी मानव यात्रा का आलोकपूर्ण और परमोच्च लक्ष्य है।

मनुष्य को पूरी विकास-शक्ति तब प्राप्त होती है जब वह यह अनुभव करने लगता है कि वह 'प्रकृति' से न तो बंधा है न ही उसके नियमों द्वारा सीमित है।

प्रकृति भगवान् की एक सीमित अभिव्यक्तिमात्र है, जब कि मनुष्य शक्ति और ज्योति की सब सम्भावनाओं को लाता हुआ भगवान् की सचेतन अभिव्यक्ति बनने के लिए बना है।

१८.११.१९६९

२०५—जीवन और कर्म तब अपने शिखर पर पहुंच जाते हैं और तुम्हारे लिए सदा के लिए गौरवान्वित हो उठते हैं जब तुम प्रत्येक विचार और कर्म में, कला, साहित्य और जीवन में, घर, राज्य और समाज में, सम्पत्ति को प्राप्त, अधिकृत और वितरण करने में तथा अपनी निम्नतर मर्त्य सत्ता में एकमेव अमर सत्ता को मूर्त और अभिव्यक्त करने की शक्ति पा लेते हो।

निःसन्देह, यह मनुष्य की उस अवस्था का वर्णन है जब वह अपनी सत्ता की चोटी पर पहुंच जायेगा। किन्तु अतिमानव की ओर तो यह केवल पहला कदम होगा।

२४.११.१९६९

कर्म

आत्मविकास और आध्यात्मिक अभीप्सा व्यक्ति को अपने कर्म पर नियन्त्रण रखने में समर्थ बना देती है।

*

सीखना अच्छा है, वैसा बनना अधिक अच्छा है।

२५.११.१९६९ —श्रीमां.

कर्म

२०६—भगवान् मनुष्य को रास्ता दिखाते हैं; जब कि मनुष्य अपने-आपको उलटी ओर ले जाता है; उच्चतर प्रकृति निम्नतर मर्त्य सत्ता के स्खलनों पर चौकसी रखती है। यही वह उलझन और विरोध है जिसमें से निकलकर हमें आत्म-एकत्व में प्रवेश करना है, केवल यही स्पष्ट ज्ञान और निर्दोष कर्म को सम्भव बनाता है।

जीवन में एकमात्र सुरक्षा, अपनी पुरानी भूलों के परिणामों से बचने का एकमात्र रास्ता आन्तरिक विकास है, जो भागवत उपस्थिति के साथ सचेतन एकत्व स्थापित करने में सहायक होता है। वही एकमात्र प्रभावकारी पथ-प्रदर्शक, हमारी सत्ता का और सभी सत्ताओं का 'सत्य' है।

२५.११.१९६९

२०७—तुम्हें सब जीवों पर दया करनी चाहिये, यह बात अच्छी है किन्तु यह तब अच्छी नहीं रहती जब तुम अपनी दया के दास बन जाते हो। भगवान् के सिवाय और किसी के दास मत बनो, उनके सर्वाधिक ज्योतिपूर्ण देवदूतों के भी नहीं।

जो लोग सत्य के अनुसार अपना जीवन व्यतीत करना चाहते हैं, उनके लिए एकमात्र मार्ग है भागवत उपस्थिति के प्रति सचेतन होना और केवल उन्हीं की इच्छा के अनुसार जीवन बिताना।

अशुभ और कष्ट से बचने का एकमात्र मार्ग यही है; सदा शान्ति, प्रकाश और आनन्द में निवास करने का भी यही एकमात्र मार्ग है।

२६.११.१९६९

२०८—दिव्यानन्द है भगवान् का उद्देश्य जिसे उन्होंने मनुष्य जाति

के लिए निश्चित किया है; सबसे पहले तू इस परम श्रेय को अपने लिए प्राप्त कर ताकि तू इसे सम्पूर्णतः अपने साथी प्राणियों में भी वितरित कर सके।

२०९—जो केवल अपने लिए ही अर्जन करता है वह बुरे रूप में अर्जन करता है, भले ही वह उसे स्वर्ग और पुण्य का ही नाम क्यों न दे।

मनुष्य को परमानन्द पाने का अधिकार है क्योंकि उसकी रचना इसी के लिए हुई थी। किन्तु सभी अहंभावपूर्ण क्रियाएं इस परमानन्द की विरोधी होती हैं। अतः यदि व्यक्ति उसे केवल अपने लिए ही खोजता है तो वह उसे अपनी ओर खींचने के स्थान पर दूर हटा देता है। आत्म-विस्मृति और आत्म-दान के द्वारा, बदले में कुछ भी मांगे बिना या यूं कहें अपने-आपको परमानन्द में इस प्रकार लीन करके कि वह सभी पर फैल जाये, व्यक्ति आन्तरिक शान्ति और आनन्द प्राप्त करता है, जो उसे कभी नहीं छोड़ते।

२९.११.१९६९

मां, "आत्म-विस्मृति" और "आत्म-दान" में क्या अन्तर है?

आत्म-विस्मृति केवल एक निष्क्रिय अवस्था हो सकती है जो अहंभाव की पूर्ण अनुपस्थिति के परिणामस्वरूप प्राप्त होती है। जब कि आत्म-दान, जिसका कि पूरा मूल्य तभी होता है जब वह भगवान् के प्रति किया जाता है, एक सक्रिय गतिधारा है जो अपने अन्दर प्रेम के विशुद्धतम एवं उच्चतम रूप को लिये रहती है।

भगवान् के प्रति पूर्ण आत्म-दान ही मनुष्य के अस्तित्व का सच्चा हेतु है।

३०.११.१९६९

२१०—अपनी अज्ञानावस्था में मैंने समझा था कि क्रोध महत् और प्रतिहिंसा गौरवपूर्ण हो सकते हैं; परन्तु अब जब मैं अकिलीस[१] को प्रचण्ड कोप में देखता हूं तो एक बहुत सुन्दर बालक को एक बहुत सुन्दर क्रोध में देखता हूं और मैं प्रसन्नता तथा आमोद से भर जाता हूं।

२११—शक्ति जब क्रोध से ऊपर उठ जाती है तो महान् होती है; विनाश भव्य होता है, परन्तु वह प्रतिहिंसा से आरम्भ हो तो अपनी जाति खो देता है। इन चीजों का त्याग कर दो, क्योंकि ये निम्नतर मानवता से सम्बन्ध रखती हैं।

क्रोध और बदले की भावना निचली मानवता की वस्तुएं हैं, ये बीते कल की मानवजाति की चीजें हैं, आने वाले कल की नहीं।

१.१२.१९६९

२१२—कविगण मृत्यु और बाहरी क्लेशों को बहुत अतिरंजित कर देते हैं, पर एकमात्र दुःखान्त नाटक हैं अन्तरात्मा की असफलताएं तथा एकमात्र महाकाव्य है मानव का देवत्व की ओर विजयपूर्ण आरोहण।

साधारणतया, मनुष्य जो एकमात्र सच्ची दुःखद वस्तु है उससे पीड़ा का अनुभव नहीं करता, अर्थात्, आत्मा को प्राप्त करने तथा उसी के विधान के अनुसार जीवन बिताने में असफलता[२]।

सच तो यह है कि एकमात्र सच्ची दुःखद बात है अपनी आत्मा के प्रति, आन्तरात्मिक सत्ता के प्रति सचेतन न होना, अपने जीवन को सम्पूर्णतः

[१] यह होमर के महाकाव्य 'इलियड' का मुख्य पात्र है और यूनानी सभ्यता में मनुष्यत्व का आदर्श गिना जाता है।

[२] यह वाक्य मूल में अंग्रेजी में था।

उसी के द्वारा सञ्चालित होने की अनुमति न देना।

सच्ची पराजय तब होती है जब व्यक्ति अपनी आत्मा को पाये बिना, उसके विधान के अनुसार जीवन बिताये बिना ही मृत्यु को प्राप्त हो जाता है।

और सच्चा महाकाव्य, सच्चा गौरव है भगवान् को अपने अन्दर प्राप्त करना और उन्हीं के विधान के अनुसार जीना।

३.१२.१९६९

२१३—हृदय और शरीर के दुःख-शोक हैं बालकों का अपने तुच्छ कष्टों और अपने टूटे खिलौनों के लिए रोना। अपने भीतर हंसो, पर बच्चों को सांत्वना दो; यदि तुम्हारे लिए सम्भव हो तो, उनके खेल में भी भाग लो।

मानवीय चेतना की संकीर्णता ही उन घटनाओं को दुःखान्त बना देती है जो दिव्य चेतना के लिए सामान्य क्रमविकास की क्रियाएं मात्र होती हैं। किन्तु जब व्यक्ति यह जान भी ले, तो भी उसके अन्दर उन लोगों के लिए, जो अभी तक अज्ञान के दुःख में निवास करते हैं, गहरी सहानुभूति हो सकती है और होनी चाहिये।

४.१२.१९६९

२१४—"प्रतिभाशाली व्यक्तियों में सर्वदा कोई चीज असाधारण होती है और अव्यवस्थित होती है।" और क्यों न हो? क्योंकि स्वयं प्रतिभा भी एक असामान्य उपज है और मनुष्य के साधारण केन्द्र के बाहर होती है।

२१५—प्रतिभा है प्रकृति का अपने मानव-सांचे के भीतर से काराबद्ध देवता को मुक्त करने का प्रथम प्रयास; इस प्रक्रिया में सांचे को क्षति-ग्रस्त होना पड़ता है। आश्चर्यजनक बात तो यह है कि दरारें इतनी कम और महत्त्वहीन होती हैं।

ज्यों ही मनुष्य भगवान् के प्रति सचेतन हो जाता है और उनके साथ जुड़ जाता है, वह निश्चय ही सामान्य दृष्टि के लिए असामान्य बन जाता है, क्योंकि तब उसमें सामान्य मानव प्रकृति का निर्माण करने वाली दुर्बलताएं नहीं रहतीं।

किन्तु सौभाग्यवश, आन्तरिक सिद्धि प्राप्त कर लेने के कारण वह सामान्य लोगों में पायी जाने वाली शेखी बघारने की आदत खो देता है और इस तरह औरों की बुरी भावनाओं से बच जाता है।

५.१२.१९६९

२१६—कभी-कभी प्रकृति स्वयं अपने प्रतिरोध के ऊपर अत्यन्त कुपित हो उठती है और तब वह अन्तःप्रेरणा को मुक्त करने के लिए मस्तिष्क को ही क्षति पहुंचा देती है; क्योंकि इस प्रयास में साधारण भौतिक मस्तिष्क की समतोलता ही उसकी प्रधान विरोधिनी होती है। ऐसे लोगों के पागलपन की उपेक्षा करो और उनकी अन्तःप्रेरणा से लाभ उठाओ।

वस्तुतः, वस्तुओं को पूर्ण विश्वास की शान्त मुस्कान के साथ देखना ही बुद्धिमत्ता है। कारण, मनुष्य इस समय जिस चेतना में निवास करता है वह परम प्रभु के प्रयोजनों को बिलकुल नहीं समझ सकती।

७.१२.१९६९

२१७—अपनी प्रचण्ड शक्ति तथा ज्वलन्त देवत्व के साथ आधार में अत्यन्त वेग से प्रवेश करती हुई काली को भला कौन सह सकता है? केवल वही जिसे कृष्ण ने पहले से ही अधिकृत कर रखा हो।

यह इस बात को कहने का सुन्दर और व्यञ्जनापूर्ण ढंग है कि केवल भगवान् की सचेत उपस्थिति ही सब हिंसक उग्रताओं को वश में कर

सकती है और जीत सकती है।

८.१२.१९६९

२१८—अत्याचारी से घृणा मत कर, क्योंकि, यदि वह प्रबल है तो तेरी घृणा उसके विरोध की शक्ति को बढ़ा देगी; यदि वह दुर्बल है तो तेरी घृणा निरर्थक है।

२१९—घृणा एक शक्तिशाली तलवार है, पर दोधारी तलवार। यह प्राचीन जादूगरों के कृत्य के जैसी है जो, यदि उसके शिकार से वञ्चित कर दी जाये तो भेजने वाले को ही निगल जाने के लिए क्रोध के साथ वापस आ जाती है।

२२०—जब तू अपने शत्रु पर आघात करता हो तब भी उसके अन्दर विद्यमान भगवान् से प्यार कर; इस तरह दोनों में से कोई भी नरक का भागीदार न होगा।

२२१—मनुष्य शत्रुओं की बात करते हैं पर, कहां हैं वे? मैं तो केवल विश्व के विशाल अखाड़े में किसी एक या दूसरे पक्ष के पहलवानों को ही देखता हूं।

यह सब मानवजाति को अपनी एकता के प्रति जगाने के उद्देश्य से लिखा गया है। जब व्यक्ति इस एकता के प्रति चेतन हो जाता है तथा सब व्यक्तियों में भगवान् को देखता है तब उस वस्तु को अनुभव करना सरल हो जाता है जिसकी श्रीअरविन्द सलाह दे रहे हैं।

९.१२.१९६९

२२२—सन्त और देवदूत ही दिव्य सत्ताएं नहीं हैं; दैत्य और असुर के लिए भी प्रशंसा के शब्द कहो।

२२३—पुराने ग्रन्थों में असुरों को ज्येष्ठ देवता कहा जाता है। और वे अब भी वही हैं, कोई भी देवता पूरी तरह से दिव्य नहीं होता जब तक कि उसमें एक असुर न छिपा हुआ हो।

२२४—यदि मैं राम नहीं हो सकता तो मैं रावण होऊंगा; क्योंकि वह विष्णु का अन्धकारमय पक्ष है।

इसका अर्थ यह है कि बिना बल के मधुरता और बिना शक्ति के भलाई अपूर्ण होती हैं और वे भगवान् को पूरी तरह से व्यक्त नहीं कर सकतीं।

श्रीअरविन्द ने जिस प्रकार की आलंकारिक भाषा का प्रयोग किया है उसी को आगे चलाते हुए, मैं यह कह सकती हूं कि जो असुर रूपान्तरित हो चुका है, उसकी दयालुता और उदारता एक सीधे-सादे देवदूत की दयालुता और उदारता से अनन्तगुनी प्रभावशाली है।

११.१२.१९६९

२२५—त्याग करो, त्याग करो, सदा त्याग करो, पर भगवान् के और मानवता के लिए, त्याग के लिए त्याग नहीं।

२२६—स्वार्थपरता अन्तरात्मा का हनन कर देती है; इसे नष्ट कर दो। किन्तु इस बात का ध्यान रखो कि तुम्हारी परोपकार-वृत्ति दूसरों की आत्माओं को नष्ट न कर दे।

२२७—अधिकतर परोपकार-वृत्ति स्वार्थपरता का ही अत्यधिक उन्नत रूप होती है।

मां, परोपकार-वृत्ति दूसरों की आत्मा का हनन कैसे कर सकती है?

दूसरों की (परोपकार-भावना में) धनादि से सहायता करके साथ-साथ यदि तुम उन पर अपना दृष्टिकोण भी लादो तो इससे तुम उनकी अन्तरात्मा

का हनन ही कर डालोगे, क्योंकि नैतिक और सामाजिक नियम किसी भी तरह उस आन्तरिक नियम का स्थान नहीं ले सकते जिसे प्रत्येक व्यक्ति को अपनी आत्मा से पाना चाहिये।

१३.१२.१९६९

२२८—भगवान् के आदेश पर जो व्यक्ति वध नहीं करता, वह संसार में बहुत बड़े विनाश का कारण होता है।

२२९—जब तक हो सके मानव जीवन का सम्मान करो; किन्तु मानवजाति के जीवन को और भी अधिक सम्मान दो।

२३०—मनुष्य क्रोध, घृणा अथवा बदले की बेलगाम भावना से किसी का वध करते हैं; उसके परिणामस्वरूप उन्हें देर या सवेर कष्ट उठाना ही पड़ेगा। या फिर वे अपनी स्वार्थपूर्ति के लिए ठंडे भाव से यह कार्य करते हैं; भगवान् उन्हें क्षमा नहीं करेंगे। वध करने से पहले मनुष्यों को अपनी आत्मा में यह जान लेना चाहिये कि मृत्यु एक हकीकत है, वे उसमें जिस पर प्रहार किया जा रहा है, स्वयं प्रहार में तथा प्रहार करने वाले में, भगवान् को देख लें।

मां, किन परिस्थितियों में भगवान् वध करने का आदेश देते हैं?

यह ठीक वह प्रश्न है जिसका उत्तर मैं नहीं दे सकती, क्योंकि भगवान् ने मुझे कभी वध करने के लिए नहीं कहा।

१४.१२.१९६९

२३१—साहस और प्रेम ही अनिवार्य गुण हैं; और सब गुण यदि धुंधले या निस्तेज पड़ जायें तो भी ये दोनों आत्मा को जीवित रखेंगे।

२३२—नीचता और स्वार्थपरता ही ऐसे पाप हैं जिन्हें क्षमा करने में मैं कठिनाई अनुभव करता हूं; पर ये दोनों प्रायः सभी लोगों में पाये जाते हैं। अतएव, इन्हें दूसरों में देखकर हमें इनसे घृणा नहीं करनी चाहिये, बल्कि अपने अन्दर इनका नाश करना चाहिये।

२३३—सज्जनता और उदारता आत्मा के सूक्ष्म आकाश हैं; इनके बिना व्यक्ति काल-कोठरी में पड़ा कीड़ा ही दिखायी देता है।

२३४—तुम्हारे गुण ऐसे न हों जिन्हें मनुष्य सराहें या पुरस्कृत करें, बल्कि ऐसे हों जो तुम्हें पूर्णता प्रदान करें और जिनकी तुम्हारी प्रकृति में निवास करने वाले भगवान् तुमसे मांग करते हैं।

मां, क्या आप निम्नलिखित शब्दों की व्याख्या करेंगी?

१. साहस और प्रेम

२. नीचता और स्वार्थपरता

३. सज्जनता और उदारता

१. साहस का अर्थ है भय के सभी रूपों की पूर्ण अनुपस्थिति।

२. प्रेम है बदले में कुछ भी चाहे बिना अपने-आपको देना।

३. नीचता एक प्रकार की दुर्बलता है जो हिसाब-किताब करती है और दूसरों से उन गुणों की मांग करती है जो स्वयं उसमें नहीं हैं।

४. स्वार्थपरता का अर्थ है अपने-आपको विश्व के केन्द्र में रखना और यह चाहना कि सबका अस्तित्व मेरे सन्तोष के लिए ही हो।

५. सज्जनता का अर्थ है समस्त वैयक्तिक हिसाब-किताब को अस्वीकार कर देना।

६. उदारता का अर्थ है दूसरों के सन्तोष में अपना सन्तोष पाना।

१५.१२.१९६९

२३५—परोपकार, कर्तव्य, परिवार, देश, मानवजाति—ये जब आत्मा के उपकरण नहीं रहते तो ये उसके बन्दीगृह बन जाते हैं।

२३६—हमारा देश मातृरूप भगवान् है; उसके बारे में तब तक बुरी बात न कहो, जब तक कि तुम उसे प्रेम और कोमल-भाव के साथ न कह सको।

२३७—मनुष्य अपने लाभ के लिए ही देश के प्रति मिथ्या व्यवहार करते हैं; फिर भी यह मानते रहते हैं कि उन्हें मातृहत्या की ओर से घृणा में मुंह मोड़ लेने का अधिकार है।

"परोपकार, कर्तव्य, परिवार, देश, मनुष्यजाति"–ये आत्मा के सच्चे उपकरण कैसे हो सकते हैं?

अन्तरात्मा भगवान् की है, और उसे केवल भगवान् की ही आज्ञा और सेवा में रहना चाहिये। यदि भगवान् उसे परिवार, देश या मनुष्यजाति के लिए कार्य करने का आदेश दें तो यह बहुत अच्छा है और वह बिना बन्दी हुए ऐसा कर सकती है।

यदि यह आदेश उसे भगवान् से प्राप्त नहीं होता तो इनकी सेवा करने का अर्थ केवल सामाजिक और नैतिक परम्पराओं का पालन करना है।

१७.१२.१९६९

२३८—अतीत के सांचों को तोड़ दो, किन्तु उसकी प्रतिभा को, उसकी भावना को सुरक्षित रखो, अन्यथा तुम्हारा कोई भविष्य नहीं होगा।

२३९—क्रान्तियां पुरानी वस्तुओं को तोड़-फोड़ देती हैं और उन्हें एक कड़ाहे में डाल देती हैं, किन्तु उसमें से निकलता है वही पुराना दास जिसका बस चेहरा ही नया होता है।

२४०—संसार में सफल क्रान्तियां केवल छः ही हुई हैं और इनमें से भी अधिकांश असफल जैसी ही रही हैं; फिर भी महान् और श्रेष्ठ असफलताओं के द्वारा ही मानवजाति आगे बढ़ती है।

"महान् और श्रेष्ठ असफलताओं" से श्रीअरविन्द का क्या अभिप्राय है?

किसी घटना की महानता और श्रेष्ठता उसकी भौतिक सफलता पर नहीं, बल्कि उन भावनाओं पर निर्भर है जो उसे प्रेरित करती हैं और उस लक्ष्य पर निर्भर है जिसके लिए मनुष्य काम करते हैं।

सफलता महानता का कारण नहीं होती, बल्कि कार्य को प्रेरित करने वाला उद्देश्य और भावनाओं की श्रेष्ठता ही उसका कारण होती है।

१८.१२.१९६९

२४१—नास्तिकता गिरजाघरों की दुष्टता और धर्मों की संकीर्णता के विरुद्ध किया गया एक आवश्यक प्रतिवाद है। भगवान् इन दूषित ताश के महलों को चकनाचूर करने के लिए इसका प्रयोग पत्थर के रूप में करते हैं।

२४२—न जाने कितनी घृणा और मूर्खता को मनुष्य पेटी में भरकर, सजाकर उस पर 'धर्म' का ठप्पा लगाने में सफल हो जाते हैं।

क्या अधिक अच्छा है, धर्म या नास्तिकता?

जब तक धर्मों का अस्तित्व रहेगा तब तक उनसे मुकाबला करने के लिए नास्तिकता अनिवार्य रहेगी। अच्छा तो यह है कि दोनों ही स्वयं मिटकर अपना स्थान सत्य की एक सच्ची और निःस्वार्थ खोज को तथा इस खोज के उद्देश्य के लिए पूर्ण आत्म-निवेदन को दे दें।

२१.१२.१९६९

२४३—जब भगवान् बुरे-से-बुरा प्रलोभन देते हैं तभी भगवान् सर्वोत्तम पथ-प्रदर्शन करते हैं, जब वे निर्दयतापूर्वक दण्ड देते हैं तभी पूर्ण रूप से प्रेम करते हैं, जब वे उग्रतापूर्वक विरोध करते हैं तभी वे पूर्ण सहायता देते हैं।

२४४—यदि भगवान् मनुष्यों को प्रलोभन देने का भार अपने ऊपर न लें तो जगत् का शीघ्र ही ध्वंस हो जायेगा।

२४५—अपने अन्दर प्रलोभनों को आने दो, जिससे कि इनके साथ संघर्ष करने में तुम्हारी निम्न प्रवृत्तियां समाप्त हो जायें।

२४६—यदि तुम अपना शोधन भगवान् के ऊपर छोड़ दो तो वे तुम्हारे अशुभ को तुम्हारे अन्दर से समाप्त कर देंगे; किन्तु यदि तुम अपना पथ-प्रदर्शन आप ही करने का हठ करो तो तुम बहुत से बाहरी पाप-ताप में जा गिरोगे।

२४७—ऐसी प्रत्येक वस्तु को जिसे मनुष्य अशुभ कहते हैं, तुम भी अशुभ न कहो, केवल उसी वस्तु को अस्वीकार करो जिसे भगवान् ने अस्वीकार किया है; ऐसी प्रत्येक वस्तु को जिसे मनुष्य अच्छा कहते हैं, तुम भी अच्छा न कहो, केवल उसी को अंगीकार करो जिसे भगवान् ने अंगीकार किया है।

यदि व्यक्ति भगवान् के प्रति पूर्ण समर्पण कर दे तो भी क्या उसे अपने व्यक्तिगत संकल्प को, चुनाव की शक्ति आदि को विकसित करने की आवश्यकता पड़ेगी? क्या ये वस्तुएं मार्ग की बाधाएं नहीं बन जायेंगी?

व्यक्तिगत संकल्प और चुनाव-शक्ति उन लोगों के लिए आवश्यक गुण हैं जो साधारण अज्ञान और भ्रम की अवस्था में निवास करते हैं।

भगवान् के प्रति पूर्ण आत्मदान का अर्थ ही है इनका समर्पण। किन्तु

दुर्भाग्य से बहुत-से लोग अपने-आपको भुलावा दे लेते हैं कि उन्होंने अपने-आपको पूरी तरह से भगवान् को सौंप दिया है, और फिर भी वे अपने अन्दर एक अत्यन्त सक्रिय 'अहं' को बनाये रखते हैं जो उन्हें 'भागवत इच्छा' को स्पष्ट रूप में देखने नहीं देता; यदि ऐसे लोग व्यक्तिगत इच्छा एवं विवेक का त्याग कर दें तो उनके असंगत एवं अस्थिर-बुद्धि हो जाने का डर रहता है।

सबसे पहले तो व्यक्ति को एक पूर्ण सच्चाई प्राप्त करनी होगी जिससे कि उसे यह निश्चय हो जाये कि वह अपने-आपको धोखा नहीं दे रहा है, और उसे इस बात के स्पष्ट प्रमाण मिल जाने चाहियें कि भागवत इच्छा ही व्यक्ति का पथप्रदर्शन कर रही तथा उसे कर्म के लिए प्रेरित कर रही है।

२२.१२.१९६९

२४८—संसार में मनुष्यों के पास दो प्रकार के आलोक हैं, कर्तव्य और सिद्धान्त; किन्तु जिस व्यक्ति ने भगवान् का आश्रय ले लिया है, वह इन दोनों को त्यागकर इनके स्थान पर भागवत इच्छा को ले आया है। यदि लोग इसके लिए तुम्हें गाली दें तो, हे दिव्य यन्त्र, परवाह मत कर, पर हवा अथवा सूर्य के समान अपनी राह पर बढ़ता चल जो पोषण भी करते हैं और नाश भी।

२४९—भगवान् ने तुझे लोगों की प्रशंसाएं बटोरते फिरने के लिए नहीं, वरन् निर्भय होकर उनका आदेश मानने के लिए अपनाया है।

२५०—संसार को भगवान् की नाट्यशाला मानो, तुम अभिनेता का मुखौटा बनो और फिर उन्हें ही अपने द्वारा अभिनय करने दो। यदि लोग तुम्हारी प्रशंसा करते हैं या तुम्हें दुत्कारते हैं, तो यह जान लो कि वे भी मुखौटे ही हैं; केवल अन्तर्स्थित भगवान् को अपना एकमात्र आलोचक और दर्शक मानो।

सबसे पहले यह आवश्यक है कि तुम भागवत संकल्प के प्रति सचेतन होओ और इसके लिए तुम्हारे अन्दर न कोई कामना होनी चाहिये न व्यक्तिगत इच्छा।

इस स्थिति को पाने के लिए सबसे अच्छा उपाय यह है कि व्यक्ति अपनी सारी अभीप्सा भागवत पूर्णता की ओर मोड़ दे, बिना कुछ शेष रखे अपने-आपको उसके प्रति समर्पित कर दे तथा अपनी सभी तुष्टियों के लिए 'उसी' की ओर निहारे।

बाकी सब कुछ स्वयं इसके फलस्वरूप हो जायेगा।

२३.१२.१९६९

२५१—यदि अकेले कृष्ण एक तरफ हों और सेना और गोले-बारूद तथा अपने सिद्धान्तों और नारों के साथ लैस और संगठित संसार दूसरी ओर हो, तो भी अकेले भगवान् को ही चुनो। परवाह मत करो यदि संसार तुम्हारे शरीर को रौंद दे और उसकी गोलियां तुम्हारे चिथड़े कर दें, तथा उसकी घुड़सवार सेना तुम्हारे अंगों को कुचलकर उसे आकार रहित लौंदा बनाकर एक ओर डाल दे; कारण, मन तो सदा ही मिथ्यारूप रहा है और शरीर एक मृत ढांचा। इसके खोलों से मुक्त होकर ही आत्मा ऊपर की ओर उठकर विजय प्राप्त करती है।

यह सूत्र हमें यह बताता है कि हमें केवल एक ही चुनाव करना है—सब कुछ के बावजूद हमें भगवान् के साथ जुड़ना है, तब भी, जब कि सारा संसार हमारे विरुद्ध हो जाये, क्योंकि संसार के पास अपनी मानसिक और शारीरिक सत्ता में मात्र एक बाहरी शक्ति ही है, जब कि भगवान् के पास सत्य की सनातन शक्ति है।

२६.१२.१९६९

२५२—यदि तुम यह सोचते हो कि पराजय ही तुम्हारा अन्त है तो युद्ध के लिए आगे मत बढ़ो, अधिक शक्तिशाली हो तो भी न

बढ़ो। कारण, भाग्य को कोई खरीद नहीं सकता, न ही शक्ति अपने अधिकर्ता के साथ बंधी हुई है। किन्तु पराजय अन्त नहीं है, यह केवल एक द्वार है या एक आरम्भ।

२५३—तुम कहते हो मेरे हाथ असफलता लगी है। इसकी जगह यह कहो कि भगवान् अपने लक्ष्य की ओर चक्राकार गति से बढ़ रहे हैं।

२५४—संसार से निराश होकर तुम भगवान् को पकड़ने के लिए दौड़ते हो। यदि संसार तुमसे अधिक बलशाली है तो क्या तुम भगवान् को अपने से दुर्बल समझते हो? बल्कि उनके आदेश के लिए तथा उसे पूरा करने की शक्ति प्राप्त करने के लिए उनकी ओर मुड़ो।

भगवान् को अपने लक्ष्य की ओर जाने के लिए चक्कर क्यों काटने पड़ते हैं? वे इच्छा करते ही आसानी से उसे एकदम प्राप्त कर सकते हैं, इससे अन्य सबका कार्य भी अधिक सुगम और प्रभावकारी हो जायेगा।

निश्चय ही श्रीअरविन्द ने यह नहीं कहा है कि "भगवान्" को चक्कर काटने की *आवश्यकता* है, क्योंकि वे सर्वशक्तिमान् हैं; किन्तु उनकी शक्ति निरंकुश शक्ति नहीं है जैसा कि मनुष्य समझते हैं।

इसके बारे में कुछ समझना शुरू करने के लिए व्यक्ति को यह जानना और महसूस करना होगा कि समस्त विश्व में *ऐसी कोई वस्तु नहीं है* जो उनकी सर्वशक्तिमान् और सर्वव्यापक संकल्प-शक्ति की अभिव्यक्ति न हो; उनके साथ चेतन रूप से संयुक्त होने से ही व्यक्ति इसे समझना आरम्भ कर सकता है, पर मानसिक रूप से नहीं, बल्कि चेतना और अन्तर्दृष्टि के अनुभव के द्वारा।

अपनी सामान्य चेतना में, विशालतम बुद्धिमत्ता के होते हुए भी, मनुष्य सृष्टि के एक अत्यन्त छोटे-से कण को ही देख सकता है, अतएव वह

उसे समझ नहीं सकता, और निर्णय तो और भी कम दे सकता है।

यदि हम संसार के रूपान्तर को शीघ्र लाना चाहते हैं तो हम अच्छे-से-अच्छा यही कर सकते हैं कि निःशेष भाव में, बिना हिसाब-किताब किये अपने-आपको उन्हें सौंप दें, जो सब कुछ जानते हैं।

२८.१२.१९६९

२५५—जब तक किसी महान् ध्येय के पक्ष में एक भी अविचल विश्वास वाला व्यक्ति हो, वह कभी असफल नहीं हो सकता।

२५६—तुम बड़बड़ाते हो : तर्क इस विश्वास का आधार नहीं बन पाता। मूर्ख! यदि ऐसा होता तो तुम्हें न तो विश्वास की आवश्यकता होती न तुमसे उसकी मांग ही की जाती।

२५७—हृदय का विश्वास एक गुप्त ज्ञान का अस्पष्ट एवं प्रायः ही एक विकृत प्रतिबिम्ब होता है। प्रायः जितना अधिक संशय विश्वासी को सताता है उतना अत्यधिक हठी अविश्वासी को नहीं। वह स्थिर इसलिए रहता है कि उसके अवचेतन में कोई ऐसी वस्तु होती है जो जानती है। वह उसके अन्धविश्वास को और धूमिल संशयों को सहती है और उसे उसको प्रकट करने में सहायता पहुंचाती है जिसे वह जानता है।

क्या ऐसा "अन्ध-विश्वास" रखना अच्छा है जो न प्रश्न करे न तर्क?

जिसे सामान्यतः मनुष्य अन्ध-विश्वास कहते हैं वह वास्तव में वह वस्तु होती है जिसे भागवत कृपा कभी-कभी उन लोगों को प्रदान करती है जिनकी बुद्धि इतनी विकसित नहीं हुई कि वे सच्चे ज्ञान को प्राप्त कर सकें। अतएव, अन्ध-विश्वास बहुत सम्माननीय हो सकता है, यद्यपि यह बात ठीक है कि जिस व्यक्ति के पास सच्चा ज्ञान है वह इससे कहीं उच्च अवस्था में है।

२९.१२.१९६९

विश्वास किस स्तर की वस्तु है—मानसिक स्तर की या आन्तरात्मिक की?

विश्वास सम्पूर्णतया आन्तरात्मिक विषय है।

३०.१२.१९६९

२५८—संसार सोचता है कि वह तर्क के प्रकाश के सहारे आगे बढ़ रहा है, किन्तु वास्तव में उसे आगे चलाते हैं विश्वास और सहज प्रेरणाएं।

२५९—तर्क अपने-आपको विश्वास के अनुकूल बना लेता है और सहज प्रेरणाओं को भी न्यायोचित ठहराता है; किन्तु वह प्रेरणा को अवचेतन रूप में ग्रहण करता है, अतएव, लोग सोचते हैं कि वे तर्क-संगत व्यवहार कर रहे हैं।

२६०—तर्क का एक ही कार्य है, इन्द्रिय-बोधों को व्यवस्थित ढंग से रखना और उनकी आलोचना करना। उसके अपने अन्दर न तो प्रत्यक्ष निष्कर्ष का कोई साधन है, न कार्य करने का आदेश। जब वह शुरू करने अथवा प्रवृत्त करने का दिखावा करता है, तो वह अन्य साधनों पर पर्दा डाल रहा होता है।

२६१—जब तक तुममें 'प्रज्ञा' न उत्पन्न हो, तब तक तर्क का प्रयोग करो, उसके ईश्वर-प्रदत्त प्रयोजन के लिए, इसी प्रकार विश्वास और सहज प्रवृत्ति को भी उनके प्रयोजनों के लिए। अपने विभिन्न अंगों को परस्पर लड़ाते क्यों हो?

सामान्य जीवन और आध्यात्मिक जीवन में तर्क, श्रद्धा और सहज प्रवृत्ति के सबसे बड़े प्रयोजन क्या हैं?

प्रत्येक का अपने स्वभाव के अनुसार अपना प्रयोजन होता है; वह उस

लक्ष्य पर निर्भर है जिसे व्यक्ति अपने सामान्य जीवन में प्राप्त करना चाहता है।

जहां तक आध्यात्मिक जीवन का प्रश्न है, उसका केवल एक ही उद्देश्य है : भगवान् को जानना और उनके साथ संयुक्त होना; इसमें सभी साधन प्रयुक्त किये जा सकते हैं, विशेषतया विश्वास, जो निश्चित ही नये जिज्ञासुओं के लिए अत्यधिक शक्तिशाली रूप में प्रेरणारूप होता है।

३१.१२.१९६९

२६२—सदा अपने उत्तरोत्तर बढ़ते हुए वस्तु-बोध के प्रकाश में देखो और कार्य करो, पर यह बोध केवल तर्क करने वाले मस्तिष्क का न हो। जब मस्तिष्क भगवान् को नहीं समझ सकता तो वे हृदय के साथ बात करते हैं।

२६३—यदि तुम्हारा हृदय तुम्हें कहे कि कोई बात इस प्रकार, इन साधनों के द्वारा और इस समय होगी तो उसमें विश्वास न करो। किन्तु यदि वह तुम्हें भगवान् के आदेश के रूप में पवित्रता और विशालता का आभास दे तो उसकी बात सुनो।

२६४—जब तुम्हें आदेश मिले तो उसको मानने में ही अपनी सारी शक्ति लगा दो। बाकी सब भगवान् की इच्छा और व्यवस्था पर छोड़ दो, इन्हें ही लोग संयोग, दैव और सौभाग्य कहते हैं।

स्पष्ट है कि मन की नीरवता में ही व्यक्ति भागवत आदेश को जान सकता है। जानने की सच्ची विधि शब्दों और विचारों से परे है।

ऐसा होने पर सब कुछ बड़ा स्पष्ट हो जाता है, क्योंकि व्यक्ति भागवत आदेश को पहले जान लेता है और उसका वर्णन करने वाले शब्द पीछे आते हैं।

१.१.१९७०

२६५—यदि तुम्हारा लक्ष्य महान् हो और साधन छोटे, तो भी कार्य करते रहो; कारण, कर्म के द्वारा ही ये बढ़ सकते हैं।

२६६—समय और सफलता की चिन्ता न करो। अपनी भूमिका निभाते रहो, चाहे उसमें सफलता मिले या असफलता।

२६७—आदेश तीन रूपों में आ सकता है, तुम्हारी प्रकृति का संकल्प और विश्वास, तुम्हारा आदर्श जिसे तुम्हारा हृदय और मस्तिष्क स्वीकार करते हैं और भगवान् और उसके देवदूतों की आवाज।

२६८—कई ऐसे समय होते हैं जब कार्य करना बुद्धिमानी का काम नहीं होता या उसे करना सम्भव ही नहीं होता; तब तुम एकान्त स्थान में जाकर या अपनी आत्मा के एकाकीपन में बैठकर तपस्या करो और भगवान् के आदेश अथवा उनके प्रकट होने की प्रतीक्षा करो।

२६९—सब तरह की आवाजों के आदेश पर एकदम से न कूद पड़ो, क्योंकि झूठी सत्ताएं तुम्हें ठगने के लिए उतावली बैठी हैं, अपना हृदय पवित्र रखो और फिर सुनो।

यह सचमुच सबसे अधिक महत्त्वपूर्ण है कि प्रत्येक आवाज को भगवान् की आवाज नहीं समझ लेना चाहिये, क्योंकि इस प्रकार व्यक्ति किसी ठग के आदेश को ही मानने लगेगा। एकमात्र सुरक्षा समस्त व्यक्तिगत इच्छा के पूर्ण अभाव में है, भगवान् की सेवा करने और पूर्ण शान्ति में निवास करने की इच्छा भी वहां नहीं होनी चाहिये। केवल तभी व्यक्ति अपनी विवेक-बुद्धि पर भरोसा रख सकता है।

३.१.१९७०

२७०—कुछ ऐसे समय होते हैं जब ऐसा प्रतीत होता है कि भगवान् कठोरतापूर्वक भूतकाल को प्रश्रय दे रहे हैं; तब जो कुछ हो चुका है और है, वह मानों सिंहासन पर जमकर बैठ जाता है और अटल वाणी का बाना पहनकर कहता है : "मैं रहूंगा ही।" तब भी डटे रहो, चाहे तुम्हें ऐसा लगे भी कि तुम सर्वेश्वर से लड़ाई कर रहे हो। कारण, यह उसकी सबसे अधिक तीखी परीक्षा है।

२७१—मानवीय रूप से किसी कार्य में असफलता या निराशा के हाथ लगने से बात समाप्त नहीं होती, स्थिरता केवल तब आती है जब आत्मा प्रयत्न का त्याग कर देती है।

इसका प्रयोजन हमें इस बात के लिए उत्साहित करना है कि हम बाह्य प्रतीतियों से प्रभावित हुए बिना अपने प्रयत्न में लगे रहें, भले ही ऐसा प्रतीत हो कि कोई परिणाम नहीं आ रहा।

जीवन में हमें वही करना चाहिये जो हमारे बोध को करने योग्य सच्ची वस्तु प्रतीत हो, चाहे दूसरे लोग हमारी कितनी भी आलोचना करें या हमारी हंसी उड़ायें। कारण, लोगों के मत का कुछ मूल्य नहीं है, केवल भागवत इच्छा ही सच्ची है और उसी की विजय होगी।

४.१.१९७०

२७२—जो व्यक्ति उच्च आध्यात्मिक पदवियां प्राप्त करना चाहते हैं उन्हें अनन्त कसौटियों और परीक्षाओं में उत्तीर्ण होना होगा। किन्तु अधिकांश व्यक्ति तो केवल परीक्षकों को घूस देने को ही उत्सुक रहते हैं।

२७३—जब तक तेरे हाथ मुक्त हैं, तब तक अपने हाथों से, वाणी और मस्तिष्क से, सभी प्रकार के शस्त्रों से युद्ध करता रह। क्या तू अपने शत्रु की कालकोठरी में बंधा पड़ा है? क्या

उसने तेरे मुख में कपड़ा ठूंसकर तुझे चुप करा दिया है? अपनी मूक सर्वाक्रामक आत्मा और विशाल संकल्प-शक्ति से युद्ध कर और जब तू मृत्यु को प्राप्त हो जाये तब भी तू उस विश्वव्यापी शक्ति के सहयोग से युद्ध करता रह जो तेरे अन्दर स्थित भगवान् से प्रकट हुई थी।

सत्य एक कठिन और आयासपूर्ण विजय है। इस विजय को प्राप्त करने के लिए व्यक्ति को सच्चा योद्धा बनना होगा, एक ऐसा योद्धा जिसको किसी का भय न हो, न शत्रु का न मृत्यु का। कारण, यह संघर्ष सारे संसार के विरुद्ध, शरीर में या शरीर के बिना भी, चलता रहेगा और उसका अन्त विजय में ही होगा।

६.१.१९७०

२७४—तू सोचता है कि अपनी गुहा में या पर्वत की चोटी पर बैठा संन्यासी एक पत्थर के समान निठल्ला बैठा है। तुझे क्या पता? वह शायद संसार को अपनी संकल्प-शक्ति की धाराओं से प्लावित कर रहा हो तथा अपनी आत्मा की अवस्था के दबाव से उसमें परिवर्तन ला रहा हो।

२७५—जिस वस्तु को ये मुक्त व्यक्ति पर्वत की चोटी पर बैठे अपनी आत्मा में देखते हैं उसे योद्धा और पैगम्बर भौतिक जगत् में उद्घोषित एवं क्रियान्वित करने को आगे आ जाते हैं।

२७६—ब्रह्मवादी अपने परिवेशों में गलत होते हैं पर साररूप में वे ठीक होते हैं। यदि फ्रेन्च क्रान्ति हुई तो उसका कारण यह था कि भारत की हिममण्डित चोटियों पर बैठी आत्मा ने भगवान् की स्वतन्त्रता, भ्रातृत्व और समानता के रूप में कल्पना की थी।

यह केवल इस बात का द्योतक है कि आत्मा की शक्ति सभी भौतिक

शक्तियों से बहुत बड़ी है। किन्तु लक्ष्य-सिद्धि के लिए दोनों की आवश्यकता है।

७.१.१९७०

२७७—समस्त वाणी और कर्म शाश्वत 'नीरवता' से तैयार होकर निकलते हैं।

२७८—'सागर' की गहराइयों में कोई हलचल नहीं होती, किन्तु ऊपरी तल पर उसके कोलाहल और किनारे से टकराहट का आनन्ददायी शोर होता रहता है; प्रचण्ड कार्य के बीच वास करने वाली मुक्त आत्मा की भी यही बात होती है। आत्मा कार्य नहीं करती; वह केवल अपने अन्दर से प्रचण्ड कार्य की प्रेरणा को निस्सारित करती है।

यह बात भी हमें यही बताती है कि कार्य का उद्‌गम उसी में प्रकट हुई 'चेतना' और 'शक्ति' के अन्दर होता है जो भौतिक रूप में कार्यरत सत्ताओं से बिलकुल भिन्न होती हैं, जब कि ये सत्ताएं अज्ञानवश सोचती हैं कि स्वयं वे ही कार्य कर रही हैं।

८.१.१९७०

२७९—ओ भगवान् के सिपाही और योद्धा, तेरे लिए यह दुःख, कष्ट और लज्जा क्यों? क्योंकि तेरा जीवन तो एक गौरव है, तेरे कार्य आत्म-निवेदन, विजय तेरा देवत्व और पराजय तेरी जीत है।

जो व्यक्ति भगवान् के प्रति पूर्णतया आत्म-निवेदित है, उसके लिए न कष्ट है न लज्जा, क्योंकि भगवान् सदा उसके साथ हैं और उनकी उपस्थिति सभी वस्तुओं को गौरवपूर्ण बना देती है।

९.१.१९७०

२८०—क्या तेरे निम्न अंग अभी भी पाप और शोक का आघात अनुभव करते हैं? किन्तु ऊपर चाहे तू देखे या न देखे, तेरी आत्मा राजसी ठाठ में विद्यमान है, शान्त, मुक्त और विजेता के गौरव से परिपूर्ण। निश्चय रख कि अन्त आने से पहले ही भगवती मां अपने कार्य को कर लेंगी और तेरी सत्ता के उपादान को आनन्द और पवित्रता से परिपूर्ण कर देंगी।

२८१—यदि तेरा हृदय दुःखी है, यदि बहुत समय से तूने कुछ भी प्रगति नहीं की है, यदि तेरी शक्ति शिथिल और निस्तेज हो गयी है, तो हमेशा हमारे प्रेमी प्रभु का यह शाश्वत शब्द याद रख: "मैं तुझे समस्त पाप और अशुभ से मुक्त कर दूंगा; शोक मत कर।"

जिसे श्रीअरविन्द यहां आत्मा कहते हैं वह हममें से प्रत्येक में उपस्थित भागवत उपस्थिति है; और हमारे अन्दर की इस उपस्थिति की सुनिश्चिति हमें अन्तिम अनिवार्य विजय का विश्वास दिलाते हुए हमारे सब दुःख-दर्द में सांत्वना देगी।

१०.१.१९७०

२८२—पवित्रता तेरी आत्मा में विद्यमान है; किन्तु कार्यों में पवित्रता या अपवित्रता का प्रश्न कहां?

श्रीअरविन्द पवित्रता शब्द को सामान्य नैतिक अर्थ नहीं देते। उनके लिए "पवित्रता" का अर्थ है "पूर्णतया भगवान् के प्रभाव के तले" होना तथा भगवान् को ही अभिव्यक्त करना।

इस समय, पृथ्वी पर जो भी कार्य हो रहे हैं, उनके विषय में ऐसा नहीं कहा जा सकता।

१२.१.१९७०

२८३—ओ मृत्यु, हमारी प्रच्छन्न मित्र एवं अवसरों की निर्मात्री, जब तू द्वार खोलने लगे तो हमें पहले से ही सूचित करने में संकोच न करना; कारण, हम उन लोगों में से नहीं हैं जो लौह कपाट की चरमराहट से भयभीत हो जाते हैं।

२८४—मृत्यु कभी-कभी एक धृष्ट दास के समान होती है, किन्तु जब वह पृथ्वी के इस वेष को एक चमकीली पोशाक में बदल देती है तो उसकी इस चालाकी और धृष्टता को क्षमा किया जा सकता है।

२८५—ओ अमर आत्मा, तुझे कौन मार सकता है? तुझे कौन सता सकता है, ओ शाश्वत आनन्दपूर्ण देव!

आरम्भ से ही मृत्यु के आस-पास इतना शोक क्यों मंडराता रहता है?

शोक का कारण मनुष्य का अज्ञान और अहंभाव होता है। किन्तु इस शोक की भी मनुष्यजाति के विकास में अपनी भूमिका रही है।

१३.१.१९७०

मानवजाति के विकास में शोक ने कौन-सी भूमिका अदा की है?

शोक, कामना, कष्ट, महत्त्वाकांक्षा और इसी प्रकार की भावनाओं और वेदनोंसम्बन्धी अन्य सभी प्रतिक्रियाएं चेतना को निश्चेतना में से उद्‌भूत होने तथा फिर इस चेतना में प्रगति की प्रबल इच्छा को जाग्रत् करने में सहायता पहुंचाती हैं।

१४.१.१९७०

२८६—जब तेरी सत्ता के निम्न अंग निराशा और दुर्बलता के वश में होने लगें तो यह सोच : "मैं 'बाकस', 'एरस' और 'अपोलो' हूं, मैं पवित्र अग्नि हूं और अजेय हूं; मैं सदा प्रचण्ड रूप से प्रज्ज्वलित रहने वाला सूर्य हूं।"

२८७—अपने अन्दर की डायनीसियन पुकार और हर्षातिरेक से पीछे न हट, किन्तु इसका भी ख्याल रख कि कहीं तू उन लहरों पर डूबता-उतराता तिनका ही न बन जाये।

२८८—तुझे अपने अन्दर के सभी देवताओं को सहना सीखना होगा, न उनके अन्दर घुस आने से तुझे लड़खड़ाना है और न उनके बोझ के नीचे टूट ही जाना है।

यह मनुष्य को यह सिखाने के लिए है कि उसे विभिन्न धर्मों के देवताओं से न तो अभिभूत हो जाना है न उनसे डरना है; क्योंकि, मनुष्य, मानवसत्ता होने के कारण, अपने अन्दर सर्वोच्च प्रभु के साथ संयुक्त होने तथा उसके प्रति सचेतन होने की सम्भावना लिये रहता है।

१५.१.१९७०

२८९—मानवजाति ने शक्ति और आनन्द से तंग आकर शोक और दुर्बलता को एक गुण कहा, ज्ञान से तंग आकर अज्ञान को पावनता कहा, प्रेम से तंग आकर हृदयहीनता को प्रबुद्धता और प्रज्ञा का नाम दिया।

२९०—सहनशीलता कई प्रकार की होती है। मैंने एक कायर को देखा जिसने प्रहार करने वाले के आगे अपना गाल कर दिया। मैंने एक ऐसे निःशक्त व्यक्ति को भी देखा जो एक बलवान् और अहंकारी गुंडे से मार खाकर अपने आक्रमणकर्ता की ओर चुपचाप ताकता रह गया; मैंने एक अवतारी देवता को देखा जो अपने

पर पत्थर की वर्षा करने वालों की ओर प्रेमपूर्वक निहारता रहा। पहला उपहास के योग्य था, दूसरा भयंकर एवं तीसरा दिव्य और पावन।

श्रीअरविन्द हमसे कहते हैं कि सभी परिस्थितियों में प्रेम को विकीरित करते रहना ही देवत्व का लक्षण है, वह उसे भी प्यार करता है जो उसे थप्पड़ मारता है और उसे भी जो उसकी उपासना करता है—कैसा पाठ है यह मानवजाति के लिए!

१७.१.१९७०

२९१—जो लोग तुम्हें नुकसान पहुंचाते हैं उन्हें क्षमा करना भला कार्य है, किन्तु दूसरों को हानि पहुंचाने वाले को क्षमा करना भला नहीं है। तो भी उन्हें क्षमा कर दो, किन्तु जब आवश्यकता पड़े तो शान्तिपूर्वक बदला भी ले लो।

२९२—जब एशियावासी किसी का वध करते हैं तो वह क्रूरता कहलाती है; जब यूरोपीय ऐसा करते हैं तो वह सामरिक आवश्यकता है। इस भेद को समझो और संसार की अच्छाइयों के ऊपर विचार करो।

यह सब हमें गहराई से यह अनुभव करने को बाध्य करता है कि मनुष्य के ऐसे निर्णय जो स्वार्थ और अहंभाव की प्रतिक्रियाओं पर आधारित होते हैं, कितने मूर्खतापूर्ण हैं।

जब तक मनुष्य वर्तमान अज्ञान की अवस्था में निवास करता है, तब तक उसके मतों और निर्णयों का सत्य के सामने कुछ मूल्य नहीं होता, इन्हें ऐसा ही समझना भी चाहिये।

२०.१.१९७०

२९३—अत्यधिक जोशीली पुण्यात्माओं की ओर जरा ध्यान से दृष्टि डालो। शीघ्र ही तुम देखोगे कि जिस दोष की वे इतने जोर-शोर से निन्दा करते थे उसी को वे या तो स्वयं कर रहे हैं या उसकी ओर से बेखबर हैं।

२९४—"मनुष्य में सचमुच का पाखण्ड बहुत ही कम होता है।" यह सत्य है, किन्तु उनमें कूटनीति काफी है और इससे भी अधिक है आत्म-प्रवंचना। यह आत्म-प्रवंचना तीन प्रकार की होती है: चेतन, अवचेतन और अर्ध-चेतन; किन्तु इनमें से तीसरी बहुत भयावह है।

मुझे ऐसा प्रतीत होता है कि चेतन आत्म-प्रवंचना सबसे अधिक बुरी है, नहीं क्या?

चेतन आत्म-प्रवंचना विरले ही देखने में आती है, क्योंकि इसका अर्थ है चेतना का विपुल विकास जिसका सम्बन्ध धोखा देने वाली विकृत इच्छा से जुड़ा होता है। यह फिर अत्यधिक भयानक झूठों को जन्म देती है; किन्तु इसका इलाज भी शायद सबसे अधिक सरल है। क्योंकि चेतना पहले से ही जाग्रत् होती है, उसे केवल उसकी गलती के प्रति सचेतन करना और उस गलती को दूर करने का निर्णय ही लेना होता है ताकि उसमें ऐसा करने की शक्ति आ जाये।

औरों को पहले अपनी क्रियाओं के प्रति सचेतन होना पड़ता है और इसमें सामान्यतया काफी समय लगता है।

२१.१.१९७०

२९५—लोगों के अपने गुणों के प्रदर्शन से धोखा मत खाओ, न ही उनके प्रत्यक्ष या गुप्त दोषों के लिए उनसे घृणा करो। ये वस्तुएं तो मानवजाति के लम्बे संक्रमणकाल में आवश्यक परिवर्तन हैं।

२९६—संसार की कुटिलता के प्रति विरक्ति न दिखाओ; संसार

एक घायल और विषधर नाग है जो निश्चित रूप से अपनी केंचुली उतारने और पूर्णता की ओर बढ़ने के लिए संघर्ष कर रहा है। थोड़ी प्रतीक्षा करो, यह भगवान् का एक दांव है; और फिर इसी नीचता में से भगवान् देदीप्यमान और विजयी होकर प्रकट होंगे।

श्रीअरविन्द हमें बताते हैं कि मनुष्य संक्रमण काल का प्राणी है और यह भी कि संसार की सभी बुराइयों में से एक ऐसी प्रकाशपूर्ण सत्ता उत्पन्न होगी जो भगवान् को अभिव्यक्त कर सकेगी।

अतएव, जो लोग संसार के वर्तमान स्वरूप से सन्तुष्ट नहीं हैं, वे सब यह जानते हैं कि उनकी अभीप्सा निष्फल नहीं जायेगी और यह भी कि संसार बदल रहा है।

यदि आत्म-निवेदन और प्रयत्न भी अभीप्सा के साथ जुड़ जायें तो कार्य अधिक शीघ्रता से होगा।

२२.१.१९७०

२९७—बाह्य आवरण से क्यों विरक्त होते हो? इसकी घृणित, अहंगत अथवा भयानक प्रतीतियों के पीछे श्रीकृष्ण तुम्हारे मूर्खतापूर्ण क्रोध पर और इससे भी अधिक तुम्हारी मूर्खतापूर्ण घृणा या विरक्ति पर तथा सबसे अधिक तुम्हारे मूर्खतापूर्ण आतंक पर हंस रहे हैं।

२९८—जब तुम किसी दूसरे का तिरस्कार कर रहे होते हो तो तुम अपने हृदय की ओर देखो और अपनी मूर्खता पर हंसो।

क्या हमारी अपनी मानसिक धारणा ही वस्तुओं को घृणित या अरुचिकर समझती हैं या क्या ये सचमुच में वैसी हैं जैसा व्यक्ति उन्हें देखता है?

यही बात सौन्दर्य पर भी लागू होती है, है न?

यह निश्चित है कि भौतिक जगत् की वर्तमान अवस्था में बाह्य प्रतीतियां अभी तक बहुत भ्रमोत्पादक हैं, भौतिक सुन्दरता सदैव एक सुन्दर आत्मा का चिह्न नहीं होती, उधर एक कुरूप या बेडौल शरीर में भी एक प्रतिभावान् और ज्योतिपूर्ण जीव छिपा हो सकता है।

किन्तु जिस मनुष्य में आन्तरिक संवेदनशीलता अधिक होती है, उसे बाह्य प्रतीतियां धोखा नहीं दे पातीं और वह एक सुन्दर मुख में छुपी कुरूपता को और एक कुरूप बाह्य आवरण के पीछे स्थित सौन्दर्य को भी देख सकता है।

ऐसे उदाहरण भी हैं—इनकी संख्या दिनोंदिन बढ़ती ही जा रही है—जिनमें बाह्य प्रतीति उस आन्तरिक सत्यता को उजागर कर देती है जो बाद में सबकी दृष्टि में आ जाती है।

२३.१.१९७०

२९९—व्यर्थ के विवाद से बचो; किन्तु विचारों का आदान-प्रदान स्वतन्त्रतापूर्वक करो। यदि विवाद करना ही हो तो अपने विरोधी से कुछ सीखो; कारण, एक मूर्ख से भी तुम बहुत सारी बुद्धिमानी की बातें सीख सकते हो, पर केवल तभी जब कि तुम अपने कानों या तर्कशील मन से न सुनकर आत्मा के प्रकाश में उसकी बात सुनो।

३००—सभी वस्तुओं को मधुरता की ओर मोड़ दो; यही दिव्य जीवन का नियम है।

३०१—निजी झगड़े से सदैव बचना चाहिये; किन्तु सार्वजनिक लड़ाई से पीछे न हटो; किन्तु वहां भी अपने शत्रु की शक्ति का मूल्य अवश्य आंक लो।

३०२—जब तुम किसी ऐसी सम्मति को सुनते हो जो तुम्हें नापसन्द हो, तो भी उसकी गहराई में जाकर उसमे निहित सत्य को ढूंढो।

यदि व्यक्ति सच्चे दिल से 'सत्य' के अनुसार जीवन व्यतीत करना चाहता है तो उसे यह जान लेना चाहिये कि प्रत्येक वस्तु उसे कुछ सिखा सकती है। प्रत्येक क्षण उसके सामने प्रगति की सम्भावना रहती है। प्रायः एक बड़ी मूर्खता तुम्हारे सामने महान् प्रकाश को प्रकट कर देती है। पर ऐसा तभी होता है जब व्यक्ति उसे देखना जाने।

२४.१.१९७०

३०३—मध्यकालीन संन्यासी स्त्रियों से घृणा करते थे और यह सोचते थे कि उन्हें भगवान् ने साधु-सन्तों को लुभाने के लिए ही बनाया है। हमें भगवान् तथा स्त्री के विषय में अधिक अच्छे विचार रखने चाहियें।

३०४—यदि किसी स्त्री ने तुम्हें लुभाया है तो यह उसका दोष है या तुम्हारा? मूर्ख और आत्म-प्रवंचक मत बनो।

३०५—स्त्री के जाल से बचने के दो ढंग हैं, एक है सभी स्त्रियों का बहिष्कार करना और दूसरा सभी प्राणियों से प्रेम करना।

सामान्य जीवन में आधुनिक स्त्री का आदर्श क्या होना चाहिये?[१]

सामान्य जीवन में स्त्रियों के, जो भी वे चाहें, आदर्श हो सकते हैं। इसका कोई अधिक महत्त्व नहीं है।

आध्यात्मिक दृष्टिकोण से पुरुष और नारी, दोनों ही, भगवान् को प्राप्त करने की सम्भावना में समान हैं, पर प्रत्येक को यह कार्य अपने ढंग से, और अपनी सम्भावनाओं के अनुसार करना है।

२५.१.१९७०

[१] बाद में माताजी ने यह भी कहा था कि सामान्य जीवन में स्त्रियों का आदर्श "अच्छा स्वास्थ्य और सामञ्जस्य है"।

३०६—वैराग्य निस्सन्देह बड़ा सुखकारी होता है, गुफा बहुत शान्तिप्रद होती है और पर्वत की चोटियां अद्‌भुत रूप से आनन्ददायक! फिर भी तुम संसार में वही करो जो भगवान् तुम से करवाना चाहते हैं।

श्रीअरविन्द हमें बताते हैं कि व्यक्ति त्याग के कारण नहीं अपनी रुचि के अनुसार वैरागी हो सकता है। इस प्रकार वे हमें समझाते हैं कि भगवान् का सेवक बनना और केवल उन्हीं की इच्छानुसार कार्य करना किसी भी व्यक्तिगत अभिरुचि से कहीं अधिक श्रेष्ठ है, चाहे उसकी अभिरुचि कितनी ही साधु-सन्तों जैसी क्यों न प्रतीत हो।

२६.१.१९७०

३०७—भगवान् शंकर पर तीन बार हंसे, पहले तब, जब वे अपनी मां का दाहसंस्कार करने के लिए लौटे, फिर तब, जब उन्होंने ईश उपनिषद् की टीका की और तीसरी बार तब, जब वे भारतभर में अकर्मण्यता के प्रचार के लिए गरजते फिरे।[1]

भगवान् हंसे जब कि इस व्यक्ति ने, जो अपने-आपको बहुत बुद्धिमान् समझता था, प्रचलित रीति-रिवाजों का पालन किया, व्यर्थ की बातें लिखीं और अकर्मण्यता के प्रचार के लिए अत्यधिक क्रियाशीलता का उदाहरण रखा।

२७.१.१९७०

[1] शंकर (७८८-८२०) का सिद्धान्त यह था कि संसार एक भ्रान्ति है। संन्यासी होने के कारण उन्होंने संसार के बन्धनों का त्याग तो कर दिया था पर वह त्याग उन्हें भारतीय रीति के अनुसार ज्येष्ठ पुत्र होने के कारण मां का अन्तिम संस्कार करने से रोक न सका। ईश उपनिषद् की टीका करते समय उन्होंने उसके वास्तविक अर्थ का अनर्थ करके अपने मायावाद के सिद्धान्त को सच्चा बताया था जब कि ईश उपनिषद् भगवान् और कर्म की वास्तविकता को सिद्ध करता है।

३०८—लोग सफलता के पीछे दौड़-धूप करते हैं और यदि उन्हें असफल होने का सौभाग्य प्राप्त होता है तो इसलिए कि प्रकृति की बुद्धिमत्ता और शक्ति उनकी बौद्धिक कुशलता को दबा देती हैं। केवल भगवान् ही यह जानते हैं कि कब और कैसे बुद्धिमत्ता-पूर्वक गलती की जाये और फलप्रद रूप में असफल हुआ जाये।

३०९—जो व्यक्ति कभी असफल न हुआ हो या जिसने कभी कष्ट न झेला हो, उस पर विश्वास मत करो; उसकी समृद्धि के पीछे मत चलो, न ही उसके झंडे तले युद्ध करो।

३१०—दो हैं जो महानता और स्वाधीनता के अयोग्य होते हैं, एक तो वह मनुष्य जो कभी किसी का दास नहीं रहा और दूसरा वह राष्ट्र जो कभी विदेशी जूए तले नहीं रहा।

कुछ ऐसे आवश्यक गुण होते हैं जो केवल कष्ट और कठिनाइयों में से गुजरने के बाद ही विकसित हो सकते हैं। लोग अज्ञानवश इनसे पीछे हटते हैं, किन्तु परम प्रभु इन्हें उन लोगों पर डालते हैं जिन्हें उन्होंने पृथ्वी पर अपना प्रतिनिधित्व करने के लिए चुना है ताकि उनका विकास तेजी से हो सके—क्योंकि भगवान् ही सर्वोच्च प्रज्ञा हैं।

२८.१.१९७०

३११—अपने आदर्श की पूर्ति के लिए कोई समय या विधि निर्धारित न करो। कार्य करो और समय एवं विधि उस सर्वज्ञ भगवान् पर छोड़ दो।

३१२—कार्य इस प्रकार करो मानों आदर्श की पूर्ति शीघ्र ही, तुम्हारे जीवन काल में ही होनी है। काम में ऐसी दृढ़ता से लगे रहो मानों तुम जानते हो कि यह एक हजार वर्ष के परिश्रम के बाद ही सम्पन्न होगा। जिस कार्य के होने की तुम पांच हजार

वर्ष से पहले आशा नहीं कर सकते वह कल प्रभात से पहले भी सम्पन्न हो सकता है और जिसकी तुम अभी आशा और चाहना कर रहे हो वह शायद तुम्हारे सौवें जन्म में ही हो।

रूपान्तर के विषय में हम सबकी यही मनोवृत्ति होनी चाहिये; वही उत्साह और वही लगन हो मानों हमें इसे अपने वर्तमान जीवन में प्राप्त कर लेने का विश्वास हो और वही धैर्य और वही सहनशीलता हो मानों इसे चरितार्थ करने में कई शताब्दियों की आवश्यकता पड़ेगी।

२९.१.१९७०

३१३—हममें से प्रत्येक को अभी पृथ्वी पर लाखों जीवन धारण करने हैं। तब यह हड़बड़ी, कोलाहल और अधैर्य क्यों?

३१४—शीघ्रता से डग बढ़ाओ, क्योंकि लक्ष्य दूर है। बिना आवश्यकता विश्राम मत करो, क्योंकि तुम्हारे प्रभु तुम्हारी यात्रा के अन्त में तुम्हारी बाट जोह रहे हैं।

यहां भी, सदा की भांति श्रीअरविन्द प्रश्न के सभी पहलुओं को देखते हैं। जहां वे उत्तेजित व्यक्ति को शान्ति और धैर्य का पाठ पढ़ाते हैं वहां आलसियों को झकझोर कर उत्साह की शिक्षा देते हैं। विरोधी पक्षों के मिलन में ही सच्ची बुद्धिमत्ता और पूर्ण सामर्थ्य की प्राप्ति हो सकती है।

३०.१.१९७०

३१५—मैं उस बचकाने अधैर्य से ऊब उठा हूं जो आदर्श को इस कारण नकारता, अस्वीकार करता एवं उसकी निन्दा करता है क्योंकि हम अपने छोटे-से दिन या कुछ क्षणिक शताब्दियों में स्वर्णिम चोटियों तक नहीं पहुंच सकते।

३१६—कामनामुक्त होकर अपनी आत्मा को लक्ष्य पर स्थिर रखो

और अपने अन्दर की भागवत शक्ति की सहायता से उसी पर दृढ़ रहो; और तब स्वयं लक्ष्य ही साधन को उत्पन्न करेगा; नहीं, वह अपना साधन आप बन जायेगा। कारण, लक्ष्य स्वयं ब्रह्म है और वह साधित हो भी चुका है; उसे सदा ब्रह्म के रूप में देखो, उसे सदा अपनी आत्मा में साधित हुआ ही देखो।

निश्चय ही हम सब शाश्वत यात्रा के दैवी लक्ष्य को अपनी आत्मा में ही लिये रहते हैं और हमारी व्यक्तिगत अक्षमता ही वह चीज है जो इसके प्रति हमारे सचेतन होने में बाधा पहुंचाती है।

परम प्रभु (ब्रह्म) के प्रति सम्पूर्ण एवं बिना शर्त समर्पण एक अद्‌भुत वस्तु है और इस अक्षमता से छुटकारा पाने का एकमात्र साधन।

१.२.१९७०

३१७—बुद्धि की सहायता से योजनाएं मत बनाओ, अपने लिए योजनाएं बनाने का कार्य अपनी दैवी दृष्टि पर छोड़ दो। जब कोई साधन तुम्हारे सामने किसी करणीय कार्य के रूप में आता है, तो उसे अपना लक्ष्य बना लो; जहां तक लक्ष्य का सम्बन्ध है वह संसार में अपने-आपको साधित कर रहा है और तुम्हारी आत्मा में साधित हो चुका है।

३१८—लोग घटनाओं को इस प्रकार लेते हैं मानों वे चरितार्थ नहीं हुई हैं और उन्हें साधित करने के लिए अभी प्रयत्न करना है। देखने का यह ढंग गलत है। घटनाएं साधित नहीं होतीं, विकसित होती हैं। कार्य ब्रह्म है, वह पहले से पूरा हो चुका है, अब वह केवल अभिव्यक्त हो रहा है।

यह बात ऐसे कही जा सकती है : सब कुछ सनातन काल से चला आ रहा है, हम ही इस तथाकथित भौतिक जगत् में उसके प्रति उत्तरोत्तर सचेतन होते हैं।

वस्तुओं को इस प्रकार से देखने तथा उनके विषय में बात करने का यह ढंग सामान्य मनुष्य की चेतना से बिलकुल उल्टा है।

२.२.१९७०

३१९—जिस प्रकार तारे के अस्तित्व के समाप्त होने के सैकड़ों वर्षों बाद उसका प्रकाश पृथ्वी तक पहुंचता है उसी प्रकार जो घटना शुरू में ही ब्रह्म में घट चुकी है वह हमारे भौतिक अनुभव में अब दृष्टिगोचर होती है।

हां, किन्तु ब्रह्म की यह इच्छा कि हम घटना में हस्तक्षेप करें यह उसी पुराने क्षण की बात है और इनके बीच का सम्बन्ध भी वही रहता है। अतएव, महत्त्वपूर्ण बात केवल यह है कि व्यक्तिगत आवेग के वश काम न करो, ब्रह्म से मिले आदेशानुसार करो।

४.२.१९७०

३२०—सरकार, समाज, राजा, पुलिस, न्यायाधीश, संस्था, धर्म-मन्दिर, नियम-कानून, रीति-रिवाज, सैन्य-सामन्त आदि सभी चीजें सामयिक आवश्यकताएं हैं जो हमारे ऊपर कुछ शताब्दियों के लिए लादी गयी हैं, क्योंकि भगवान् ने हमसे अपना मुंह छिपा लिया है। जब वे फिर अपने सत्य-स्वरूप तथा सौन्दर्य के साथ हमारे सामने प्रकट होंगे तब उस प्रकाश में ये सब चीजें विलीन हो जायेंगी।

३२१—जैसे आरम्भ में, वैसे ही अन्त में, अराजक स्थिति ही मनुष्य की सच्ची दिव्य स्थिति है; पर मध्यवर्ती काल में वह हमें सीधे शैतान और उसके राज्य की ओर ले जाती है।

प्रत्येक का स्वयं अपने लिए शासन ही अराजकता है। यह पूर्ण शासन

तभी बनेगा जब प्रत्येक अपने अन्दर स्थित भागवत सत्ता के प्रति सचेतन होकर उसकी और केवल उसी की आज्ञा मानेगा।

५.२.१९७०

३२२—समाज-सम्बन्धी साम्यवादी सिद्धान्त मूलतः व्यक्तिवाद से उतना ही श्रेष्ठ है जितना भ्रातृत्व-भाव ईर्ष्या तथा पारस्परिक मार-काट से श्रेष्ठ है; परन्तु यूरोप में आविष्कृत समाजवाद की जितनी भी व्यावहारिक योजनाएं हैं वे सभी एक प्रकार का जुआ, अत्याचार और कारागार हैं।

३२३—यदि साम्यवाद (कम्यूनिज़म) कभी सफलतापूर्वक पृथ्वी पर पुनः स्थापित हो तो उसे अन्तरात्मा के भ्रातृभाव तथा अहंकार की मृत्यु की नींव पर ही स्थापित होना होगा। बलपूर्वक स्थापित संघ और यान्त्रिक साहचर्य का अन्त तो एक विश्वव्यापी विफलता में ही होगा।

३२४—जीवन में उपलब्ध वेदान्त ही साम्यवादी समाज के लिए एकमात्र व्यवहार्य आधार है। यही वह "साधूनां साम्राज्यम्" (सन्तों का साम्राज्य) है जिसका स्वप्न ईसाई, मुस्लिम तथा पौराणिक हिन्दू धर्म ने देखा था।

जैसा कि श्रीअरविन्द हमें इतनी अच्छी तरह बताते हैं व्यक्तिवाद एक प्रकार की अपने लिए ठहराई न्यायसंगत ईर्ष्या है, अर्थात्, प्रत्येक का राज्य स्वयं अपने लिए।

किन्तु इसका वास्तविक उपचार एक ही है, उन परम प्रभु का सम्पूर्ण और व्यापक राज्य जो सभी प्राणियों में चेतन रूप में उपस्थित है, बाकी संक्रमण काल की सरकारें उनकी हों जो सचमुच उनके प्रति सचेतन तथा उन्हीं की इच्छा के प्रति पूर्णतया समर्पित हों।

७.२.१९७०

३२५—फ्रान्स के क्रान्तिकारियों ने "स्वाधीनता, समानता, और भ्रातृत्व" का मन्त्रोच्चार किया, परन्तु यथार्थ में एक घूंट समानता के साथ केवल स्वाधीनता को ही लाने का प्रयास किया गया है। भ्रातृत्व का जहां तक सम्बन्ध है, केवल 'केन'[1] का भ्रातृत्व ही स्थापित किया गया—और फिर 'बाराब्बास'[2] का। कभी-कभी इसे "ट्रस्ट" या "संघ" नाम दिया जाता है और कभी-कभी "यूरोप का एकत्व" कहा जाता है।

३२६—यूरोप का उन्नत विचार घोषित करता है : "चूंकि स्वतन्त्रता असफल हो गयी है, इसलिए आओ, हम समानता सहित स्वतन्त्रता के लिए प्रयास करें, अथवा, चूंकि इन दोनों को एक साथ जोड़ना कुछ कठिन है इसलिए स्वतन्त्रता के बदले समानता का ही प्रयत्न करें। भ्रातृत्व का जहां तक प्रश्न है, वह तो असम्भव है; अतएव हम उसके स्थान पर औद्योगिक संघ रखेंगे।" परन्तु इस बार भी, मैं समझता हूं, भगवान् को धोखा न दिया जा सकेगा।

अभी तक तो स्वतन्त्रता, समानता और भ्रातृत्व कोरे शब्द ही हैं जिन्हें बड़े जोर-शोर से घोषित तो किया गया था किन्तु जिन्हें अभी तक व्यवहार में नहीं लाया गया है और ये तब तक व्यवहार में लाये भी नहीं जा सकते जब तक मनुष्य वही बने रहेंगे जो अब हैं—केवल एकमेव सर्वोच्च एवं परम दिव्य सत्ता द्वारा शासित होने की जगह अपने अहंभाव और उसकी सभी इच्छाओं द्वारा शासित होते रहेंगे।

८.२.१९७०

३२७—भारत में सामाजिक जीवन के तीन गढ़ थे, ग्राम्य समाज,

[1] केन—आदम और हौवा का पहला लड़का था जिसने अपने भाई एबेल को मार डाला था।

[2] बाराब्बास—एक डाकू था जिसका जिक्र बाइबल में आया है।

विशालतर संयुक्त परिवार और संन्यासी-सम्प्रदाय। ये सब सामाजिक जीवन-सम्बन्धी अहंजन्य परिकल्पनाओं के पदचाप से भंग हो गये हैं या हो रहे हैं; परन्तु क्या आखिरकार इन अपूर्ण सांचों का टूटना केवल एक विशालतर और दिव्यतर समाजवाद की ओर जाने के लिए ही नहीं है?

३२८—व्यक्ति तब तक पूर्ण नहीं हो सकता जब तक वह अभी जिसे "मैं" कहता है उसे सम्पूर्णतः भागवत सत्ता को समर्पित न कर दे। ठीक उसी तरह मानव जाति जो कुछ है वह सब वह जब तक भगवान् को नहीं दे देती तब तक पूर्णता-प्राप्त समाज की सृष्टि नहीं हो सकती।

श्रीअरविन्द यहां एक स्पष्ट और निश्चित ढंग से वही कह रहे हैं जिसे मैंने पहले व्यक्त करने का प्रयत्न किया था : कोई भी पूर्णता तब तक प्राप्त नहीं की जा सकती जब तक परम प्रभु के शासन को सर्वत्र, सब वस्तुओं में मान्यता एवं प्रतिष्ठा नहीं मिलती।

*

स्वाधीनता तभी अभिव्यक्त हो सकती है जब सब मनुष्य परम प्रभु की स्वाधीनता को जान लेंगे।

समानता तभी अभिव्यक्त हो सकती है जब सब व्यक्ति परम प्रभु के प्रति सचेतन हो जायेंगे।

और बन्धुभाव तभी प्रकाश में आयेगा जब सब मनुष्य यह अनुभव करने लगेंगे कि वे सभी परम प्रभु से समान रूप में उत्पन्न हुए हैं तथा उनके 'एकत्व' में सब एक हैं।

९.२.१९७०

३२९—भगवान् की नजरों में कोई चीज तुच्छ नहीं है; तेरी नजरों में भी कोई चीज तुच्छ न हो। भगवान् एक सीपी की रचना में

भी दिव्य शक्ति का उतना ही श्रम प्रयुक्त करते हैं जितना कि एक साम्राज्य के गठन में। तेरे लिए एक विलासी और अयोग्य राजा होने की अपेक्षा एक निपुण मोची होना कहीं अधिक महत्त्वपूर्ण है।

३३०—जो कार्य तेरे लिए अभिप्रेत है उसमें अपूर्ण क्षमता तथा अधूरा फल किसी कृत्रिम दक्षता एवं उधार ली हुई पूर्णता से कहीं अधिक अच्छा है।

३३१—कर्म का उद्देश्य फल नहीं है, बल्कि उद्देश्य है होने, देखने और करने में भगवान् का शाश्वत आनन्द।

यह बात स्पष्ट है कि उसके ध्येय पर किसी कार्य की महानता निर्भर नहीं करती, न ही उसकी पूर्णता किन्हीं बाह्य परिस्थितियों अथवा अवस्थाओं पर निर्भर है, वरन् उसका आधार होता है व्यक्ति के आत्म-निवेदन की वह सच्चाई जिसके साथ वह कार्य करता है।

भगवान् हमसे जो करवाना चाहते हैं वही अपनी सत्ता के पूर्ण समर्पण के भाव में करना—बस, यही है एकमात्र महत्त्वपूर्ण वस्तु; कार्य का बाह्य मूल्यांकन कुछ अर्थ नहीं रखता।

१०.२.१९७०

३३२—भगवान् का जगत् बृहत्तर इकाई के ऊपर गम्भीरतापूर्वक प्रयास करने से पहले अपेक्षाकृत छोटी इकाई को परिपूर्ण बनाते हुए एक-एक पग आगे बढ़ता है। यदि तू कभी सम्पूर्ण संसार को एक राष्ट्र का रूप देना चाहे तो सबसे पहले स्वतन्त्र राष्ट्रीयता को स्थापित कर।

३३३—एक ही रक्त, एक ही भाषा या एक ही धर्म से कोई राष्ट्र नहीं बनता; ये सब केवल महत्त्वपूर्ण सहायक और शक्तिशाली

सुविधाएं हैं। परन्तु जहां कहीं पारिवारिक बन्धनों से रहित मनुष्यों के समाज एक ही भाव और अभीप्सा रखकर अपने पूर्वजों से प्राप्त एक ही उत्तराधिकार की रक्षा करने के लिए या अपनी संतति के लिए एक जैसे भविष्य को प्रतिष्ठित करने के लिए ऐक्यबद्ध होते हैं वहां, समझ लेना चाहिये कि, एक राष्ट्र का अस्तित्व पहले से ही विद्यमान है।

३३४—राष्ट्रीयता परिवार की अवस्था से परे जाने वाले प्रगतिशील भगवान् का एक पदक्षेप है; अतएव एक राष्ट्र के उत्पन्न होने से पहले कुल और जाति की आसक्ति को दुर्बल और नष्ट होना होगा।

इस प्रकार श्रीअरविन्द हमें वह महान् राजनीतिक रहस्य बताते हैं जो प्राप्त किये जाने पर हमें समस्त राष्ट्रों की एकता तथा अन्त में मानव एकता की ओर ले जा सकता है।

११.२.१९७०

३३५—परिवार, राष्ट्र और मानवता पृथग्भूत एकत्व से सामूहिक एकत्व की ओर जाने के लिए विष्णु के तीन पग[1] हैं। इनमें से पहला चरितार्थ हो गया है, दूसरे की पूर्णता के लिए अभी हम प्रयास कर रहे हैं, तीसरे की ओर हम अपने हाथ फैला रहे हैं और पथ परिष्कृत करने का प्रयास किया जा चुका है।

३३६—मनुष्यजाति की जो वर्तमान नैतिकता है उसकी सहायता

[1] भारतीय परम्परा के अनुसार विष्णु ने—विकासक्रम में—वामन रूप धारण किया और राजा बलि के पास गये। बलि ने पूछा कि वे क्या चाहते हैं। "तीन पग पृथ्वी", विष्णु ने कहा। उनकी इच्छा पूर्ण की गयी। अब वामन ने विराट् रूप धारण कर लिया, उन्होंने समूची पृथ्वी ही अपने एक पग में नाप ली, आकाश को दूसरे पग में, और अपना तीसरा पग बलि के सिर पर रख दिया।

से एक सुदृढ़ तथा स्थायी एकत्व का निर्माण करना अभी सम्भव नहीं; परन्तु यह कोई कारण नहीं कि हम अपनी उत्कट अभीप्सा और अथक प्रयास के पुरस्कारस्वरूप अस्थायी रूप से उसके समीप भी न पहुंच सकें। निरन्तर निकटवर्ती होते हुए, आंशिक उपलब्धियां प्राप्त करते हुए तथा क्षणिक सफलताएं प्राप्त करते हुए ही प्रकृति माता आगे बढ़ती है।

जैसी कि श्रीअरविन्द ने भविष्यवाणी की है, वस्तुएं तेजी से आगे बढ़ रही हैं, और जब से श्रीअरविन्द ने सूक्ष्म भौतिक जगत् में कार्य करना आरम्भ कर दिया है तब से मानवजाति की अवस्था बहुत बदल चुकी है : मानव एकता के विचार ने काफी प्रगति कर ली है और अधिक व्यापक रूप में समझा जाने लगा है।

१२.२.१९७०

३३७—अनुकरण कभी-कभी एक अच्छे शिक्षण-पोत का काम देता है परन्तु उस पर नौसेनाध्यक्ष का झंडा कभी नहीं फहरायेगा।

३३८—सफल अनुकर्ताओं के झुण्ड में मिलने की अपेक्षा अपने-आपको फांसी लगा लेना कहीं अधिक अच्छा है।

यह बात कलाकारों और लेखकों पर लागू होती है—प्रायः सभी अनुकरण और नकल करते हैं। फिर भी, जो सृजन करते हैं, जिनके पास कुछ कहने या दिखाने के लिए कोई नयी वस्तु है, उन्हें ही सृजन करना चाहिये।

१३.२.१९७०

३३९—संसार में कार्य करने की विधि बड़ी उलझी हुई है। जब अवतार राम ने बाली[१] का वध किया, अथवा कृष्ण ने, जो स्वयं

[१] वानरों का राजा।

भगवान् थे, अपनी जाति को अपने अत्याचारी मामा कंस से मुक्त करने के लिए उसका वध किया तो यह कौन कहेगा कि उन्होंने उचित किया या अनुचित, उनका यह कार्य ठीक था या गलत? किन्तु हम यह अनुभव कर सकते हैं कि उन्होंने जो किया दिव्य रूप में किया।

यह इस बात को कहने का एक बहुत ही सुन्दर ढंग है कि भले और बुरे का विचार पूरी तरह मानवीय है और भगवान् की दृष्टि में इसका कुछ मूल्य नहीं है।

१६.२.१९७०

३४०—प्रतिक्रिया अपने अन्दर निहित शक्ति को बढ़ाकर और शुद्ध करके ही विकास को पूर्ण एवं द्रुत बनाती है। इस बात को अधिकांश दुर्बल व्यक्ति नहीं देख सकते, ये वे व्यक्ति होते हैं जो अपने जहाज को अंधड़ में निःसहाय अवस्था में डूबता-उतराता देखकर बंदरगाह के बारे में निराश होने लगते हैं, किन्तु तो भी वह वर्षा और सागर की धार में छुपा भगवान् के इच्छित स्थान की ओर दौड़ता ही रहता है।

यह हमें कभी निराश न होने का पाठ सिखाने के लिए है। कारण, जिन लोगों का हृदय शुद्ध और श्रद्धा अडोल है, उन लोगों के लिए अत्यधिक प्रत्यक्ष पराजय वह गुप्त मार्ग मात्र है जो अन्तिम विजय की ओर ले जाता है।

१७.२.१९७०

३४१—लोकतन्त्र निरंकुश राजा, पुरोहित और सामन्त की निरंकुश गुटबन्दी के विरुद्ध मानव आत्मा का विद्रोह था; और समाजवाद धनिक वर्ग के प्रजातन्त्र की तानाशाही के विरुद्ध जब कि अराजकता नौकरशाही समाजवाद के अत्याचार के विरुद्ध उसका विद्रोह हो

सकता है। एक भ्रान्ति से दूसरी भ्रान्ति तक, एक असफलता से दूसरी असफलता तक उपद्रवी और उत्सुक भाव में बढ़ते रहना यूरोपीय प्रगति का चित्रण करता है।

३४२—यूरोप में प्रजातन्त्र मन्त्रीमण्डल के सदस्य का, किसी भ्रष्टाचारी प्रतिनिधि या स्वार्थी पूंजीवादी का शासन होता है जिस पर संशयपूर्ण सर्वसाधारण के अस्थायी प्रभुत्व का मुखौटा चढ़ा होता है। यूरोप में समाजवाद अफसरशाही और पुलिस का एक ऐसा शासन हो सकता है जो एक आदर्शवादी राज्य के अव्यावहारिक शासन के परिवेश में हो। यह पूछना भ्रामक होगा कि इनमें से कौन-सी प्रणाली ज्यादा अच्छी है; साथ ही यह निश्चय करना भी कठिन होगा कि कौन-सी प्रणाली ज्यादा गलत है।

३४३—प्रजातन्त्र का लाभ है अत्याचारी या कुछ स्वार्थरत व्यक्तियों की सनकों से व्यक्ति के जीवन को, उसकी सम्पदा एवं स्वतन्त्रता को सुरक्षा प्रदान करना; और उसकी बुराई है मानवजाति की महानता का ह्रास।

सभी मानव सरकारें मिथ्या या भ्रामक होती हैं। यह आशा की जा सकती है कि एक दिन पृथ्वी पर केवल 'सत्य' का साम्राज्य होगा किन्तु केवल तभी, जब सर्वोच्च प्रभु इस 'सत्य' को सबके लिए स्पष्ट कर देंगे।

१८.२.१९७०

३४४—मनुष्यों की यह भ्रान्तिशील जाति सदा ही अपने परिवेश को सरकारों और समाज की मशीनरी से पूर्ण बनाने का स्वप्न देखती रहती है। किन्तु अन्तरस्थित आत्मा की पूर्णता के द्वारा ही बाह्य परिवेश पूर्ण बनाया जा सकता है। जो कुछ तुम अन्दर होगे उसी का तुम अपने से बाहर भी उपभोग कर सकोगे, कोई

भी मशीनरी तुम्हारी अपनी सत्ता के विधान से तुम्हें छुटकारा नहीं दिला सकती।

३४५—जब कि तुम सच्ची बात के बाह्य स्वरूप या प्रतीक की पूजा कर रहे हो, उस समय भी उसे दोष देने या उसकी उपेक्षा करने की अपनी प्रवृत्ति से सदा सावधान रहो। मनुष्य की दुष्टता नहीं बल्कि उसकी दुर्बलता ही 'अशुभ' को अवसर देती है।

हम जो कुछ हैं, जीवन में उसके परिणाम भोगने से कोई भी कानून, कोई भी सरकार हमें नहीं बचा सकती।

एकमात्र भागवत सत्य का ही आदेश मानो और तब वह जीवन को समस्त कानून और मानवनिर्मित सरकारों से अलग रखकर जीवन का परिचालन करेगा।

१९.२.१९७०

३४६—संन्यासी के वेश को सम्मान अवश्य दो, किन्तु उस वेश को धारण करने वाले को भी देखो, कहीं ऐसा न हो कि पवित्र स्थानों पर पाखण्ड का राज्य हो जाये और आन्तरिक साधुता एक कहानी बन कर रह जाये।

३४७—कितने ही लोग योग्यता अथवा धन की प्राप्ति के लिए प्रयत्न करते रहते हैं, कुछ गरीबी को दुलहिन के रूप में स्वीकार कर लेते हैं; किन्तु तुम केवल भगवान् के पीछे ही दौड़ो और उन्हीं को गले लगाओ। तुम उन्हें ही अपने लिए चुनने का अवसर दो, चाहे वह राजा का महल हो या भिखारी का भिक्षा-पात्र।

३४८—पाप अपने-आपको दास बनाने की वृत्ति का अभ्यास है और पुण्य एक मानवीय विचारमात्र। भगवान् को देखो और उन्हीं की इच्छा का पालन करो, जिस भी मार्ग को उन्होंने तुम्हारे

लिए निश्चित किया है उसी पर चलो।

सबसे अच्छी बात यही है! सच्ची साधुता का अर्थ वही कुछ चाहना और प्राप्त करना है जो भगवान् तुम्हारे लिए चाहते हैं, और सच्ची बुद्धिमत्ता उनके साथ जुड़ जाने में है ताकि तुम यह स्पष्ट रूप में जान सको कि वे तुमसे और तुम्हारे लिए क्या चाहते हैं। बाकी सब तो मानवीय रूढ़ियां और सिद्धान्त ही होते हैं।

२०.२.१९७०

३४९—संसार के संघर्षों में धनियों का उनके धन के लिए अथवा गरीबों का उनकी गरीबी के लिए पक्ष न लो, न राजा का उसकी सत्ता और उपाधि के लिए और न ही लोगों का उनकी आशाओं और उत्साह के लिए, बल्कि सदा भगवान् के पक्ष में रहो। जब तक कि उसने तुम्हें अपने विरुद्ध युद्ध करने की आज्ञा ही न दी हो! तब अपने पूरे हृदय और शक्ति से उल्लासपूर्वक उसी कार्य को करो।

३५०—यह मैं कैसे जानूं कि भगवान् मुझसे क्या चाहते हैं? इसके लिए मुझे अपने अहंभाव को अपने अन्दर से, कोने-कोने से निकाल देना होगा और अपनी पूत-पवित्र और नग्न आत्मा को उनकी असीम क्रियाओं में निमज्जित करना होगा; तब वे स्वयं ही अपनी इच्छा को मेरे सामने प्रकट कर देंगे।

३५१—केवल वही आत्मा जो नग्न और लज्जाविहीन होगी पवित्र एवं निर्दोष हो सकती है, उसी प्रकार जिस प्रकार आदम मानव-जाति के आदिम उद्यान में था।

"नग्न और लज्जाविहीन आत्मा" का क्या अर्थ है? क्या आत्मा सदा ही शुद्ध और पवित्र नहीं होती?

हां, यही बात श्रीअरविन्द कहते हैं। आत्मा छद्मवेश नहीं पहनती, वह अपने-आपको असली रूप में प्रकट करती है, वह मनुष्य के मूल्यांकन की परवाह नहीं करती; कारण वह भगवान् की निष्ठावान् सेविका है, उन भगवान् की जिनका वह वासस्थल है।

२३.२.१९७०

३५२—धन-सम्पत्ति की शेखी मत बघारो, न ही लोगों से अपनी गरीबी और आत्म-त्याग की प्रशंसा मांगते फिरो; ये दोनों वस्तुएं अहंभाव का स्थूल या सूक्ष्म भोजन हैं।

३५३—परोपकार की भावना मनुष्य के लिए अच्छी है, पर तब उतनी अच्छी नहीं रहती जब वह अपनी ही सर्वोच्च तुष्टि का रूप धारण कर लेती है और दूसरों के स्वार्थ को पोसकर ही जीती है।

३५४—परोपकार से तुम अपनी आत्मा की रक्षा कर सकते हो, किन्तु ध्यान रखो कि तुम अपने भाई के विनाश में रस लेकर उसकी रक्षा न करो।

३५५—आत्म-त्याग शोधन-क्रिया का एक बड़ा साधन अवश्य है; किन्तु यह न तो अपने-आपमें कोई उद्देश्य है, न ही जीवन जीने का कोई चरम नियम। आत्म-पीड़न नहीं बल्कि संसार में भगवान् की सन्तुष्टि तुम्हारा लक्ष्य होना चाहिये।

३५६—अधर्म और पाप से किये हुए बुरे कर्म को जान लेना सरल है, किन्तु एक प्रशिक्षित आंख उस बुरे कर्म को भी देख लेती है जो अपने-आपको सच्चा या गुणवान् मानने वाला व्यक्ति करता है।

क्रमिक रूप में और सभी दृष्टिकोणों से श्रीअरविन्द हमें बताते हैं कि किस प्रकार 'सत्य' सभी विपरीत और विरोधी वस्तुओं और मतभेदों से ऊपर और परे है—वह एक दीप्तिपूर्ण और समग्र 'एकत्व' में स्थित है।

२५.२.१९७०

३५७—पहले ब्राह्मण ने शास्त्र और कर्मकाण्ड की पद्धति से शासन किया, उसके बाद क्षत्रिय ने तलवार और ढाल से; अब वैश्य मशीन और मुद्रा से शासन करता है और शूद्र विमोचित दास, "संयुक्त श्रम के राज्य" के सिद्धान्त से कार्य करता है। किन्तु न तो पुरोहित, न राजा, न वैश्य, और न ही श्रमिक मनुष्यजाति का सच्चा शासक है; औजारों और कुदाल की यह तानाशाही पहले की सभी तानाशाहियों की तरह ही असफल होगी। जब अहंभाव नष्ट हो जाता है और मनुष्य के अन्दर स्थित भगवान् अपनी विश्व-मानवता पर शासन करते हैं, केवल तभी पृथ्वी एक प्रसन्न और सन्तुष्ट जाति को धारण कर सकती है।

इस विषय पर कुछ कहने को नहीं है। सब कुछ स्पष्ट रूप से समझा दिया गया है—केवल दिव्य शासन ही सच्चा शासन हो सकता है।

२६.२.१९७०

३५८—लोग सुख के पीछे दौड़ते हैं और बड़े आवेशपूर्वक उस अग्निशिखा-सी दुलहिन को अपने क्षुब्ध हृदय से लगा लेते हैं, जब कि उसी समय एक दिव्य और निर्दोष परम आनन्द उनके पीछे खड़ा, देखे और बुलाये जाने और अधिकृत किये जाने की प्रतीक्षा करता है।

३५९—लोग तुच्छ सफलताओं और अति साधारण वस्तुओं को अधिकृत करने की चेष्टा में रहते हैं, और फिर उनसे थकान और

परिश्रांति में जा गिरते हैं; जब कि इस बीच विश्व में स्थित भगवान् की असीम शक्ति व्यर्थ ही इस प्रतीक्षा में रहती है कि वे आयें और उसे प्राप्त कर लें।

३६०—लोग ज्ञान की छोटी-छोटी बारीकियों को खोदकर निकालते रहते हैं और फिर उन्हें इकट्ठा करके कुछ एक सीमित और क्षणिक विचार-प्रणालियों का रूप दे देते हैं; जब कि समस्त असीम बुद्धिमत्ता उनके सिर के ऊपर खड़ी हंसती है और अपने रंग-बिरंगे पंखों के वैभव को उनके सामने बिखेरती है।

३६१—लोग अपनी सीमित और छोटी-सी सत्ता को—उस सत्ता को जो उनके हीन और तृष्णापूर्ण अहंभाव के चारों ओर एकत्रित मानसिक धारणाओं से निर्मित हुई है—सन्तुष्ट और सम्मानित करने के लिए काफी जोर लगाते हैं; जब कि स्थान और काल से अतीत आत्मा को अपनी आनन्द और वैभवपूर्ण अभिव्यक्ति से वंचित रखा जाता है।

इस वस्तुस्थिति को बदलना ही होगा ताकि अतिमानसिक चेतना का शासन पृथ्वी पर स्थापित हो सके। यद्यपि अतिमानसिक चेतना एक वर्ष[१] से अधिक समय से पृथ्वी पर कार्य कर रही है, फिर भी क्या इस दुःखद अवस्था में कोई परिवर्तन हुआ है?...

२८.२.१९७०

चूंकि अतिमानसिक चेतना पृथ्वी पर कार्य कर रही है, तो चाहे कुछ भी होता रहे पर क्या ये दुःखद अवस्थाएं नहीं बदलेंगी?

स्वाभाविक है कि पहला परिणाम होगा चेतना का परिवर्तन, पर यह पहले

[१] माताजी यहां उस 'नई चेतना' (या अतिमानस की चेतना) का उल्लेख कर रही हैं जो १ जनवरी, १९६९ को अभिव्यक्त हुई थी।

उनमें होगा जो सबसे अधिक ग्रहणशील होंगे, उसके बाद कुछ अधिक व्यक्तियों में।

सामूहिक जीवन की सामान्य अवस्था में परिवर्तन केवल बाद में ही आ सकता है, जब वैयक्तिक प्रतिक्रियाएं बदल जायेंगी, उसके बहुत समय बाद ही शायद यह परिवर्तन आयेगा। उसका सबसे पहला प्रभाव, जो हम इस समय देख सकते हैं, यह है कि सामान्य अस्तव्यस्तता आगे से बहुत बढ़ गयी है, क्योंकि पुराने सिद्धान्तों ने अपनी शक्ति खो दी है, और मनुष्य (बहुत कम लोगों को छोड़कर) दिव्य विधान का आदेश मानने को तैयार नहीं हैं, क्योंकि वे उसे देखने में समर्थ नहीं हैं।

१.३.१९७०

३६२—ओ भारत की आत्मा, कलियुग के अज्ञानी पण्डितों के पीछे अपने-आपको रसोईगृह और मन्दिर में न छुपा, भावहीन पूजा-पाठ, दक्षिणा की पुरानी विधि और अभिशप्त पैसों के आवरण से अपने-आपको न ढक; बल्कि अपनी आत्मा में खोज कर, भगवान् से प्रार्थना कर, और सनातन वेद के द्वारा अपने सच्चे ब्राह्मणत्व और क्षत्रियत्व को पुनः प्राप्त कर; वैदिक यज्ञ के छुपे हुए सत्य को पुनः स्थापित कर, एक प्राचीनतर और अधिक शक्तिशाली वेदान्त को चरितार्थ कर।

इसका अर्थ है कि व्यक्ति को उन तथाकथित धार्मिक परम्पराओं से मुक्त होना चाहिये जो यह बताती हैं कि व्यक्ति को क्या करना चाहिये, क्या नहीं। उसे सच्चे ज्ञान को ढूंढना चाहिये तथा सीधे भगवान् से ही सत्य में और सत्य के लिए जीवन बिताने के यथार्थ निर्देशों को प्राप्त करना चाहिये।

२.३.१९७०

३६३—अपने यज्ञ को सांसारिक वस्तुओं या कुछ इच्छाओं और कामनाओं के त्याग तक ही सीमित न करो, बल्कि अपने प्रत्येक

विचार, प्रत्येक कार्य और प्रत्येक आनन्दोपभोग को अन्तरस्थित भगवान् के प्रति अर्पित कर दो। तुम्हारे पग तुम्हारे प्रभु के अन्दर ही प्रवेश करें, तुम्हारी निद्रा और जाग्रत् अवस्था कृष्ण के प्रति ही निवेदित हो।

३६४—यह मेरे शास्त्र या मेरी विद्या के अनुसार नहीं है, ऐसा नियमप्रिय और रूढ़िवादी कहते हैं। मूर्ख! क्या भगवान् केवल एक पुस्तक हैं कि उसमें लिखे हुए के सिवाय और कुछ सत्य या शुभ नहीं हो सकता?

३६५—मैं किस मापदण्ड के अनुसार चलूं, उस वाणी के अनुसार जिसमें भगवान् मुझसे कहते हैं : "यह मेरी इच्छा है, मेरे दास", अथवा उन नियमों के अनुसार जिनके लिखने वाले मर-खप चुके हैं? न, यदि मुझे किसी का डर या आदेश मानना है तो मैं भगवान् का ही डर या आदेश मानूंगा, किसी पुस्तक के पृष्ठों या किसी पण्डित की भृकुटि का नहीं।

३६६—तुम्हें धोखा हो सकता है, क्या तुम यह कहोगे कि तुम्हें चलाने वाली आवाज भगवान् की आवाज नहीं है? फिर भी मैं यह जानता हूं कि वे उन लोगों का भी त्याग नहीं करते जिन्होंने, भले अज्ञानपूर्वक सही, उन पर विश्वास किया है; मैंने यह भी देखा है कि वे तब भी जब कि वे पूरी तरह धोखा देते प्रतीत होते हैं, बुद्धिमत्तापूर्वक रास्ता दिखा रहे होते हैं। बहरहाल मैं मृत नियम-विधान में विश्वास रख कर बच जाने की अपेक्षा सजीव भगवान् के जाल में फंसना अधिक पसन्द करूंगा।

३६७—अपने ही हठ और इच्छा से कार्य करने की अपेक्षा शास्त्रों के अनुसार कार्य करो, इस प्रकार तुम अपने अन्दर स्थित लुटेरे पर नियन्त्रण रखने में समर्थ हो सकोगे; किन्तु शास्त्र की अपेक्षा भगवान् के आदेशानुसार कार्य करो, इस प्रकार तुम उनकी सर्वोच्च

स्थिति तक पहुंच जाओगे जो कि सब नियमों और सीमाओं से बहुत परे की वस्तु है।

३६८—नियम उन लोगों के लिए है जो बद्ध हैं, जिनकी आंखें बन्द हो चुकी हैं, यदि वे उसके सहारे नहीं चलेंगे तो रास्ते में लड़खड़ायेंगे। किन्तु तुम तो स्वतन्त्र रूप से श्रीकृष्ण में हो, या तुमने उनके जीवन्त प्रकाश को देख लिया है, तुम अपने 'सखा' का हाथ पकड़ कर 'सनातन वेद' के प्रकाश में आगे बढ़ो।

३६९—वेदान्त तुम्हें बन्धन और अहंभाव की इस अन्धकारपूर्ण रात्रि में से निकाल कर आगे चलाने वाला भगवान् का प्रदीप है; किन्तु जब वेद का प्रकाश तुम्हारी आत्मा में उदित हो जाये तब तुम्हें उस दिव्य प्रदीप की भी आवश्यकता नहीं होती, क्योंकि अब तुम महान् और सनातन सूर्य के प्रकाश में स्वतन्त्रता और विश्वासपूर्वक विचर सकते हो।

केवल सर्वोच्च प्रभु के आदेश को ही सुनने की चेष्टा करो, और यदि तुम में पूर्ण सच्चाई होगी तो वे तुम्हें सुनाने और अपने आदेश को विश्वासपूर्वक पहचानने का रास्ता भी स्वयं ढूंढ़ निकालेंगे।

यह आश्वासन उन सबको प्रदान किया गया है जो सर्वोच्च 'सत्य' के अनुसार अपना जीवन बिताना चाहते हैं।

३.३.१९७०

३७०—केवल जानने का क्या लाभ? मैं तुमसे कहता हूं, कुछ करो और कुछ होओ। कारण, भगवान् ने तुम्हें इस मनुष्य के शरीर में इसीलिए भेजा है।

३७१—केवल 'होने' का भी क्या लाभ? मैं तुमसे कहता हूं, वैसा ही बन जाओ; क्योंकि इस जड़तत्त्व के जगत् में मनुष्य रूप

में तुम्हारी स्थापना इसीलिए हुई है।

३७२—कर्म का पथ एक प्रकार से भगवान् के तिहरे मार्ग का एक अत्यधिक कठिन पक्ष है; तो भी क्या यह, कम-से-कम, इस जड़ जगत् में, सबसे अधिक सरल, विस्तृत और आनन्ददायक भी नही है? कारण, प्रत्येक क्षण हम भगवान् से, जो कि स्वयं कर्मी हैं, टकराते हैं, तथा उनके सहस्रों दिव्य स्पर्शों से उन्हीं जैसे बन जाते हैं।

३७३—कर्म-पथ का चमत्कार यह है कि भगवान् के साथ शत्रुता भी मुक्ति का साधन बनायी जा सकती है। कभी-कभी भगवान् हमें अपनी ओर खींच कर द्रुत वेग से अपने साथ सटा लेते हैं और फिर हमारे साथ एक भयानक, अजेय और दुराग्रही शत्रु के रूप में युद्ध भी करते हैं।

संक्षेप में, भागवत कृपा इतनी अद्‌भुत है कि तुम कुछ भी करो वह तुम्हें भागवत लक्ष्य की ओर देर या सवेर ले ही जायेगी।

५.३.१९७०

३७४—क्या मैं मृत्यु को स्वीकार कर लूं या मुड़कर उसके साथ कुश्ती करके उस पर विजय प्राप्त करूं? इसका निर्णय मेरे अन्तरस्थित भगवान् को ही करना होगा। मैं जीवित रहूं या मृत्यु को प्राप्त होऊं, मेरा अस्तित्व सदा ही रहेगा।

३७५—तब वह है क्या जिसे तुम मृत्यु कहते हो? क्या भगवान् मर सकते हैं? ओ मृत्यु से डरने वाले, यह 'जीवन' ही तो है जो तुम्हारे पास मृत्यु का मुकुट सजाये आतंक का मुखौटा पहने आया है।

३७६—शरीर की अमरता प्राप्त करने का कोई तरीका अवश्य है और मृत्यु हमारी इच्छा पर निर्भर है, प्रकृति की इच्छा पर नहीं। किन्तु सौ वर्ष तक एक ही कोट में या लम्बे काल तक उसी एक संकरे, पुराने घर में रहना कौन पसन्द करेगा?

यदि व्यक्ति यह अनुभव करे कि उसका इस जीवन का कार्य समाप्त हो गया है और अब भेंट देने के लिए उसके पास कुछ नहीं बचा तो क्या एक लक्ष्यहीन अस्तित्व को घसीटने की अपेक्षा मरकर दुबारा जन्म लेना अधिक अच्छा नहीं है?

यह वह प्रश्न है जो एक असन्तुष्ट अहं अपने-आपसे उस समय पूछता है जब उसे लगता है कि वस्तुएं उसकी इच्छानुसार नहीं चल रहीं।

किन्तु जो व्यक्ति भगवान् का है और सत्य में ही निवास करना चाहता है वह यह जानता है कि भगवान् उसे पृथ्वी पर तब तक रखेंगे जब तक वह उनकी दृष्टि में पृथ्वी पर उपयोगी होगा, जब पृथ्वी पर उसके करने लायक कुछ न रहेगा तो उसे हटा देंगे। अतएव, यह प्रश्न उठ ही नहीं सकता। और तब व्यक्ति भगवान् की सर्वोच्च बुद्धिमत्ता की निश्चयता में शान्तिपूर्वक निवास करेगा।

६.३.१९७०

आपने कल लिखा था : "किन्तु जो व्यक्ति भगवान् का है...।" प्रत्येक प्राणी, चाहे वह कोई भी हो, क्या भगवान् का नहीं है?

जब मैं कहती हूं : "जो व्यक्ति भगवान् का है", तो मैं उस व्यक्ति की बात कहती हूं जिसने अपने अहं से मुक्ति पा ली है, जो सदा भगवान् के प्रति सचेतन रहता है, जिसकी कोई व्यक्तिगत इच्छा नहीं है, जो केवल भागवत प्रेरणा से ही कार्य करता है और जिसका इसके सिवाय कोई और लक्ष्य नहीं है कि वह वही करे जो भगवान् उससे करवाना चाहते हैं।

मुझे नहीं लगता कि ऐसे लोग अधिक हैं जो इस अवस्था में हों। और

यह भी निश्चित है कि वे इस बात की कभी चिन्ता नहीं करेंगे कि उनका जीवन पृथ्वी पर उपयोगी है या नहीं क्योंकि वे केवल भगवान् के लिए तथा उन्हीं के द्वारा जीवन धारण करते हैं, उनका कोई वैयक्तिक जीवन नहीं रह जाता।

७.३.१९७०

३७७—भय और चिन्ता इच्छा-शक्ति के विकृत रूप हैं। जिस वस्तु से तुम भय मानते हो और जिसके बारे में सोचते हो, जिसे अपने मन में बार-बार घोखते रहते हो, उसके आने में तुम सहायता भी करते हो। कारण, यदि तुम्हारी ऊपरी जाग्रत् अवस्था उसे परे धकेलती है, तो भी नीचे दबा हुआ तुम्हारा मन सब समय उसी की इच्छा करता रहता है, अवचेतन मन तो और भी अधिक शक्तिशाली और विशाल होता है तथा तुम्हारी जाग्रत् शक्ति और बुद्धि की अपेक्षा उसमें चरितार्थ करने की शक्ति भी अधिक होती है। किन्तु आत्मा उन दोनों से अधिक शक्तिशाली है; भय और आशा का पल्ला छोड़कर आत्मा की महान् शान्ति और चिन्तारहित प्रभुत्व में आश्रय लो।

३७८—भगवान् ने आत्म-ज्ञान से इस असीम जगत् को बनाया, यह आत्म-ज्ञान अपने कर्मों में वह 'संकल्प-शक्ति' है जो अपने-आपको चरितार्थ करती है। उन्होंने अज्ञान का प्रयोग अपनी असीमता को सीमाबद्ध करने के लिए किया; किन्तु भय, क्लान्ति, अवसाद, आत्म-अविश्वास और दुर्बलता को प्रश्रय ऐसे यन्त्र हैं जिनसे वे अपनी बनायी चीजों को नष्ट करते हैं। जब ये वस्तुएं तुम्हारे अन्दर की अशुभ या हानिकारक या असंयमित वस्तुओं पर आक्रमण करें तो भला होता है; किन्तु यदि ये तुम्हारे जीवन और तुम्हारी शक्ति के मूलस्रोतों पर धावा बोलें, तो तुम उन्हें पकड़कर अपने अन्दर से निकाल दो, नहीं तो तुम मर जाओगे।

जब ये विनाशकारी शक्तियां हम पर आक्रमण करती हैं, तो यह इस बात का प्रमाण है कि हम अपने अहंभाव से मुक्त होने के लिए और चेतन रूप से भागवत उपस्थिति में प्रवेश करने के लिए, और साथ ही अहंभाव द्वारा थोपे हुए कष्टों से मुक्त होकर पूर्ण प्रकाश, शान्ति और आनन्द पाने के लिए तैयार हैं, उस भागवत उपस्थिति में जो हमारी सत्ता के केन्द्र में विद्यमान है। अहंभाव ही जीवन के सब सम्पर्कों को दुःख में बदल देता है। अहंभाव ही हमें अपने अन्दर भागवत उपस्थिति के प्रति सचेतन होने तथा भगवान् के शान्त, शक्तिशाली और आनन्दपूर्ण यन्त्र बनने से रोकता है।

आओ, हम इस अहंभाव को उसकी समस्त इच्छाओं सहित भगवान् के प्रति पूर्ण रूप से समर्पित कर दें और विश्वासपूर्वक उस मुक्ति की प्रतीक्षा करें जो अवश्य आयेगी।

९.३.१९७०

३७९—मनुष्यजाति ने अपनी शक्तियों और सुख को नष्ट करने के लिए दो बड़े शक्तिशाली शस्त्रों का उपयोग किया है : गलत उपभोग और गलत त्याग।

३८०—हमारी गलती सदा से यही रही है कि हम इलाज के रूप में पेगेनिज़्म (मूर्तिपूजा) की बुराइयों से तप और त्याग की ओर और तप और त्याग की बुराइयों से पेगेनिज़्म की ओर भागते रहते हैं। हम सदा इन दोनों झूठे विरोधी छोरों के बीच झूलते रहते हैं।

३८१—न तो खेल में अत्यधिक ढील देकर खेल में रत रहना अच्छा है, न अपने जीवन और कार्य में बहुत अधिक गम्भीर होना। हम दोनों में ही एक प्रफुल्ल स्वतन्त्रता और गम्भीर व्यवस्था की चाहना करते हैं।

अतिशयता, वह चाहे जो भी रूप ले, उग्रता है; केवल शान्ति, समता और सामञ्जस्य में ही सत्य की खोज की जा सकती है, और उसमें निवास किया जा सकता है।

१०.३.१९७०

३८२—पिछले लगभग चालीस वर्षों तक मैं शरीर से बहुत दुर्बल रहा; मैं सदा ही किसी-न-किसी छोटी या बड़ी व्याधि से पीड़ित रहा और इस अभिशाप को अपने पर लादा प्रकृति का एक बोझ समझने की गलती की। जब मैंने दवाइयों की सहायता लेनी छोड़ दी तो रोग भी निराश परजीवियों की तरह मुझे छोड़ते चले गये। केवल तभी मेरी समझ में आया कि मेरे अन्दर का प्राकृतिक स्वास्थ्य कितना सबल है और 'संकल्प-शक्ति' और 'विश्वास' तो और भी अधिक शक्तिशाली हैं जो मन से परे की वस्तुएं हैं तथा जिन्हें भगवान् ने इस शरीर में हमारे जीवन की दिव्य सहायता के लिए हमें प्रदान किया है।

जीवन की सभी परिस्थितियों की व्यवस्था हमें यह सिखाने को की गयी है कि मन से परे, भागवत कृपा में विश्वास ही हमें सभी परीक्षाओं में उत्तीर्ण होने, सभी दुर्बलताओं पर विजय प्राप्त करने तथा दिव्य चेतना के साथ सम्पर्क स्थापित करने की शक्ति प्रदान करता है, उस दिव्य चेतना के साथ जो हमें केवल शान्ति और आनन्द ही नहीं बल्कि शारीरिक सन्तुलन एवं अच्छा स्वास्थ्य भी प्रदान करती है।

११.३.१९७०

३८३—हमारी असाध्य बर्बरता के कारण आधुनिक मनुष्यजाति के लिए मशीनें आवश्यक हैं। यदि हमें अपने-आपको चकराने वाली आरामदेह वस्तुओं और साजोसामान के ढेर में ढक कर रखना है तो हमें कला और उसकी प्रणालियों को छोड़ना पड़ेगा;

कारण, सरलता एवं स्वतन्त्रता को छोड़ने का अर्थ है सुन्दरता को छोड़ना। हमारे पूर्वजों का वैभव बड़ा समृद्ध बल्कि आडम्बरयुक्त भी था, किन्तु कभी बोझ नहीं बना।

३८४—मैं यूरोपीय जीवन की बर्बर सुख-सुविधाओं तथा बोझिल आडम्बर को सभ्यता का नाम नहीं दे सकता। जो लोग अपनी आत्मा में स्वतन्त्र और अपनी जीवन-व्यवस्था में अभिजात ढंग से लयबद्ध नहीं हैं, वे सभ्य नहीं हैं।

३८५—आधुनिक समय में और यूरोपीय प्रभाव-तले कला जीवन की एक ग्रन्थि या एक अनावश्यक दासी बन गयी है, जब कि इसे होना चाहिये था मुख्य अभिकर्ता या एक अनिवार्य व्यवस्थापक।

जब तक मन जीवन पर इस अभिमानपूर्ण निश्चयता के साथ शासन करता रहेगा कि वह सब कुछ जानता है, तब तक भगवान् का राज्य कैसे स्थापित हो सकता है?

१२.३.१९७०

रोग और चिकित्सा-विज्ञान

बीमारी को ठीक करना अच्छा है, किन्तु बीमार न पड़ना उससे भी अच्छा है।

—माताजी

३८६—रोग अनावश्यक रूप से लम्बा हो जाता है और प्रायः ही मृत्यु का कारण बन जाता है, जब कि ऐसा होना आवश्यक नहीं है, और यह इस कारण होता है कि रोगी का मन अपने शरीर की व्याधि को प्रश्रय देता है, और उसी पर लगा रहता है।

पूर्णतया सत्य है यह!

३८७—चिकित्सा-विज्ञान मनुष्यजाति के लिए वरदान से अधिक अभिशाप रहा है। इसने महामारियों के वेग को नष्ट अवश्य कर दिया है, तथा एक अद्‌भुत प्रकार की शल्य-चिकित्सा को जन्म दिया है, किन्तु साथ ही इसने मनुष्य के प्राकृतिक स्वास्थ्य को दुर्बल बना दिया है तथा विभिन्न प्रकार के रोगों की बाढ़-सी ला दी है; इसने मन और शरीर में भय और निर्भरता की भावना को बद्धमूल कर दिया है; इसने हमारे स्वास्थ्य को, प्राकृतिक स्वस्थता को आधार न मानकर धातु और वनस्पति जगत्‌ के डांवांडोल और निःस्वाद प्रभाव का सहारा लेना सिखाया है।

३८८—चिकित्सक रोग पर किसी औषधि का निशाना लगाता है; कभी वह लग जाता है तो कभी चूक जाता है। चूकने का कोई हिसाब नहीं रखा जाता, पर लगने का लेखा-जोखा रखा जाता है, उस पर विचार किया जाता है और फिर उसे विज्ञान का सुसंगत रूप दे दिया जाता है।

अद्‌भुत!

३८९—हम बर्बर पर हंसते हैं क्योंकि वह ओझाओं में विश्वास करता है। किन्तु डॉक्टरों पर विश्वास करने वाली सभ्य जातियां कौन-सी कम अन्धविश्वासी हैं? प्रायः बर्बर देखता है कि जब कोई विशेष मन्त्र बार-बार उच्चारा जाता है तो उसका रोग दूर हो जाता है; वह विश्वास कर लेता है। सभ्य रोगी देखता है जब वह किसी विशेष नुस्खे की दवाई लेता है तो वह प्रायः उस रोग से मुक्त हो जाता है, वह विश्वास कर लेता है। इनमें भेद कहां हुआ?

इसका यह निष्कर्ष निकाला जा सकता है कि दवाई की रोगमुक्ति की शक्ति रोगी के विश्वास से आती है।

यदि मनुष्यों को भगवत्कृपा में पूर्ण विश्वास होता तो वे शायद बहुत-सी व्याधियों से बच जाते।

१३.३.१९७०

३९०—उत्तर-भारत के चरवाहे को यदि ज्वर हो जाये तो वह नदी की बर्फीली धारा में एक-दो घन्टे बैठ जाता है और स्वस्थ और ताजा होकर उठता है। यदि कोई पढ़ा-लिखा सभ्य व्यक्ति ऐसा करे तो वह मर जायेगा, इसलिए नहीं कि एक ही इलाज एक को मार देता है और दूसरे को ठीक कर देता है, किन्तु इसलिए कि हमारे मन ने हमारे शरीरों को झूठे अभ्यासों से जकड़कर घातक सिद्धान्तों का शिकार बना दिया है।

३९१—औषधि रोग को उतना ठीक नहीं करती जितना कि रोगी का डॉक्टर या उसकी औषधि में विश्वास। ये दोनों रोगी की अपनी शक्ति में स्वाभाविक श्रद्धा के भद्दे स्थानापन्न हैं, उस शक्ति के जिसे उन्होंने स्वयं नष्ट कर दिया है।

३९२—मनुष्यजाति के सबसे अधिक स्वस्थ युग वे थे जिनमें भौतिक दवाइयां बहुत ही कम थीं।

३९३—पृथ्वी पर सबसे अधिक बलिष्ठ और स्वस्थ जाति अफ्रीका-निवासी जंगलियों की थी, किन्तु जब उनकी भौतिक चेतना सभ्य जातियों के मतिभ्रम से दूषित हो गयी तो वे कब तक स्वस्थ रह सकते हैं?

श्रीअरविन्द के ये शब्द भी सदा की भांति भविष्यसूचक हैं। क्योंकि जब मनुष्यजाति अपने मतिभ्रम से मुक्ति पा लेगी, केवल तभी वह अतिमानसिक चेतना को अभिव्यक्त करने में सफल होगी तथा उस प्राकृतिक स्वास्थ्य को पुनः प्राप्त कर सकेगी जिससे मन ने उसे वंचित कर दिया है।

१४.३.१९७०

३९४—हमें रोगों की रोकथाम तथा चिकित्सा के लिए अपने अन्दर स्थित दिव्य स्वास्थ्य का प्रयोग करना चाहिये; किन्तु गेलेन और हिपोक्रेटस तथा उनके अनुयायियों ने इसके बदले हमें दवाइयों का एक बड़ा शस्त्रागार दे दिया है। भौतिक शास्त्र के रूप में एक बर्बर लैटिन मन्त्र-तन्त्र दे दिया है।

३९५—चिकित्सा-विज्ञान सदाशय है और उसका अभ्यास करनेवाले भी प्रायः ही दयालु स्वभाव के होते हैं तथा उनमें त्याग की भावना की कमी नहीं होती। किन्तु अज्ञानी का सदाशय उसे हानि पहुंचाने से कब रोक सका है?

३९६—यदि सभी इलाज सचमुच अपने-आपमें प्रभावकारी हैं तथा सभी चिकित्सा-सम्बन्धी सिद्धान्त ठीक हैं, तो इस बात से हमें खोये हुए प्राकृतिक स्वास्थ्य और बल के लिए कैसे सान्त्वना मिल सकती है? उपास पेड़ (इंडोनीशिया का एक पेड़ जिसकी शाखाओं से जहरीले तीर बनाये जाते थे) के सारे हिस्से स्वस्थ होते हैं, किन्तु है तो वह उपास का पेड़ ही न!

३९७—हमारे अन्दर की आत्मा ही एकमात्र निपुणतम चिकित्सक है और सच्ची रामबाण औषधि है शरीर की उसके प्रति अधीनता।

३९८—अन्तःस्थित भगवान् असीम और चरितार्थ करने वाली 'संकल्प-शक्ति' हैं। क्या तुम मृत्यु के भय से भयभीत हुए बिना अपनी समस्त व्याधियों को उन्हें सौंप सकते हो, एक प्रयोग के रूप में नहीं वरन् एक सुस्थिर और पूर्ण विश्वास के साथ? और तुम देखोगे कि अन्त में वे लाखों डॉक्टरों की कुशलता से भी आगे निकल जायेंगे।

३९९—डॉक्टर का कहना है कि स्वास्थ्य के लिए हमें बीस हजार सावधानियां बरतनी पड़ेंगी, किन्तु शरीर के लिए यह न तो ईश्वर का वेद-वाक्य है न प्रकृति का।

मन के अधिराज्य ने मनुष्यजाति को डॉक्टरों का और उनकी दवाइयों का दास बना दिया है। परिणामतः रोग संख्या और गम्भीरता में बढ़ रहे हैं।

मनुष्य के उद्धार का एकमात्र उपाय यही है कि वह भागवत प्रभाव के प्रति खुलकर मानसिक दासता से मुक्त हो जाये और यह पूर्ण समर्पण से ही हो सकता है।

१५.३.१९७०

४००—मनुष्य कभी स्वभाव से ही स्वस्थ था और यदि उसे फिर से उस आदिम स्थिति की ओर लौटने दिया जाये तो लौट सकता है। किन्तु चिकित्सा-विज्ञान हमारे शरीर का ढेरों दवाइयों के साथ पीछा करता है और हमारी कल्पना को शिकार की खोज में निकले कीटाणुओं के झुंड-के-झुंड द्वारा आक्रान्त कर देता है।

४०१—कीटाणुओं की मायामयी घेराबन्दी से अपने-आपको बचाने में सारा जीवन बिताने की जगह मैं मरकर किस्सा खतम

करना अधिक पसन्द करूंगा। यदि यह बर्बरता और अज्ञानता की निशानी है तो भी मैं प्रसन्नतापूर्वक अपने सुमेरियन आदिम जाति के अज्ञान को ही गले लगाना पसन्द करूंगा।

४०२—शल्य-चिकित्सक अंगों को काट-कूटकर और पंगु बनाकर इलाज करते और जीवन को बचाते हैं। इसके बदले प्रकृति की प्रत्यक्ष सर्वसमर्थ औषधियों की खोज क्यों न की जाये?

४०३—औषधि के स्थान पर अपनी चिकित्सा आप करने में बहुत समय लगेगा क्योंकि भय, आत्म-अविश्वास और दवाइयों पर शरीर की अस्वाभाविक निर्भरता की हमारे मनों और शरीरों को चिकित्सा-विज्ञान ने जो शिक्षा दी है वह हमारी दूसरी प्रकृति बन गयी है।

दवाइयों की आवश्यकता में मानसिक विश्वास द्वारा की गयी हानि के विरुद्ध हम किन्हीं बाहरी उपायों से प्रतिक्रिया नहीं कर सकते। ऐसा केवल मन-रूपी बन्दीगृह से निकलकर और आत्मा के प्रकाश में चेतन रूप से प्रवेश करके तथा भगवान् के साथ चेतन रूप में एक होकर ही किया जा सकता है, तभी वे हमें हमारा खोया सन्तुलन और स्वास्थ्य प्रदान कर सकेंगे।

अतिमानसिक रूपान्तर ही एकमात्र सच्चा इलाज है।

१७.३.१९७०

४०४—बीमारी में औषधि हमारे शरीर के लिए इसलिए आवश्यक है क्योंकि हमारे शरीरों ने औषधियों के बिना ठीक न होने की कला सीख ली है। तो भी प्रायः देखा जाता है कि जो क्षण प्रकृति रोगी को रोगमुक्त करने के लिए चुनती है वह वही क्षण होता है जब डॉक्टर रोगी के जीवन की आशा छोड़ देते हैं।

४०५—अपनी आन्तरिक रोगहर शक्ति में अविश्वास ही स्वर्ग से हमारे पतन का कारण था। चिकित्सा-विज्ञान और बुरी आनुवंशिकता भगवान् के दो देवदूत हैं जो स्वर्ग के द्वार पर खड़े हमें वापिस जाने तथा पुनः प्रवेश करने से रोकते हैं।

४०६—चिकित्सा-विज्ञान शरीर के लिए एक ऐसी भारी शक्ति है जो किसी छोटे-से राज्य को सुरक्षा प्रदान करके उसे कमजोर बना देती है या उस दयालु डाकू की तरह है जो अपने शिकार को नीचे गिराकर उसे घायल कर देता है ताकि वह सारे जीवन उस टूटे-फूटे शरीर की सेवा में ही लगा रहे।

४०७—दवाइयां शरीर को—जब वे न तो उसे कष्ट पहुंचायें और न विषाक्त करें—केवल तभी ठीक करती हैं जब रोगों पर उनके भौतिक आक्रमण को आत्मा की शक्ति की सहायता भी प्राप्त हो। यदि इस शक्ति को स्वतन्त्र रूप से कार्य करने की अनुमति मिले तो फिर दवाइयां एकदम अनावश्यक हो जाती हैं।

श्रीअरविन्द हमें उस दुःस्वप्न का प्रत्यक्ष दिग्दर्शन कराते हैं जिसमें हम निवास करते हैं ताकि हमारे अन्दर सच्ची चेतना की अभिव्यक्ति तथा भगवान् की सर्वशक्तिमत्ता में अनन्य विश्वास की अथक अभीप्सा जाग उठे।

१८.३.१९७०

भक्ति

भक्ति वह कुंजी है जो मुक्ति का द्वार खोल देती है।

—श्रीमां

भक्ति

४०८—मैं भक्त नहीं हूं, क्योंकि मैंने भगवान् के लिए संसार का त्याग नहीं किया है। मैं उस वस्तु का त्याग कैसे कर सकता हूं जो उन्होंने जबर्दस्ती मुझसे ले ली और मेरी इच्छा के विरुद्ध मुझे वापिस दे दी। ये सब बातें मेरे लिए बहुत कठिन हैं।

४०९—मैं भक्त नहीं हूं, ज्ञानी भी नहीं हूं, न ही मैं भगवान् का कर्मी हूं। तो मैं क्या हूं? अपने स्वामी के हाथ में एक उपकरण, दिव्य गोपबाल (श्रीकृष्ण) द्वारा बजायी जाने वाली बांसुरी, प्रभु के श्वास से परिचालित एक पत्ता।

४१०—भक्ति में तब तक परिपूर्णता नहीं आती जब तक वह कर्म और ज्ञान नहीं बन जाती। यदि तुम भगवान् का पीछा कर रहे हो और उन तक पहुंच सके हो तो उन्हें तब तक न जाने दो जब तक कि तुम उनकी वास्तविकता को न पा लो। यदि तुमने उनकी वास्तिकता को पा लिया है तो उनकी समग्रता को भी पाने का प्रयत्न करो। पहली वस्तु तुम्हें दिव्य ज्ञान प्रदान करेगी और दूसरी दिव्य कर्म और जगत् में मुक्त और पूर्ण आनन्द देगी।

४११—और लोग भगवान् के प्रति अपने प्रेम की डींग मारते हैं। मुझे गर्व है इस बात पर कि मैंने भगवान् से प्रेम नहीं किया, बल्कि उन्होंने मुझसे प्रेम किया, मुझे खोजा और जबर्दस्ती अपनाया।

४१२—जब मैंने यह जाना कि भगवान् एक स्त्री हैं तो मैंने बड़ी दूर से प्रेम के बारे में कुछ सीखा। किन्तु जब मैं स्त्री बन गया और अपने स्वामी तथा प्रेमी की चाकरी में लग गया तभी मैंने पूरी तरह से प्रेम को जाना।

श्रीअरविन्द में परिहास के लिए विशेष प्रतिभा थी; हम केवल इतना कर सकते हैं कि सराहना करें और चुप रहें।

२०.३.१९७०

श्रीअरविन्द का इससे क्या तात्पर्य है : "मैं उस वस्तु का त्याग कैसे कर सकता हूं जो उन्होंने मुझसे जबर्दस्ती ले ली और मेरी इच्छा के विरुद्ध मुझे वापिस दे दी?"

और जब वे कहते हैं "जब मैंने यह जाना कि भगवान् एक स्त्री हैं..." तो इससे उनका क्या तात्पर्य है?

मैं इसका उत्तर नहीं दे सकती, क्योंकि जब तक वे सशरीर यहां थे उन्होंने कभी मुझसे इस बात की चर्चा नहीं की थी।

यदि किसी को वह ठीक तारीख मालूम हो जब उन्होंने यह लिखा था तो उससे कुछ संकेत मिल सकता है।

शायद 'न' तुम्हें बता सके कि यह कब लिखा गया था, या फिर श्रीअरविन्द ने उससे इस बारे में कुछ कहा हो।[1]

४१३—भगवान् के साथ जारकर्म वह पूर्ण अनुभव है, जिसके लिए इस सृष्टि की रचना हुई थी।

मै इस सूत्र को समझा नहीं।

यह श्रीअरविन्द का, अपने अद्‌भुत हास्यरस के साथ, मानव नैतिकता का

[1] माताजी को इस विषय में जो सूचना मिली उसके अनुसार ये 'विचार और सूत्र' श्रीअरविन्द के पॉण्डिचेरी आने के शुरू के दिनों में ही लिखे गये थे। उस समय श्रीअरविन्द अपने पत्रों में "काली" नाम से हस्ताक्षर करते थे। वे कृष्ण और काली को एक ही मानते थे (जिस प्रकार श्रीरामकृष्ण श्रीकृष्ण की पूजा करते समय किसी-किसी समय अपने-आपको स्त्री समझने लगते थे), शायद इसी अनुभूति की श्रीअरविन्द हंसी-हंसी में यहां चर्चा कर रहे हैं।

मजाक उड़ाने का अच्छे-से-अच्छा तरीका है। यह वाक्य अपने-आपमें एक अच्छा व्यंग्य है।

२१.३.१९७०

४१४—भगवान् से डरने का अर्थ है अपने-आपको उनसे दूर ले जाना, किन्तु खेल-खेल में उनसे डरना आनन्द को अधिक तीव्र बना देता है।

४१५—यहूदी ने ईश्वर से डरने वाले व्यक्ति का आविष्कार किया; और भारतवर्ष ने भगवान् के ज्ञाता और भगवान् के प्रेमी का।

४१६—जूडिया में भगवान् का सेवक उत्पन्न हुआ, किन्तु वह वयस्कता को प्राप्त हुआ अरबों के बीच। भारत का आनन्द सेवक-प्रेमी में है।

४१७—पूर्ण प्रेम भय को जगा देता है; किन्तु फिर भी उस निर्वासन की कुछ कोमल परछाईं और स्मृति बनाये रखो, वह पूर्णता को पूर्णतर बना देगी।

४१८—यदि तुम्हारी आत्मा को कभी भगवान् का शत्रु बनने का अथवा उनकी चालों का विरोध करने या उनसे घातक मुठभेड़ करने का सुख नहीं मिला तो समझो कि तुम्हें भगवान् के सम्पूर्ण आनन्द का स्वाद अभी प्राप्त नहीं हुआ है।

४१९—यदि तुम भगवान् से प्रेम नहीं करवा सकते तो उन्हें लड़ने के लिए ही उकसाओ। यदि वे तुम्हें प्रेमी का आलिंगन नहीं दे सकते तो उन्हें कुश्ती की गलबाहीं देने के लिए विवश करो।

४२०—मेरी आत्मा भगवान् की बन्दी है, उन्होंने युद्ध में उसे

जीता था; वह अभी तक उस युद्ध को आनन्द, भय और आश्चर्य-पूर्वक याद करती है, चाहे वह है उससे बहुत दूर।

"उनके शत्रु बनने के सुख" से श्रीअरविन्द का क्या तात्पर्य है?

यहां भी मुझे कहना पड़ेगा कि मुझे इस बात का ठीक-ठीक पता नही क्योंकि इस विषय में उन्होंने मुझे कभी कुछ नहीं कहा।

किन्तु मैं तुम्हें अपना अनुभव बता सकती हूं। लगभग २५ वर्ष की आयु तक मैं केवल धर्मों के ईश्वर को, उस ईश्वर को, जैसा कि मनुष्यों ने उन्हें बनाया है, जानती थी, मैं उनसे किसी प्रकार का कोई सम्बन्ध नहीं चाहती थी। मैं उनके अस्तित्व को ही अस्वीकार करती थी, मैं विश्वासपूर्वक कहती थी कि यदि कोई ऐसा भगवान् है तो मैं उससे घृणा करती हूं।

जब मैं २५ वर्ष की हो गयी तो मैंने एक आन्तरिक भगवान् की खोज कर ली और तभी मुझे यह भी मालूम हुआ कि पश्चिमी धर्मों द्वारा वर्णित भगवान् 'महान् विरोधी' के सिवाय और कुछ नहीं हैं।

जब मैं सन् १९१४ में भारत आयी और श्रीअरविन्द की शिक्षा को जाना तो मेरे आगे पूरी बात स्पष्ट हो गयी।

२४.३.१९७०

४२१—मैं पृथ्वी पर सबसे बढ़कर पीड़ा से ही घृणा करता रहा, जब तक कि भगवान् ने ही मुझे कष्ट और पीड़ा नहीं पहुंचायी; तब यह तथ्य मेरे सामने स्पष्ट हुआ कि पीड़ा अत्यधिक आनन्द का ही विकृत और दुराग्रहपूर्ण रूप है।

४२२—जो पीड़ा भगवान् हमें देते हैं उसकी चार अवस्थाएं होती हैं : जब कि वह केवल पीड़ा होती है; जब वह ऐसी पीड़ा होती है जो सुख देती है; जब पीड़ा स्वयं ही सुख होती है और जब वह शुद्ध रूप से आनन्द का एक भयानक रूप होती है।

४२३—जब व्यक्ति आनन्द के उन स्तरों तक पहुंच जाता है जहां पीड़ा का नाम-निशान नहीं होता, तब भी वहां यह एक असहनीय आनन्द के छद्मवेश में बनी रहती है।

४२४—जब मैं उनके आनन्द के ऊंचे-से-ऊंचे शिखरों पर चढ़ रहा था तो मैंने अपने से पूछा, क्या आनन्द की तीव्रता की कोई सीमा नहीं है और तब मुझे भगवान् के आलिंगनों से डर-सा लगने लगा।

मैं आपसे "पीड़ा की चार अवस्थाओं" के विषय में जानना चाहता हूं, जिनकी चर्चा श्रीअरविन्द ने की है।

यदि श्रीअरविन्द नैतिक पीड़ा की बात कर रहे हैं, चाहे वह कुछ भी हो, तो मैं अपने अनुभव से तुम्हें बता सकती हूं कि वे जिन चार अवस्थाओं की बात कर रहे हैं वे चेतना की उन चार अवस्थाओं से मेल खाती हैं जो किसी वैयक्तिक चेतना द्वारा प्राप्त आन्तरिक विकास और भागवत चेतना के साथ मिलन से उत्पन्न होती हैं। जब यह मिलन पूर्ण होता है तो "आनन्द के भयंकर रूप" के सिवाय और किसी वस्तु का अस्तित्व नहीं होता।

यदि उस पीड़ा का सवाल है जो शरीर सहता है, तो उस अनुभव में इतनी स्पष्ट, सुयोजित व्यवस्था नहीं रहती। यह बात और भी अधिक ठीक है क्योंकि भगवान् से मिलने के बाद पीड़ा भी सामान्यतया तिरोहित हो जाती है।

२५.३.१९७०

४२५—भगवान् के प्रेम के बाद सबसे बड़ा आनन्द है मनुष्य के अन्दर स्थित भगवान् के प्रेम का; वहां भी व्यक्ति को बहुविधता का आनन्द प्राप्त होता है।

४२६—एक पत्नीव्रत शरीर के लिए अच्छा हो सकता है, पर

आत्मा, जो मनुष्यों में स्थित भगवान् से प्रेम करती है, असीम और भावविभोर बहुपत्नीवादी है, (उसका प्रेम असीम और आनन्द से परिपूर्ण होता है)। तो भी सब समय—और यह एक रहस्य है—वह केवल एक ही सत्ता से प्रेम करती है।

४२७—सारा संसार ही मेरा अन्तःपुर है और उसके अन्दर की प्रत्येक सजीव और निर्जीव सत्ता मेरे उल्लास का उपकरण है।

जिसे भगवान् के साथ प्रेम का स्वाद मिल चुका है वह भगवान् के सिवाय अन्य किसी से प्रेम कर ही नहीं सकता और जिन लोगों के लिए उसके हृदय में स्नेह है उनके अन्दर स्थित भगवान् के साथ ही वह प्रेम करता है; और यही प्रेम करने का सबसे अच्छा तरीका भी है, क्योंकि इसी प्रकार वह दूसरों को उन भगवान् के प्रति सचेतन होने में अधिक-से-अधिक सहायता पहुंचा सकता है, जो उनमें अभिव्यक्त होते हैं।

२७.३.१९७०

४२८—कुछ समय तक तो मुझे पता ही नहीं लगा कि मैं कृष्ण से अधिक प्रेम करता हूं या काली से। जब मैं काली से प्रेम करता था तो यह मेरा अपने साथ प्रेम करना था, किन्तु जब मैंने कृष्ण के साथ प्रेम किया तो यह अन्य के साथ प्रेम था, पर फिर भी मैं प्रेम अपने से ही कर रहा था। अतएव मैं काली से भी अधिक कृष्ण से प्रेम करने लगा।

श्रीअरविन्द का कहने का हमेशा अपना निराला ढंग था जो सदा मौलिक एवं सदा अप्रत्याशित होता था।

२९.३.१९७०

४२९—'प्रकृति' की प्रशंसा करने या उसकी एक 'शक्ति',

'उपस्थिति' अथवा देवी के रूप में पूजा करने से क्या लाभ? सौन्दर्य की दृष्टि से या कला की दृष्टि से भी उसका गुण गाने का क्या अर्थ? असली बात है आत्मा द्वारा उसका उपभोग करना, जिस तरह शरीर स्त्री का उपभोग करता है।

४३०—जब व्यक्ति के हृदय में अन्तर्दृष्टि होती है तो सब कुछ —प्रकृति, भाव और कर्म, विचार और कार्य, रुचियां और पदार्थ —सब प्रेमपात्र बन जाते हैं और परमानन्द की अनुभूति प्रदान करते हैं।

कुछ कहने को नहीं है।

३०.३.१९७०

४३१—जो दार्शनिक संसार को माया समझकर उसका त्याग कर देते हैं वे बड़े बुद्धिमान्, संयमी एवं पुण्यात्मा हैं, किन्तु मैं कभी-कभी अपने-आपको यह सोचने से नहीं रोक सकता कि वे जरा मूर्ख भी हैं, वे भगवान् द्वारा बड़ी सरलता से ठगे जाते हैं।

४३२—मेरे ख्याल से, अपने लिए तो मैं भगवान् से यह अधिकार-पूर्वक आग्रह कर सकता हूं कि वे संसार के अन्दर और बाहर दोनों जगह अपने-आपको अभिव्यक्त करें। यदि वे इस कार्य से बचना चाहते थे तो फिर उन्होंने इस संसार को बनाया ही क्यों?

४३३—मायावादी मेरे वैयक्तिक भगवान् को स्वप्न मानते हैं और अवैयक्तिक भगवान् का स्वप्न देखते हैं; बौद्ध धर्म के अनुयायी भी इसे एक कोरी कल्पना समझते हैं, वे निर्वाण और शून्यता के आनन्द के स्वप्न लेना पसन्द करते हैं। इस प्रकार सभी स्वप्न-द्रष्टा एक-दूसरे की अनुभूतियों को बुरा-भला कहते हैं और अपनी अनुभूतियों को रामबाण कह उनका प्रदर्शन करते फिरते हैं। जिस

वस्तु में आत्मा पूर्ण आनन्द मानती है, विचार के लिए वही अन्तिम सत्य वस्तु है।

४३४—वैयक्तिक सत्ता से आगे जाकर मायावादी अवर्णनीय सत्ता को देखता है; मैं उसके पीछे-पीछे वहां जा पहुंचा और उसके परे अवर्णनीय सत्ता में मैंने अपने कृष्ण को पाया।

सदा की भांति इस बार भी श्रीअरविन्द बड़े विलक्षण ढंग से उन मानवीय उक्तियों की निस्सारता को हमारे सामने स्पष्ट करते हैं जिनमें प्रत्येक गर्वपूर्वक, उस सबका खण्डन करता है जो उसकी चीज नहीं है या उसके व्यक्तिगत अनुभव में नहीं आयी है।

बुद्धिमत्ता उस क्षमता से शुरू होती है जो सब सिद्धान्तों को, अत्यधिक विरोधी सिद्धान्तों को भी, स्वीकार करती है।

१.४.१९७०

४३५—जब मैं पहली बार कृष्ण से मिला तो मैं उनसे मित्र और खेल के साथी के रूप में तब तक प्रेम करता रहा जब तक उन्होंने मुझे ठग नहीं लिया। इसके बाद मुझे क्रोध आ गया और मैं उन्हें क्षमा नहीं कर सका। फिर मैंने उनसे प्रेमी के रूप में प्यार किया, और उन्होंने मुझे तब भी धोखा दिया; मैं और भी अधिक क्रुद्ध हो उठा किन्तु इस बार मुझे उन्हें क्षमा करना ही पड़ा।

४३६—मुझे नाराज करके उन्होंने मुझे इस बात के लिए विवश कर दिया कि मैं उन्हें क्षमा कर दूं। यह उन्होंने हानिपूर्ति करके नहीं, बल्कि और नयी नाराजगियां पैदा करके किया।

४३७—जब तक भगवान् मेरे प्रति किये गये अपने दोषों को सुधारने की कोशिश में लगे रहे, तब तक हम बीच-बीच में

झगड़ते रहे; किन्तु जब उन्होंने अपनी भूल जान ली तो हमारा झगड़ा भी समाप्त हो गया, क्योंकि तब मैं उनके प्रति पूर्ण समर्पण करने के लिए विवश हो गया।

४३८—जब मैंने संसार में कृष्ण और अपने सिवाय औरों को भी देखा तो मैंने अपने साथ भगवान् के व्यवहार को गुप्त ही रखा। किन्तु जब से मैंने उन्हें और अपने को सर्वत्र देखना शुरू कर दिया है, मैं निर्लज्ज और वाचाल हो गया हूं।

श्रीअरविन्द में यह प्रतिभा थी कि वे अपने लेखों में अत्यधिक असाधारण अनुभूतियों को भी अत्यधिक साधारण शब्दों में अभिव्यक्त करते थे। इस प्रकार वे आभास देते हैं कि उनकी अनुभूतियां बड़ी सरल एवं स्पष्ट हैं।

२.४.१९७०

४३९—जो कुछ मेरे प्रेमी का है, वह सब मेरा है! यदि मैं उन सुन्दर आभूषणों का, जो उन्होंने मुझे दिये हैं, प्रदर्शन करता हूं तो तुम मुझे बुरा-भला क्यों कहते हो?

४४०—मेरे प्रेमी ने अपना ताज और राजसी हार अपने सिर और गले से उतार कर मुझे पहना दिये; किन्तु सन्तों और पैगम्बरों के शिष्यों ने मुझे दुर्वचन कहे और बोले : "यह सिद्धियों के पीछे पड़ा है।"

४४१—मैंने संसार में अपने 'प्रेमी' के आदेश को माना और अपने 'विजेता' की इच्छा के अनुसार कार्य किया, किन्तु वे सब चिल्ला उठे : "युवकों को बिगाड़ने वाला, नीति-धर्म को भ्रष्ट करने वाला यह कौन है?"

४४२—ओ सन्तो, यदि मैंने तुम्हारी प्रशंसा पाने की चिन्ता की

होती, ओ पैगम्बरो, यदि मुझे यश-प्राप्ति की इच्छा होती तो मेरा 'प्रेमी' कभी मुझे अपने हृदय से न लगाता, न ही मुझे कभी अपने निजी कक्षों में आने की स्वतन्त्रता देता।

४४३—मैं तो अपने 'प्रेमी' के आनन्द से मतवाला हो गया था और मैंने संसार के राजमार्गों के बीच में ही संसार की पोशाक को उतार फेंका। अब यदि संसार के प्राणी मेरा उपहास करते हैं और धर्मात्मा लोग अपना मुंह फेर लेते हैं तो मैं इसकी चिन्ता क्यों करूं?

४४४—हे प्रभु, तेरे प्रेमी के लिए संसार की निन्दा वन का मधु है और भीड़ द्वारा बरसाए पत्थर शरीर पर पड़ने वाली ग्रीष्म ऋतु की वर्षा की फुहार हैं। यह सब क्या आप ही नहीं कर रहे हैं, मुझ पर बरसने वाले और मुझे चोट पहुंचाने वाले पत्थरों में भी क्या आप ही विद्यमान नहीं हैं?

इसमें कहने को कुछ नहीं है। हम केवल इस अनुभूति की पूर्णता के आगे सिर ही नवा सकते हैं।

३.४.१९७०

४४५—भगवान् में ऐसी दो वस्तुएं हैं जिन्हें मनुष्य बुरा कहते हैं, एक वह, जिसे वे एकदम नहीं समझ सकते और दूसरी वह, जिसे वे गलत समझते हैं, और जिसे पाकर दुरुपयोग करते हैं; जिस वस्तु की वे अर्द्ध-गर्व से तलाश करते हैं तथा जिसे वे समझते भी अस्पष्ट रूप से हैं उसे ही वे भला और पवित्र कहते हैं। किन्तु मेरे लिए भगवान् की सभी वस्तुएं प्यारी हैं।

४४६—हे मेरे प्रभु, वे कहते हैं कि मैं पागल हूं क्योंकि मैं तुममें कोई दोष नहीं देखता; किन्तु यदि मैं सचमुच में तुम्हारे प्रेम में

पागल हूं तो मैं अपने होश-हवास में वापिस नहीं आना चाहता।

४४७—वे चिल्लाते हैं: "भ्रान्तियां, मिथ्यात्व, लड़खड़ाहटें"! कितनी सुन्दर और चमक लिये हुए हैं तेरी भ्रान्तियां, हे प्रभु! तुम्हारे मिथ्यात्व ही 'सत्य' को जीवित रखते हैं; तेरी लड़खड़ाहटें ही जगत् में पूर्णता लाती हैं।

४४८—मैं भावोद्वेगों को चिल्लाते सुनता हूं, "जीवन, जीवन, जीवन!" आत्मा का उत्तर होता है: "भगवान्, भगवान्, भगवान्!" जब तक तुम जीवन को भगवान् के रूप में नहीं देखोगे और उसी रूप में उससे प्रेम नहीं करोगे, तब तक जीवन तुम्हारे लिए मुहरबन्द आनन्द रहेगा।

४४९—इन्द्रियां कहती हैं: "वह उससे प्रेम करता है", किन्तु आत्मा कहती है: "भगवान्, भगवान्, भगवान्।" जीवन का सर्वग्राही सूत्र यही है।

इसी प्रकार श्रीअरविन्द जीवन के रहस्य को हमारे सामने प्रकट एवं सूत्रबद्ध करते हैं। अब इसे समझना और जीवन में उतारना ही बाकी है।

४.४.१९७०

४५०—यदि तुम क्षुद्रतम कीड़े और अधमतम अपराधी से प्रेम नहीं कर सकते तो तुम यह कैसे सोच सकते हो कि तुमने अपनी आत्मा में भगवान् को स्वीकार कर लिया है?

४५१—संसार को अलग रखकर भगवान् के साथ प्रेम करना उनकी तीव्र किन्तु अपूर्ण आराधना है।

४५२—क्या प्रेम सिर्फ ईर्ष्या की पुत्री या दासी है? यदि कृष्ण

चन्द्रावली[१] से प्रेम करते हैं तो मैं भी उससे प्रेम क्यों न करूं?

४५३—चूंकि तुम भगवान् से ही प्रेम करते हो इसलिए तुम्हारी मांग होती है कि वे दूसरों से प्रेम न करके तुमसे ही प्रेम करें; किन्तु तुम्हारी यह मांग झूठी है, सत्य की तथा अन्य वस्तुओं की प्रकृति से उल्टी है। कारण, वे तो एकमेव हैं किन्तु तुम बहुतों में से एक हो। वस्तुतः तुम अपने हृदय और अपनी आत्मा में सब प्राणियों के साथ एक हो जाओ, तब संसार में उनके पास प्रेम करने के लिए तुम्हारे सिवाय अन्य कोई नहीं होगा।

४५४—मेरा झगड़ा उन लोगों के साथ है जो इतने मूर्ख हैं कि मेरे प्रेमी से प्रेम नहीं करते, उनके साथ मेरा झगड़ा नहीं जो मेरे साथ उनके प्रेम में हिस्सा बंटाते हैं।

४५५—जिनसे भगवान् प्रेम करते हैं उनमें आनन्द मानो; जिनसे वे प्रेम न करने का बहाना करते हैं, उन पर दया करो।

ईर्ष्या की यह अधिक-से-अधिक सुन्दर आलोचना है, साथ ही इससे मुक्त होने का सर्वोत्तम उपाय भी यह है। अहंभाव की सीमाओं को पार करके तथा भागवत प्रेम के साथ युक्त होकर ही ऐसा किया जा सकता है, उस भागवत प्रेम के साथ जो शाश्वत और विश्वव्यापी है।

६.४.१९७०

४५६—क्या तुम नास्तिक से इसलिए घृणा करते हो क्योंकि वह भगवान् से प्रेम नहीं करता? तो क्या तुमसे भी घृणा की जाये, क्योंकि तुम भी भगवान् के साथ पूरा-पूरा प्रेम नहीं करते?

[१] कृष्ण सब गोपियों में सबसे अधिक प्रेम राधा से करते थे पर वे चन्द्रावली तथा अन्य गोपियों से भी तो प्रेम करते थे।

४५७—विशेषतया एक वस्तु में धर्म और गिरजाघर असुर के सम्मुख अपनी हार मान लेते हैं और यह है उनके अभिशाप। जब पादरी अभिशाप का प्रसंग छेड़ता है तो मैं शैतान को प्रार्थना करते देखता हूं।

४५८—इसमें कोई सन्देह नहीं कि जब पुरोहित या पादरी शाप दे रहा होता है तो वह देवता से ही कुछ कह रहा होता है। किन्तु तब वह अपने शत्रु के साथ-साथ क्रोध के देवता की, अन्धकार के देवता की आराधना में लगा होता है। कारण उसकी जो वृत्ति भगवान् की ओर होगी उसी वृत्ति के साथ भगवान् उसे ग्रहण करेंगे।

४५९—शैतान मुझे तब तक बहुत कष्ट देता रहा जब तक मुझे यह पता न लगा कि भगवान् ही मुझे प्रलोभन दे रहे थे; तब उसकी वेदना मेरी आत्मा से सदा के लिए चली गयी।

४६०—मैं शैतान से घृणा करता था और उसके प्रलोभनों और उसकी यन्त्रणाओं से तंग आ गया था। पर मुझे पता नहीं उसके विदाई के शब्दों की आवाज इतनी मधुर क्यों थी कि जब वह लौटकर मेरे पास आता—जैसा कि प्रायः ही होता था—तो मैं दुःख के साथ ही उसे अस्वीकार करता था। तब मैंने जाना कि यह तो कृष्ण की ही लीला थी और मेरी घृणा हंसी में बदल गयी।

४६१—उन लोगों के अनुसार संसार में बुराई इसलिए है कि शैतान ने भगवान् पर विजय पा ली है; किन्तु मैं अपने प्रेमास्पद विषय में अधिक गर्वपूर्वक सोचता हूं। मेरा विश्वास है कि उनकी इच्छा के बिना स्वर्ग में या नरक में, जल में या थल में, कहीं भी कुछ नहीं होता।

सर्वोच्च भगवान् में विरोधी वस्तुएं परस्पर समझौता कर लेती हैं और एक-दूसरे को पूर्ण बनाती हैं। अभिव्यक्त सृष्टि में, वस्तुतः विभाजन ही विरोधी वस्तुओं को जन्म देता है; किन्तु जब व्यक्ति अपनी चेतना को भागवत चेतना के साथ युक्त कर लेता है तो विरोध भी समाप्त हो जाता है।

७.४.१९७०

४६२—अपने अज्ञान में हम बच्चों जैसे हैं, हम सीधे और बिना सहारे के चलने में अपनी सफलता पर गर्व करते हैं तथा चलने के लिए इतना उत्सुक रहते हैं कि अपने कन्धों पर मां के सम्भालने वाले स्पर्श को अनुभव ही नहीं करते। जब हम जागते और पीछे देखते हैं तो पाते हैं कि सर्वदा भगवान् ही हमें पकड़े हुए चला रहे थे।

४६३—पहले-पहल जब मैं पाप में जा गिरता तो रोया करता था और अपने ऊपर क्रुद्ध हो उठता था और भगवान् से भी नाराज हो जाता कि उन्होंने यह कैसे होने दिया। उसके बाद मैं बस इतना ही पूछ पाता था: "ऐ मेरे बालसखा, तूने मुझे फिर से कीचड़ में क्यों लुढ़का दिया?" फिर मुझे यह भी बहुत दुस्साहस और धृष्टता की बात लगी। मैं बस चुपचाप उठ खड़ा होता, उसे कनखियों से देखता और अपने-आपको धो डालता था।

जब तक व्यक्ति अपने पुण्य पर अभिमान करता रहेगा, परम प्रभु उसे विनय की आवश्यकता सिखाने के लिए पाप-गर्त में गिराते रहेंगे।

८.४.१९७०

४६४—भगवान् ने जीवन को ऐसे व्यवस्थित किया है कि संसार आत्मा का पति बन गया है और कृष्ण हैं उसके दिव्य यार। हमारे ऊपर संसार की सेवा करने का एक ऋण है और हम

उससे एक विधान के द्वारा, एक बाध्य करने वाले मत के द्वारा तथा दु:ख-सुख के सार्वजनीन अनुभव द्वारा बंधे हुए हैं, परन्तु हमारे हृदय की पूजा, हमारा स्वतन्त्र और गुप्त आनन्द तो हमारे दिव्य प्रेमी के लिए ही है।

४६५—भगवान् का आनन्द गूढ़ और अद्‌भुत है; यह एक रहस्य की वस्तु है और एक ऐसा परमोल्लास है जिस पर समझदारी उपहास करने के लिए मुंह बनाया करती है, परन्तु जिस आत्मा ने उसे एक बार चख लिया है वह कभी उसका त्याग नहीं कर सकती, भले ही उसके कारण संसार में चाहे जितनी बदनामी, पीड़ा और परेशानी उठानी पड़े।

अभी तक तो संसार इस विशुद्ध, आलोकपूर्ण, दिव्य आनन्द का विरोधी ही प्रतीत होता है; किन्तु एक दिन आयेगा जब संसार भी इस दिव्य आनन्द को अभिव्यक्त करेगा। इस कार्य के लिए उसे तैयार करना होगा।
९.४.१९७०

४६६—भगवान् जगद्‌गुरु तेरे मन से कहीं अधिक ज्ञानी हैं; बस, उन्हीं पर विश्वास रख, न कि उस चिर-स्वार्थपरायण, उद्धत सन्देहवादी पर।

४६७—अविश्वासी मन सर्वदा सन्देह करता है, क्योंकि वह समझ नहीं सकता; परन्तु भगवत्-प्रेमी का विश्वास जानने के लिए आग्रह करता है यद्यपि समझ नहीं पाता। हमारे अन्धकार के लिए ये दोनों ही आवश्यक हैं। परन्तु इस विषय में कोई सन्देह नहीं कि उन दोनों में से अधिक शक्तिशाली कौन है। जिसे मैं अभी नहीं समझ पाता उसे किसी दिन आयत्त कर लूंगा, पर यदि मैं विश्वास और प्रेम को ही खो बैठूं तो उस लक्ष्य से बिलकुल भ्रष्ट हो जाऊंगा जिसे भगवान् ने मेरे सामने रखा है।

४६८—मैं भगवान् से, अपने पथप्रदर्शक और गुरु से, प्रश्न कर सकता हूं और पूछ सकता हूं, "क्या मैं सही हूं अथवा अपने प्रेम और ज्ञान के वश तूने मेरे मन को मुझे धोखा देने का मौका दिया है?" तू चाहे तो अपने मन पर सन्देह कर, पर इस बात पर सन्देह न कर कि भगवान् तुझे पथ दिखा रहे हैं।

जीवन हमें इसलिए दिया गया है कि हम भगवान् को प्राप्त कर सकें और उनके साथ संयुक्त हो सकें।

मन हमें फुसलाने की चेष्टा करता है कि ऐसा नहीं है; क्या हम इस झूठे का विश्वास करें?

१०.४.१९७०

४६९—चूंकि तुझे शुरू में ही भगवान् के विषय में अपूर्ण धारणाएं दी गयी थीं इसलिए अब तू नाराज हो रहा है और उन्हें अस्वीकार कर रहा है। ऐ मनुष्य! क्या तू अपने शिक्षक पर सन्देह करता है क्योंकि उसने तुझे आरम्भ में ही सारा ज्ञान नहीं दे दिया था? तू उस अपूर्ण सत्य का अध्ययन कर और उसे यथास्थान रख दे ताकि तू सुरक्षित रूप में उस विशालतर ज्ञान तक जा सके जो अब तेरे सम्मुख उद्घाटित हो रहा है।

४७०—बस, यही तरीका है जिससे भगवान् अपने प्रेमवश शिशु अन्तरात्मा तथा दुर्बल प्राणी को शिक्षा देते हैं—वे उन्हें एक-एक पग आगे ले जाते हैं तथा अपने चरम एवं अभी अप्राप्य पर्वत-शृंगों का दर्शन नहीं होने देते। और, क्या हम सबके अन्दर कोई-न-कोई दुर्बलता नहीं है? क्या उनकी दृष्टि में हम सब-के-सब केवल नन्हें बच्चे ही नहीं हैं?

४७१—मैंने देखा है कि भगवान् ने मुझे जो कुछ नहीं दिया वह अपने प्रेम तथा ज्ञान के वश ही रोक रखा है। यदि मैंने उस समय उसे पा लिया होता तो शायद किसी महान् अमृत को एक

महान् विष में बदल दिया होता। फिर भी कभी-कभी, जब हम हठ करते हैं तो, भगवान् हमें विष पीने के लिए दे देते हैं ताकि हम उससे मुंह मोड़ना सीख सकें तथा ज्ञानपूर्वक उनकी दिव्य सुधा और अमृतरस का आस्वादन कर सकें।

जब मनुष्य थोड़ा और बुद्धिमान् हो जायेगा तो वह किसी भी विषय में शिकायत नहीं करेगा और भगवान् द्वारा दी गयी वस्तुओं को उनकी सर्व-अनुग्रहपूर्ण कृपा के रूप में स्वीकार करेगा।

हम उनके प्रति जितने अधिक समर्पित होंगे उतना अधिक उन्हें समझ सकेंगे।

हम उनके प्रति जितने अधिक कृतज्ञ होंगे उतने अधिक प्रसन्न रहेंगे।

११.४.१९७०

४७२—आज नास्तिक को भी यह देख सकना चाहिये कि सृष्टि किसी असीम और शक्तिशाली उद्देश्य की ओर अग्रसर हो रही है, उस उद्देश्य की ओर जिसे क्रमविवर्तन अपने स्वभाव से ही स्वीकार करता है। परन्तु असीम उद्देश्य और उसकी परिपूर्ति पहले ही मान लेती है कि कोई असीम प्रज्ञा है जो तैयार करती, रास्ता दिखाती, गढ़ती, रक्षा करती और समर्थन करती है। तब उस दिव्य प्रज्ञा का आदर कर, और, मन्दिर में धूपबत्ती के द्वारा नहीं तो, अपनी अन्तरात्मा में चिन्तन के द्वारा उसकी पूजा कर। यदि तू अनन्त प्रेम वाले हृदय तथा अनन्त आत्म-ज्योति वाले मन को अस्वीकार करे तो भी उसकी पूजा कर। तब तू देखेगा कि, यद्यपि तू बिना जाने जिनका आदर करता और पूजा करता है वे श्रीकृष्ण ही हैं।

शब्दों के परे और विचारों के परे भगवान् की सर्वोच्च उपस्थिति हमें अपना अनुभव कराती है, तथा हम बरबस आश्चर्य और प्रशंसा करने के लिए आतुर हो जाते हैं।

हमें उन सब मानसिक धारणाओं से पृथक् रहना चाहिये जो वस्तुओं को सीमित एवं विकृत करती हैं। हमें सम्पर्क को शुद्ध रखने के लिए प्रयत्न करना होगा।

१२.४.१९७०

४७३—प्रेमेश्वर ने कहा है, "जो लोग अज्ञेय और अनिर्देश्य की उपासना करते हैं वे मेरी ही उपासना करते हैं और मैं उन्हें स्वीकार करता हूं।" उन्होंने अपनी वाणी के द्वारा मायावादी और अज्ञेयवादी का समर्थन किया है। तब, हे भक्त, तू भला उसकी निन्दा क्यों करता है जिसे तेरे परम प्रभु ने स्वीकार कर लिया है?

भागवत दृष्टि में सभी सच्ची मानवीय अभीप्साएं स्वीकार करने योग्य हैं, चाहे उनके स्वरूपों में कितनी भी विषमताएं या प्रत्यक्ष असंगतियां क्यों न हों।

और ये सब मिलकर भी भागवत सत्ता को अभिव्यक्त करने के लिए काफी नहीं हैं।

१३.४.१९७०

४७४—जिस कालविन[1] ने शाश्वत नरक के अस्तित्व का प्रतिपादन किया उसने भगवान् को नहीं जाना, बल्कि उनके एक भयावह छद्मवेश को ही उनका शाश्वत सत्य बना दिया। यदि कोई नित्य नरक हो तो वह केवल नित्य आनन्दोल्लास का ही एक निवास-स्थान हो सकता है; क्योंकि भगवान् आनन्द हैं और उनके आनन्द की शाश्वतता के अतिरिक्त दूसरी कोई शाश्वतता है ही नहीं।

४७५—दांते[2] ने जब यह कहा कि भगवान् के पूर्ण प्रेम ने ही

[1] सोलहवीं शताब्दी के एक प्रसिद्ध सुधारक और लेखक।
[2] इटली के सर्वश्रेष्ठ कवि।

शाश्वत नरक की सृष्टि की थी तो सम्भवतः वह जितना जानता था उससे कहीं अधिक ज्ञान की बात लिख गया; क्योंकि यदा-कदा प्राप्त होने वाली झांकियों के द्वारा मुझे यह धारणा हो गयी है कि कोई एक नरक है जहां हमारी अन्तरात्मा युगों तक असह्य आनन्द का उपभोग करती है तथा मधुर और भयंकर रुद्र की एकान्त गोद में मानों चिरदिन लोटा करती है।

भागवत वैभव मनुष्य की क्षुद्रता और संकीर्णता के लिए बहुत अधिक चमत्कारपूर्ण हैं, वह उसे कठिनाई से सहन कर पाती है, और आनन्द की शाश्वतता मनुष्य के लिए असहनीय भी हो सकती है।

१४.४.१९७०

४७६—जगद्‌गुरु भगवान् का शिष्य बनना, जगत्पिता भगवान् का पुत्र होना, जगन्माता भगवान् का स्नेह पाना, दिव्य सुहृद् का हाथ पकड़े रहना, अपने दिव्य सहचर तथा बाल-सखा के साथ हंसना-खेलना, स्वामी भगवान् की आनन्दपूर्वक सेवा करना, अपने दिव्य प्रेमी से हर्षातिरेक के साथ प्रेम करना—मानव शरीर में जीवन के ये सात प्रकार के आनन्द हैं। क्या तू इन सबको एक ही सर्वोत्तम और इन्द्रधनुषी रंग के सम्बन्ध के अन्दर युक्त कर सकता है? तब तुझे किसी स्वर्ग की आवश्यकता न रहेगी और तू अद्वैतवादी की मुक्ति को भी अतिक्रम कर जायेगा।

इसके आगे और कुछ कहने को नहीं है। अपने-आपमें परिपूर्ण है यह कार्यक्रम।

अब हमें इसे केवल चरितार्थ करना है।

१५.४.१९७०

४७७—यह संसार बदलकर स्वर्ग की प्रतिमूर्ति कब बनेगा?

जब समूची मानवजाति बालक और बालिकाएं बन जायेंगी और उनके साथ-साथ स्वयं भगवान् भी कृष्ण और काली के रूप में प्रकट होंगे, जो उस दल के सबसे अधिक प्रसन्न बालक और सबसे अधिक शक्तिशाली बालिका होंगे और स्वर्ग के बगीचे में एक संग खेलेंगे। सामी अदन (सेमेटिक ईडन) काफी अच्छा था, पर आदम और हौवा इतनी बड़ी उम्र के थे और स्वयं उनके भगवान् भी इतने अधिक वृद्ध और कठोर और गम्भीर थे कि सर्प के प्रस्ताव का प्रतिरोध न कर सके।

४७८—सामियों ने एक ऐसे भगवान् की कल्पना करके मनुष्य जाति को व्यथित किया जो कठोर और महाप्रतापी राजा है, नियमनिष्ठ विचारकर्ता है और जिसका हास्य-उल्लास से कोई सरोकार नहीं। परन्तु हम लोग, जिन्होंने कृष्ण को देखा है, यह जानते हैं कि वह एक बालक है जो खेलने का बड़ा शौकीन है तथा एक बच्चा है जो शरारत और सुखदायी खिलखिलाहट से भरा रहता है।

४७९—जो भगवान् हंस नहीं सकता वह इस हास्यजनक विश्व का निर्माण भी न कर पाता।

मिथ्यात्व की शक्तियों के विरुद्ध व्यंग का शस्त्र ही अत्यधिक बलशाली प्रमाणित होता है।

एक वाक्य से ही श्रीअरविन्द मनुष्य-निर्मित देवताओं में से एक की शक्ति को नष्ट कर देते हैं।

१७.४.१९७०

४८०—भगवान् ने एक बच्चे को दुलारने के लिए अपनी आनन्दमयी गोद में ले लिया, परन्तु मां रोने लगी और उसे सांत्वना नहीं दी जा सकी, क्योंकि उसके बच्चे का अस्तित्व ही नहीं रहा।

४८१—जब मैं किसी दुःख या शोक या दुर्भाग्य के कारण कष्ट पाता हूं तो कह उठता हूं : "अच्छा मेरे खेल के पुराने साथी, तूने फिर मुझे सताना आरम्भ कर दिया", और फिर मैं दुःख का सुख, शोक का हर्ष तथा दुर्भाग्य का सौभाग्य प्राप्त करने के लिए बैठ जाता हूं; तब भगवान् देखते हैं कि वे पकड़े गये और वे अपने भूतों तथा हौओं को मुझसे हटा लेते हैं।

श्रीअरविन्द कितने चमत्कारपूर्ण विनोद के साथ हमें साधारण मानव चेतना की असत्यता और साथ ही भागवत चेतना के आलोकपूर्ण एवं सर्वशक्तिमान् आनन्द को समझाने का प्रयत्न करते हैं, जिसे हमें प्राप्त करना है।

१८.४.१९७०

४८२—दिव्य ज्ञान के साधक को गोपियों के चीर-हरण में जीव के साथ भगवान् के व्यवहार का एक अत्यन्त गहरा रूपक दिखायी देता है, भक्त को अपने हृदय की गुह्य अनुभूतियों की भागवत कर्म के रूप में एक पूर्ण अभिव्यक्ति दिखायी देती है और लंपट तथा अतिनैतिक (एक ही मनोभाव के दो रूप) को केवल कामुकतापूर्ण कहानी दिखायी देती है। स्वयं अपने अन्दर जो कुछ होता है मनुष्य उसे ही सामने लाते और उसी को शास्त्रों में प्रतिफलित हुआ देखते हैं।

४८३—मेरे प्रेमी ने मेरे पाप के वस्त्र को उतार लिया और मैंने उसे खुशी से गिर जाने दिया। तब उन्होंने मेरे पुण्य के वस्त्र को खींचा, पर मैं लज्जित और भयभीत हो उठा और उन्हें रोक दिया। परन्तु जब उन्होंने उसे मुझसे जबर्दस्ती छीन लिया केवल तभी मुझे पता चला कि मेरी अन्तरात्मा मुझसे कैसे छिपी हुई थी।

(इस पर माताजी मौखिक रूप से कहती हैं :) चलो, हम अपने पुण्य के

चोगे को त्याग दें, ताकि 'सत्य' के लिए तैयार हो सकें।

२२.४.१९७०

४८४—पाप श्रीकृष्ण की एक चालाकी और छद्मवेश है जिससे वह धर्मात्माओं की दृष्टि से अपने-आपको छिपाये रखते हैं। ऐ धर्मान्ध! पापी में भगवान् को देख, अपने अन्दर पाप को देख जो तेरे हृदय को पवित्र बना रहा है और अपने भाई को छाती से लगा।

सदा की भांति यहां भी श्रीअरविन्द अपने विशिष्ट विनोदपूर्ण ढंग से हमें बताते हैं कि भागवत सत्य पाप और पुण्य दोनों से ऊपर है।

१९.४.१९७०

४८५—भगवान् के प्रति प्रेम, मनुष्यों के प्रति उदारता—बस, यही पूर्ण प्रज्ञा की ओर जाने का पहला पग है।

४८६—जो असफलता और अपूर्णता की निन्दा करता है वह भगवान् की निन्दा करता है; वह अपनी निजी आत्मा को सीमित करता और अपनी निजी दृष्टि को धोखा देता है। निन्दा मत कर, बल्कि प्रकृति का निरीक्षण कर, अपने भाइयों की सहायता कर और उन्हें स्वस्थ बना तथा सहानुभूति के द्वारा उनकी क्षमता और साहस को प्रबल बना।

४८७—पुरुष के प्रति प्रेम, स्त्री के प्रति प्रेम, चीजों के प्रति प्रेम, अपने पड़ोसी के प्रति प्रेम, अपने देश के प्रति प्रेम, पशुओं के प्रति प्रेम, मनुष्यजाति के प्रति प्रेम आदि सभी उस भगवान् के प्रति प्रेम हैं जो इन सजीव प्रतिमाओं के अन्दर प्रतिबिम्बित होता है। अतः हमें प्रेम करना और शक्तिशाली बनना, सब कुछ उपभोग करना,

सबको सहायता देना और नित्य-निरन्तर प्रेम करते रहना है।

४८८—यदि ऐसी चीजें हों जो रूपान्तरित होना एकदम अस्वीकार करती हों अथवा संशोधित होकर भगवान् की अधिक पूर्ण प्रतिमा बनने से इन्कार करती हों तो हृदय में कोमलता, पर प्रहार में निष्ठुरता रखकर उनका विनाश किया जा सकता है। परन्तु सबसे पहले इस विषय में निःसंदिग्ध हो जा कि भगवान् ने ही तुझे तेरी तलवार और तेरा कार्य प्रदान किया है।

४८९—मुझे अपने पड़ोसी से प्यार करना चाहिये, पर इसलिए नहीं कि वह हमारे पड़ोस में रहता है,—क्योंकि आखिर पड़ोस में और दूर में क्या रखा है? और न इसलिए कि धर्म मुझे यह सिखाते हैं कि वह मेरा भाई है,—क्योंकि उस भ्रातृत्व की जड़ कहां है? बल्कि इसलिए कि वह स्वयं मेरी आत्मा है। पड़ोस और दूरी शरीर को प्रभावित करते हैं पर हृदय उनसे परे चला जाता है। भ्रातृत्व रक्त का, देश का, धर्म का या मानवता का होता है, पर जब स्वार्थ अपनी परिपूर्ति के लिए मचलता है, तब इस भ्रातृत्व का क्या हाल होता है? जब मनुष्य भगवान् में निवास करता है और अपने मन, हृदय और शरीर को उनकी विश्वव्यापी एकता की प्रतिमूर्ति में बदल देता है केवल तभी उस गभीर, निःस्वार्थ एवं दुर्धर्ष प्रेम को पाना सम्भव होता है।

एकता तथा परस्पर प्रेम के लिए दिये गये सभी मानवीय कारणों का मूल्य कम होता है और उनका प्रभाव भी कम ही होता है। भगवान् के प्रति सचेतन होकर, उनके साथ तादात्म्य साधकर ही सच्चा 'ऐक्य' सम्भव हो सकता है।

२०.४.१९७०

४९०—जब मैं श्रीकृष्ण में निवास करता हूं तब अहंकार और

स्वार्थ विलीन हो जाते हैं और केवल भगवान् ही मेरे प्रेम को अतल और असीम होने के योग्य बना सकते हैं।

४९१—श्रीकृष्ण में निवास करने पर शत्रुता भी प्रेम की ही एक क्रीड़ा तथा भाइयों का मल्लयुद्ध बन जाती है।

४९२—जिस जीव ने उच्चतम आनन्द को हस्तगत कर लिया है उसके लिए जीवन कोई अशुभ वस्तु या दुःखदायी भ्रम नहीं हो सकता; उसके लिए तो सारा जीवन ही दिव्य 'प्रेमी' तथा 'बालसखा' का कलकल करता प्रेम और हास्य बन जाता है।

किसी भी परिस्थिति में दिव्य सम्बन्ध रख सकना परमानन्द का रहस्य है।
२१.४.१९७०

४९३—क्या तू भगवान् को निराकार अनन्त के रूप में देख सकता है और फिर भी उनसे वैसे ही प्यार कर सकता है जैसे कोई मनुष्य अपनी प्रेमिका से प्यार करता है? तभी कहा जा सकता है कि अनन्त का उच्चतम सत्य तेरे सम्मुख प्रकट हो गया है। फिर तू क्या अनन्त को एक गुप्त, आलिंगन करने योग्य शरीर प्रदान कर सकता है और ये जो दृश्य और ग्राह्य शरीर हैं उनमें से प्रत्येक में और सबमें उन्हें देख सकता है? तभी कहा जा सकता है कि उसका विशालतम और गभीरतम सत्य भी तेरे अधिकार में आ गया है।

४९४—भागवत प्रेम एक साथ द्विविध क्रीड़ा करता है—एक तो उसकी विश्वव्यापी गति, पाताल के समुद्र की तरह गभीर, शान्त और अतल होती है, जो समग्र जगत् के ऊपर तथा उसके अन्दर की प्रत्येक चीज के ऊपर झुकी रहती है मानों किसी समतल भूमि पर एक समान दबाव डालकर झुकी हुई हो, और दूसरी

वैयक्तिक गति जो उसी समुद्र की नर्तनकारी सतह की तरह शक्तिशाली, तीव्र और आनन्दपूर्ण होती है जो अपनी तरंगों के वेग और ऊंचाई को बदलती रहती है तथा उन वस्तुओं को चुनती है जिन पर वह अपने फेन और फुहारों के चुम्बन देती हुई तथा अपने निमज्जित करने वाले जल से आलिंगन करती हुई गिरना चाहती है।

अपनी बात समझाने के लिए श्रीअरविन्द ने उन रूपकों का उपयोग किया है जो सबके लिए सुलभ हैं। किन्तु 'ऐक्य' के चमत्कार इन मानवीय रूपकों से अनन्तगुना बढ़कर हैं।

२२.४.१९७०

४९५—मैं पहले दुःख-दर्द से घृणा किया करता, उससे बचने की चेष्टा किया करता तथा उसके आगमन पर रोष किया करता था। परन्तु अब मैं देखता हूं कि यदि मैंने दुःख न भोगा होता तो अब, इस प्रकार प्रशिक्षित और पूर्ण बनकर, अपने मन, हृदय और शरीर में आनन्द-भोग करने की असीम और असंख्य रूप से बोधक्षम इस क्षमता को कभी आयत्त न कर पाता। जब भगवान् एक निर्दयी और अत्याचारी व्यक्ति के रूप में अपने-आपको छिपाये रखते हैं तो भी अन्त में वे अपने पक्ष का औचित्य सिद्ध कर देते हैं।

४९६—मैंने शपथ ली कि मैं संसार के शोक-ताप और संसार की मूढ़ता, निर्दयता तथा अन्याय से कभी दुःख नहीं पाऊंगा और मैंने अपने हृदय को सहनशीलता में पाताल की चक्की की तरह कठोर बना लिया एवं अपने मन को इस्पात की चिकनी सतह के समान। अब मुझे कोई कष्ट नहीं होता था, पर मैं सुख-भोगकी क्षमता भी खो बैठा। तब भगवान् ने मेरा हृदय चूर-चूर कर डाला और मेरे मन को जोत दिया। उसके बाद मैं

निर्दय और अविराम यातनाओं में से गुजरकर एक सुखकारी दुःखहीनता के अन्दर तथा शोक, क्रोध और विद्रोह में से होकर एक अनन्त ज्ञान एवं सुस्थिर शान्ति के अन्दर जा पहुंचा।

यह वही पाठ है जो परम प्रभु उस काया को सिखाना चाहते हैं जिसका वे रूपान्तर करने में लगे हैं।

२३.४.१९७०

४९७—जब मैंने जाना कि दुःख आनन्द का ही उल्टा पहलू है और उसी की प्राप्ति का साधन है तो मैं अपने ऊपर आघातों की बौछार का स्वागत करने लगा तथा अपने सारे अंगों में पीड़ा बढ़ाने लगा; क्योंकि उस समय भगवान् का उत्पीड़न भी मुझे धीमा, स्वल्प और अपर्याप्त प्रतीत होता था। तब मेरे परम प्रेमी को मेरा हाथ पकड़कर रोकना पड़ा और चिल्लाकर कहना पड़ा : "बन्द करो; क्योंकि मेरे कोड़े ही तुम्हारे लिए काफी हैं।"

४९८—पुराने युग के साधुओं तथा अनुतापियों का अपने-आपको पीड़ा पहुंचाना विकृतिपूर्ण और मूर्खतापूर्ण था; फिर भी उनकी विकृतियों के पीछे ज्ञान का एक प्रच्छन्न रूप विद्यमान था।

४९९—भगवान् हमारे विज्ञ और पूर्ण मित्र हैं; क्योंकि वे जानते हैं कि कब थप्पड़ लगाना है और कब पुचकारना है, कब हमारी रक्षा और सहायता करनी है और कब हमारी हत्या।

बस, एक ही ज्ञान है जो सच्चा हो सकता है और वह है परमेश्वर का ज्ञान। अतः सब व्यक्तिगत इच्छाओं का समर्पण करके केवल वही चाहना जो भगवान् चाहते हैं—यही सचमुच ज्ञानी बनने की एकमात्र रीति है।

२४.४.१९७०

५००—समस्त प्राणियों के दिव्य सुहृद् शत्रु का चेहरा पहनकर अपनी मित्रता को तब तक छिपाये रखते हैं जब तक कि वे हमें उच्चतम स्वर्गों के योग्य नहीं बना लेते; उसके बाद, जैसा कि कुरुक्षेत्र में हुआ था, युद्ध, यन्त्रणा तथा विनाश के देवता का भयंकर रूप हट जाता है और श्रीकृष्ण की मधुर मूर्ति, करुणा तथा पुनः-पुनः आलिंगित देह उनके चिर-साथी और बालसखा की विचलित आत्मा तथा शुद्ध नेत्रों के सामने चमक उठती हैं।

५०१—यन्त्रणा हमें आनन्द के अधीश्वर की सम्पूर्ण शक्ति धारण करने के योग्य बनाती है; यह हमें बल-वीर्य के अधीश्वर की दूसरी लीला को सहन करने की क्षमता भी प्रदान करती है। दुःख वह कुंजी है जो बल-सामर्थ्य का द्वार उन्मुक्त करती है; दुःख वह राजपथ है जो हमें आनन्द-नगरी तक पहुंचा देता है।

५०२—फिर भी, ऐ मानवात्मा, दुःख की खोज मत कर, क्योंकि यह भगवान् की इच्छा नहीं है, केवल उनके आनन्द की ही खोज कर; दुःख-कष्ट का जहां तक प्रश्न है, वह तो निश्चित रूप से उनके विधान के अनुसार उतनी बार और उतनी ही मात्रा में तेरे पास आयेगा ही, जितनी बार और जितनी मात्रा में आना तेरे लिए आवश्यक होगा। उस समय उसे सहन कर ताकि तू अन्त में उनके आनन्दोल्लास से भरे हृदय को खोज सके।

५०३—और न तू, ऐ मनुष्य, अपने साथी को ही कोई दुःख-कष्ट पहुंचा; दुःख पहुंचाने का अधिकार एकमात्र भगवान् को ही है; अथवा उन्हें है जिन पर स्वयं भगवान् ने उसका भार सौंपा है। परन्तु धर्मान्धता के वश, टार्कमादा[१] की तरह ऐसा न मान बैठ कि तू भी उनमें से एक है।

यह कभी न भूलो कि जब तक जीवन और मनुष्य के सम्बन्ध में तुम्हारी

[१] यह स्पेन की 'धार्मिक कचहरी' (धर्मविरोधी लोगों की खोज करने और दण्ड देने वाली संस्था) का एक प्रधान अफसर था।

अपनी पसन्द बनी रहेगी तब तक तुम भगवान् के पवित्र तथा पूर्ण यन्त्र नहीं बन सकते।

२८.४.१९७०

५०४—प्राचीन युगों में शक्ति और कर्म से एकदम परिपूर्ण आत्माओं की एक आदर्श-सी दृढ़ोक्ति थी: "उतने ही निश्चित रूप में जितने निश्चित रूप में भगवान् विद्यमान हैं।" परन्तु हमारी आधुनिक आवश्यकता के लिए दूसरी दृढ़ोक्ति अधिक उपयुक्त होगी: "उतने ही निश्चित रूप में जितने निश्चित रूप में भगवान् प्यार करते हैं।"

हमारे दुःखी युग के लिए—जो बुद्धि के अत्यधिक प्रभुत्व के कारण लगभग शुष्क हो गया है,—भागवत प्रेम से अधिक आवश्यक और मूल्यवान् कुछ भी नहीं है।

२९.४.१९७०

५०५—विज्ञान मुख्यतः भगवत्-प्रेमी और भगवद्-ज्ञानी के लिए इस कारण उपयोगी होता है कि वह उसे भगवान् की स्थूल कलाकारी के विलक्षण आश्चर्यों को पूर्ण ब्योरे के साथ समझने तथा उनका मूल्यांकन करने की योग्यता प्रदान करता है। एक सीखता और चिल्लाकर कहता है: "देख, किस तरह आत्मा जड़तत्त्व में अभिव्यक्त हुई है"; दूसरा कहता है: "देख, मेरे प्रेमी और प्रभु का, पूर्ण कलाकार और सर्वशक्तिमान् हाथ का स्पर्श देख।"

हम भगवान् की सेवा कैसे कर सकते हैं जब कि उनके बिना हमारी कोई सत्ता ही नहीं है—ज्यादा-से-ज्यादा हम यही कर सकते हैं कि उन्होंने हमें जो यह सब दिया है उसी का एक अंश अनाड़ी की तरह से उनको अर्पित कर दें।

३०.४.१९७०

५०६—ऐ विश्व के ऐरिस्टोफ़ेनीस[1]! तू अपने जगत् को देखता है और मन-ही-मन मीठी हंसी हंसता है। पर क्या तू मुझे भी दिव्य नेत्रों से देखने और अपने विश्वव्यापी हास्य में भाग लेने न देगा?

निःसन्देह, पृथ्वी जैसी है उस पर हंस सकने के लिए हमारे अन्दर 'दिव्य अन्तर्दृष्टि' जैसी ही समग्र अन्तर्दृष्टि होनी चाहिये।

१.५.१९७०

५०७—कालिदास एक निर्भीक रूपक देते हुए कहते हैं कि कैलास के हिमखण्ड क्या हैं, मानों शिव के जगत्-हास्य के निनाद परम शुभ्रता और शुद्धता के रूप में पर्वत-शिखरों पर जमा हो गये हैं। यह सच है; और जब उनकी छाया हृदय पर पड़ती है तब सांसारिक चिन्ताएं नीचे के बादलों की तरह विगलित होकर अपनी वास्तविक अस्तित्वहीनता को प्राप्त हो जाती हैं।

मानव विज्ञान बहुत ही सुनिश्चित घोषणाएं करता है; लेकिन सच्चे कारणों की कल्पना करने के लिए क्षेत्र खुला है—तब गुह्य कारणों के लिए क्यों नहीं?

२.५.१९७०

५०८—जीव का सबसे अधिक विलक्षण अनुभव यह है कि जब वह दुःख-क्लेश के आकार और उससे होने वाली आशंका की परवाह करना छोड़ देता है तो वह देखता है कि उसके इर्द-गिर्द कहीं दुःख-क्लेश का नाम-निशान भी नहीं है। उसके बाद ही हम उन झूठे बादलों के पीछे भगवान् को अपने ऊपर हंसते हुए सुनते हैं।

[1] एक हास्यरस का कवि।

प्रभु, जब तुम चाहते हो कि आकार तुम्हारी समरूपता में बदले, तो तुम क्या करते हो?

४.५.१९७०

*
* *

कल आपने जो लिखा था वह मेरी समझ में नहीं आया।

श्रीअरविन्द जिसे आकार कहते हैं वह भौतिक शरीर है। तो मैंने प्रभु से पूछा कि जब वे भौतिक शरीर का रूपान्तर करना चाहते थे तो उन्होंने क्या किया और कल रात उन्होंने मुझे दो अन्तर्दर्शनों द्वारा जवाब दिया।

एक का सम्बन्ध शारीरिक चेतना की मृत्यु-सम्बन्धी सभी रूढ़ियों से मुक्ति के साथ था और दूसरे में उन्होंने मुझे यह दिखाया कि अतिमानसिक शरीर कैसा होगा। देखते हो न, कि मैंने उनसे पूछकर अच्छा ही किया!

९.५.१९७०

५०९—ओ दानव! क्या तेरा प्रयास सफल हो गया है? क्या तू रावण और हिरण्यकशिपु की तरह बैठा देवताओं और जगत्पति की सेवा पा रहा है? परन्तु तेरी अन्तरात्मा जिस चीज को वास्तव में खोज रही थी वह तो तेरी पकड़ से बाहर चली गयी।

५१०—रावण के मन ने सोचा कि वह विश्व के एकाधिपत्य और राम के ऊपर विजय-प्राप्ति के लिए लालायित था; परन्तु जिस उद्देश्य पर उसकी अन्तरात्मा ने अपनी दृष्टि चिरदिन जमाये रखी वह था यथासम्भव शीघ्र-से-शीघ्र अपने स्वर्ग में वापस लौट जाना और फिर से भगवान् का चाकर बन जाना। अतएव, सबसे सहज पथ के रूप में, वह घोर शत्रुता के आलिंगन के साथ भगवान् पर टूट पड़ा।

५११—सबसे महान् आनन्द है नारद की तरह भगवान् का दास बन जाना; सबसे जघन्य नरक है भगवान् से परित्यक्त होकर संसार का मालिक बनना। जो चीज भगवान्-विषयक अज्ञानपूर्ण परिकल्पना के लिए सबसे अधिक समीप प्रतीत होती है वही उनसे सबसे अधिक दूर होती है।

५१२—भगवान् का सेवक होना कुछ चीज है; भगवान् का दास होना उससे बढ़कर है।

श्रीअरविन्द हमें शास्त्रों को समझने का सच्चा ढंग बताते हैं जो इस तरह वैश्व प्रतीक बन जाते हैं।

१२.५.१९७०

५१३—संसार का अधिपति बन जाने में निश्चय ही चरम आनन्द होगा लेकिन तभी जब सारे संसार का प्रेम प्राप्त हो; परन्तु उसके लिए उसे साथ-ही सारी मनुष्यजाति का गुलाम भी बनना पड़ेगा।

५१४—आखिरकार, जब तू यह हिसाब लगायेगा कि तूने भगवान् की कितनी दीर्घ सेवा की तो तू देखेगा कि तूने मनुष्यजाति के प्रेम के वश जो अधूरा और तुच्छ सत्कार्य किया बस, वही तेरा सबसे बड़ा कार्य था।

इसीलिए सेवा की अपेक्षा पूर्णतया नितान्त रूप से भगवान् का होकर रहना बेहतर है।

१३.५.१९७०

*
* *

पूर्णतया और नितान्त रूप से भगवान् का होकर रहने के लिए क्या हमें उनकी सेवा से आरम्भ नहीं करना चाहिये?

निश्चय ही, अपना सारा कार्य भगवान् की सेवा में लगा देना उनके पास पहुंचने का बहुत अच्छा तरीका है। लेकिन यह, जितना श्रीअरविन्द ने बताया है उससे बहुत आगे तक न ले जा सकेगा। और कुछ लोगों को इससे सन्तोष नहीं होगा।

१४.५.१९७०

५१५—दो कार्य हैं जिनसे भगवान् अपने सेवक से पूर्णतः सन्तुष्ट होते हैं : एक तो मौन पूजा-भाव के साथ उनके मन्दिर में झाड़ू लगाना और दूसरा, मानवता के अन्दर उनकी दिव्य संसिद्धि के लिए संसार के युद्धक्षेत्र में संग्राम करना।

५१६—जिसने मानव प्राणियों की थोड़ी-सी भी भलाई की है वह, चाहे सबसे निकृष्ट पापी ही क्यों न हो, भगवान् द्वारा अपने प्रेमियों और सेवकों की श्रेणी में स्वीकृत होता है। वह शाश्वत प्रभु के मुखमण्डल के दर्शन अवश्य पायेगा।

श्रीअरविन्द का प्रयास हमेशा अपने शिष्यों और पाठकों तक को सभी पूर्वाग्रहों से, सारी रूढ़िगत नैतिकता से मुक्त करने का रहा है।

१५.५.१९७०

५१७—ऐ दुर्बलता में फंसे मूर्ख! भय के पर्दे के द्वारा भगवान् का मुख अपने-आपसे मत छिपा, अनुनयशील दुर्बलता के साथ उनके समीप न जा। देख! तू उनके चेहरे पर शासक और न्यायाधीश की गम्भीरता नहीं, बल्कि प्रेमी की मुस्कान देखेगा।

५१८—जैसे एक पहलवान अपने साथी के साथ कुश्ती लड़ता है वैसे ही जब तक तू भगवान् के साथ कुश्ती लड़ना नहीं सीख लेता तब तक तेरी अन्तरात्मा की शक्ति तुझसे छिपी ही रहेगी।

अगर हम सचमुच भगवान् के नजदीक जाना चाहते हैं तो क्या यह अच्छा नहीं होगा कि हम हमेशा के लिए अपनी सब सीमाओं तथा सब कमजोरियों से अपने-आपको मुक्त कर लें?

१६.५.१९७०

५१९—शुम्भ ने पहले अपने हृदय और शरीर से काली के साथ प्यार किया, फिर उनसे क्रोधित होकर उनके साथ युद्ध किया, अन्त में उसने उन्हें पराजित किया, उनके केश पकड़कर उन्हें अपने चारों ओर आकाश में तीन बार घुमाया; और अगले ही क्षण वह काली द्वारा मारा गया। ये हैं अमरत्व की ओर ले जाने वाले दैत्य के चार पग, और उनमें से अन्तिम पग सबसे अधिक लम्बा और सबसे अधिक शक्तिशाली होता है।

मैं "अमरत्व की ओर ले जाने वाले चार लम्बे पग" का अर्थ नहीं समझा।

व्यक्ति का स्वभाव चाहे कैसा भी क्यों न हो, अन्त में, एक ढंग से या दूसरे ढंग से, चाहे व्यक्ति उनसे युद्ध करे या प्रेम, अन्तिम उद्देश्य हमेशा भगवान् ही होते हैं।

१७.५.१९७०

५२०—काली भयावनी शक्ति और क्रुद्ध प्रेम के रूप में अभिव्यक्त श्रीकृष्ण ही हैं। वह अपने प्रचण्ड प्रहारों के द्वारा शरीर, मन और प्राण में स्थित स्व की हत्या करती है ताकि वह शाश्वत

चिदात्मा के रूप में मुक्त हो जाये।

विश्व को समझने में समर्थ एक ज्योतिर्मय चिंगारी को स्थान देने के लिए जब हम छोटे, असमर्थ अहं को अदृश्य होते देखते हैं तो क्या हम शिकायत करें?

२१.५.१९७०

५२१—गभीर सामी कथानक के अनुसार हमारे माता-पिता का पतन हुआ, क्योंकि उन्होंने पाप और पुण्य के वृक्ष का फल चखा था। यदि उन्होंने तुरत शाश्वत जीवन के वृक्ष का रसास्वादन कर लिया होता तो वे तात्कालिक परिणाम से बच गये होते; परन्तु मानवता के अन्दर भगवान् का प्रयोजन विफल हो जाता। भगवान् का आक्रोश हमारे लिए शाश्वत सुयोग होता है।

श्रीअरविन्द हमें यह समझाने की कोशिश करते हैं कि किस तरह हमारी दृष्टि की सीमाएं हमें भागवत प्रज्ञा को देखने से रोकती हैं।

२२.५.१९७०

५२२—यदि नरक का होना सम्भव हो तो वह उच्चतम स्वर्ग में जाने का सबसे छोटा रास्ता होगा। कारण, सचमुच भगवान् प्यार करते हैं।

५२३—भगवान् हमें प्रत्येक 'अदन' (स्वर्गीय बगीचे) में से बाहर खदेड़ देते हैं ताकि हम रेगिस्तान में से गुजरते हुए किसी अधिक दिव्य स्वर्ग तक जाने के लिए बाध्य हों। यदि तुझे आश्चर्य होता हो कि उस रूखे-सूखे और भयंकर पथ की आवश्यकता ही क्यों होनी चाहिये तो इसका अर्थ है कि तेरे मन ने तुझे मूर्ख बना दिया है और तूने पीछे विद्यमान आत्मा तथा उसकी अस्पष्ट

इच्छाओं एवं गुप्त आनन्दों का अनुशीलन नहीं किया है।

जब हमें दुःख के लिए आकर्षण नहीं रहेगा और जब हम उसकी विकृत आसक्ति से मुक्त हो जायेंगे तब भगवान् हमें उसके पीछे छिपे परम आनन्द का अनुभव करायेंगे।

२३.५.१९७०

५२४—स्वस्थ मन दुःख-दर्द से घृणा करता है; क्योंकि मनुष्य कभी-कभी अपने मन में दुःख-दर्द की जो कामना पैदा कर लेता है वह दूषित और प्रकृति के विपरीत होती है। परन्तु आत्मा मन तथा उसके दुःख-कष्टों की परवाह उससे अधिक नहीं करती जितनी परवाह कि लोहा बनाने वाला चूल्हे में जलते हुए कच्चे लोहे के दुःख-दर्द के लिए करता है; वह अपनी निजी आवश्यकताओं और निजी भूख का ही अनुसरण करती है।

एकमात्र परम प्रभु ही स्वामी होने चाहियें और सामान्यतया चैत्य पुरुष उन्हीं की आज्ञा मानता है।

२४.५.१९७०

५२५—बिना विचारे दया करना स्वभाव का सबसे उदार गुण है; एक भी जीवित वस्तु को कम-से-कम आघात भी न पहुंचाना सभी मानवीय गुणों में से उच्चतम गुण है; परन्तु भगवान् इन दोनों में से कोई कार्य नहीं करते। तो क्या इसी कारण मनुष्य उन सर्व-प्रेममय से अधिक महान् और अधिक अच्छा है?

५२६—यह पता चलना कि किसी मनुष्य के शरीर या मन को दुःख-कष्ट से बचा देना सर्वदा उसकी अन्तरात्मा, मन या शरीर के लिए हितकारी नहीं होता, मानवीय ढंग से करुणा करने वाले

के लिए अत्यन्त कड़ुआ अनुभव होता है।

भागवत चेतना के प्रति सचेतन होना मानव सिद्धि की परम उपलब्धि है; बाकी सब कुछ गौण है।

२५.५.१९७०

५२७—मानवीय दया अज्ञान तथा दुर्बलता से पैदा होती है; वह भावुकता-भरे वेदनों की दासी होती है। भागवत करुणा समझती, विवेक करती और रक्षा करती है।

५२८—कभी-कभी दया प्रेम का एक अच्छा प्रतिरूप होती है; पर वह सदा ही प्रतिरूप से अधिक कुछ नहीं होती।

भगवान् के आशय को समझना और उसकी उपलब्धि के लिए काम करना, क्या यह मानवता की सहायता करने का सबसे निश्चित मार्ग नहीं है?

२८.५.१९७०

५२९—आत्म-दया सर्वदा आत्म-प्रेम से उत्पन्न होती है; परन्तु दूसरों के प्रति दया सर्वदा पात्र के प्रति प्रेम के कारण नहीं उत्पन्न होती। यह कभी-कभी तो दुःख-कष्ट के दृश्य से अहम्मन्य हिचक होती है; और कभी दरिद्र के लिए धनी व्यक्ति का घृणापूर्ण दान होती है। तू मानवीय दया के बदले भगवान् की दिव्य करुणा को विकसित कर।

५३०—दया नहीं जो हृदय को काटती और भीतरी अंगों को दुर्बल बनाती है, बल्कि एक दिव्य प्रभुत्वशाली और अक्षुब्ध करुणा एवं सहायता वह गुण है जिसे हमें प्रोत्साहित करना चाहिये।

क्या परम प्रभु को जाने बिना जीने से बढ़कर कोई और दुःख भी हो सकता है? और फिर भी यह लगभग विश्वव्यापी दुःख कभी-कदास ही दया को जगाता है। क्योंकि जो यह जानता है कि वह दुःखी है वह यह भी जानता है कि ठीक होना उसके अपने ऊपर निर्भर है—क्योंकि प्रभु की करुणा असीम है।

१.६.१९७०

५३१—मनुष्यों से प्यार कर और उनकी सेवा कर, पर सावधान, कहीं तू प्रशंसा की कामना न कर बैठे। उसकी जगह अपने अन्दर विराजमान भगवान् की आज्ञा का पालन कर।

५३२—भगवान् तथा उनके दूतों की वाणी को न सुनना ही संसार की मान्यता के अनुसार मानसिक स्वस्थता है।

५३३—भगवान् को सर्वत्र देख और उनके छद्मवेशों को देखकर भयभीत न हो। विश्वास कर कि समस्त मिथ्यापन या तो तैयार होता हुआ सत्य है अथवा भंग होता हुआ सत्य, समस्त असफलता प्रच्छन्न चरितार्थता, समस्त दुर्बलता अपनी दृष्टि से ही अपने को छिपाने वाली शक्तिमत्ता, समस्त पीड़ा एक गुप्त और प्रचण्ड आनन्दोल्लास है। यदि तू दृढ़तापूर्वक और सतत भाव से विश्वास बनाये रखे तो अन्त में सर्वसत्यमय, सर्वशक्तिमय और सर्वानन्दमय को देख और अनुभव कर सकेगा।

सतत और अथक प्रयास तथा श्रद्धा द्वारा हम अपने-आपको भागवत चेतना के साथ एक कर सकते हैं जो सनातन, सम्पूर्ण परमानन्द है।

२.६.१९७०

५३४—मानव प्रेम अपने निजी हर्षोल्लास के कारण ही असफल

हो जाता है; मानव बल अपने निजी प्रयास के कारण ही निःशेष हो जाता है; मानव ज्ञान एक ऐसी परछाईं फेंकता है जो सत्य-रूपी गोलक के आधे भाग को उसके अपने सूर्यालोक से छिपा देती है; परन्तु भागवत ज्ञान विरोधी सत्यों का आलिंगन करता और उनमें सामञ्जस्य स्थापित करता है, भागवत सामर्थ्य अकुण्ठ आत्मव्यय के कारण वर्धित होती है, भागवत प्रेम अपने-आपको सम्पूर्ण रूप से लुटा सकता है और फिर भी न कभी नष्ट होता है, न घटता है।

क्या मानव प्रेम भागवत प्रेम में बदल सकता है? मानव शक्ति भागवत शक्ति में और मानव ज्ञान भागवत ज्ञान में?

केवल एक ही प्रेम है।

मानव प्रेम भागवत प्रेम से अलग कोई और चीज नहीं है। वह जिस यन्त्र के द्वारा अपने-आपको अभिव्यक्त करता है उसी के द्वारा पथभ्रष्ट और विकृत हो गया है। शक्ति और ज्ञान के लिए भी यही बात है। अपने मूल तत्त्व में वे शाश्वत और असीम हैं। मानव स्वभाव की सीमाएं और कमियां ही उन्हें इतना विकृत और विरूप बना देती हैं कि वे पहचाने भी नहीं जाते।

३.६.१९७०

५३५—विशुद्ध सत्य की खोज करते हुए मन जो मिथ्यापन का त्याग करता है वह एक प्रधान कारण है जिससे वह सुनिश्चित, अखण्ड और पूर्ण सत्य को नहीं प्राप्त कर सकता; दिव्य मन मिथ्यापन से बच निकलने का प्रयास नहीं करता, बल्कि उस सत्य को पकड़ने का प्रयास करता है जो अत्यन्त भद्दी या बड़ी-से-बड़ी भूल-भ्रान्ति के पीछे छिपा रहता है।

"दिव्य मन" क्या है?

श्रीअरविन्द मानसिक कार्य के आदि रूप को दिव्य मन कहते हैं। वह समग्र रूप से पूर्णतया भगवान् को अर्पित है और भागवत प्रेरणा के अधीन ही कार्य करता है।

अगर कोई मनुष्य भगवान् के द्वारा और भगवान् के लिए ही जीता है तो अनिवार्य रूप से उसका मन दिव्य मन बन जाता है।

४.६.१९७०

५३६—किसी भी वस्तु के विषय में सारा सत्य यह है कि वह एक पूर्ण तथा सर्वालिंगनकारी गोलक होता है जो निरन्तर ज्ञान के एकमात्र विषय और वस्तु, भगवान् के चारों ओर चक्कर काटता रहता है पर कभी उन्हें स्पर्श नहीं करता।

५३७—बहुत-से गम्भीर सत्य उन अस्त्रों के समान हैं जो अनभ्यस्त अस्त्रचालक के लिए खतरनाक होते हैं। समुचित रूप में व्यवहार करने पर वे भगवान् के अस्त्रागार के अत्यन्त मूल्यवान् और शक्तिशाली अस्त्र होते हैं।

सच्चे ज्ञान की एक बूंद अगर अज्ञान की दुनिया में गिरे तो वह क्रान्ति पैदा कर सकती है।

५.६.१९७०

५३८—जिस दुर्दमनीय आग्रह के साथ हम अपनी तुच्छ, खण्ड-विखण्ड, निशाक्रान्त, क्लेशग्रस्त व्यक्तिगत सत्ता के साथ उस समय भी चिपके रहते हैं जब हमारे विश्वगत जीवन का अखण्ड-आनन्द हमें पुकारता है, वह भगवान् के रहस्यों में से एक अत्यन्त आश्चर्यजनक रहस्य है। इसकी तुलना केवल उस अनन्त अन्धता के साथ की जा सकती है जिसकी सहायता से हम अपने अहंकार की एक छाया सम्पूर्ण जगत् पर फेंककर उसे ही विश्वपुरुष का

नाम दे देते हैं। ये दोनों प्रकार के अन्धकार ही, माया के असली सारतत्त्व तथा अन्तर्निहित शक्ति हैं।

उस दिन तक जब अज्ञान और अहंकार की मूर्खता से थककर हम प्रभु के पैरों पर गिरकर उनसे याचना न करें कि एकमात्र वे ही स्वामी बन जायें।

६.६.१९७०

५३९—अनीश्वरवाद भगवान्-सम्बन्धी उच्चतम ज्ञान की परछाईं अथवा अन्धकारमय पक्ष है। भगवान् के विषय में बनाया हुआ हमारा प्रत्येक सिद्धान्त, यद्यपि रूपक के रूप में सदा सत्य होता है, पर उस समय मिथ्या बन जाता है जब हम उसे एक पूर्ण सिद्धान्त के रूप में स्वीकार करते हैं। अनीश्वरवादी और अज्ञेयवादी हमारी भूल-भ्रान्ति की याद दिलाने के लिए आते हैं।

५४०—भगवान् की अस्वीकृतियां भी हमारे लिए उतनी ही उपयोगी हैं जितनी उनकी स्वीकृतियां। सच पूछा जाये तो मानवीय ज्ञान को और भी अच्छे रूप में पूर्णता प्रदान करने के लिए स्वयं भगवान् अनीश्वरवादी बनकर अपने निजी अस्तित्व को अस्वीकार करते हैं। ईसा और रामकृष्ण में ही भगवान् को देखना और उनकी वाणी को सुनना काफी नहीं है, हमें हक्सले[१] और हेकेल[२] में भी उन्हें देखना चाहिये और उनकी वाणी सुननी चाहिये।

भगवान् को जानने के विषय में सभी मानसिक ज्ञान अपूर्ण और अपर्याप्त

[१] हक्सले १९वीं शताब्दी के प्रसिद्ध वैज्ञानिक और लेखक थे। इन्होंने पार्थिव क्रमविकास के सिद्धान्त का प्रतिपादन किया।

[२] हेकेल जर्मनी के प्रसिद्ध वैज्ञानिक और दार्शनिक व्यक्ति थे। इन्होंने भी क्रमविकास के सिद्धान्त को प्रकट किया है।

हैं, यदि उन सबको समाविष्ट कर लिया जाये तो भी। एकमात्र अनुभव किया हुआ ज्ञान ही हमें सत्य की एक झांकी दे सकता है।

७.६.१९७०

५४१—क्या तू अपने ऊपर अत्याचार करने वाले और अपनी हत्या करने वाले के भीतर मृत्यु के क्षण या अत्याचार के समय भी भगवान् को देख सकता है? क्या तू जिसकी हत्या कर रहा है उसमें भी उनको देख सकता है, उसकी हत्या करते समय भी उन्हें देख सकता और प्यार कर सकता है? तब निश्चय ही परम ज्ञान तेरे हाथ में आ गया है। भला वह मनुष्य कृष्ण को कैसे पा सकता है जिसने कभी काली की उपासना नहीं की?

सब कुछ भगवान् है और एकमात्र भगवान् का ही अस्तित्व है।

८.६.१९७०